无尽的海洋
A GREAT AND RISING NATION

美国海事探险与大众文化
1815—1860

Naval Exploration and Global Empire
in the Early US Republic

[美] 迈克尔·A. 韦尔内　著
Michael A. Verney

隗雪燕　曹馨予　王璐　译

中国科学技术出版社
·北京·

A GREAT AND RISING NATION: Naval Exploration and Global Empire in the Early US Republic, by Michael A. Verney, ISBN: 978022681992
Licensed by The University of Chicago Press, Chicago, Illinois, U.S.A.
© 2022 by The University of Chicago. All rights reserved.
Simplified Chinese translation copyright © 2024 by China Science and Technology Press Co., Ltd.

北京市版权局著作权合同登记　图字：01-2022-4958

图书在版编目（CIP）数据

无尽的海洋：美国海事探险与大众文化：1815—1860 /（美）迈克尔·A. 韦尔内著；隗雪燕，曹馨予，王璐译. -- 北京：中国科学技术出版社，2024. 7.
ISBN 978-7-5236-0815-9

Ⅰ . F557.129

中国国家版本馆 CIP 数据核字第 2024JC6255 号

策划编辑	刘　畅　刘颖洁	责任编辑	刘　畅
封面设计	今亮新声	版式设计	蚂蚁设计
责任校对	焦　宁	责任印制	李晓霖

出　　版	中国科学技术出版社
发　　行	中国科学技术出版社有限公司
地　　址	北京市海淀区中关村南大街 16 号
邮　　编	100081
发行电话	010-62173865
传　　真	010-62173081
网　　址	http://www.cspbooks.com.cn

开　　本	710mm×1000mm　1/16
字　　数	310 千字
印　　张	21.75
版　　次	2024 年 7 月第 1 版
印　　次	2024 年 7 月第 1 次印刷
印　　刷	北京盛通印刷股份有限公司
书　　号	ISBN 978-7-5236-0815-9 / F·1275
定　　价	89.00 元

（凡购买本社图书，如有缺页、倒页、脱页者，本社销售中心负责调换）

目录

导论 ·· 001

第一章　耶利米·雷诺兹与知识帝国 ······································· 013

　　　　耶利米·雷诺兹 ·· 016

　　　　约翰·昆西·亚当斯 ·· 023

　　　　同盟及赞助人 ·· 031

　　　　组织远征 ·· 041

　　　　参议院僵局 ··· 045

　　　　"先知回乡无人敬" ··· 049

第二章　基于杰克逊式资本主义的美国海外探索 ······················ 051

　　　　被围困的商业帝国 ·· 056

　　　　探索的新动力 ·· 061

　　　　南太平洋的印第安战争和外交事件 ·························· 068

　　　　南太平洋的警务水手 ··· 077

　　　　商业帝国的释怀 ··· 080

第三章　美国流行大众文化探索之旅 ······································ 089

　　　　探索文献和外交关系 ··· 094

　　　　流行文化中的威尔克斯探险队出版物 ······················· 099

　　　　威尔克斯探险队出版物与帝国 ································· 112

　　　　美国国家艺术馆 ··· 116

第四章　死海远征与信仰帝国 ········· 127

基督教国家？ ········· 131
提案 ········· 138
奥斯曼帝国宫廷 ········· 144
约旦河和死海探险 ········· 150
死海探险与媒体 ········· 157
收获 ········· 162

第五章　南美洲的奴隶制拓展 ········· 165

支持奴隶制的起源 ········· 170
1850—1854 年在亚马孙河谷的勘探 ········· 178
1853—1860 年的拉普拉塔河勘探 ········· 184
失败 ········· 194

第六章　北极探险与美英和解 ········· 199

外交骑士的文化世界 ········· 204
格林内尔的第一次远征 ········· 213
准备第二次远征 ········· 219
格林内尔的第二次远征 ········· 225
坚毅号返航 ········· 233

结语 ········· 239

参考文献 ········· 251

致谢 ········· 341

导论

美国海军上尉大卫·波特（David Porter）坐立难安。1815年年初，波特是海军委员会（the Board of Navy Commissioners）的三位创始人之一。[1]尽管受此殊荣，但他已经习惯了惊险刺激的生活，对于眼下的文书工作感到无比乏味。1812年第二次英美战争爆发后，波特指挥军舰埃塞克斯号（Essex）在东太平洋击沉了英国捕鲸船，为美国占领了马克萨斯群岛（Marquesan Islands）的努库希瓦岛（Nuku Hiva），征服了岛上的两个部落，并且与英国皇家海军在智利的瓦尔帕莱索（Valparaiso）地区展开了激烈的海战。[2]战争于1815年2月结束，波特和新成立的海军委员会其他同事须就如何过渡到和平阶段向海军部提出建议。10月下旬，他再次受到来自海洋和帝国的诱惑。拿起纸张，波特开始给詹姆斯·麦迪逊（James Madison）总统写一份提案。

波特建议总统派遣海军探险队进入太平洋："我愿意为国家服务，为国家争得名誉与荣耀。"他向麦迪逊承诺，太平洋隐藏着许多秘密，比如西方世界完全不知道的人种。波特提到了欧洲航海家詹姆斯·库克（James Cook）船长、乔治·温哥华（George Vancouver）和佩鲁斯（de la Pérouse）伯爵等，他感叹道："除了美国，各个国家都先后开展了航海探险活动。"而美国人没有付出"努力"，一直"从他人的劳动中受益"。通过在国家层面开展的探险活动，美国将可以偿还欧洲列强的文化债务，与太平洋岛民建立重要贸易路线，"扩大科学研究的范围"，"普及知识以及提升国家声誉"。如果顺利的话，甚至可能增加与中国的贸易往来，说服日本进一步开放港口。总之，这将提升美国的地位，使之与欧洲主要国家平起平坐。波特提醒麦迪逊，"总统先生，美国是一个伟大而不断发展的国家"，如今正是"美国崛起之时"。[3]

几十年后，美国终于实现了波特的帝国主义抱负，甚至超额达成目标。从1838年到1860年，美国海军投入了大量的人员与物资，完成了至少17次世界范围内的探险活动。按照波特的最初设想，两个海军中队先后勘测了太平洋世界的资源，绘制海图。在准将马休·加尔布雷思·佩里（Matthew Calbraith Perry）带领的第三次太平洋探险中，美国海军打开了日本国门，实现了波特与日本建立商业联系的设想，尽管从技术层面来说，这并不是一次勘探行动。另有一些探险队前往全球各地，其目的地和目标都非波特所能预料。在19世纪四五十年代，海军部派遣海军前往耶路撒冷证明《圣经》的真实性，在智利进行天文学研究，在南美洲寻求新的蓄奴区，扩展非洲的自由黑人殖民地①，勘测大西洋洋底，探索巴拿马的运河路线，以及营救在北极遇难的英国探险家。即使回国后，这些航海探险家的工作仍未结束。在19世纪四五十年代，海军部普遍要求指挥官撰写航海故事和科学纪实。1843年，国会将美国第一座由联邦政府资助建成的自然历史博物馆委托给海军军官管理。[4]

在内战爆发前，美国海军探险与欧洲帝国主义的扩张类似。就如同它在亚洲、北非和大洋洲社会里做的那样，长期以来，欧洲把海上勘探作为帝国扩张的有力工具。15世纪以来，航海探险越来越多，现代早期的欧洲船只航行到欧洲和地中海以外的地区，那些地方有不同的地理环境、资源分布和生态环境。[5] 除了获取权力和财富，这

---

① 19世纪初，美国兴起废奴主义思潮，一些精英人士提出向海外殖民，将恢复自由的黑人送到他们的故乡非洲，建立独立的国家。从1821年起，一批又一批黑人被送往非洲，建立了后来的利比里亚。——编者注

类航海还提升了国家声望。1828年年初,马里兰州众议院指出,欧洲探险队不仅"开辟了商贸新渠道",还为国家"赢得了声誉"。[6]一位国会议员也说道:"航海提升了国家品格。"[7]

美国内战前,美国白人就非常渴望在欧洲获得"声望"或"品格"。[8]自殖民时代以来,他们就感到这里文化贫瘠,尤其在艺术、文学、科学和时尚方面不及欧洲。[9]尽管美国通过独立战争建立了现代民族国家,但美国白人在传统的欧洲大国面前仍感到自卑。[10]事实上,学者们认为,普通美国白人过度的爱国主义是缺乏自信而非自信的表现。[11]后殖民时代的焦虑也影响了政治精英。在合众国成立早期,美国政治家和外交官担心美国成为埃利加·古尔德(Eliga Gould)口中的"契约"国家。[12]其实,美国独立是一个漫长的过程,不是一蹴而就的。[13]《独立宣言》宣称,革命的目标是"让世界上的诸多大国遵守自然法则和自然之神所赋予的独立和平等原则"。美国的独立要兼顾地区自治和寻求国际地位,尤其是获得欧洲诸国的认可。因此,独立战争期间担任驻法国大使的本杰明·富兰克林,在1779年命令美国战舰不得干扰库克船长的探索船,以表示美国对科学考察的尊重,也彰显新生国家的绅士风度。[14]

富兰克林和波特都是"探险主义者"。他们相信,进行像欧洲一样的探索将为美国赢得梦寐以求的国际上的尊重。他们的荣誉感与欧洲人,甚至与欧洲贵族相仿。他们坚信,所有的文明国度都应成为"科学帝国",为科学做出贡献。此外,他们热切地谈论着美国未能担负起这样的文化使命。毋庸置疑,探险主义者主要是美国的中层和上层白人,包括热衷于上流阶层文化的海军军官(如大卫·波特),[15]政治家、外交家,以及渴望荣誉和冒险的中产阶级市民。无论他们出身如何,探险主义者都坚持两项原则:一是承认海外探索的荣耀与价值,二是主张海外探索需要国家主持。然而,这使得他们与从事海上货运的商人区分开来,后者认为自己才是启蒙运动时

004 无尽的海洋
美国海事探险与大众文化：1815—1860

期欧洲早期海外探险家的翻版。[16] 探险主义者不买账，他们认为私人探险家既缺乏手段、也缺乏动机来制作精准的海图，进行科学探索。毕竟，私人探险家需要关注盈亏问题。一位国会议员表示，国会不会"承认私人探险是国家行为"。[17]

探险主义者明白，在18世纪末和19世纪初，美国成为强大的帝国主义国家需要三重因素。首先是拥有发展实力，或者说经济发展动力和军事力量；其次是拥有成熟文明（参照欧洲文化标准）；最后是任一欧洲列强公开承认美国的大国地位。[18] 最后一条通常还伴随着一种期望，即美国能够成为欧洲和地中海地区的制约力量。[19] 美国白人既不想维持庞大的常备军队，也不愿直接干涉欧洲事务，但希望获得欧洲国家的尊重，如同欧洲列强相互的关系那样。从本质上讲，他们想成为欧洲认可的"大国"且无须承担欧洲"大国"的责任——尤其是购买昂贵的军事装备，参与欧洲及其周边地区的外交事务（通常是武装干涉）。

面对如此限制，探险家们难以说服联邦政府沿着与欧洲国家相同的路线实现帝国主义扩张。1816年，麦迪逊取消了波特的探险计划，这反映了白人的普遍意见。[20] 在19世纪第二个和第三个十年，大多数白人反对联邦政府进行欧洲式的探索之旅。这样的探险具有君主专制和贵族主义的意味。探险主义者通常是精英，挥霍无度，不切实际。他们可能要求增加税收，提升某些群体的地位，并且加强联邦政府的权力。[21] 最糟糕的是，探险主义者要求政府实行中央集权制，限制白人的自由和奴隶制。大多数白人则认为，倘若一定要进行探险之旅，也应当遵循1804—1806年刘易斯与克拉克远征（Lewis and Clark Expedition）的密苏里河（Missouri River）路线，或者是1820年斯蒂芬·哈里曼·朗（Stephen Harriman Long）少校的落基山脉探险路线。[22] 虽然欧洲人的尊重很重要，但不应当牺牲美国白人的自由。

因此，探险主义者的艰巨任务是说服他们的同胞参加全球帝国主义探险，虽然这可能危及美国人所珍视的政治和社会价值观。但到19世纪50年代，美国有大量的探险取得了成功，其中不乏大型探险活动。比如，1853年，由5艘船和400名官兵组成的北太平洋远征队从弗吉尼亚州的汉普顿锚地（Hampton Roads）出发。这支远征队比当时大多数欧洲探险队（通常只有一两艘船）的规模还大，似乎也是当时最大规模的西行远征。[23] 美国为什么会派遣远征队？1816年至1853年到底发生了什么？

简而言之，美国的海上探险日渐流行。由于探险提高了国家声望，美国决定重走欧洲的帝国主义之路，只不过将欧洲的贵族主义愿景转换为功利主义、共和式的愿景。他们认识到，虽然通常来说，全球探险的成本高昂，但有些也很便宜。比如，本书中谈及的一些探险的实际规模很小，因此成本低廉。其他探险活动采取公私合作的方式，以降低远征成本。仅有一支海军探险队抵达了奥斯曼帝国，其他探险队均远离欧洲和西亚地区，避免与欧洲大国纠缠。虽然美国仍然希望得到欧洲的尊重，但探险主义者逐渐认识到，强调美国白人社会如何从海外探险中直接受益很重要。因此，美国逐渐转向欧洲式的帝国主义，并开始建立联盟。新联盟推崇探索主义愿景，扩充了自己的帝国利益和抱负。航海行动发生了变化，探索范围不断增大。海军探险成为获得外交威望和其他荣誉的方式。远征曾看似会带来一笔不必要的开支，甚至十分危险，如今则成为一种有助于实现帝国主义的常用手段。

本书讲述了美国帝国主义化的历程，每一章都介绍了某一特定利益集团的转变（或转变失败）及其带来的结果。第一章讲述了早期探险主义者欧洲化的、无比荣耀的愿景是如何在19世纪20年代后期彻底落空的。支持者们很快意识到他们必须采用符合合众国利益的话术阐明自己的提案，并诉诸资本主义、阶级、宗教、种族和美英和解等与帝国利益相关的问题。第二章解释了杰克逊民主党是如何反对亚当斯关于太平洋探索之旅的提议的，最终又是如何接受这一提议的。1838年至1842年，他们逐渐相信美国的经济利益受到了大洋岛民、不守规矩的水手和制图不足的威胁，从而支持美国进行探险。凭借他们的资金支持，美国在太平洋地区建立起一个商业帝国。第三章讲述了美国探险队回国的故事。该章讲述了探险家们如何利用探险队的出版物和标本，向白人中产阶级公民兜售全球帝国主义的概念，并获得了巨大的成功。白人读者如饥似渴地阅读探险的故事，他们涌入华盛顿特区的美国国家艺术馆，迫切地想要亲眼看到标本和奇珍异宝。帝国探险所得的物品强化了国内的等级制度，在阶级、文化和种族方面尤为如此。

第四章进入伊斯兰世界，描述了1847—1848年美国探险队对约旦河和死海的考察。本章表明，安排这项任务是为了支持新教保守派反对天主教移民，获得道德的制高点来贬低西部开拓者和圣经怀疑论者。信仰就是力量，探险队的福音派指挥官威廉·弗朗西斯·林奇（William Francis Lynch）希望美国尽可能多地积聚精神力量。事实上，林奇的探险队在很大程度上依赖于伊斯兰教徒，这是该探险旅程一个有趣的部分。第五章讲述奴隶制。它详细描述了在动荡的19世纪50年代，支持奴隶制的扩张主义者如何抓住海军勘探的机会，将美国的蓄奴区扩张到了南美洲富饶的河谷地区。虽然美国没有在南大西洋建立殖民地，但海军的探险活动表明，海军侦察可以为奴隶主的利益服务。第六章讲述美国首次赢得了欧洲的赞誉。19世纪40年代末，著名的英国探险家约翰·富兰克林（John Franklin）爵士和下属在北极地区失踪，他的妻子简·富兰克林（Jane Franklin）夫人向美国扎卡里·泰勒（Zachary Taylor）总统求助。美国海军响应号召，与纽约市一位叫亨利·格林内尔（Henry Grinnell）的商人合作。以他的名字命名的探险队获得了英国前所未有的赞誉，以性别主义和种族主义为标志的英美和解时代来临。

研究往往具有局限性，本书也不例外。内战前美国海军进行了17次探险行动，而本书仅选取了其中7次。每次远征都体现了内战前美国的帝国主义特征，尤其是在成为知识、商业、宗教、奴隶制和外交帝国等方面。在17次远征中，大部分远征是为了发展商业帝国，作者认为无须在讲述完美国探险扩张的故事之后赘述美国商业帝国主义的发展历程。这7次探险也是最知名的。因此，它们提供了最佳范例，让我们将帝国主义建设看作美国国内政治的发展来研究。最重要的是，本书并不认为新的支持者会永远支持探险计划。否则这种解释就太简单了，也忽略了彼此竞争的帝国扩张方式。[24] 相反，通过海军探险来满足民众最关切的需求，更具吸引力。在切身体会到探险带来的利益后，利益集团中"改变想法"的富裕美国白人开始支持远征活动，即便这些活动是为其他目的服务的。

这本书的中心论点是：作为一个帝国主义国家，美国的表现既非全是例外，也非毫无例外。[25] 伴随着探险家对欧洲航海行动的迷恋，美国成为一个超帝国主义国家。[26] 一方面，从本质上讲，探索主义并非原创，只是沿着欧洲国家长期以来的路线行走。另一方面，美国也让欧洲传统发扬光大。许多海外探险具备显著的美帝国主义特征，而非当时的欧洲帝国主义特征，比如南美奴隶制的扩展和对死海的勘探。尽管英国人也试图效仿林奇探险队（即乘坐小船从加利利海沿约旦河漂流至死海），但他们是为了解决地理难题，其目标是确定死海水位，而不是证明新教徒的观点。[27]

本书的另一个关键论点是：内战前的美帝国主义是多维的。尽管早期的国家领导人总喜欢把美国想象成一个年轻的大力神，但实际上它更像海怪克拉肯。[28] 内战前的美国是一个由上层和中层阶级白人掌权的国家。这个群体在种族和经济上排他，深信共和主义、资本主义、新教、白人至上主义、传统性别角色和帝国扩张。[29] 海怪的触角是内战前的各类帝国计划：横跨世界的海军远征，以及在北美西部、拉丁美洲、加勒比地区、太平洋世界、西非和国内的政府及非政府帝国项目。事实上，帝国主义的触角几乎总是回归大城市，这往往强化了所有触角秉承的相同原则。这些触角并非都是和谐的，它们有时互相妨碍，有时甚至互相争斗，这些冲突的恶果之一就是美国内战。正如探险主义者、海军中尉马修·方丹·莫里（Matthew Fontaine Maury）所说，关于奴隶制扩张的争论是"一个涉及帝国的问题"。[30]1860年至1861年，这个怪物一分为二，其中一部分吞噬了另一部分（即美国内战）。而在危机之前，各种团体——包括白人和黑人废奴主义者、自由思想倡导者、第一代女权主义者、和平主义者、传教士、北美印第安人，甚至一些工人阶级水手——都勇敢地试图唤醒国家的良知。然而，他们的反对意见基本都被忽视了，海怪帝国阔步前行。

内战前，美国如同传说中的海怪一样，是一个有机整体，或者说单一国家。21世纪的美国证明，国家可以有不同分支，而仍成为本尼迪克特·安德森（Benedict Anderson）所说的"想象的共同体"。[31]大量学术文献论述了美国民族起源的实际地点。自西奥多·罗斯福（Theodore Roosevelt）总统和弗里德里克·杰克逊·特纳（Frederick Jackson Turner）[①]以来，西方历史学家宣称，美国的民族认同形成于边境地区。其后，海洋历史学家声称，东海岸线比西部地区更为重要，尤其是在民族认同形成的早期。其他学者的研究能帮助我们理解美国民族认同的形成过程。在美国内战之前，通信业、运输业和印刷业的发展把整个国家，甚至将美国与其他国家联系起来。[32]随着这些行业的建设，美国各个地区紧密相连——白人尤其这么认为。

---

① 特纳（1861—1932），美国历史学家，在《边疆在美国史上的意义》一文中提出了著名的美国边疆理论。——编者注

这种联结掩盖了国家起源何处的问题,因为作为一个"想象的共同体",美国随着公民的迁徙和公民想象的扩展而扩张。民族认同紧随其后,哪怕越过国界。[33] 由于地区间联系紧密,国家的发源地便无从得知了。长期以来,对于美国国家发源地的问题,边境和海洋历史学家的答案都不是完全正确的。这是因为二者兼而有之:美国的民族认同形成于海洋和美国的东西南北,甚至遍布全球及其中心地带。它形成于美国共和国早期,是整个国家不断扩张的产物。

以下案例可以对此进行说明。死海勘探队指挥官威廉·弗朗西斯·林奇在遇到贝都因阿拉伯人后,根据他对北美印第安人的刻板印象做出判断。笔者使用"刻板印象"一词是因为尚未有证据表明林奇见过北美印第安人,他最接近印第安人的一次是乘坐西部汽船时读过的有关印第安战士的故事。[34] 尽管如此,他相信自己"了解"印第安人,并将这种城市和"文化""知识"传播到西亚。从字面上来看,他确实做到了,通过向奥斯曼帝国的苏丹提供与北美印第安人日常生活相关的文稿,他赢得了在奥斯曼帝国展开死海勘探的许可权。[35] 之后,林奇在撰写耶路撒冷探险故事的时候,把自己塑造成研究北美印第安人与贝都因阿拉伯人的专家,并将两者进行比较。[36] 密歇根州格拉蒂托堡的一名军官,基尼(Keeney)上校成为他的读者。[37] 虽然不清楚上校对林奇著作的评价,但这位海军军官(林奇)对北美印第安人的描述也许告诉他遇到原住民时应该怎么做。以这种方式,19世纪的通信、交通和印刷技术的发展创造了一个超越美国国境线的全国网络。美国把西部边疆、全球和都市都纳入自己的地盘。

内战前的美国是一个国际公认的"帝国"。美国海军的探索故事和科学发现帮助塑造了一个基于种族、阶级和性别的等级社会。在参观华盛顿特区的美国国家艺术馆后,白人会坚信其(假定的)社会、种族、文化和国家的优越性。同样,奴隶制捍卫者会使用大洋洲岛民的头骨和海军资料来合法化对黑人的奴役。福音派人士指出林奇对死海地区的勘探论证了《圣经》是真实的，不可置疑和批判。这种思维有助于国家建立反渎神法，创立基于良知的法律等级。[38] 传统性别主义者将失踪的英国探险家约翰·富兰克林爵士的妻子简·富兰克林夫人视为"高贵和忠诚"的理想化身。[39] 无独有偶，富兰克林夫人的朋友和盟友以利沙·肯特·凯恩（Elisha Kent Kane）因展示了白人男子气概和骑士精神，试图寻回约翰爵士而广受称赞。可见虽然世界主义拥有不少优点，但有时也会为国民带来压迫与制约。

最后，内战前的美国是一个全球性"帝国"，一个单一国家，一个帝国主义社会。早期的美国国民将自己的国家描述为"帝国"，但与今天相比，那时的人对于这个词的概念的把握是很不精准的。对这些早期的美国国民来说，"帝国"意味着对于任何广阔领域（无论是空间上还是文化上）的掌控或者重要的统治权。因此，"帝国"可以是私人的或者公共的，国家内的或者跨国的，甚至是自然的——例如"荒凉帝国"。[40] 一个人类帝国可能是领土意义上的，比如大英帝国或日本帝国；也可能是商业意义上的，比如"商业帝国"。[41] 科学家用帝国话术谈论着"科学共和国"，而基督教徒则试图扩大"伟大救世主的帝国"。[42] 当杰弗逊远眺西方，他看到的是一个联邦制的"自由帝国"。其他人则用"帝国"来指代军事实力，正如乔治·华盛顿幻想美国最终能在"在众多'帝国'中举足轻重"一样。[43] 本书将18、19世纪关于"帝国"的这些不固定的、通常含有积极意味的定义与我们更为现代的反帝国主义情感结合起来。它将帝国限定在文化统治或空间治理领域。在这个领域中，对于权力、资源的获取是按等级划分的。从这个意义上来说，国家艺术馆既是国家内的科学帝国，也是跨帝国的科学帝国。在美国国界之外，我们可以从太平洋地区窥见内战前美帝国的总体情况。正如第二章所述,在太平洋地区,海军及探险家通过签订条约,行使法律、司法权和国家暴力来迫使大洋洲岛民和普通海员屈从于美国资本主义的统治。

美国建立全球帝国是一项国家事业。虽然一些早期的海军部长试图阻止美国海外探索的发展,但其他部长都对此表示支持。19世纪50年代初,在国务卿约翰·彭德尔顿·肯尼迪(John Pendleton Kennedy)的领导下,美国海军部如同英国海军部一般,前所未有地关注帝国主义和权力扩张——这就是海怪的心脏。然而,即使肯尼迪也并非在孤军奋战,建立一个全球帝国并崛起是所有美国人共同努力的结果。在合众国早期,普通公民、应征入伍的海员、奥斯曼政治家、贝都因阿拉伯人、南美精英、曼哈顿商人、英国贵妇和格陵兰因纽特人都参与了美国的帝国计划。美国人如今仍生活在由上述这些人共同建造的"大厦"里。因此,至少从某种程度上来说,这也是他们的故事。[44]

第一章

耶利米·雷诺兹与知识帝国

碰上这猛烈的风暴，耶利米·雷诺兹（Jeremiah Reynolds）一行人不得不匆匆退到半山腰，身披雨水，脚裹泥泞，赶回他们的大本营。这是个简陋的前哨，守护着智利安图科（Antuco）山口，防止印第安人和亡命徒进入。他们加入了营地里的分遣小队，此时北方天边的飓风逐渐积蓄，向火山压近。后来雷诺兹回忆道，"那场景真让我们永生难忘"，夜幕降临，"劲风四起，呼啸怒号"，一场"疾风骤雨之战"随之打响，各种极端天象相互交织。"狂风暴雨卷积着飞雪冰雹"在山上倾泻蔓延，"火山顶端阴云密布，短暂沉寂之后，一道道闪电撕破云层，不知疲倦地照亮夜空。雷声轰鸣，震耳欲聋，在岩石廊柱间回响"。"山上时有飘雪，但仍可见若隐若现的火焰"，更远处溪水汹涌翻滚，"拍打着山上的岩石，留下层层白沫"。[1]

雷诺兹学识渊博，天赋异禀，他似乎总是信心满满、精力无限。他的雄心壮志如同他渴望征服的火山一般炽烈。雷诺兹曾在俄亥俄州做过教师和报社编辑，他痴迷于海洋探险，以及它能够带来的无限可能，并希冀通过这一活动使自己声名远扬。在1830年秋到达安图科之前，雷诺兹曾花费四年时间说服同胞们派遣一支国家探险队。他同约翰·昆西·亚当斯总统和亚当斯的海军部长塞缪尔·索瑟德（Samuel Southard）结为盟友。和雷诺兹一样，这二人都认为海军探险会让欧洲人对美国刮目相看。这三人致力于促使美国在南太平洋建立商业帝国，同时深信，知识比财富更加可贵。在这一宏伟愿景的激励下，他们组建了强大的精英联盟。联盟成员包括国家领导人，尤其是海军军官、州立法机构和国会中的"亚当斯派"，以及像科学家和船长这样的普通公民。联盟因利而聚,团结一致,呼吁开展美国在南太平洋的航海之旅。

然而他们的梦想化为了泡影。尽管众议院通过了两项探索法案,但当时颇具影响力的南卡罗来纳州参议员罗伯特·杨·海恩(Robert Young Hayne),给雷诺兹的荣耀之旅投了反对票。海恩是坚定的国家共和党人,也是参议院海军事务委员会主席,他更倾向于在太平洋地区建立商业帝国,而非知识帝国。海恩反对该提案的根本原因是担心联盟所提出的这种全国性、欧洲化,且富有煽动性的航海愿景会影响海军事务委员会的正常工作。他惧怕一旦提案得以实施,美国将踏上无休止的知识探索之旅。而这可能导致国家将以巨大的代价换取联邦权力的急剧扩张,乃至大肆建立海外殖民地。更可怕的是,这将导致美国的欧洲化。海恩认为,至少对白人群体来说,以维护商业安全为目的的航海之行是大有益处的,而知识之旅则会对自由帝国造成威胁。

在海恩的阻挠下,联盟的航海计划溃败,雷诺兹只好向南独行。1829年3月,他利用国家探险队的初期筹备,在纽约与人合伙创立了美国南部海域皮草公司,并组建了探险队。[2] 他与海豹商人而非美国海军一起抵达南半球。

在1830年一个非比寻常的秋夜,雷诺兹仰望天空,风卷云涌,似乎瞥见了自己多舛的政治命途。他炙热的航海意志不会轻易改变,但情势所逼,无奈间只得转换政治语言。雷诺兹意识到自己必须对国家共和党人关心的问题格外敏感,同时也明白巧言辞令能够赢得政客的支持。凤凰浴火,涅槃重生。雷诺兹知道,他和盟友已经在精英群体中激起了对于航海探索的热情。此次失败的提案本身就是一种探索,这表明19世纪20年代末的美国并不完全支持全球帝国主义。然而,联盟的航海计划几近成功,也显露出美国公民和政界人士对赢得欧洲赞誉的强烈渴望。另外,也展现出只要言辞得当,表明利益所在，还是会有很多美国政客充满航海探索热情。因此，雷诺兹必须朝着商业帝国迈进，知识帝国的计划只得暂时搁置。

此时雷诺兹心如磐石，他暗下决心，待返回美国，定大展宏图伟业。雷诺兹转过身去，堡垒破败的屋顶已然无力阻挡暴雨的侵入，他和队员们湿冷难耐，度过了一个漫长的不眠之夜。天将破晓，他们希望能顺利完成任务，登顶火山。现下，对于这一行人来说，只有黎明才能照亮前行之路。

耶利米·雷诺兹

耶利米·雷诺兹只是美国千万奋斗者中的一位。1799年，雷诺兹出生于宾夕法尼亚州，1808年，他随母亲、继父和继兄一起搬到了俄亥俄州的威尔明顿（Wilmington）。[3] 此时威尔明顿刚从森林开发为城镇，百业待兴。[4] 该镇的建筑大部分为木制，布局良好，共计6条主街、128块地。[5] 不久后，城镇规模扩大，砖混结构建筑出现。1810年，威尔明顿被设为县区首府。[6] 这里的人嗜酒成性，以粗野而闻名。如果哪个周六下午城里没有争斗，人们都觉得稀奇。[7] 正因如此，雷诺兹颇具男子汉气概，他体格强健，能很好地融入这里。雷诺兹的同龄人说他"少年老成"，成年后的雷诺兹"体格结实，中等身材，鼻子短，脸有点宽"。[8]

成年之后的雷诺兹，也一直崇尚男子汉气概。他说自己"从小吃苦耐劳，自力更生"。[9] 1828年，雷诺兹致力于组建亚当斯政府远征队，他认为自己"背负着时代使命，理应毫不犹豫挺身而出，从过去到现在，还没人能配得上伟大一词"。[10] 同年，他给一位赞助人写信，声称自己在试图说服弗吉尼亚人加入他的探险运动时"进行了勇敢的斗争"。[11] 后来有一次，他挑战了曾经最大的对手——海军部长马隆·迪

第一章
耶利米·雷诺兹与知识帝国

克森（Mahlon Dickerson），并挑衅道："（他）写的商业文章缺少男子汉气概。"[12]

然而，雷诺兹并不满足于做一个来自俄亥俄州的农场小子。他在镇子里滚圆木时的一件逸事也能证明确实如此。雷诺兹的继父叫乔布·杰夫瑞斯（Job Jeffries），他和继兄二人在当地被戏称为"乔布的牛"。雷诺兹在干活时不堪重负，累倒在地，一个小混混讽刺他说"还是个小牛犊呢"。周围笑声一片。雷诺兹站起来，爬上栅栏，"正了正身"，对街坊邻里们说："先生们，一直以来，我缺乏父亲的引导和保护，而你们今天却取笑于我。况且你们大多已成年，你们应该为合伙欺负一个幼小无助的男孩而羞耻。各位，你们对今天所取笑的这个男孩知之甚少，我向你们保证，未来的某一天，你们一定会因为曾和耶利米·雷诺兹一起滚过圆木而自豪。"[13]

当然，雷诺兹并不是美国唯一野心勃勃的年轻人。一位美国学者将雷诺兹成长的文化背景描述为"成功福音"（the gospel of ascent）时代。[14] 经济的增长增加了社会流动的机会，美国社会开始倡导的品质都与经济成功相关联。[15] 1840年，法国著名旅行家亚历西斯·德·托克维尔（Alexis de Tocqueville）曾发表评论，"在美国，有野心不足为奇"。[16] 雷诺兹的同胞们认同"前进""继续前进"的原则，并时常挂在嘴边。[17] 斯科特·桑德奇（Scott Sandage）称："美国的民族自尊来自永远对生活保有野心。"[18] 雷诺兹所在的俄亥俄州就是这一经济文化发展轨迹的一部分。19世纪初，俄亥俄州早已不再是穷乡僻壤，它长期以来受资本主义力量推动，而这一力量也正悄然改变着美利坚合众国。[19]

然而，即使在当时的标准下，雷诺兹的野心也非比寻常。他想要的不仅是一份体面的工作、属于自己的土地，抑或是富足的家庭生活，他想要的更多。他想成为一位伟人，为世人所铭记的伟人。就像他在1827年给赞助人的信中所说："虽然我并不伟大，但我终会成就辉煌！"[20] 1828年，他写信催促海军部，"给我些空间吧，我将为不朽的事业而奋斗"。[21] 信的结尾，他附了一首小诗："更高，让我们升得更高，登上荣耀的阶梯，这一次我们的名字，将在祖国历史的长河中永垂不朽。"[22] 如果说内战前的美国公民热衷于"成功福音"，那么雷诺兹一定是他们的大祭司。这也难怪对手们毫不留情地将他视为偏执狂。[23]

雷诺兹无穷的野心从何而来？父亲的缺席和他所受的教育或许都是缘由。雷诺兹的继父并不重视书本知识，为了支付自己的学费，雷诺兹必须在每日早晚和周六打工。雷诺兹捉襟见肘时，"曾去克拉克县的大草原上开沟，赚取金钱"。[24] 1816年，他凭自学当上了一名教师。[25] 和他许多同乡一样，雷诺兹对希腊和罗马文学颇为着迷。1819—1822年，他就读于雅典市的俄亥俄大学，是雅典文学协会和大学辩论社的活跃分子，并创立了该校的研学会。[26] 至于雷诺兹是否毕业尚未可知。1822年夏，雷诺兹师从弗朗西斯·格拉斯（Francis Glass），这是一位来自美国东部的古典语教师。[27] 受格拉斯和其他资源的影响，古典作家沽名钓誉的特点雷诺兹学了个十成十。举个例子，伊阿宋夺得金羊毛的传说① 令他着迷。19世纪30年代，他斥责对手说："我们合众国未来的普鲁塔克（Plutarch）② 会如何看待这种行为呢。"[28] 马隆·迪克森指责雷诺兹想成为"埃涅阿斯的舵手帕利努鲁斯"，[29] 但雷诺兹并没有反驳。事实上，他可能更希望迪克森把他比作埃涅阿斯，而不仅仅是其舵手。

儿时雷诺兹在关于航海发现的图书中体会到的浪漫，可能是他

---

① 古希腊神话中，王子伊阿宋（英文为Jason）的叔父篡位后，命令他去科尔喀斯夺取金羊毛。伊阿宋历经艰险，终于取得金羊毛，并夺回王位。——编者注

② 普鲁塔克，古罗马帝国初期的希腊人，属于上文提到的古典作家。——译者注

第一章
耶利米·雷诺兹与知识帝国

铸成伟业的另一个重要原因。虽然我们并不知道他曾具体读了什么，但雷诺兹坦言："早年间，我确实对航海和旅行类书籍颇有兴趣，那时我还没见过大海。"[30] 或许，他也曾像华盛顿·欧文（Washington Irving）那样，把探险书偷带到学校，"不好好学习，反而悄悄地看故事"。[31] 不管雷诺兹如何得到这些书，其中航海和海外旅行的记述使他确信，"我们的先辈开辟的航海事业为美国后续发展打下了重要基础"。[32] 当时的美国社会近乎将探险家神化，这可能也对他的性格产生了影响。雷诺兹身强力壮，聪明伶俐，但性格孤僻，爱钻研书籍。他把克里斯托弗·哥伦布这类庄重、威严的人视作榜样，而此时的哥伦布的确像一颗冉冉升起的明星。事实上，当雷诺兹说服他的同胞们支持美国海军的第一次探索之旅时，华盛顿·欧文也正在马德里书写着关于哥伦布的浪漫史诗。[33]

可以确定的是，亚历山大·冯·洪堡（Alexander von Humboldt）是雷诺兹仰慕的英雄之一。雷诺兹对洪堡的崇拜，充分表现了他的人生追求。洪堡是一位普鲁士男爵，1799 年至 1803 年，他踏上了穿越南美洲大陆的史诗之旅。回国后，他笔耕不辍，出版的科学著作风靡大西洋两岸。《科迪勒拉图集》（*Vues des Cordilleres*）和《新西班牙王国政治论文集》（*Political Essays on the Kingdom of New Spain*）的译本在英语世界广为流传，家喻户晓。[34] 洪堡的魅力在于他能将启蒙科学的优良传统与令人心潮澎湃的新兴浪漫主义情怀相结合。他几乎收集了自然史所有课题的资料，满怀热情地用富有诗意又近乎狂想曲般的笔法书写成章。在南美洲的探险，让洪堡感到自己归属于一个更大的、相互联系的有机整体，敬畏之情油然而生。在之后的作品中，他将这种统一的感觉称为"cosmos"（完整和谐的统一体系）。[35] 事实上，正是洪堡开创了现代生态学，即研究生物群落与其所在环境之间关系的学科。[36]

几十年来，历史学家和记者们传颂着洪堡对英语世界作家、科

020 无尽的海洋
美国海事探险与大众文化：1815—1860

亚历山大·冯·洪堡男爵

1859年由朱利叶斯·施拉德（Julius Schrader）所作。背景为今厄瓜多尔钦博拉索火山（Chimborazo）。洪堡是耶利米·雷诺兹等美国探险家不竭的灵感源泉。他们希望美国最终能获得洪堡所体现的那种欧洲贵族风度。[纽约大都会艺术博物馆供图；1889年H. O. 哈弗梅耶（H. O. Havemeyer）礼赠]

第一章
耶利米·雷诺兹与知识帝国

学家、探险家和早期环保主义者所产生的巨大影响。[37]雷诺兹就是洪堡的仰慕者之一。和洪堡一样，雷诺兹也是一位天赋异禀的作家，一位偏执的浪漫主义者，一位永不满足的冒险家。他的理论、方法和探险都深受这位普鲁士科学家的启发。[38]例如，他旅居南美洲，痴迷登顶火山，某种程度上就是在向心中"博学的洪堡"致敬。[39]雷诺兹后期不断地演讲、外出探险、出版书籍并重视同行提出的建议，与洪堡一直秉持的原则如出一辙。

表面上看，雷诺兹与备受尊敬的洪堡能产生共鸣似乎有些奇怪。一位在俄亥俄州接受传统教育，没有受过现代科学影响的老师，怎么能与一位欧洲贵族科学巨擘相提并论？原因就在于西方知识结构的演变。19世纪初，科学才开始逐渐成为一门单独的学科。几乎在整个启蒙运动时期，科学都是富有的绅士们的消遣爱好。事实上，直到19世纪30年代，"科学家"一词才出现；[40]在此之前，作家们将"科学"用作形容词，如"科学者们"或"科学团队"。[41]早期的一些科学家更多被称为"自然学家"、"自然哲学家"和"实验哲学家"。[42]19世纪早期，他们的研究范畴逐渐扩大。与启蒙时代的前辈不同，这些新兴的科学家们没有雄厚的资金基础，他们靠科学谋生。在美国，这些科学家与崇尚民主的自然学家们争夺权威。用一位历史学家的话说，这是"理性王国"与"事实民主"的较量。[43]这一现象在海洋和陆地科学领域均有出现，专业的天文学家、水文学家和气象学家与深谙海洋"秉性"、"业务突出"的水手们展开了知识的较量。[44]

这样一来，粗浅的经验知识与专业的科学理论相结合，形成了一个所谓的"知识帝国"。这一帝国涵盖甚广，包含自然界各类（且常有争议的）事实及方法论。专业的科学家在这个知识帝国中扮演着重要的角色，且越来越重要。正如卡梅隆·斯特朗（Cameron Strang）所说，"知识"一词比"科学"更具包容性，这样美国历史学家研究黑人、美国原住民以及工人阶级对自然界的理解就顺理成章了。[45]在美国建国早期，知识仍是相当民主的，至少对白人阶级是如此。除正规学习外，公民还可通过阅读、观察和亲身实践获取知识。雷诺兹或许算不上是"自然学家"或"科学家"，但就他所在的时代和国家而言，他博学多识且善于亲自探索，会去直观有力地感受自然。虽然一些竞争对手质疑雷诺兹的权威，但总的来说，这些品质赋予了他撼动美国知识帝国的能力，并将他塑造成一名推动者。[46]

即便如此，若没有遇到约翰·克利夫斯·西姆斯（John Cleves Symmes），雷诺兹可能永远不会成为一名探险家。西姆斯是一位退伍军官，也是雷诺兹俄亥俄州的同乡。像雷诺兹一样，西姆斯也痴迷于洪堡的探险。1812年美英战争期间，西姆斯任陆军中尉，功勋卓越。战争过后，西姆斯投身于科学发现与地理征服。在阅读洪堡的作品后，他提出了地球空心论：地球是空心的，内部嵌套着其他球体，"每一个球体都包含着高度区分的生命形式。由于这些球体都绕着地轴转动，它们会在两极处吸收大量海水，而后循环至海水淡化通道，再从地表喷发，形成赤道泉眼、尼罗河或是亚马孙河等大型河流的源头"。[47]西姆斯认为，在北极和南极可以找到通往富饶的地下世界的入口。他认为探险事业无比光荣且有利可图，并确信如果能发现藏在地心深处的富饶之地，美国将会在欧洲世界声誉大振。[48]

西姆斯沉迷于这一理论，往返于俄亥俄各地发表演讲。这位退伍军人自制了一套可旋转的地球仪，辅以磁铁和铁屑为观众演示讲解，人们兴致勃勃。他的演讲夹杂着热烈的民族主义，呼吁人们到北极探险，寻找通往地心世界的入口。[49]1824年前后，西姆斯在一次演讲中与雷诺兹初识。[50]当时雷诺兹是《威尔明顿投机者》（*Wilmington Speculator*）的编辑，还沉浸在大选的政治活动中。[51]西姆斯震撼人心的演讲鼓舞了雷诺兹。这位头发花白、知识渊博的长者的想法与雷诺兹自幼向往的探险之旅不谋而合。对雷诺兹来说，西姆斯似乎就是他离开威尔明顿、开启更伟大事业的钥匙。雷诺兹将这位老兵视为自己男子汉气概的标杆,"他是一位英勇的战士,一位值得尊敬的人"。[52] 尽管雷诺兹有些担心西姆斯的知识水平,但他更加钦佩这位长者对个人和国家荣誉的追求。[53] 雷诺兹当即辞去了编辑工作,追随西姆斯,加入各地巡回演讲中。[54]

当时并不只有西姆斯和雷诺兹渴望得到欧洲社会的认可和尊重。尽管早期的美国民族主义者党派色彩强烈,非常狂热,但在谈及欧洲看法时,依然会惴惴不安。[55] 美国公民对本国蓬勃发展的经济颇为自豪,也对本国卓越的政治体系赞誉有加,但与此同时,也有许多美国人担心同胞们缺乏才能与学识,他们对知识帝国仅有的贡献令人难堪。纪尧姆·雷纳尔(Guillaume Raynal)不屑地说:"美国迄今为止竟还未培养出一位优秀的诗人、一位出色的数学家或是艺术及科学领域的名家,真是令人震惊。"当英国大臣悉尼·史密斯(Sydney Smith)嘲讽道,竟没有人读过一本美国文学或能叫出一位美国化学家的名字时,美国的有志之士开始奋起维护自己的国家。[56] 因此,得到国际社会的认可不仅关乎个人,更关乎整个国家。许多美国白人精英认为,他们必须通过取得欧洲长期以来所拥有的那些艺术、科学和文化等方面的成就,来证明本国实力。从这个意义来说,血气方刚、富有野心的雷诺兹就像美国在广阔的大西洋世界中的一个缩影。也就不难理解,为何当雷诺兹得知曾经的导师弗朗西斯·格拉斯想用拉丁语撰写华盛顿(Washington)的传记时,他第一时间签字通过了这一项目。因为他想保存"每一件闪耀着(美国)智慧光芒的纪念品",以"颂扬那些美国本土的民族天才们"。[57]

约翰·昆西·亚当斯

美国公民认为他们在地理知识方面的成果是本国最明显的短板。

024 无尽的海洋
美国海事探险与大众文化：1815—1860

美国外交官凯莱布·顾盛（Caleb Cushing）在访问马德里时，遇到了西班牙探险编年史学家、西班牙国家制图办公室主任唐·马丁·费尔南德斯·德·纳瓦雷特（Don Martín Fernández de Navarrete）。纳瓦雷特带顾盛参观时曾这样说："很遗憾，也很意外，美国这个坐拥繁荣商业的富裕之国，竟完全忽视了自己在地理学方面对科学界、本国乃至世界应承担的责任。"顾盛顿时怔住了，"羞愧难当"。[58] 即便是美国在北美的探险，也曾经历了一些尴尬的插曲。例如 1804 年至 1806 年著名的刘易斯和克拉克远征，从科学的范畴分析，一定程度上算是失败的。因为在欧洲人眼中，完成探险只算是完成了这次远征的一半；而另一半是记录标本，出版科学读物并撰写这段探险的历史。一直以来，托马斯·杰斐逊都对梅里韦瑟·刘易斯（Meriwether Lewis）非常失望，因为刘易斯未能在其任路易斯安那州州长期间撰写出任何探险发现。于是杰斐逊认为有必要给杰出的洪堡写信，为国家未能公布探险结果而道歉。[59] 直到 1814 年，公众才阅读到那次探险的记录，而且是做过大量修改的版本。[60] 美国海岸勘测局的工作也不尽如人意。该局成立于 1807 年，负责绘制大西洋海岸的地图，但由于国会监管不力，政治重心转移，该局难以展开工作。1818 年，国会对其缓慢的进度深感失望，便将其解散。而后由国会议员和海军部授权的军队及官员接管该项工作，继续绘制大西洋海岸特定区域的海图。[61]

美国对世界地理知识的贡献乏善可陈，这让约翰·昆西·亚当斯总统异常痛心。虽然他的父母约翰·亚当斯（John Adams）和阿比盖尔·亚当斯（Abigail Adams）对他要求严格，希望他成为一名公务员，但他志不在此，自始至终他都求知若渴，对政治避犹不及。[62] 在亚当斯漫长的外交官和政治家生涯中，公务缠身的他会从自然科学中寻求慰藉。他享受着将自然史与公共服务相结合的过程。但要做到这点，仅凭热情是远远不够的。正如查尔斯·埃德尔（Charles

Edel）所言，亚当斯是一位伟大的天才战略家，他明白一国之崛起需要军事、政治、文化和道德等各个方面的持续发展。事实上，亚当斯是19世纪初美国扩张主义的中坚力量。他在诸多外交事件中都发挥了关键作用，例如1812年签订结束美英战争的《根特条约》（Treaty of Ghent），1819年《亚当斯-奥尼斯条约》（Adams-Onís Treaty），以及1823年门罗主义的形成，都有亚当斯的身影。这些外交成就划清了美欧的界限，并为美国的领土扩张做好了准备。时任总统的亚当斯需努力实现美国下一阶段的发展目标，即通过内部改革和提升科学文化素养，促进国家繁荣。在亚当斯看来，伟大的国家就像伟人一般，强大而独立，又兼具深刻的美学和科学。[63]

在研究国家与地理知识的关系时，亚当斯至少还能从当时对北美洲西部的军事勘探中得到些许宽慰。1825年3月，亚当斯在总统就职演说中敬告与会者："我们在探索联邦内陆地区阶段，已取得了一些进展，我们将通过科学研究进一步加强对我国资源的利用，来改善国家的内部状况。"[64]这里亚当斯提到的探索很可能是指1819年至1823年史蒂芬·H.朗（Stephen H. Long）少校进行的集军事企图、商业目的和科学目标于一体的西部系列探险。朗的主要任务是在密苏里河和黄石河交汇处修建堡垒。[65]然而，作为一名推崇洪堡式科学的前西点军校数学讲师，朗努力使其探索有助于美国科学的发展和疆域的扩大。1819年他沿密苏里河而上进行的探险，是联邦政府首次派出专业科学家随行，以收集西部原住民自然历史标本和民族志信息为主要目标的。[66]史蒂芬·H.朗的探险给亚当斯留下了深刻的印象，他推动陆军工程兵团进一步探索。这使得探险任务在亚当斯的任期内猛增。[67]

作为一名伟大的战略家，亚当斯知道，像史蒂芬·H.朗进行的这样的军队探险可以扩大美国的疆域和殖民地，从而增强美国实力。正如1827年《国家杂志日报》（Daily National Journal）所述："殖民者们争先恐后地紧跟着探险家的脚步，寻找新的落脚之地。"[68] 正因如此，西方世界著名的军队探险家约翰·查尔斯·弗里蒙特（John Charles Frémont）获得了"开拓者"和"平原哥伦布"的称号。[69] 不过，紧随其后的便是殖民掠夺，至少在美国西部是如此。

然而，在太平洋地区，情况则与之相反。1822年，詹姆斯·门罗（James Monroe）因蓬勃发展的美国商业的需要，组建了太平洋中队。[70] 而为了进一步保护本国商业，亚当斯决定效仿陆军，派遣海军进行探险。为寻求样板，他把目光投向东部。在大西洋彼岸，几个世纪以来，欧洲列强不断进行海上探险。启蒙运动前，这些探险大多有确切目的，即寻求领土扩张、经济掠夺，抑或是获得宗教荣耀、君主封赏。然而，随着科学革命的到来，探索发现不再只是为了追逐皇室、国家或宗教成就，而是为了发展科学本身。以科学为目的的探险，不断吸引着英国和欧洲其他地区的上层精英群体。[71]

在这方面，没有哪个欧洲航海家比詹姆斯·库克（James Cook）船长更有英雄气概。自1768年开始，直至1779年他在夏威夷去世，库克共领导了三次举世瞩目的世界发现之旅。与19世纪初的洪堡一样，库克是18世纪西方世界勇敢的科学探索者的缩影。[72] 亚当斯便是他的崇拜者，而英国海军部第二秘书约翰·巴罗（John Barrow）同样如此。在拿破仑战争后，成千上万的英国海军军官整日里百无聊赖、士气低沉。巴罗不断地游说他们要振作起来，去执行海军任务。[73] 他认为皇家海军应该派遣军官和士兵进行探险，扩大库克的航行规模。他相信此举能扩充科学知识，培养未来的海军军官，加快英国的对外扩张，增强民族自豪感。[74] 因此，19世纪初英国皇家海军部派遣了数十支探险队，从撒哈拉沙漠中尼日尔河的源头，到美索不达米亚、太平洋、南极洲和北极地区，他们的足迹遍布全球。[75] 事实上，皇家海军一直是西方探索世界的主力，直到19世纪中叶世界上的许多海洋及主要河流被探明，只有非洲和澳大利亚等大陆的内陆地区相对不为西方世界所知。[76]

受库克及其追随者的启发，亚当斯鼓励同胞们加入皇家海军，合力筑建知识帝国。他在自己的第一次国会年度致辞中传达了这一意志。1825 年 12 月 6 日，亚当斯在国会发表了宣言，一开始他就对议员们批评美国，称"论及美国在文明世界的地位"，它对天文学和海洋地理的贡献寥寥无几。亚当斯认为，"美国要想在世界文明国家中拥有一定地位，就有义务去完善那些个人无法获取的知识"。亚当斯列举了英国、法国和俄国的例子，他质问参会议员，美国公民"是否受到高尚而光荣的品德的约束，能否为社会贡献自己的一份精力和努力"。他将欧洲海军的发现之旅称为"英雄之旅"，说"他们不仅为自己增光添彩，也为人类知识的进步添砖加瓦"。亚当斯总统预料此番讲话会招致批评，于是他退一步，承认环球航行不切实际，并表示美国"可以在本国附近寻找有利的勘察对象"。他发现在北美太平洋海岸，"虽常有本国活跃的商业航海家光顾，但政府船只鲜有涉足"。于是亚当斯重申詹姆斯·门罗早先关于在哥伦比亚河上建立堡垒的呼吁，敦促国会出资并"派遣一艘装配完备的国家船只，探明这块大陆的整个西北海岸"。[77]

总统的讲话引发了美国的帝国主义者和联邦政权之间激烈的政治斗争。美国将成为一个帝国，这在政治家和精英阶层中已是定论，但真正的问题在于将成为哪种帝国。雷诺兹、亚当斯和西姆斯希望，美国除了成为自由帝国和商业帝国，还要成为一个知识帝国。但其他人并不同意这一观点，他们对总统认为的美国亏欠欧洲贵族的观点很反感。弗吉尼亚州《里士满问询报》（*Richmond Enquirer*）的一位编辑梳理了这场欠债争论，他嘲讽亚当斯道："如果美国因缺乏科学发现而'欠债欧洲'，那么对于我们为他们树立了一个自由政府的光辉榜样，欧洲又欠了我们多少呢？"[78] 他认为美国没有理由"与欧洲各国政府展开竞争，这是不切实际的想法"。[79] 其他公民也表示赞同。19世纪40年代，支持奴隶制的马修·埃斯特斯（Matthew Estes）在文章中说，美国社会"不像欧洲一般光鲜亮丽"，但"我们也不追求这些"；相反，"我们所拥有的物质基础，最终将为我们的国家创造一个比欧洲人所梦想的还要辉煌的命运"。[80] 他的想法是显而易见的：美国应该放任欧洲继续颓废、堕落下去；而美国则肩负着更重大的使命，即发展成"自由帝国"，至少对白人来说是这样。

亚当斯的观点很快便引发了众议院的激烈辩论，这表明人们对于美帝国的未来的看法仍有分歧。12月16日，马萨诸塞州国会议员弗朗西斯·贝利斯（Francis Baylies）提出一项提案，要求海军部长告知众议院是否有船只可供探测西北海岸。北卡罗来纳州的勒缪尔·索耶（Lemuel Sawyer）是亚当斯的朋友，他立即加上了一份探索北极的修正案。他说："是时候了，也到了这个国家加入光荣的发现之旅和人类进步事业的时候了……难道只有欧洲那些国王才配投身科学事业吗？"[81] 贝利斯断然反对。他援引英国先例，认为只凭一艘船不足以探索北极，因此索耶的团队需要更多的探险船只及大量资金支持。此外，贝利斯补充说，总统本人并没有提到北极，只提出对西北太平洋沿海地区进行探索。索耶反驳说，如此受限的探险将会是"蹩脚的马，无刃的刀"。他还表示，总统的话语暗示了更远大的计划。此外，"与提升国内外民族声誉相比"，这些费用算不得什么。令人震惊的是，众议院驳回了索耶的修正案，他们更倾向于贝利斯的原始提案。[82] 至少在众议院，商业帝国仍支配着知识帝国。

索耶提议将探险扩展到北极，很可能是受到了西姆斯的影响。早在1822年，西姆斯就向国会递交了他的第一份极地远征请愿书。[83] 从那时起，他在全国各大报纸上发布了大量演讲和信函，使得越来越多的请愿书投向了华盛顿。这些请愿书大多来自俄亥俄州，也有一些来自邻近的州，如宾夕法尼亚州，甚至是南卡罗来纳州。[84] 然而，到了1825年，西姆斯的影响力日胝月减。就连雷诺兹也变得焦躁不安。他厌倦了俄亥俄州。于是在 1825 年 9 月，他说服西姆斯转向东部，去东海岸主要城市的演讲厅进行巡回演讲。在路上，他们的关系破裂了。西姆斯开始嫉妒雷诺兹的演讲技巧，而雷诺兹对寻找温暖的极地海域的想法日益坚定，不再寻找所谓的地心世界，这让西姆斯气愤不已。两人恼羞成怒，分道扬镳，各自分开演讲。1826 年 8 月，西姆斯甚至打算与雷诺兹进行公开辩论。[85] 然而，那时雷诺兹的影响力早已超越了西姆斯，他似乎直接无视了西姆斯的约战——假使这场约战真实存在的话。1829 年，年迈虚弱的西姆斯在俄亥俄州去世。[86] 他的拥护者在墓前竖起了一座带有空心球体的纪念碑。[87]

西姆斯去世后，雷诺兹立刻与其假说划清界限，而这些假说早已成为笑柄。就连雷诺兹心目中的英雄洪堡，也公开嘲笑"西姆斯的洞"。要知道，洪堡平时对其他科学家是很宽容的。[88] 相反，雷诺兹转而开始强调一个更为流行且由来已久的假说：在西姆斯认为存在洞口的两极地区，有温暖的极地海洋，那里生机勃勃，生活着海豹和鲸等生物。[89] 西姆斯曾设想自己能在北极获得荣耀，而雷诺兹则提议前往"美国南部海域"，即美国人之后所称的南太平洋区域。[90] 他希望能"在所有地球经线汇聚之地"插上美国国旗，[91]"在南极圈享受一杯用皮草生意换来的香茗"。[92]

雷诺兹的设想表明，美国与中国的贸易对他的计划产生了重大影响。事实上，长期以来，寻找适销对路的商品去广州交换茶叶和瓷器，一直是美国向外扩张的一个驱动因素。中美贸易始于 1783 年，当时一位叫约翰·莱德亚德（John Ledyard）的美国探险家出版作品，记录了库克在美国的第三次航行。莱德亚德曾是库克探险队的一员，他记述了库克的手下如何在中国广州出售海獭皮，并获取巨额利润。[93] 之后，这一利润丰厚的贸易逐渐兴起，马萨诸塞州的货主们以物易物，从西北海岸的印第安人那里获取海獭皮，然后运到中国进行交换。[94] 由于海豹皮厚，易于剥制、干燥，更靠南的康涅狄格州和其他州的船员们开始捕杀海豹,然后再卖给中国的皮毛商人。这样的结果就是,位于太平洋东岸和南极圈的海洋哺乳动物栖息地,俨然成了动物屠宰场。[95]中国商品的诱惑促进了对大陆的勘探。例如,杰斐逊在给梅里韦瑟·刘易斯的指示中表示,希望刘易斯能探索出一条从密苏里河到太平洋的路线,将跨密西西比河西部的毛皮贸易与广州的贸易连通起来。[96]

到了19世纪20年代,捕鲸船也涌入太平洋地区。自殖民时代起,捕鲸业便因售卖抹香鲸头部的鲸脑油获利颇丰。由鲸脑油制成的蜡烛,光线格外亮白清晰。[97]然而,到了18世纪晚期,大西洋的抹香鲸数量因大量捕捞而锐减,所以捕鲸者开始在太平洋寻找新的捕捞地。1791年,楠塔基特捕鲸船第一次绕过了合恩角。[98]这一意外之行使得美国在太平洋的捕鲸业也随之扩大。1819年,美国捕鲸者远征日本寻找猎物。1820年,他们向南美洲西部进发,开辟了近海陆地,这片广袤的海洋领土是得克萨斯州的两倍。[99]1828年,他们的鲸捕捞范围已至印度洋。[100]

在雷诺兹看来,商业活动使"美国南部海域"成了"美国的名望之地"。[101]美国不仅是一个商业帝国,也是一个工人阶级的、极具男子汉气概的知识帝国。[102]雷诺兹将欧洲的精英科学帝国赋予了更具民主性的美国形式。在他看来,"美国南部海域"是块英雄之地,那里英勇无畏的人们通过追逐危险的海洋生物来证明自己。他对水手们的阳刚之气推崇备至,也许这让他想起青年时期在俄亥俄州相识的那些粗野好斗的人。雷诺兹甚至曾直白地将鲸和海豹猎人比作"强壮的西部野人",他们经常"不知疲倦地追捕那些野生动物……直至荒芜的海洋深处"。[103]从这一意义上讲,雷诺兹认为"美国南部海域"是北美西部的延伸。正如吉米·布莱恩(Jimmy Bryan)所言,19世纪20年代和30年代,心怀浪漫的白人男子前往西部去探险,并逐渐形成了在种族上排外的男性意识。雷诺兹的著作和经历表明,这种破坏性的倾向不仅指向美国西部，还指向南方和海洋地区。[104]

雷诺兹在其著作《摩卡迪克》(Mocha Dick)中，充分表现了他对美国水手的无限敬佩。1839年5月，《摩卡迪克》以短篇小说的形式，首次在纽约某杂志上发表，它讲述了在南美洲海岸附近，一头名为摩卡迪克的凶猛的白色抹香鲸被人类追逐，最终惨死大海的故事。[105]这个故事后来成了赫尔曼·梅尔维尔（Herman Melville）创作《白鲸》(Moby Dick)的灵感之源。[106]雷诺兹说，这个故事是从一个直接用鱼叉刺死一只白鲸的大副那里听到的。他描述道，这位大副是一个肌肉发达、崇尚民主的超人。他用无穷的勇气和娴熟的技巧，征服了这头"海洋之王"。[107]和摩卡迪克一样，大副本人也是一个天生的怪胎，他"肩膀突出"，长臂"松弛地挂在身上"，"肌肉发达的身躯显得怪诞而笨拙"。[108]大副试图杀死那头鲸，又想"试一试这位勇士健硕的肌肉"，这是一场勇气和力量的较量。[109]在一次追击中，当摩卡迪克转身向大副的捕鲸船撞去时，船上的一位捕鲸人"健壮的手臂"在白鲸猛攻下卷起的泡沫中竟有些犹豫。[110]大副从这里接手，发起了第二次进攻，用捕鲸叉刺向摩卡迪克，把它刺得鲜血淋淋，直至死亡。在故事的结尾，雷诺兹称这个故事为"捕鲸人浪漫生活的典范"。在他看来，太平洋是一片"无尽之海"，虽"艰难困苦"，充满"冒险"，却可成就伟业。[111]

同盟及赞助人

雷诺兹对美国南太平洋渔业的肯定，使他赢得了相应的政治支持。他认为联邦政府尤其有责任巩固并扩大这个同时拥有技能和知识的民主帝国。换句话说，太平洋地区应效仿美国西部一直以来的做法，通过勘探和制图来扩大投资。因此，雷诺兹与亨利·克莱

（Henry Clay）和亚伯拉罕·林肯并无二致，他们都相信一个强大、积极的联邦政府可以为普通人创造奇迹。事实上，在1824年，雷诺兹的确是克莱的坚定支持者，愿为辉格党（国家共和党后来的名称）终身效力。[112] 他完全赞同亚当斯将海洋探索视为一种"扩大"内部改革的形式，一位学者称其为"外部改进"，或是为追逐商业扩张所带来的利益而发展海洋探索。[113]

要说服联邦政府，尤其是国会，就意味着要在上层找到盟友。这就揭示了雷诺兹政治活动中一个深刻的矛盾：虽然他非常钦佩在"美国南部海域"工作的工人阶级水手，但他深知，要想开启他的探险生涯，离不开统治阶层和社会精英的支持。更重要的是，雷诺兹渴望成就的不朽伟业，本质上就是精英阶层的。事实上，他的偶像洪堡（尽管是共和派）出身贵族，而雷诺兹出身卑微，却想踏入国内和国际社会的最高阶层。就像大陆海军军官约翰·保罗·琼斯（John Paul Jones）和探险家约翰·莱德亚德，雷诺兹意识到，与精英的亲密接触可以助他达成目标。于是雷诺兹模仿他们，开始在美国社会的最高层结交赞助人。这种做法复刻了成熟的政治社交模式，该模式在大西洋世界数代有抱负的年轻人中掀起了狂潮。[114]

雷诺兹首先赢得了亚当斯政府的支持。当时的报纸时常刊登官方政治新闻，做过记者的雷诺兹对亚当斯总统第一次年度讲话的内容非常敏感。在读到亚当斯的讲话时，他大为所动，因为亚当斯像他一样，也是一位珍视荣誉的行政长官，而且认为美国此时正需要通过一次发现之旅来确立自己"在地球文明国家中的地位"。[115] 与勒缪尔·索耶一样，雷诺兹从字里行间中领会到，此时的亚当斯比起去哪探险，更关心探险队能否真正出征。所以雷诺兹确信他能引导亚当斯支持前往南极探险，而非大西北海岸。

于是，雷诺兹前往美国华盛顿继续发展他的探险事业，以招募更多的政府同盟参与他的南半球荣耀远征，为他自己，也为了这个

第一章
耶利米·雷诺兹与知识帝国

国家。刚一到华盛顿，他就抓紧拉拢亚当斯的政府成员。1826 年 8 月，他给亚当斯的海军部长塞缪尔·索瑟德写了一封信，信上说："我此行的目的是诚挚地向各位负责人介绍一项计划——派出远征队前往美国以南的未知海域，以探索科学的广阔和自由。"雷诺兹在信中提到他将于当晚在该市进行演讲，并邀请索瑟德出席。[116]

尽管索瑟德的回信（如果确有回信的话）内容已不得而知，但雷诺兹很快就发现索瑟德是一位备受欢迎、对探险充满热情的赞助人。索瑟德是新泽西州的杰出人物之一，自 1823 年起，他先后在詹姆斯·门罗和亚当斯手下担任海军部长。[117] 虽然索瑟德曾与约翰·C. 卡尔霍恩（John C. Calhoun）结盟，但他很快成了亚当斯和亨利·克莱的亲密盟友。[118] 和亚当斯一样，他也是一位伟大的科学赞助人，[119] 一位狂热的海军爱好者。他曾多次敦促国会议员将美国塑造为亚当斯口中的"海军强国"。[120] 对雷诺兹来说，索瑟德认为应倚仗海军保护该国的商业发展，这一点至关重要。1826 年，索瑟德命令太平洋中队勘探太平洋群岛，并与大洋洲的首领们进行外交会谈，以保护美国船只在此航行。[121] 1826—1827 年，托马斯·爱普·盖茨比·琼斯（Thomas ap Catesby Jones）船长执行命令，出海探险。[122] 他回国后，亚当斯和索瑟德都饶有兴趣地阅读了他的航海报告。[123]

索瑟德十分欢迎雷诺兹的加入，因为政府迫切需要盟友。其时，亚当斯经过这个年轻的共和国历史上最具争议的大选，入驻总统官邸。1824 年，国家共和党内部爆发了潜藏已久的党派之争，五位政党领导人都希望接任即将离任的詹姆斯·门罗总统。亚当斯、克莱和卡尔霍恩以蒙罗维亚国家共和党人的身份参加竞选，而佐治亚州的威廉·H. 克劳福德（William H. Crawford）则代表老共和党（杰斐逊派民主共和党）参选，他们坚守着保守派杰斐逊在 18 世纪 90 年代提出的最初的信念。[124]

必须提到的还有一位重要人物——安德鲁·杰克逊（Andrew

Jackson)将军。1812年美英战争接近尾声时,杰克逊获得了新奥尔良战役的胜利,他以军事首领和印第安人征服者的身份一战成名。但他对当时的重大问题,尤其是内部改革问题保持沉默。这一战术非常成功,在1824年总统大选中,杰克逊以最高票赢得了普选。但他所获选举人票数未过半,所以选举结果交由众议院裁定。当克莱意识到自己无望成为总统后,便欣然转变为"造王者"的角色。与亚当斯商议后,克莱全力支持这位马萨诸塞州的候选人,并为他赢得了总统选举。选举过后,亚当斯提名克莱为国务卿,这个职位通常是通往总统宝座的垫脚石,杰克逊对此大喊不公。[125] 他怒气冲冲地说:"西方的犹大完成了任务,获得了他的三十枚银币。"[126]

杰克逊及其盟友谴责亚当斯和克莱之间的"腐败交易",他们开始攻击亚当斯政府,并准备于1828年再度参与大选,势必将亚当斯扳下马。1826年中期选举时,对于亚当斯的选举方式的愤怒使得国会两院均落入杰克逊派之手,进而引发了对亚当斯政策的强烈反对。[127] 总统的第一次年度讲话,连同其富有远见的关于联邦内外改革的愿景,让杰克逊派更加怒火中烧。1828年5月,亚当斯将国会描述为一个"反对派群体",充满了"对我的愤恨、无情和恶毒的控诉"。[128] 亚当斯在国会备受排挤,这就注定了他无法带领国会通过立法议程。要想让探索事业蓬勃发展,政府就需要一位受欢迎的公众倡导者。

如此一来,雷诺兹私人参与者的身份反而成为优势所在。毕竟,给一个腐败的亚当斯派公职人员挑刺轻而易举,但想要责骂一个忠诚的公民并没那么容易。虽然以前的历史学家认为19世纪的联邦政府软弱无力,但我们现在认识到,联邦政府愿意与个人合作并不能证明其软弱。相反,联邦政府的邮政系统、海关,以及它塑造美国法律、商业和社会的能力,都证明了它是一个高效、持久的权力机构。雷诺兹和亚当斯政府这样的公私联盟就是这一结构的支柱,它可以模糊普通美国公民对美国政府统治方式的了解;如果政府试图

第一章
耶利米·雷诺兹与知识帝国

通过更传统、公开的手段来强化权威，可能会激起美国普通公民对（国家）共和党的愤怒情绪。[129] 考虑到全国上下对亚当斯第一次年度讲话的强烈抗议，寻找一位有才华、有激情的志愿者以支持总统的意志是一个好的解决方法。雷诺兹就是这个绝佳人选。尽管亚当斯和索瑟德很重视雷诺兹的主张，并视他为海军代理人，但雷诺兹仍需自己出资探险。这位饱含热情、才华横溢的演说家实际上是一个穷苦的商贩，到1828年11月，他已身无分文，甚至连一张去布鲁克林的船票都买不起。[130]

在这一政治大环境下，亚当斯和索瑟德欣然接受雷诺兹作为海军探索的政府公使。现存最早的索瑟德给雷诺兹的信件可追溯到1827年7月11日，在信中索瑟德给雷诺兹打气："尽管我并不支持西姆斯先生的主张，但我对探险事业能否达成深切挂念，如果这项伟大的事业能成功，定会使我们的知识储备大增，扩展国家之利益，彰显民族之荣耀。"[131]

现在，雷诺兹面临的挑战是如何说服国会支持海军对南半球进行探索。在赢得行政部门的支持后，雷诺兹决定与全国各地的精英结盟以打破国会的僵局。因此，他开始在东海岸的主要城市进行大型巡回演讲，参与了某位评论家所说的"选举演讲"。[132] 正如雷诺兹对索瑟德所说，他们的目标是"引导公众的舆论力量，用人民主权的意愿攻击民主党人"。[133] 总体来看，雷诺兹很少在西部进行演讲，因为他深知俄亥俄州和其他西部州的政治家定会支持他的事业。由于西姆斯早已打下基础，俄亥俄人对探险计划已十分熟悉，他们十分欣赏这个颇具才华的年轻人，况且他还是西姆斯的盟友。后来，雷诺兹在东部俨然成为一位全民偶像，俄亥俄人和其他西部州人民自豪不已，称他不愧是西部的好儿郎。再后来，当国会不确定雷诺兹是否能加入美国探险队时，俄亥俄州和其他西部州的议员们"以西部人民的名义"保举雷诺兹加入。[134] 基于这些原因，1827年11月，雷诺兹写信告诉索瑟德，他们"可能得依赖俄亥俄州的支持，且我相信肯塔基州也会支持我们"。[135]

雷诺兹早期将重点集中在南方。他知道这里是老共和党和亲杰克逊派的港湾，所以他想尽量降低这些反对之声。雷诺兹认为只有亲自前往南方才能达到目的，于是，1827 年 1 月，他踏上了穿越南方的冒险之旅。他后来对索瑟德说："事实上，我访问南方最主要的目的不是争取更多的选票，而是为了消除南方的偏见，激起南方的共鸣，在 90 度纬线处染上属于我们的色彩。"[136]

听了雷诺兹的演讲，南部的白人（也许还有一些黑人）眼前一亮。但后来，有人评价雷诺兹的演讲是"枯燥无味"的，"充满悲伤，仿佛内心充斥着巨大的伤痛"，不过这也是在他的探险希望破灭很久之后的事了。[137] 作为年轻一代，雷诺兹充满激情、幽默，言辞有力。他的演讲仿照西姆斯，而西姆斯又在复刻他们共同的英雄洪堡。洪堡是一位杰出的演说家和作家，他的座右铭是"作家必须敲响唤醒世人的警钟"。[138] 从雷诺兹演讲大获成功这点来看，他似乎确实做到了这一点。1827 年时，雷诺兹也许还保留着西姆斯演讲时的道具，如新制的地图、木制地球仪，以及演讲中提到的著名探险家的肖像。很显然，他重视语言的力量。他曾告诉索瑟德，"如何措辞至关重要"。[139] 雷诺兹援引前浪漫主义英国诗人托马斯·格雷（Thomas Gray）的名言，说自己的目标是要一直用"呼吸的思想和燃烧的语言"来写作和讲话。[140]

南方上流社会的白人似乎大为所动。马里兰州的州议员就是雷诺兹的第一批盟友。在 1913 年第十七修正案通过之前，各州的联邦参议员都由州议会选举产生，雷诺兹希望他们的支持能给华盛顿的参议员施加额外的压力。1827 年 1 月 23 日，他从安纳波利斯向索瑟德发送了一份仓促的捷报信，称州议会"今天几乎一致通过了随附决议"。在查尔斯顿，雷诺兹也在寻找和拉拢有社会地位的公民。

第一章
耶利米·雷诺兹与知识帝国

1827 年 5 月,刚抵达当地不到一周,他就向"备受尊敬的听众"发表了他的第一次演讲。在一次与当地贵族、国会议员小詹姆斯·汉密尔顿(James Hamilton Jr.)上校的会面中,雷诺兹向他承诺,索瑟德将为他提供海军资助,以换取他的支持。汉密尔顿立即保证,将在国会为这次远征提供援助。雷诺兹欣喜若狂,他对索瑟德说:"南部各州会和我们站在一起。"[141]

雷诺兹从查尔斯顿搬到了上南部地区。1827 年 12 月,他在北卡罗来纳州获得了足够的支持。雷诺兹在给索瑟德的信中说,这感觉就像尤里乌斯·恺撒大帝所说的,"吾至,吾见,吾征服"。[142] 1828 年 1 月,这位自诩的征服者已越过弗吉尼亚,来到里士满人头攒动的代表大厅,在老共和党的大本营向其发起挑战。后来他在给索瑟德的一封信中回忆道:"听我解释宪法,你会觉得很有趣。我确信,这次探险没有触碰到'各州仅存的那一点儿权利'。"有人担心这次远征违反宪法,会"把钱从一个人的口袋里掏出来放到另一个人的口袋",雷诺兹对此并不理会。他宣称海上探险是关乎国家的大事,它远远超出了任何一个州的能力范围。为了获得法律支持,他提到了路易斯安那购地案①,并指出刘易斯和克拉克的远征就是一个先例。他还提到了弗吉尼亚州曾经的扩张史,如购买路易斯安那州和国会议员约翰·弗洛伊德(John Floyd)主张吞并俄勒冈州等事件。"我勇敢地进行了斗争,"他向索瑟德夸耀,"我们无须担心这里的反对派了。"[143]

雷诺兹也培养了一批北方精英。在马里兰州的黑格斯敦时,他

---

① 路易斯安那购地案是指美国于 1803 年以大约每英亩(约合 4046 平方米)3 美分的价格向法国购买超过 529911680 英亩土地的交易案,该交易的总价为 1500 万美元(或相当于 8000 万法郎),购地所涉土地面积是今日美国国土的 22.3%,与当时美国原有国土面积大致相当。
——编者注

曾对一位朋友说："市民们热情高涨，甚至女士们也能在半小时内筹到50多美元。"一位纽约富豪承诺为探险出资1.5万美元，以换取船上的一个位置。[144] 在更北处，雷诺兹不费吹灰之力便取得了当地船长的效忠，因为这些船长知道探险与自己的利益息息相关。1828年2月，楠塔基特公民起草了一份请愿书，请求通过航海制图来保障捕鲸贸易。他们特别敦促海军前往未知岛屿，营救海难的幸存者。他们写道："我们许多无畏的航海者，现在也许正在这无垠的大海中的某个荒岛悲惨度日。"[145] 新英格兰的各家报纸对此表示赞同。19世纪20年代后期，他们一直大量报道雷诺兹的行动以及华盛顿海军探险的政治动向。马萨诸塞州新贝德福德市的《新贝德福德墨丘利报》（New-Bedford Mercury）就是其中之一，该市是美国最大的捕鲸港，也是美国最富有的城市之一。[146] 19世纪20年代末，不出所料，大多数支持海军探险法案的联邦议员都来自新英格兰。[147]

海军军官是来自全国各地的精英。虽然并非所有的海军军官都出身显赫，但在美国社会，海军这个职业本身就是"绅士又光荣的"。[148] 由于海军军官职位有限，许多军官在正式任职之前都要忍受漫长、痛苦的等待。[149] 鉴于英国皇家海军在和平时期曾有雇用军人的先例，美国海军军官也渴望像他们一样得到派遣任务。探险将为海军军官开辟另一条晋升和成名之路。[150] 1828年2月，当雷诺兹写信询问托马斯·爱普·盖茨比·琼斯上校对探索的看法时，琼斯热情地表示支持："你设想的航行，将会为我们的商业，当然还有国家利益，带来巨大的财富。"[151]

科学家也渴望能为国效力。在1846年史密森学会（Smithsonian Institution）成立之前，联邦政府对科学家的支持微乎其微，他们只能在西点军校担任教员，或在美国军队和海岸调查局获取零星工作。而从事科学研究的绅士们和支持者们则可在高校中找到工作，他们担任私人导师，或是通过国家地质调查找到工作。他们还会与纽约自然历史学会（Lyceum of Natural History）和设立在费城的美国哲学学会（American Philosophical Society）等私人自然历史学会进行合作。即便如此，许多科学家仍然感到自己的同胞们对他们避犹不及。1829年5月，一封写给索瑟德的信中说道，"在美国，科学仍是个没人干的行当"。[152] 因此，科学家们"在勘探方面的成果与海军相比半斤八两"，也是意料之中的事。[153] 和海军军官一样，美国的科学家也渴望有朝一日能像英国和法国的科学家一样获得工作机会，因为在欧洲的探险航行中，这些欧洲科学家偶尔会担任博物学家。例如，1828年7月，雷诺兹向索瑟德报告称，著名博物学家詹姆斯·埃尔斯沃斯·德·凯（James Ellsworth De Kay）正在考虑"为国家海军服务，相信坐着官方船舶航行世界，不论去哪，都是研究他最热爱的自然史的绝佳机会"。[154]

海军军官、科学家和船长组成的联盟非常重要，因为他们会对国会议员产生特殊的影响。许多海军官员早已被政治精英所熟知。毕竟，海军候补军官转正前通常需要获得行政部门的委任，因此国会议员以个人的名义为他们写一封私人推荐信就十分重要。[155] 鉴于现役任务的短缺，许多海军军官也明白，得到参议院的批准是升官的必要条件，因此有身居高位的朋友可以增加他们在海军服役和晋升的机会。[156] 如哈罗德·兰利（Harold Langley）在信中所写的那样："海军里有句名言：在华盛顿的一次'巡航'抵得上两次合恩角巡航。"[157] 同样，美国建国初期，大多数科学家和商人都来自美国社会的精英阶层，这也增加了请愿书的分量。国会议员非常在乎请愿书的发起人是否"受人尊敬"。马里兰州众议员托马斯·C.沃辛顿（Thomas C. Worthington）和宾夕法尼亚州众议员詹姆斯·布坎南（James Buchanan）都认为，鉴于"这些请愿者的身份和地位"，这些请愿书值得政府"予以关注"。[158]

雷诺兹的联盟聚集了形形色色的人，代表着知识帝国参与者的广泛联盟。从精英阶层到寻常人家，从工人阶级的海员到富有的绅士，还有海军军官、顶尖科学家和商船船长，他们在这里各司其职。乍一看，海员似乎更符合商业帝国主义者的范畴。从某种程度上讲确实如此，然而，水手们也知道，知识对商业至关重要，这样既可以得到准确的海图，又可以掌握新的贸易机会和资源。1828年4月，索瑟德在写给众议院海军事务委员会主席的一封信中明确指出，探索之旅将是"寻找新的、利润丰厚的贸易的源泉"。[159] 马萨诸塞州的《纽伯里波特先驱报》（Newburyport Herald）也认同这一观点，他们将南太平洋描述为"一片广阔的水域"，敦促各国"勘查其岛屿及大陆，包括位于未知海域内的潜在的其他渔业宝藏"。[160] 一如往常，雷诺兹精准地总结道："捕猎海豹和探索发现之间有着密切的联系。"1829年，他告诉约翰·昆西·亚当斯："在南半球纬度最高的地方，海豹数量众多，毛皮质量上乘。"[161]

人们不禁发问，雷诺兹是否知道探险会引发"美国南部海域"的环境灾难？不幸的是，他很清楚这一点。与梅尔维尔不同，雷诺兹深知海洋哺乳动物的数量有限。[162] 他曾对一位国会领袖说："捕杀鲸和海豹已造成了不可逆转的破坏，大量的捕杀使得这些动物更加胆小，种群数量也变得更少。太平洋海豹的数量在不断减少，国家对海豹皮的需求却在不断增加。"[163] 就个人而言，雷诺兹厌恶对海豹残忍的猎杀，他在1829年6月给索瑟德的信中写道，"剥下那些可怜动物的皮是最为野蛮的行为"。[164] 但这里陷入了一个悖论：雷诺兹一面赞扬那些在"美国南部海域"捕杀海豹、鲸的"顽强的航海家"，一面又暗暗谴责他们对这些动物的灾难性打击。[165] 他曾哀叹道："究竟什么地方可以免于人类侵扰，究竟哪种生物可以免遭人类屠杀！"[166] 尽管如此，正如亚伦·萨克斯（Aaron Sachs）所说："雷诺兹的探索加剧了对动物的屠杀，助长了人类对自然界的掠夺。"[167] 雷诺兹可能有些矛盾，但最终他还是坦然接受了对海洋哺乳动物的猎杀，因为这样做能促使国家对"美国南部海域"进行探索。

抛开对环境的担忧不谈，雷诺兹培养精英的策略成效显著。当他从查尔斯顿把请愿书寄给索瑟德时，他曾承诺，这份请愿书"只是暴风骤雨前的小水珠，明年10月要发生的事才是重头戏"。[168] 雷诺兹的话应验了，当他在全国各地进行演讲时，越来越多的州议员和精英人士的请愿书涌向了国会大厦，涌进了索瑟德在华盛顿的办公室。[169] 1827年10月，雷诺兹对索瑟德说："我们现在已占领高地，可以用人民的力量威胁民主党人。"[170] 11月，他从波士顿写信给海军司令部，为自己的成功兴奋不已。"人民与我们同在"，他对索瑟德说。"我马上给你寄一份波士顿和新泽西州特伦顿的请愿书，"雷诺兹若有所思地说，"有了这些和其他力量，我相信国会立即采取行动。"[171]

组织远征

正如雷诺兹所想，在公众压力和舆论的推动下，探索立法行动得以顺利进行。1828年5月21日，众议院投票通过了一项法案，授权总统派遣"一艘小型公务船到太平洋和美国南部海域勘测附近的海岸、岛屿、港口、浅滩和暗礁"，但前提是"今年不需要进一步拨款即可完成"。[172] 虽然此次出海并不像亚当斯所期望的那样声势浩大，但他依然是开心的。1829年2月，亚当斯与雷诺兹共进晚餐时说："在过去的议程中，没有比这个决定更让我高兴的了。"[173]

没有亚当斯总统的支持，这次远征必不可行，然而之后的一次工作失误却险些让这次远征半路夭折。法案应于1828年5月26日之前提交给参议院，当时第20届国会第一次会议因夏季休会而结束，众议院尚未能将法案提交给参议院。由于第二次会议的召开时间是 12 月 1 日，因此参议院几乎没有时间在众议院法案规定的最后期限内审议这项法案。亚当斯和索瑟德当即做出了一个冒险的决定：虽未得到参议院的批准，但也要为此次远征做好万全准备。[174] 他们为这一决定开脱，认为重要的是结果，而不是手段，况且留给他们的时间不多了。7月，亚当斯与索瑟德和海军准将约翰·罗杰斯（John Rodgers）会面时表达了自己的忧虑，他认为此次远征应该进行，且应该在现任政府下进行。他预感"明年我们可能不会再有这种机会了"。[175]

在 19 世纪 20 年代的探险运动中，他们的这一决定极具讽刺意味：当雷诺兹、亚当斯、索瑟德等人急于向欧洲列强证明美国也有能力进行探索之旅时，实际上他们却绕过了（国家）共和党的管辖。雷诺兹一想到要派遣"美国有史以来第一次，乃至世界任何共和制国家中的第一次探索新海域的远征队"，他的"灵魂仿佛要烧着了一般"，但私下里，他还是会对那些办事迟缓的国会代表嗤之以鼻。[176] 雷诺兹最喜欢的形容词是"小"，他会说，"我们只需等那个小法案通过""小政客们希望它延期"。[177] 亚当斯和索瑟德运筹帷幄，以便探险队能顺利航行。[178] 随着时间的推移，这种傲慢自大将反噬其身。

然而，在此期间，探险计划激起了雷诺兹联盟的热情。新英格兰的一些国会议员写信给索瑟德，推荐了一些当地人加入远征队的军官队伍。[179] "申请者太多了"，一位精疲力竭的海军文职人员如是说。雷诺兹承诺："遴选时，我们将会适当考虑各州提请的名单。"[180] 正如威廉·斯坦顿（William Stanton）观察到的一样，在其他各州，"经验丰富的私人船长觊觎着海军领航员或是船长的职位，有些人还愿为其提供私人船只，艺术家们想当绘图员，医生们也想当海军军医"。[181] 甚至纳撒尼尔·霍桑（Nathaniel Hawthorne）还想取代雷诺兹成为探险队的官方史学家。[182] "形形色色的科学家们都希望在探险中能有自己的一席之地。"[183] 精英们的积极参与激发了大众的热情，

第一章
耶利米·雷诺兹与知识帝国

各家报纸争先恐后地报道远征的任命情况。人们赞扬雷诺兹给予了"远征队父亲般的保护",[184] 称他"坚持不懈,功勋卓越",[185] 现已召集了一大批海军军官和科学家参与探险。[186] 1828年9月,海军"孔雀号"单桅战舰作为探险船只下水,大炮轰隆,向这一历史性时刻致敬,众人为即将开启的海洋征程欢呼雀跃。[187]

随着计划的展开,海军部继续依靠雷诺兹。1828年6月27日,索瑟德提议派这个年轻人前往新英格兰进行实地调查,弄清该地区捕鲸队长对航行知识的掌握状况。亚当斯十分同意。[188] 雷诺兹非常感激,接到命令后致信索瑟德:"我有能力也定会实现你的目标。"[189]

雷诺兹的北上之旅让他更加清楚地掌握了水手们对"美国南部海域"的了解情况。7月初,雷诺兹写信给北方的船长,询问了一系列制图问题,为访问做好准备。8月初,他来到楠塔基特,在镇上的木制码头上漫步,采访当地贵格会的捕鲸船长。"这地方浪漫极了",他滔滔不绝地对索瑟德讲述着所见所闻。这次旅行令雷诺兹欣喜若狂,他不仅扩充了新的航海知识,也亲自来到了令他欣喜不已的、崎岖的海滨小岛。"我现在对南部海域和太平洋的了解比英国探险队多10倍,"他自豪地告诉索瑟德,"我遇到过一些刚结束捕鲸之旅的老船长,他们都已70岁高龄,在合恩角航行过20余次,采油3万余桶,在海上航行了100多万英里①。"1828年9月24日,雷诺兹在最终报告里断言,"美国南部海域"的确是一个值得探索的新领域。报告中详细介绍了美国在南太平洋的航海信息概况,提供了近200个未知礁石、浅滩和岛屿的切实信息。索瑟德对此印象深刻。正如他后来对参议员说的那样,雷诺兹的报告"是为了我们人民的利益而撰写的"。[190]

雷诺兹对康涅狄格州斯托宁顿的海豹巨头很感兴趣。尽管这些

---

① 1英里约等于1.609千米。——编者注

大亨一开始对他并不感兴趣,但很快他们就对雷诺兹产生了好感,和他分享在南极圈附近的"探险经历"。[191]雷诺兹称埃德蒙·范宁(Edmund Fanning)为"海豹猎人之父",也许范宁曾告诉过雷诺兹,在1812年美英战争爆发之前,是他说服詹姆斯·麦迪逊为探险队提供装备支持的。[192]作为过来人,范宁建议雷诺兹与一位年轻的同事本杰明·彭德尔顿(Benjamin Pendleton)上尉谈谈。[193]当雷诺兹找到彭德尔顿时,他肃然起敬。彭德尔顿就像那位刺死摩卡迪克的大副一样,是雷诺兹理想中的男子汉气概的代表、知识帝国民主改革者的化身。雷诺兹很欣赏"他饱经风霜的脸庞",也很高兴能听到他的"疯狂冒险"经历。[194]雷诺兹称他为"美国的索克斯比(Scoresby)将军",他说彭德尔顿是欧洲和美国内最了解"从赤道至南部高纬度的凶险海域"的人,他力劝索瑟德聘请彭德尔顿作为探险队的领航员。[195]

索瑟德同意了这一提议,但在1828年年初秋,即将到来的总统大选使他越来越分心。安德鲁·杰克逊的支持者们计划反击,准备将强硬的他送进白宫。很快,选举结果出来了:杰克逊赢了。探险家们垂头丧气。亚当斯在他的日记中吐露心声:"我别无他法,只能认栽。我的政治生涯陷入了最黑暗的阴霾,但我的祖国依然光辉万丈,一片光明。"[196]雷诺兹对未来陷入迷茫。正如他对索瑟德所说的那样,他曾希望探险队能"在索瑟德任期内"返航,但可惜,"时也,命也,计划落入他人手中,我只能在异己中孤军奋战"。[197]

尽管雷诺兹和他的盟友士气大跌,但他们仍然继续推进探险计划。12月,国会开幕,亚当斯敦促议员们为5月19日提出的法案提供资金支持。他希望能用国会拨款购买另外一艘补给舰,这是雷诺兹敦促实施的,也是皇家海军探险队远征的惯例做法。[198]雷诺兹不断地进行游说,不断地参加国会委员会会议,为各大报纸撰写社论,甚至承诺将任命支持者为探险队成员以换取支持。[199]1829年1月15日,他

第一章
耶利米·雷诺兹与知识帝国

的努力终结硕果,众议院拨款 5 万美元用于购置一艘军需船和其他开支。[200] 雷诺兹的雄心壮志似乎已唾手可得。

参议院僵局

这一次,众议院将提案交给了参议院。1 月 19 日,参议院将提案交给海军事务委员会处理,当时的委员会主席是南卡罗来纳州参议员罗伯特·海恩(Robert Hayne)。1829 年,海恩和南卡罗来纳州都陷入深刻的政治变革之中。19 世纪 20 年代末,曾是联邦党据点的南卡罗来纳州已经成为老共和党人的政治飞地。最近,南卡罗来纳州的头面人物更倾向于支持门罗、亚当斯和克莱等人所鼓吹的激进的国家共和主义,比如亚当斯当局的副总统、海恩的导师和赞助人约翰·C. 卡尔霍恩。直到近期,卡尔霍恩都在积极地推动(国家)共和党内部改革。他是一位激进主义者,19 世纪 20 年代初,他与索瑟德成为亲密的政治伙伴。然而,讽刺的是,卡尔霍恩在自己的家乡与狭义宪法解释派①发生争论,其中包括威廉·史密斯(William Smith)这位州早期右派人士,他于 1816 年赢得参议院选举。[201] 1822 年,卡尔霍恩想方设法让自己的门生接替了史密斯的位置。[202] 19 世纪 20 年代初,海恩和他的导师立场统一,支持参议院建立强大的联邦政府。[203] 他赞同南卡罗来纳州议员 A. P. 巴特勒(A.P. Butler)的观点——美国"政府领导立场一致的民众,成为一个统一的帝国"。[204]

海恩在参议院海军事务委员会提出了构建强有力的联邦政府的设想。1823 年海恩上任,同年索瑟德成为海军部长。[205] 不久,卡尔霍恩提拔海恩为参议院海军事务委员会主席。[206] 海恩与亚当斯一样

---

① 狭义宪法解释派是指主张对宪法进行严格解释的政治派别。——编者注

推崇海军至上主义和海军改革。[207] 他是一位狂热的海军扩张主义者，鼓励提高军医工资，甚至于 1828 年 11 月在《南方评论》(Southern Review)上热情洋溢地介绍海军历史。[208] 他非常尊重索瑟德，两人经常一起吃饭，在海军事务上开展广泛合作。[209] 总统大选前夕，海恩写信给索瑟德道："虽然我们有不同的政治立场，但在海军问题上，我们都应从国家的角度出发。"[210]

然而，海军探险并非如此。一向多疑的亚当斯认为，海恩被"党派"蒙蔽了双眼，因而拒绝了海军探险提案。[211] 最新的索瑟德传记作者表示赞同，他将海恩对该提案的反对称为"政治否决"。[212] 基于党派之争的解释看似合理，但事实上，当提案在 1 月被提交给海恩时，政治风向已然转变。虽然海恩与当局关系融洽，但他的赞助人副总统约翰·C.卡尔霍恩抨击亚当斯已久。卡尔霍恩对亚当斯第一次年度讲话的内容感到震惊。1826 年，他写信给安德鲁·杰克逊说道："自由岌岌可危。"[213] 在 1828 年大选中，他与杰克逊结为政治联盟。[214] 联邦关税政策的实施更加坚定了卡尔霍恩的想法，他认为各州必须小心翼翼地维护自身利益。至少在国内政策层面，卡尔霍恩成了狭义宪法解释派的一员，即使这有违其早期的政治立场。他开始私下敦促参议院无视甚至干扰亚当斯的立法议程。[215] 渐渐地，原本友善的海恩逐渐受卡尔霍恩的影响。1829 年 12 月，卡尔霍恩促使海恩与丹尼尔·韦伯斯特（Daniel Webster）就联邦的性质和各州的权利展开辩论，这或许是海恩立场转变的证明。[216]

倘若仔细阅读海恩的报告，人们会看到一个崭新的故事。至少在海军提案上，海恩是一位坚守原则的（国家）共和党人，而不是党派主义者。在报告中，他首先提出政府绕过参议院议程，直接根据 1828 年 5 月的众议院决议行事，是试图越权的行为。对于优秀的（国家）共和党人来说，赋予野心勃勃的行政高层不受制约的权力尤其令人生畏。据此，2 月 5 日，海恩要求总统代表太平洋调查局提交索瑟德的完整活动报告。海恩对同事说道:"行政机关不经国会批准,将法案指定的拨款随意调配。这种越权行为比海军探险更值得我们重视。"[217] 2月13日,索瑟德提供了一份复杂的探险支出预算,声称已经获得了国会批准。随后,他辩解道,总统有权"调配拨款"。[218] 海恩对此十分警觉。在最终的委员会报告中,他抨击政府在未经参议院批准的情况下组织了"这一庞大的海军探险"。[219]

此外,海恩考虑到了探险成本。海恩询问索瑟德,这次探险是只打算"勘探所有已知的海岸、岛屿、港口、浅滩和暗礁,记录真实情况,还是要探索'太平洋和南部海域'所有未知的地区"。[220] 索瑟德的回答是"海岸、岛屿以及'已知''未知'海域都在勘探范围内"。这是海恩最担心的事情。[221] 南部海域浩瀚无垠,他推断仅凭一支探险队不可能绘制整个区域的海图。因此,"这次探险(只是)系列探险活动中的首次探索"。[222] 他估计,索瑟德的探险之旅将耗资近50万美元,而后续的探险活动也需要同样的公共财政支持。[223] 全球探险价格高昂,这必定会导致直接征税或收取关税,也可能提高公共土地的售价。因此,海恩强烈反对该提案。实际上在1829年年底,海恩与韦伯斯特就联邦西部土地的定价和售卖问题展开了激烈辩论。[224] 如果索瑟德的提案通过,美国南部的白人将不得不缴纳高额税款,以保证北方水手进行南部海域的探险活动。

海恩反映了(国家)共和党人的担忧,昂贵的军事活动会对自由构成威胁,他以财政为由明确表示了委员会的反对意见。他尤其担心对知识帝国的追求会危及白人的自由帝国。[225] 早在1827年雷诺兹访问查尔斯顿时,海恩就听过他的演讲,对这个年轻人期望通过海洋发现取得国家荣耀的想法感到十分惊恐。雷诺兹的"冒险精神"引诱美国进行本土外的帝国扩张。海恩则担心,"探索数不尽的岛屿,甚至发现新大陆",会在美国公民中激起"不切实际的希望",鼓励他们建立海外殖民地。然而,保护海外资产成本高昂,也"违反非必要不建立海外联系的箴言警句"。[226] 历史表明，帝国的扩张和防御是以牺牲自由为代价的。如今，海恩担心探险主义会让美国偏离乔治·华盛顿和詹姆斯·门罗规定的不干涉主义。展望未来，海恩预见到了合众国的毁灭：倘若参议院批准这次探险之旅，美国可能会因过度征税、海外殖民以及跟随欧洲帝国的扩张主义而土崩瓦解。[227]

当然，在1829年，海恩和卡尔霍恩还担心联邦政府会解放奴隶。讽刺的是，自由帝国也是一个奴隶制帝国，拥有数百万有色人种。也许，海恩是一位优秀的（国家）共和党人，但他同时也是南卡罗来纳州的大奴隶主。许多奴隶主担心如果国家权力落在亚当斯等隐藏的废奴主义者手中，奴隶会因此获得自由。老共和党领袖纳撒尼尔·梅肯（Nathaniel Macon）警告道："只要国会修建运河，就会有更多的奴隶得到解放。"[228]

海恩努力调和海军主义、共和原则和奴隶制度。据此，他提出另一种愿景。他不反对海军探索，但认为有限的考察更符合白人共和主义价值观，他支持商业帝国而非知识帝国。雷诺兹主张将欧洲科学帝国注入民主的男子汉气概，由此形成美国的科学帝国，但海恩对此不感兴趣。海恩建议缩小探险规模，摒弃科学目的，把考察重点限制在"勘测我国在南太平洋航行路线上的岛屿、暗礁和浅滩"。在报告结尾，他提出了自己的设想。[229]

提案石沉大海。在杰克逊上任的前两天，参议院仍未能解决这一僵局。[230] 杰克逊将军当选总统，敲响了首次通过立法推动国家探险的丧钟。1829年3月4日，在就职演说中，杰克逊承诺联邦政府将厉行节约，偿还联邦债务，控制陆军和海军的发展。[231] 1829年12月，他对国会议员说道："和平时期不需要增加战舰保护商业发展。"[232] 亚当斯的那份探索遥远海域、花销巨大的探险提议并非杰克逊的首要议程，至少在其执政之初不被重视。雷诺兹意识到政治风向已然改变。在将英格兰访问报告提交给海军部时，他叹了口气说："我认为这份公文归属于海军部。"[233]

"先知回乡无人敬"

厌倦了在华盛顿的生活,雷诺兹又回到了最初支持他的水手之中。1829年春,他与范宁和彭德尔顿在纽约共同创立了南部海域皮草公司,组建探险队。[234]该公司如同旧联盟一样和科学家联系紧密,雷诺兹和海军军医兼博物学家遵循纽约自然历史学会的科学指令。[235]1829年,私人探险队前往南海寻找海豹皮,探求新的科学发现。雷诺兹后来写道:"我们的探险……不需要政府的援助和经费支持。"[236]

然而,这次探险却是一场灾难。雷诺兹渴求科学发现,而海豹猎人谋求商业利益,两者之间的矛盾阻碍了知识帝国发展。雷诺兹非常失望。1830年10月,他写信给索瑟德:"我应当激励他们,生活中有比金钱更重要的东西。"但他们贪得无厌,对"财富"的追求远胜过"荣誉","畏畏缩缩,不够勇敢"。[237]正如《摩卡迪克》中所述,雷诺兹曾十分钦佩强健坚毅、崇尚冒险的劳动阶级,但现实给了他沉重一击。

水手痴迷于寻找海豹,雷诺兹无法说服他们进行科学探索。因此,他决定退出。1830年4月,他于智利的瓦尔帕莱索下船,徒步前行,决心不错过任何个人探险机会。[238]如果上帝不允许他成为库克,那就成为洪堡那样的人,这也足够了。洪堡是雷诺兹的探险启蒙者,指引他前往安图科火山。实际上,洪堡在南美洲探险中,最激动人心的莫过于在1802年登顶现厄瓜多尔的钦博拉索火山。[239]如今,雷诺兹希望能够像洪堡一样,完成一番英雄成就。他告诉亚当斯,他渴望攀登两座智利火山的顶峰,"在烈焰灼灼的火山口,留下美国人的足迹"。[240]

1830年10月22日，雷诺兹一行人晾干衣物，休整完毕，充实补给，再次尝试攀登火山顶峰。在前哨站与智利士兵共进午餐后，他们"再战"智利火山。虽然厚厚的积雪阻挡了他们前进的脚步，但在傍晚时分他们已接近冒着烟的火山口。23日，黎明前一片黑暗，他们继续攀登火山。旭日初升，"困难重重，每一步都是煎熬"。他们挣扎着攀上陡峭的悬崖，爬向山顶。这里的岩石滚滚发烫，甚至"烤脆了鞋底"。火山还在活动，隔一会儿便"喷射出大量的石头和灰烬"。每走一步，温度随之升高。终于，他们爬上了山顶。他们筋疲力尽，由于火山口温度很高，空气稀薄，探险队成员感到头晕目眩。受高温影响，火山口雾气蒙蒙，似隐似现，但他们已经相当满足了。雷诺兹一行人将美国国旗插在了"接近火山口边缘"的裂缝中，这便是"他们抵达的顶峰"。[241]

在安图科火山的浓烟之上，美国国旗随风飘扬，成为19世纪20年代失败的探险行动中少有的物质遗迹。然而，雷诺兹心有郁结（他向索瑟德抱怨道："先知回乡无人敬。"），但他也从失败中吸取教训。[242] 首先，他认识到在美国发展知识帝国的局限性。美国共和党人应当追求比欧洲式荣耀更吸引人、更切合实际的目标。即使雷诺兹试图用航海激发人们的男子汉气概，但仅凭这点是远远不够的。海恩较为保守，他支持发展商业帝国，认为这是一条前途光明的共和之路。或许，雷诺兹已经意识到不应该与亚当斯结盟。实现探险主义的愿景需要人气更高的美国总统的支持，比如托马斯·杰斐逊总统——在杰斐逊总统任职期间，刘易斯和克拉克的探险顺利展开。因此，只有安德鲁·杰克逊等人支持雷诺兹的探险计划，他才能获得成功。

第二章

基于杰克逊式资本主义的美国海外探索

苏门答腊岛瓜拉巴图（Kuala Batu）的居民日渐绝望。胡椒产业是该地区的经济命脉，1830年年初，胡椒出口价格急剧下降，所有人都受到了由此带来的巨大影响。[1] 许多人将经济衰退归咎于主导全球胡椒贸易的美国塞勒姆（Salem）造船厂主的贪得无厌。鉴于美国人和苏门答腊商人之间长期缺乏信任，互相欺骗，得出这一结论可谓顺理成章。[2] 贫困加剧和经济依赖让当地居民的愤怒愈演愈烈。1831年2月7日，一群村民登上停泊在岸边的塞勒姆胡椒船友谊号（Friendship），这标志着瓜拉巴图革命时刻的开端。为了宣泄怒火，他们杀害了3名水手，并将其他水手赶下了船。在城镇苏门答腊人试图抓住查尔斯·恩迪科特（Charles Endicott）船长及其船员，友谊号发生骚动时，船员们正忙着监督胡椒称重。受到惊吓后，美国人迅速跳进汽艇，落荒而逃。[3]

虽然没有抓到人，瓜拉巴图居民仍然为他们的成功感到欣喜。他们在友谊号上获得了价值12000美元的白银、12箱鸦片及其他值钱物品，并且重新找回了苏门答腊西南海岸当地人的自豪感。[4] 逃亡的船员在附近城镇着陆时，村民纷纷走上街头嘲笑他们。他们大喊着："到底谁是伟大的？马来人还是美国佬？"[5] 美国人勃然大怒。恩迪科特上尉给海军部的信中祈求道："即使美国人无法惩罚他们，也要纠正他们所犯的错误。"[6]

恩迪科特上尉如愿以偿。大约一年后，美国重型护卫舰波托马克号（Potomac）抵达苏门答腊海岸。尽管约翰·道恩斯（John Downes）上尉接到的命令是优先谈判，不到万不得已不采取暴力手

第二章
基于杰克逊式资本主义的美国海外探索

段,但他早已决定用战斗解决问题。[7] 他的部队于 1832 年 2 月 6 日上午开始登陆。瓜拉巴图的瞭望台发出了"白人已登陆"的警告,当地居民从沉睡中惊醒。他们扛起武器,冲到 5 个镇上堡垒,凝视着蓄势待发的美军。[8] 波托马克号的军队开始围攻敌人的据点,苏门答腊人开火,打死了 2 名美国军人,击伤了 11 人。[9] 美国人勃然大怒,登陆部队炸毁岩壁,冲开城门,用枪和刺刀向苏门答腊人发起攻击,烧毁堡垒。火势随着他们的怒火越烧越旺,住宅无一幸免。经过 3 个多小时的残忍战斗,瓜拉巴图陷入沉寂。美国人在镇上的主要堡垒升起星条旗,而 150 名苏门答腊男子和不计其数的妇女、儿童的尸体静静地躺在堡垒之下,他们身上伤痕累累,血迹斑斑。[10]

美国海军对友谊号遇袭的反击预示着其在泛太平洋世界的扩张步入新阶段。自华盛顿上任以来,历届美国总统都热衷于支持美国建立全球商业帝国。[11] 其中,安德鲁·杰克逊和马丁·范布伦致力于签订商业条约,往世界各地派驻领事,派遣海军在远海地区彰显美国武装力量,以及投资改善港口和灯塔设施。而杰克逊的商业政策在言行上有所不同。如同在美国及边境的资本主义制度一样,杰克逊商业主义是高度合法、激进好战和崇尚白人至上主义的。正如在瓜拉巴图大屠杀中,杰克逊主义民主党人会竭尽全力支持美国资本主义——有时甚至会不择手段地对抗海上的挑战者们。在民主党眼中,原住民政体、叛乱水手,甚至太平洋水域都是对美国经济利益的威胁,必须加以管制。

1838 年至 1842 年美国的探险是杰克逊主义对美国海外资本主义的最大承诺和最重要的体现。威尔克斯探险队(当时的名称为 Ex Ex 舰队)是美国内战前最大的经济投资之一,由 6 艘船只和 246 名官兵组成。[12] 近 4 年里,该舰队横穿太平洋,绘制海图,参与战斗,与岛民谈判。到 1842 年夏天威尔克斯探险队回国时,美国已经为舰队花费了近 100 万美元——准确地说是 928183.62 美元。[13] 如果把 19

《1832年2月5日，从泊在近海的波托马克号上观看瓜拉巴图行动，指挥官约翰·道恩斯阁下》

选自耶利米·雷诺兹《美国军舰波托马克号航行记》(Voyage of the United States Frigate Potomac)，纽约，哈珀兄弟出版社，1835年，120页。[生物多样性遗产图书馆（Biodiversity Heritage Library）和史密森尼图书馆（Smithsonian Libraries）提供]

世纪20年代未成功的探险包括在内，这个数字将上升至995264.38美元。[14] 倘若再加上180张海图、4卷故事书和探险队返回后出版的14本书的制作成本，[15] 威尔克斯探险队的总花费为1355099.38美元。[16] 即便如此，这也并非准确数字，因为它尚未统计为此建立的美国首个国家博物馆——美国国家艺术馆（National Gallery），以及威尔克斯探险队藏品管理员的费用。鉴于这些仍然是史密森学会的历史研究核心，从某种程度上来说，美国纳税人将持续为保留其探险结果买单。用一位政客的话来说，对于以拥有"老式经济概念"为荣的民主党来说，这是一项了不起的投资。[17]

这个结论从何而来呢？简而言之，是资本的需要。正如理查德·霍夫施塔特（Richard Hofstadter）曾经说的，杰克逊主义的基本原则是资本主义,而非民主。[18]他是对的。虽然在大众眼中,杰克逊因不断扩大白人男性的民主权益而饱受赞誉,但他并不应该得到这些称赞。1828年他第二次竞选总统时,大多数州已经扩大了选举权。因此,杰克逊式民主只是以他的名字来命名民主的表现形式,杰克逊本人并非民主的来源。[19]然而,杰克逊主义的确产生了影响,这是国家和州政府用自由市场政策取代陈旧的重商主义的必经之路。杰克逊民主党人之所以受欢迎,很大程度上是因为他们所追求的正是大多数白人奋斗者支持的经济议题。其中,最主要的是寻求市场公平。事实上,杰克逊主义的整个经济计划都是为全体白人男性创造更多的就业机会。杰克逊主义的法院和立法机构为白人男性消除了国内阻碍经济流动的障碍,而杰克逊本人则向美国第二银行宣战,认为银行是特权和腐败的巢穴。[20]

杰克逊资本主义的核心是阶级和种族主义。这些政策通常是通过牺牲黑人和棕色人种的利益让白人受益。[21]在国内,杰克逊主义者逼迫印第安人迁移,拥护奴隶制和资本主义奴隶主,支持摧毁废奴主义的南方白人官员,并监禁前往南方港口的自由黑人水手。[22]白人通过剥削有色人种获得利益——尤其是在自由、土地和持续增长的社会流动性方面。他们进一步受益于新的法律制度,这些制度鼓励冒险,保护债权人,并禁止在州和联邦层面进行政府垄断。作为杰克逊主义的拥护者,最高法院首席大法官罗杰·塔尼(Roger Taney)的两项著名判决彰显了杰克逊主义经济政策中白人工人阶级至高无上的地位:一是在1837年的查尔斯河桥案中,塔尼宣布政府允许的垄断行为损害公共利益,是违宪的;[23]二是在1857年著名的德雷德·斯科特(Dred Scott)判决中,塔尼断言只有白人才享有生命权、自由权和拥有资本的权利。

然而,即使白人在国内获得了更多机会,他们在太平洋的命运仍然充满风险。随着越来越多的商人、水手,尤其是捕鲸者涌入太平洋世界，他们面临的挑战也越来越多，无法再像以前那样轻松、安全地积累资本。大洋洲人会挑战美国的自由贸易和自由捕鲸；普通美国水手和脾气暴躁的船长让财富积累变得困难；再者，即使是经验最为丰富的老船长，不完整的太平洋世界制图也令其困扰。在杰克逊主义者看来，对白人男性资本主义来说，这种境外的海上威胁和一直以来的国内敌人——联邦内部变革、国家垄断、黑人和白人废奴主义者以及原住民政体——一样危险。杰克逊和范布伦政府渴望为白人公民建立安全且有利可图的海外市场，设法将保护政策扩展到南太平洋。他们受到了老对手的启发：派遣海军探险。耶利米·雷诺兹、塞缪尔·索瑟德，甚至约翰·昆西·亚当斯本人转而支持他们。新联盟继续着旧联盟未能完成的事业。随着威尔克斯探险队的航行，美国海怪的权力触角伸向了太平洋世界。这造成了双重结果：在太平洋世界成为联邦商业帝国的同时，在国内扩大了帝国主义联盟。

被围困的商业帝国

在19世纪最初的几十年里，越来越多的美国水手在利益的驱使下踏入太平洋世界，其中也不乏前往中国的商人。19世纪20年代初，东太平洋的水獭和海狗数量急剧下降，美国的超级货运船只好向西航行，寻找运往广州的补充货物。[24] 他们最终在大洋洲找到了自己想要的东西，那里有大片檀香木和海参。海参是一种黏糊糊的棘皮动物，栖息在太平洋礁石的尖角和缝隙中。[25] 中国人非常喜欢檀香木和海参，檀香木可以制成散发香味的家具，而海参是一种美味佳肴，也可药用。[26] 海参的产量急剧增加，檀香木倒在了美国商人雇用的手拿斧头的原住民工人面前。[27] 斐济的森林深受其害。以前那里檀

第二章
基于杰克逊式资本主义的美国海外探索

香木生长茂盛,水手称为檀香群岛。但19世纪初森林遭受大肆砍伐,于是斐济人奋起保护仅存的少量檀香木。[28]

美国在太平洋地区的其他产业也相当重要。这些产业包括塞勒姆的印度尼西亚胡椒贸易和北美西海岸墨西哥牧场主利润丰厚的牛皮交易。事实上,小理查德·亨利·丹纳(Richard Henry Dana Jr.)经久不衰的航海记述《七海豪侠》(Two Years before the Mast)就源自加利福尼亚的生皮贸易。1828—1836年,美国的出口贸易几乎翻了一番,越来越多的农民开始考虑将过剩的作物运往亚洲。[29]

然而,捕鲸业仍然位于美国行业之首。鲸油广泛应用于照明和工业润滑剂;鲸蜡尤其畅销,它是一种取自抹香鲸头腔的液体,火焰明亮,气味温和。美国捕鲸船队积极响应市场需求,从18世纪90年代首次航行至太平洋地区到1829年安德鲁·杰克逊就任总统期间,抹香鲸的捕杀数量急剧增加。19世纪30年代抹香鲸的捕杀数量约为每年6000头。[30] 19世纪30年代初,南太平洋捕鲸场已经过度捕捞,捕鲸者只好前往北美的西北海岸开辟新的捕鲸场。[31] 1835年,美国捕鲸船队的数量超过450艘,几乎占全球所有捕鲸船的十分之一。[32] 耶利米·雷诺兹估计,仅这些船只就价值1840万美元。捕鲸业雇用了12000名船员,总计获得了1165999美元的利润。他总结道:"于国家而言,在捕鲸业进行投资所获的利润,远超其他领域。"[33]

杰克逊主义者十分看重航海资本,他们和前几代美国人一样坚持自由贸易原则。自由贸易原则源自荷兰法学家胡果·格劳秀斯(Hugo Grotius),随后被法国哲学家和美国杰斐逊主义者采纳,他们将自由贸易视为能够缓和战争和国际紧张局势的灵丹妙药。[34] 随着第二次大觉醒的到来,美国白人基督徒开始把自由贸易描绘成上帝的旨意。[35] 美国公民和政客都在庆祝日益壮大的远洋贸易,几乎每场重要的公共演讲都是对美国海洋事业的赞歌。[36] 正如约翰·昆西·亚当斯在1825年的就职演说中所说:"美国商贸遍及每一片海洋。"[37]

像 17 世纪的荷兰人一样，美国政策制定者是出于自身利益而支持自由贸易的。继英国之后，美国在 19 世纪初拥有了世界上最大的商业船队。英美两国从中受益最多，它们都支持自由贸易也就不足为奇了。[38]

杰克逊主义者将美国商业资本主义推广至全球范围内。像前几届美国政府一样，他们增加并改善了美国的领事服务。领事馆人员主要由位于重要港口城市的一些跨国代理人组成，负责帮助遇险的美国商人和水手。到 1834 年，全球共有 150 多名美国领事。[39] 此外，他们积极开拓新市场，签订商业条约。例如，利用英国对自由贸易的支持，民主党外交官设法让英属西印度群岛重新对美国船只开放。[40] 他们还与奥斯曼帝国和俄国协商，签署了涉及巨额资金的商业条约。[41] 除此之外，杰克逊积极开拓东亚市场，派遣特工获取情报，并与越南、阿曼苏丹国、日本和暹罗（今泰国）的皇室进行交易。[42] 1834 年至 1835 年，因法国未能对拿破仑时期扣押的美国商人船只进行赔偿，杰克逊险些带领美国与法国开战。[43] 同时，美国民主党人一改以往出于意识形态对内部提升活动的反对，大力投资进行修建港口和建立灯塔之类的"外部提升活动"。[44] 杰克逊还重新启动了美国海岸测量处，建立小型天文台以帮助海军为天文导航提供相关知识。[45]

杰克逊和他的盟友支持美国全球贸易，部分原因是美国的商业地位不太稳定。比起在太平洋世界，美国全球贸易更容易受到威胁。美国水手和大洋洲人之间时常发生暴力事件。事实上，在内战前美国水手与原住民交流频繁。正如被奴役的黑人帮助建立了美国国内经济，原住民同样推动了美国海外贸易的发展：印度尼西亚人种植胡椒和其他香料，将其送往塞勒姆和波士顿；大洋洲潜水员从海里捕捞海参、海龟和长有珍珠的牡蛎并在岸上加工；斐济人和夏威夷人采伐檀香木，并将树干运到美国人的船只上；在捕鲸业中，毛利人、大溪地人和夏威夷人用钓线和鱼叉捕鲸。美国人与北美印第安人同舟共济——后者逃离了新英格兰东南部贫困的保留地，在公海获得了良好经济发展机会，并且成为梅尔维尔的小说《白鲸》中塔斯特戈的角色原型。[46] 梅尔维尔笔下的魁魁格来自虚构的罗科沃科岛，这座岛也有现实原型，上面的岛民时常跟随西方船只环游世界。[47] 截至19世纪30年代中期，有近3000名夏威夷人为美国捕鲸船工作。[48]

然而，并非所有的相处都是愉快的。许多白人水手在和大洋洲人及非白人船员发生冲突时，会坚持白人至上原则。[49] 暴力事件常常源自白人种族主义和太平洋地区的文化冲突。一些美国白人只是为了取乐就向岛民开枪，甚至有人在火枪上雕刻了银色铭文来纪念此事。[50] 在半自传体小说《奥姆》（Omoo）中，梅尔维尔提及他本人作为捕鲸者的经历，并哀叹"肆无忌惮的残忍行为……在船长登陆陌生岛屿后并不罕见"。[51] 在白人至上原则和资本主义的驱使下，水手们不仅在鲸栖息地捕杀鲸，还掠夺岛上的淡水、木材和动物的生命，从未对原住民进行任何补偿。1826年，托马斯·艾普·卡特斯比·琼斯（Thomas ap Catesby Jones）中尉乘坐孔雀号（Peacock）访问马克萨斯群岛时，当地人怨声载道："有时酋长要求美国人为货物付款，美国船长则因其'无礼'而捆绑、鞭打酋长。"[52] 正如大约一个世纪前塞缪尔·艾略特·莫里森（Samuel Eliot Morison）所说："提供补给品的太平洋岛民经常会说'用前帆付款'（指美国人不支付货物费用和服务费）。"[53]

太平洋世界时常是以暴制暴的。前一艘船的残忍或虐待行为常常导致人们对下一艘船的不信任，甚至充满敌意。就像在19世纪初的西北海岸一样，一些大洋洲人将所有西方海员视为同一个国家的成员，允许人们因一个国家的罪行而对其他国家无辜的船员实施报复。[54] 例如，威尔克斯探险队的船员们将原住民的抵抗视为"被白人虐待"的结果。[55] 当然，美国作家可能忽略了一种可能性，那就是大洋洲人根本不希望遇到美国人，无论是好是坏。[56] 再者，原住民的文化传统似乎也会引发暴力。比方说，斐济人相信，船只遇难和船员牺牲是神的要求。[57] 这可能既包含人的判断，也受神的影响。斐济人是专业的航海家和造船者，他们也许看不起白人浅薄的航海能力。[58] 总之，人类的贪婪和不同的财富观可能引发冲突。[59]

美国的资本主义在太平洋世界扩张时，不守规矩的白人水手也造成了流血事件。虽然美国人更愿意将大多数船上的骚乱归咎于英国海员，但仍有许多美国海员为了追求自身利益而不顾雇主利益。[60] 例如1824年楠塔基特捕鲸船环球号（Globe）上的水手起义，船员杀死了指挥官，驾驶船只驶往马尔格雷夫（今马歇尔）群岛。这种对财产所有权和资本主义等级制度的公然挑战必须受到惩罚。海军派出了手段狠辣的指挥官"疯狂杰克"珀西瓦尔（Percival）上尉追回叛变者并将他们绳之以法。[61] 普通水手的叛逃也会影响资本主义的进展。1826年3月，当珀西瓦尔准备从夏威夷启航时，他收到了一封十多名捕鲸船长的联名来信。值得注意的是，船长们需要对"价值100万美元的财产"负责，因此他们请求珀西瓦尔"保护财产以及防止船员叛逃"。[62] 除了水手的叛逃，心怀不满的捕鲸者也会发生骚乱。1852年11月，一名水手在檀香山去世后，4000余名水手横扫该镇，捣毁商业点，反抗当地权威。[63] 与后来的产业工人不同，水手没有阶级意识，但他们拥有职业认同感。当事情偏离正轨时，他们知道谁是罪魁祸首。

捕鲸者的暴力行为部分源于肮脏的工作环境、危险的处境以及剥削性条款。梅尔维尔和丹纳等海事作家经常使用"邋遢""肮脏""不修边幅""油腻""粗糙"等词描述捕鲸船。[64] 捕鲸者则是"衣冠不整""肮脏邋遢""放荡不羁""憔悴不已"。[65] 他们收入微薄，工作无聊，甚至十分危险。更糟糕的是，捕鲸船船主因滥用权力而臭名昭著。塞缪尔·艾略特·莫里森将捕鲸船长描述为美国历史上最"铁腕、残忍和无情的剥削者"。[66] 由于水手叛逃会让船长不得不放弃特定航线，也由此失去了航线带来的部分利润，有些水手因此怀疑（船长通过使用）暴力增加了航行中的资本回报。[67] 梅尔维尔将捕鲸者比作奴隶，并将船长亚哈（Ahab）描述为愤怒的《旧约》统治者，疯狂的船长可以对大副肆意谩骂。"如果说神是地球的主宰，那么船长就是皮廓德号（Pequod）的主宰。"[68] 亚哈说得没错，美国海事法赋予了船长极大的权力。根据联邦法律，军官可以为维持纪律而殴打水手，海军甚至允许军官在出海期间审判和绞死海员。[69] 珀西瓦尔在夏威夷时，一名水手因对着他傻笑而被"疯狂杰克"揍得奄奄一息。[70]

最后，也可能是最重要的一点，缺乏精准的西方海图直接影响了美国太平洋地区商业帝国的蓬勃发展。尽管库克和其他欧洲探险家取得了进展，但在19世纪初的几十年里，西方人尚未涉足太平洋的广阔海域。大洋洲未开发的面积和规模十分广阔。[71] 尽管大洋洲人采用复杂而精细的方式在太平洋水域航行，但西方航海技术与西方海图的结合最为有效。[72] 对于欧洲和美国的水手来说，由于数百个未标记的珊瑚岛、珊瑚礁和浅滩的存在，他们在南太平洋的航行异常危险。海难事故通常发生在暴风雨期间，但在风平浪静的日子里，由于无法消除海面浮泡，不能判断水下特征，航行同样危机四伏。[73] 夜晚，在黑暗中寻找可以预警的物体和声音非常困难，因此也尤为危险。对于航海时代的数百名水手来说，如果船的龙骨在夜间突然撞到了礁石，便意味着敲响了生命的丧钟。对于那些海上奋斗者来说，深海中未知的危险对生命、身体和财产构成了巨大的威胁。

探索的新动力

太平洋地区对美国资本主义不断加剧的威胁迫使杰克逊民主党

重新审视海军探索。耶利米·雷诺兹如以往一般在国会政治中发挥了关键作用。尽管他从未完全放弃知识帝国，但在19世纪30年代的公共事业中，暴力杰克逊资本主义兴起。1832年10月，在智利的瓦尔帕莱索，雷诺兹以道恩斯船长私人秘书的身份登上波托马克号重返家园，结束了其对南美洲的个人探索。[74]登上波托马克号后，他根据风向变化调整风帆。1834年5月抵达波士顿时，雷诺兹已成为一名改装炮舰的外交官。[75]对于一个曾经对剥海豹皮这件事都犹豫的人来说，这是一个巨大的变化。[76]尽管如此，焕然一新的"军事家"雷诺兹仍然怀有探险家的野心和梦想。当波托马克号停靠在波士顿时，雷诺兹向索瑟德坦白说，他"很焦虑，如果可以获得政府支持的话，还想再次前往南部海域"。[77]

刚到美国的雷诺兹相信，他可以将民主政治经济中的白人至上主义为己所用。雷诺兹利用波托马克号的航海日志以及道恩斯和海军部的记录，撰写了道恩斯的航行记录，以此讨好杰克逊政府。[78]他发现辉格党政客如亨利·克莱和约翰·迪尔伯恩（John Dearborn）以瓜尔巴图大屠杀为例来证明杰克逊政府的不人道。1835年，雷诺兹出版了《美国军舰波托马克号航行记》一书，全力为道恩斯的行动辩护。[79]虽然海军历史学家最近证明了道恩斯的战略有很大缺陷，同时也证明在外交中彰显武装力量可以更好地保护美国商人，但是雷诺兹的这本书采取了不同的方法。[80]书中写道，苏门答腊岛居民是无法无天的海盗、政府缺位，道恩斯无法对其提出正式控诉。雷诺兹问道，既然缺乏政府治理，美国公民怎么可能期望苏门答腊人会归还友谊号被盗的财产，并将凶手交给波托马克号以彰显正义呢？换言之，由于没有资本主义法律的制约，加上苏门答腊地区的海盗行为，这些人就成了应该受到"最严厉惩罚"的"不法之徒"。[81]他总结道："这也许是美国司法领域的里程碑。"[82]

雷诺兹能言善辩，他为美国海军在东印度群岛和南太平洋的活动辩护。他将自己的诉求建立在南部海域不幸遇害的白人水手身上，哀叹印尼群岛缺乏合适的海图，美国捕鲸船队面临的危险以及原住民的残暴。他将南部海域比作印第安国家，指出当北美印第安人对白人犯下罪行时，"最近的地方当局会立即要求交出罪犯；如果遭到拒绝，当局会动用武装力量坚决打击……苏门答腊嗜血的原住民是否比在本国受尽委屈和压迫的原住民更应获得宽大处理呢？"[83]雷诺兹的回答是否定的："美国国旗应该在世界每一个角落飞扬，用武力震慑每一个人，无论是文明开化的人，还是野蛮愚昧的人。"[84]

虽然雷诺兹不是第一个将苏门答腊人与北美原住民进行比较的人，但这是一项"精明"的政治举措。[85]可悲的是，他利用杰克逊对印第安人的仇恨来重新推动探险的尝试是正确的：杰克逊憎恨海盗正如他憎恨印第安人一般（事实上，他经常将两者混为一谈），并且他渴望海军能够对远在苏门答腊的挑衅者进行反击。[86]正如一位传记作者指出的，许多白人"从小就开始害怕并憎恨印第安人"，杰克逊就是其中一员。[87]在美国独立战争期间，杰克逊对印第安人的早期偏见形成于加洛林边境，而在1812年美英战争中，他的偏见更加根深蒂固。在雷诺兹返回波士顿时，杰克逊对印第安人的憎恨直接促成了1830年《印第安人迁移法案》（Indian Removal Act）的制定，并对南部的印第安居民施加压力，要求他们放弃自己的土地向西迁移。

在随后的政治运动中，雷诺兹意识到以前的盟友和过去十年的探险主义选区都是他可以依靠的力量，包括上层精英人士、科学家、海军军官、水手和东北部沿海社区。在波士顿写航海日志时，雷诺兹和波士顿自然历史学会的成员建立了密切的友谊，他捐赠了从南美收集的一些自然历史藏品。[88]在华盛顿，雷诺兹欣然发现索瑟德被选为新泽西州辉格党参议员，还接替参议员罗伯特·海恩担任了海军事务委员会主席的职位。在他看来，前总统约翰·昆西·亚当斯采取了非常手段，最终以马萨诸塞州国会议员的身份重返政坛。

众所周知，19世纪30年代，白人男性在太平洋海域中遇难的故事广为流传，这促进了海洋探险的进一步开展。这些故事描述了缺乏精确的航海图会如何增加在未知珊瑚礁、岛屿或浅滩上发生海难的风险。即使幸运地逃过海难，失事船只上水手们的命运也往往掌握在大洋洲人手中。这方面有一定影响力的出版物是霍勒斯·霍尔登（Horace Holden）的书《霍勒斯·霍尔登和本杰·H. 鲁特的海难、囚禁和苦难》（*Narrative of the Shipwreck, Captivity and Sufferings of Horace Holden and Benj. H. Nute*）。1832年5月21日晚上，霍尔登的捕鲸船突然撞上了帕劳群岛的未知礁石。[89]虽然船员们安全上岸，但船只破损严重无法修复，霍尔登和船员十分苦恼，不知道该带着少量物资冒险前往公海，还是向附近岛屿上的居民投降。[90]最终他们决定选择后者。他们遇到的第一批当地人十分友好，但第二批人却奴役他们，迫使他们干活，还暴力殴打他们。后来霍尔登一行人想方设法逃到了一名英籍华裔贸易商那里，10名遭遇海难的人中只有3名在被囚禁后幸存下来。[91]

白人男性的被奴役和死亡并非白人男性民主资本主义期望的结果。对于美国这样一个相信白人至上主义，认为白人享有不可剥夺的生命权、阶层跨越权和财富获取权的国度来说，来自南部海域的报道起到了激励作用。美国已经为"自由贸易和水手权利"打了几场仗，而且联邦政府将水手视为国家的宝贵财富。[92]然而，讽刺的是，杰克逊主义者一边哀叹霍尔登等人的命运多舛，一边对奴隶制、印第安人迁移以及每日毒打水手的粗暴船长视而不见。显然，在航海期间，由于拥有美国公民的身份，有色人种也享受和白人船员同样的待遇。因此，1855年在斐济，约翰·亚当斯号（John Adams）采取了严厉措施来保护美国海上探险者和塞米诺尔印第安人的财产。[93]虽然威尔克斯探险队的口号是保护遇难的白人水手，但很多黑人也经历过与霍尔登类似的情况。因此，有色人种也可能在白人至上主

第二章
基于杰克逊式资本主义的美国海外探索

DRUMMOND ISLAND WARRIORS.

木版画：1844 年德拉蒙德岛的士兵

选自查尔斯·威尔克斯（Charles Wilkes）《美国远征探险故事》（ Narrative of the United States Exploring Expedition，以下简称《探险故事》），费城，谢尔曼出版社，1844 年。该书反映了美国对大洋洲部落的忧虑，也因此促成了美国首次派遣海军进行探险。（生物多样性历史文献图书馆和史密森尼图书馆提供）

义的国度受益。

　　探险家们无视种族冲突，完全听从受伤的白人男性一方的说辞。1834 年 10 月，罗得岛议会批准了一项纪念活动，呼吁探险时"与当地人友好沟通以防流血事件的发生"。[94] 1835 年 2 月 7 日，罗得岛州国会议员杜迪·J. 皮尔斯（Dutee J. Pearce）在国会山重提此事。他提交了一项议案，主张授权并资助在南太平洋的探险。皮尔斯承认，

"多年前，派遣一艘探险船是冒险行为"，而如今，"美国南部海域"的商业日益繁荣，探险可以保护美国的劳动力和资本。[95] 他在马萨诸塞州塞勒姆的东印度海事协会争论道，政府未能保护水手"免受当地人伤害的原因在于，当地人没有看到美国人有能力阻止他们对船只和船员生命的非法攻击"。[96] 但皮尔斯的议案没有通过。1836年3月，索瑟德用类似的话术，在参议院重新提出了这项议案。他认为"太平洋的许多岛屿居住着野蛮人，危机四伏，政府有责任与当地人调解"。[97]

参议院讨论索瑟德的议案期间，雷诺兹是成为4月3日国会晚间演讲的主角。[98] 政治家和来宾挤满了众议院，烛光摇曳，人们目光灼灼。[99] 雷诺兹在众人瞩目之下走上讲台，开始了演讲的职业生涯。他敦促立法者和同胞了解探险如何能够保护美国水手免受当地人虐待。雷诺兹感叹道："几乎每一个来自太平洋的人都诉说着岛屿的沉船、叛乱或者屠杀。"[100] 他问立法者如何才能"明白……因为国家缺乏明智决策，未能展现海上实力并赢得当地人的尊重，导致美国公民惨遭屠杀"。[101] 立法者不能坐视不管，应该授权海军在南太平洋海域与这些"未开化的野蛮人"谈判："通过展现美国力量和当局政策，与那些敌意最强的原住民谈判，尽可能地赢得他们的信赖。"[102]

这确实行之有效。雷诺兹代表了水手权利和美国商业扩张利益，他热情洋溢的演讲帮助索瑟德的议案在参议院通过并送达众议院审议。5月9日，众议院的探险主义联盟使用军事主义言辞和外交辞令为该议案辩护。来自俄亥俄州的民主党国会议员托马斯·里昂·哈默（Thomas Lyon Hamer）争辩说，南太平洋海图要拯救的是，"在陌生的海域遭遇海难的水手，他们发现自己远离文明的栖息地，注定要成为残忍无情的野蛮人的猎物"。[103] 为保护海上遇难者，哈默呼吁"在太平洋海域展示美国肌肉，吓唬野蛮人，保护我国海员未来的安全"。[104] 马萨诸塞州的国会议员约翰·里德（John Reed）表示赞同，

第二章
基于杰克逊式资本主义的美国海外探索

他提到霍勒斯·霍尔登的作品《霍勒斯·霍尔登和本杰·H. 鲁特的海难、囚禁和苦难》,并推荐同事阅读。"我希望诸位最近浏览这本书,"里德说道,"许多人(其他水手)仍被囚禁,虽然霍尔登逃走了,但其他人仍遭受着磨难。"[105] 在结束演讲时,雷诺兹振奋人心地说道:"我们的海军应该前往南太平洋岛屿,展现我们不容置疑的军事力量,让那些野蛮人心生畏惧,不敢再虐待、杀害美国公民。"[106]

探险家们也提出了其他观点。他们提出发现之旅有可能带来额外的好处,比如强制美国捕鲸船队执行法律,强调秩序的重要性。南太平洋秩序紊乱的罪魁祸首不仅仅是"野蛮人",还有"野蛮的"捕鲸者。梅尔维尔本人也陶醉于这种形象。在《白鲸》中,他自豪地说:"真正的捕鲸者如同易洛魁人①一样野蛮。我就是个野蛮人,效忠于食人族之王,并随时准备叛变。"[107] 1836 年,雷诺兹的一位随行记者问他为何在美国领土上应该存在司法系统,但在海外又完全缺乏"相应的监督……有了法治野蛮人会产生尊敬之情,叛变者最终会选择投降"。[108] 在《美国军舰波托马克号航行记》中,雷诺兹担心"捕鲸船上每天都会发生严重的虐待事件。船长可以制止部分虐待事件,而另一部分只能依靠强有力的政府解决"。[109] 然而,虽然该言论反映了拓荒地穷苦白人长久以来的观点,即普通人的穷困潦倒并不是杰克逊主义造成的,但这种阶级主义言论鲜受重视。[110] 杰克逊主义者明白劳动力必然受到海上资本的约束,但他们对此避而不谈。[111]

最终,反印第安人言论和民主资本主义的需求盛极一时。里德的演讲结束不久后,众议院就批准了该议案。5 月 14 日,国会两院达成一致。不出所料,杰克逊本人欣然接受并且支持探险之旅。海军部长马隆·迪克森试图改变杰克逊的想法,指出这次远征是他的强敌塞缪尔·索瑟德的想法。而杰克逊的回答是,"恶棍"索瑟德

---

① 北美洲印第安人的一支。——编者注

"难得说对了一次"。[112] 不久,他签署了法案。[113] 1836 年 12 月 6 日,杰克逊在最后一次年度致辞中呼吁扩大海军,并承诺政府将尽快派遣探险队。[114] 杰克逊主义者的态度转变使探险家们的愿景逐渐成真。

南太平洋的印第安战争和外交事件

1838 年夏天,威尔克斯探险队即将启航,这将是一次浩大的行动。威尔克斯探险队由 6 艘船只组成,随行人员共有 246 人。这规模远超欧洲,后者的发现之旅很少超过 2 艘船只。1838 年 7 月 26 日,杰克逊的朋友兼总统继任者马丁·范布伦访问了位于弗吉尼亚州诺福克的探险队,并致以祝福。[115] 1838 年 8 月 18 日下午,美国海军的首次探险之旅于汉普顿锚地起航,派遣领航员为南太平洋之旅扬起风帆。[116]

耶利米·雷诺兹没有与他们为伍。1836 年至 1838 年,关于威尔克斯探险队是否能够远航的问题发生了一场激烈的斗争。负责此次航行的海军部部长迪克森缺乏动力。他已年近 70 岁,身体虚弱,感到自己被海军部所逼迫。[117] 尽管雷诺兹有很多身份尊贵的朋友,他仍然受到迪克森不满情绪的波及。在一次勇敢的行动中,他已决定牺牲自己参加此次远征的机会。他不赞同迪克森的拖延策略,于 1837 年 6 月至 1838 年 1 月在《纽约时报》(New York Times)发表了一系列公开信嘲笑迪克森。[118] 虽然这种策略奏效了,但也破坏了雷诺兹在海军部的名誉。1841 年 3 月,雷诺兹安慰自己并解释道:"我在意的是远征是否成功,而非我自己是否能参加。"[119]

雷诺兹如此勤奋工作,是因为他坚信威尔克斯探险队的航行将是美国走向成熟的标志。文森斯号(Vincennes)旗舰的一位海军候补少尉威廉·雷诺兹(William Raynolds,与耶利米·雷诺兹无关)

第二章
基于杰克逊式资本主义的美国海外探索

的日记正揭示了这种态度："看啊！一个不久前还在寻找自我和满是荒地的国家，如今却是世界的启蒙者，努力追寻知识，进行探索研究。"[120] 尽管雷诺兹、索瑟德和亚当斯都没能亲眼看见威尔克斯探险队号的航行，但这是他们向往的时刻，也是亚当斯曾以为有生之年都无法见到的时刻。[121]

威尔克斯探险队的航行让美国公民了解了太平洋世界的原住民，充分认识到美国是一个成熟的国度。如同其他水手一样，威尔克斯探险队的船员基于对北美原住民的认识来了解南太平洋居民。[122] "由于人们普遍认为所有印第安人都非常喜欢狗"，因此到达澳大利亚后，波士顿水手查尔斯·厄斯金（Charles Erskine）惊讶地发现澳大利亚原住民并没有宠物狗。[123] 1840年4月，探险队指挥官查尔斯·威尔克斯中尉邀请在汤加帕图交战的基督教和异教派别酋长到文森斯号进行和平会谈，厄斯金称为"伟大的仪式"。[124] 1840年的夏天，在斐济，威尔克斯发现斐济人经常用武器和工具换取值钱的西方商品。[125] 因此，他购买了三大包斐济人的战利品中的"印第安人珍品"运回美国。[126]

观念指导行动。美国白人认为他们必须以不同的方式对待不同种族的人，而且要考虑不同种族发展的不同阶段。对于尚处在野蛮发展阶段的种族，例如美洲原住民和大洋洲人，由于他们只懂得自身利益和自我保护，对待他们必须像对待孩子一样。这就是原住民喜好盗窃的原因，在与他们打交道时要赠送他们礼物进行贿赂，美国官员应该鼓励原住民称美国总统为"伟大的父亲"。[127] 美国利用盎格鲁-撒克逊主义，来合理化强制原住民迁移、发动种族灭绝战争和报复性暴力行为，如在瓜拉巴图战争中执行的苛刻政策。威尔克斯起草，新任海军部长詹姆斯·K.保尔丁（James K. Paulding）正式发布的指令彰显了美国人这些傲慢的看法。保尔丁告诉威尔克斯，"野蛮种族没有强烈的财产权意识"，应该尽可能避免这方面的冲突。[128]

他进而提醒威尔克斯提防背叛，他称为"蛮夷的本性"。最后，他还劝告道："除非是为了自卫，不要与他们为敌。"[129]

威尔克斯与大洋洲人打交道时，靠的是他对北美印第安人的了解。这在探险队与原住民的第一次互动中表现得尤为明显。1839年7月，威尔克斯探险队刚刚到达波利尼西亚东边的土阿莫土群岛。在考查其中的雷奥环礁时，威尔克斯试图与聚集在海滩上的土阿莫土岛民接触。为此，他招募了一个"印第安人"——一个名叫约翰·萨克斯（John Sacs）的毛利人水手。当威尔克斯一行人划到海滩附近时，他指示萨克斯进行谈话。萨克斯发现自己能听懂当地人的语言。土阿莫土人挥动长矛回应他的提议，让萨克斯和他的朋友"回到自己的土地去"，他们说"这是属于我们的地盘，我们不想和你有任何关系"。威尔克斯无视他们的想法，将礼物扔到了岸上。礼物未能安抚土阿莫土人，威尔克斯认为他们在挑战美国的权威。他又担心现在撤退只会让岛民以为自己成功地驱逐了美国人。威尔克斯本来只想让军官和科学家登陆，完成调查任务，收集标本，但现在他有了另外的理由，那就是维护美国主权。愤怒之下，他命令船员们向土阿莫土人发射芥菜种子（形似鸟弹），把原住民赶离了海滩。[130]

正如土阿莫土人的言行所揭示的，许多大洋洲人不相信威尔克斯探险队的到来是件好事，尤其是那些远离大溪地和夏威夷的偏远闭塞地区。对于很多大洋洲族群而言，有人横跨大洋来到他们这里是危险的，预示着战争和夺权。[131]西方军舰更会带来其他危险，包括疾病、枪支火器、火箭、大炮和烧毁大洋洲村庄的火把。况且，威尔克斯探险队是通过大炮或者短枪发射后产生的声音来计算距离的，这种探测方式难免令人惴惴不安。[132]无论是在南美洲最南部还是在大洋洲，原住民族群分工明确，男人深入险境，调查威尔克斯探险队，女人和儿童则在秘密基地等待他们的归来。[133]例如，南美洲的火地岛人会"把女人藏在"一个山洞里。[134]在土阿莫土群岛的怀托希岛上，当美国水手询问女人的去向时，土阿莫土人笑了。他们以为威尔克斯探险队的水手们来自一个没有女人的岛屿，因此把女人藏起来是明智之举。[135] 对于一些原住民族群来说，美国人带来的危险似乎是超越自然的。威尔克斯探险队成员听到一些大洋洲人将他们视为来自灵界的使者而沾沾自喜。"他们是一群奇怪的生物，身处巨物之中，无须借助外力就可以自由地在水中移动。他们全副武装，可以指挥雷电。"[136] 当然，这也许只是出现在许多欧洲探险家的叙述中的白人长期以来的幻想。[137] 无论大洋洲社会是否将威尔克斯探险队成员视为入侵者、强奸犯抑或是神明，如同埃佩利·豪欧法（Epeli Hau'ofa）所说，威尔克斯探险队显然是"我们岛屿所处的海洋"中不受欢迎的入侵者。[138]

威尔克斯探险队的水手通常认为自己在维护类似于北美西部的茫茫海域中的法律和秩序，鲜有例外。他们在斐济感受到了强烈的落差。19 世纪初，斐济已经是一个相当好战的社会了。在 19 世纪后半叶火枪在斐济普及之前，"男孩只有在用粗棍棒杀敌后才成为男人"。[139] 早在 19 世纪初，战神鲍（Bau）通过其祭司之口表达了斐济人的好战思想："战争是我自娱自乐的方式。我酷爱打仗，对我而言，战争是运动。"[140] 在美国人看来，也许最重要的是斐济人的食人仪式和人祭行为。[141] "杜拉斯"（斐济大型军事双壳独木舟）的启航，升起或更换标杆以及战争胜利都需要祭祀。人们等级分明，"请吃了我吧！"甚至是平民对酋长礼节性的问候。[142]

斐济的战争和祭祀活动波及了美国公民和其他斐济人。由于之前有美国人遇袭，加之西方人基本不了解该地区密集的岛屿和珊瑚礁群，威尔克斯探险队来到斐济海岸。1840 年 5 月 6 日，威尔克斯抵达斐济，他认为对土阿莫土群岛进行深入考查是"远征队的重要目标"。[143] 威廉·雷诺兹十分赞同，他在日记中写道，"航海者都知道斐济"，斐济人"是凶猛的食人族，礁石、浅滩和迷宫般的通道布满岛屿周围,成为水路上的陷阱,很容易船毁人亡"。[144] 7月初,经过近两个月的勘测,威尔克斯检查完探险队的制图情况后,为了完成任务,他决定推迟前往北美西北海岸的计划,放弃前往日本水域。为了节约资源,威尔克斯减少了三分之一的口粮,指示手下尽快完成勘测。[145]

除了勘测,威尔克斯探险队还负责在太平洋世界建立有利于美国商业资本主义的外交事业。在太平洋彼岸,威尔克斯和他的副指挥官威廉·哈德森(William Hudson)中尉要求原住民政体承诺保护美国的资本和劳动力。这并不是一个新计划,尤其是在那些没有外交官驻扎的地区,海军军官早已实施该策略。通常参议院不会批准此类协议,但它们是有效的,而美国官员也认为该条约具有法律效力。[146] 威尔克斯探险队在太平洋地区制定的商业条约类似于与北美印第安人签订的条约,都关注贸易关系和部落领土内的安全通道。[147]

斐济对美国资本主义的威胁凸显了与当地政治掮客达成外交协议的重要性。威尔克斯探险队官员向斐济酋长推行的包括11条的《斐济法规》就是美国对斐济领土实行的资本主义治理。该条款包括斐济要保护美国驻外领事、船只、遇难船员和财产,美国承诺支付港口费用,以及为向船员提供补给、使用当地领航员和逮捕逃兵支付合理费用。如同1834年的《印第安人贸易与往来法》(Indian Trade and Intercourse Act),《斐济法规》试图控制饮酒,禁止销售"烈酒"。同时,第4条规定,如果谋杀了外国人,被告要么被斐济酋长惩罚,要么被移交给美国当局。[148] 这项司法程序与印第安人在北美谋杀美国公民的情形极其相似。1817年,国会通过了一项法律,要求部落交出在印第安地区伤害过白人或妨碍军事干涉的人。[149]

《斐济法规》的第四条规定和维多维(Veidovi)案密切相关。[150] 维多维是维提岛大岛雷瓦王国的一名酋长,他被指控谋杀了从事海参捕捞的塞勒姆双桅船上的8名船员。据美方报道,维多维和他的

第二章
基于杰克逊式资本主义的美国海外探索

手下用战棍杀死并吃掉水手。[151]威尔克斯将维多维案件交给孔雀号中尉威廉·哈德森处理。哈德森计划邀请维多维和其他斐济酋长（包括维多维的兄弟，雷瓦国王）参观孔雀号，领取礼物，并伺机逮捕被告。然而，维多维在傍晚时仍未出现，哈德森命令手下到尾舷，扣押斐济贵族作为人质，并将他们锁在孔雀号的小隔间内。[152]哈德森告知他们只有抓到维多维，其他人才能获得自由，这时一名酋长自愿提供帮助。他设法找到维多维并将他带上了孔雀号。被告认罪后，哈德森将他关进了船舱。[153]后来，威尔克斯探险队官员用维多维被捕的故事恐吓斐济的其他首领，让他们签署《斐济法规》。[154]

孔雀号启航前，哈德森向雷瓦国王保证自己不会伤害他的兄弟。相反，威尔克斯探险队将维多维带到美国后，会让他学习英语并游览美国，随后美国官员就会让他回家。哈德森承诺，届时维多维"会告诉斐济人美国是一个如此富饶伟大的国家，通过和平真诚的交流，美国会给斐济人带来他们渴望的所有东西，这对斐济人而言是好事情"。[155]该计划借鉴了印第安酋长访问华盛顿特区的安排，通常包括参观军事和海军设施，并试图用美国力量感化原住民代表团。[156]这也包括美国资本主义对斐济的渗透，哈德森期待维多维会成为美国商品的广告商。然而，这项计划付之东流。1842年6月，维多维不幸感染肺结核，他在文森斯号返回纽约后的第二天就去世了。[157]海军军医没有把维多维的遗体运回雷瓦王国。相反，他们将维多维的头颅割下来，进行防腐处理，并将其列为一件自然标本。[158]随后，他们将维多维的无头尸体埋在布鲁克林海军造船厂内一个没有标识的坟墓中。[159]对于维多维和他的亲属来说，没有传统的斐济葬礼协助他前往另外一个世界。[160]

正如维多维事件所揭示的，威尔克斯探险队很少履行对大洋洲人民的承诺，他们也从未真正信任过斐济人。因此，1840年5月，当威尔克斯抵达斐济时，为了保卫海军安全，他发布了特别指令，其中包括禁止在无人岛着陆。"所有贸易都必须在船尾进行,必须准备好武器和榴弹炮应对攻击行为",以及"永远不要放松警惕"。这是因为"他们(斐济人)在任何情况下都不值得信任。"[161] 威廉·雷诺兹等官员见证了威尔克斯的谨慎。他观察并记录道:"在斐济,必须随身携带武器,因为当地人总会随身携带长矛或者棍棒。"[162] 雷诺兹揭露了斐济人危险丑陋的嘴脸,支持灭亡他们。"愿地球毁灭他们!"他在日记中写道。[163]

威尔克斯的预防措施没有起到作用。口粮的减少意味着探险队不得不与斐济人交换山药和生猪。由于这种谈判非常容易破裂,美军通常会在岸上会谈时劫持一名斐济人作为人质。[164] 1840 年 7 月 24 日,马洛洛岛上紧张局势一触即发。9 名水手在海滩上为了生猪价格与酋长和其手下讨价还价。接应船在海上,(船员)也没有随身携带刀具,船员扣留了酋长的儿子当作人质。然而,谈判过程中人质突然逃走,跃出船舷冲向岸边。当接应船上的船员鸣枪示警时,酋长大喊白人杀死了他的儿子,命令手下发起进攻。在随后的战斗中,9 名斐济人和 2 名美国军官死亡。[165] 悲痛又愤怒的威尔克斯探险队重新占领了海滩。当他们发现一名受伤的斐济人时,指挥官下令"把他解决掉"。[166]

美国人认为马洛洛流血事件是一场有预谋的屠杀。可他们忽略了此次冲突事件的起因,以及斐济的伤亡人数几乎是威尔克斯探险队船员 5 倍之多的事实。[167] 他们更看重的是 2 位阵亡军官是备受爱戴的探险队成员,其中一位是威尔克斯丧偶妹妹的独生子,海军中尉威尔克斯·亨利(Wilkes Henry)。[168] 他们认为马洛洛岛事件是对杰克逊时代美国和种族等级制度的直接挑战。威尔克斯认为,如果不通过"有益的教训"来纠正斐济人犯的错误,那么这几个月的勘查和外交都将一文不值,白人民主资本主义也会比以往更不安全。[169] 因此,在为阵亡军官举行爱国主义葬礼后,威尔克斯探险队准备复

第二章
基于杰克逊式资本主义的美国海外探索 075

仇。他们组成战斗组，配备轻型武器，派出中队的船只绕岛巡游，防止斐济人逃跑。威尔克斯命令卡德瓦拉德·林戈尔德（Cadwalader Ringgold）中尉向苏亚利布镇（Sualib）进军。他认为该镇与马洛洛岛（人）在阿罗（Arro）的其他驻扎地相比背负了更多的罪孽，下令把它烧毁。在路上，林戈尔德要摧毁"途经的种植园……除了妇女儿童，不放过任何人"。[170] 在将苏亚利布镇夷为平地后，他将与威尔克斯在阿罗浓烟滚滚的废墟上会合。[171]

7月26日上午9点，威尔克斯探险队武装登陆，入侵者携带火箭和武器。[172] 林戈尔德的部队摧毁了山药田和芋头田，烧毁了废弃的村庄，最终抵达了苏亚利布镇。斐济人躲在镇上的栅栏和几条防御壕沟后面。当美国火箭如冰雹般在茅草屋顶爆炸时，斐济人撤退了。"大约半小时后，"水手查理·厄斯金回忆道，村庄"化为灰烬"。[173] 战火仍在继续，水手们用火箭点燃了第二座要塞城镇。根据厄斯金的回忆，当"野蛮人热到无法忍耐时"，他们试图以5人到10人一组的方式逃跑，但逃跑者"被打成了筛子"。[174] 当林戈尔德的部队在马洛洛烧毁村庄、屠杀斐济人时，威尔克斯的小船封锁并阻止了任何试图逃跑的独木舟。用一位海员的话说："独木舟上的人成了饥饿的鲨鱼的食物。"[175] 傍晚时分，林戈尔德及其部队在阿罗的硝烟中与威尔克斯会合。为了给2名船员报仇，威尔克斯探险队夺走了约100名斐济人的生命。[176] 威廉·雷诺兹之前许下的愿望——让斐济人"被地球毁灭"，在马洛洛基本得以实现。[177] 次日，岛上幸存的居民在威尔克斯和他的人面前俯首帖耳，举行了一场卑躬屈膝的投降仪式。[178]

威尔克斯探险队成员打着商业和种族的旗号为自己的行为辩解。威尔克斯认为，不进行军事行动会危及雄心勃勃的水手们。他解释说："倘若（斐济人的）重大罪行不被惩罚，（他们）很可能会比以往更加放肆。"[179] 无独有偶，威廉·雷诺兹也提出马洛洛屠杀事件是正当的。他指出，斐济人是"一群海盗"，是"周围地区的威胁"，[180] 他们是资本主义的强敌——一群挑战财产权基本原则的人。与威尔克斯相比，雷诺兹的理由更加深入地涉及宗教和种族问题。他认为斐济人不仅是海盗，还是"地狱猎犬"和"血腥恶魔"。[181] 他将斐济人比喻成咸水鱼，宣称"在战斗中屠杀斐济人带来的内心喜悦如同杀死鲨鱼一般"。[182] 他也承认，马洛洛屠杀是"血腥事件"，"但斐济的所有生命加在一起都抵不过我们失去两个人所付出的代价"。[183] 即使考虑到军中对于战友强烈的兄弟情，雷诺兹的话也非同寻常。唯一的解释是他持有的种族主义意识形态，认为盎格鲁-撒克逊人远优秀于其他种族或民族群体。

发生在太平洋地区的马洛洛事件和北美的殖民主义暴力行为极其相似。如同在美国和加拿大一样，太平洋地区的白人与原住民争夺资源。在美国和加拿大，主要资源是土地；而在太平洋，主要资源是植物（檀香）和动物（尤其是海洋物种）。在美国西部，殖民者和国家依靠强制迁移和种族灭绝的方式来获得印第安人的土地。在太平洋，商业帝国主义需要其他东西：大洋洲人积极参与财富生产，或者允许其他人追求财富。当大洋洲人拒绝或抵制开采其所在地区的自然资源时，美国政府可能会采取残酷的种族灭绝暴行，就像马洛洛大屠杀事件。"水手殖民主义"与北美殖民主义有其他相似之处：两者都需要将联邦的刑事管辖权扩展至原住民领土上，并且都依靠传教士教导原住民加入不断扩大的美国市场。[184] 这也是威尔克斯称赞传教士的原因。与欧洲大陆一样，传教士为美国资本主义在太平洋提供了更为友好的发展空间。例如，在拉拉卡岛上，他称传教士使"所有遇难水手都被善待"。[185]

第二章
基于杰克逊式资本主义的美国海外探索

南太平洋的警务水手

威尔克斯探险队除了强迫大洋洲人接受美国的商业管辖，还试图保护海上资本主义免受船员破坏。无论官方还是私人的美国船只，都分成了两个派别：船员和军官。根据梅尔维尔的说法，这些"对立的阶级""永远处于冲突之中"。[186]虽然法律坚决维护军官的权力，但每位船长都清楚，艏楼住的人远多于他的人。他们不喜欢敌对一方中的东西。据记录，威尔克斯探险队军官傲慢无比，甚至一个眼神都令人心生畏惧。在前往马德拉岛的航行中，威尔克斯看到普通水手聚集在甲板上的科学家周围，"听到杰克和他的船友喋喋不休地争论科学名词"，觉得挺有趣。[187]约瑟夫·克拉克（Joseph Clark）是威尔克斯探险队海军陆战队的一名下士，他坦率地承认一些水手被"侮辱甚至残忍对待"。[188]他解释道，这是因为"他们有时不服从命令，让人心生厌恶"。[189]在大溪地，威廉·雷诺兹看着一群水手抓到一条鲨鱼，将其折磨致死。他说："水手捕杀怪物是一种野蛮的享受。"[190]

为了约束船员，威尔克斯探险队的军官制定了诸多策略，其中一项是为了调和资本和劳动力之间的矛盾。1839年6月，在秘鲁的港口城市圣洛伦佐（San Lorenzo）附近，一名值班人员发现了两艘前桅支索系着红色衬衫的捕鲸船——厄斯金解释为"船员的求救信号"。威尔克斯访问了这些船只，并得到船长们的承诺，他们会"更好地对待船员，给他们更多的口粮"。[191]威尔克斯在萨摩亚图图伊拉（Tutuila）的帕果帕果湾（Pago Pago Bay）也是这么做的，他耐心地听着船员对船长的抱怨。[192]这种方式类似于威尔克斯安抚被不公平的船长伤害的大洋洲人。在出版的书中，威尔克斯嘲笑那些不道德的商人，认为他们的"唯一目的"是"赚钱"，损害了"当地人利益"。[193]他批评商人和海员违反了原住民的法律，拒绝支付港口费用，补给结束不付钱就起航离开。在萨摩亚乌波卢岛上（Upolu）的阿皮亚

(Apia),他还提出不仅要支付锚地费,还要赔付萨摩亚人的亏损。[194]

威尔克斯探险队努力向美国商业舰队灌输秩序的重要性,最著名的事件发生在他自己的船只上。在智利的卡亚俄(Callao),3名男子试图逃跑。同时,海军陆战队中一群本应守卫酒库的海员,却偷偷带走了威士忌。威尔克斯非常愤怒——他害怕这种不服从行为蔓延开来。根据法律,只有通过军事法庭的裁决,海军指挥官才能对海员施以12下以上的鞭刑。然而,时间紧迫,威尔克斯认为这些罪行需要更严厉的惩罚手段。因此他枉顾海军法,命令对每名被告实行至少24鞭的惩罚。他甚至将一名海员的鞭打数提高到36下,另一名海员提高到41下。如同马洛洛事件一样,他用类似的话语为自己辩护。"12下鞭刑的普通惩罚远远不够。"他进而解释道,"其他船员也不会重视,为了维护良好的秩序,我不得不出此下策"。[195] 这不是最后一次惩罚——在航行过程中,威尔克斯共实施了25次未经军事法庭审判的非法惩罚。[196]

1840年10月,军官的暴行在火奴鲁鲁更为严重。有3个人惹怒了威尔克斯:两名醉酒的海军陆战队员口出狂言,声称要杀害孔雀号上的军官;还有一名叫彼得·斯威尼(Peter Sweeney)的英国人,他天性好斗,仇恨美国,做出很多违规行为。当美国领事告诉威尔克斯捕鲸船队最近经历了几次骚乱时,威尔克斯决定采取行动了。[197] 为了让舰队的所有船只和9只停泊在港口的捕鲸船目睹惩罚,威尔克斯决定在舰队里鞭罚这3个人。[198] 10月31日,他召集威尔克斯探险队的所有船员集合见证这次惩罚。[199] 他们聚集在锚地上,从捕鲸船舷缘的最佳视角探望着。在岸上,几乎所有的檀香山居民都聚集在码头和海滩上。被惩罚者被放到小艇里,绑在绞刑架上,然后划到中队的各艘船只上。每到一只船上,他们都会受到暴力、痛苦的鞭刑。海军陆战队的2个人总共遭受了86鞭,斯威尼被打了24鞭。[200] 威尔克斯探险队接回了海军陆战队员,但将斯威尼扔到了火奴鲁鲁的沙滩上。斯威尼满脸通红，遍身泥沙，后背上有血淋淋的鞭痕，他跟跟跄跄地跑进城里消失不见了。[201]

普通水手怎样看待这样的暴力行为呢？这可以从威尔克斯探险队其他美国海军水手的情绪中推断出来。小说家赫尔曼·梅尔维尔于1843—1844年在美国号（United States）上做普通海员，其自传体小说《白外套》（White Jacket）对鞭笞这一惩罚指责颇多。他反对鞭刑，称其为"中世纪的残余"，认为这甚至比将人缚于船底施以拖刑更糟糕。[202]梅尔维尔解释说，被鞭笞后一名船员需要几周甚至几个月才能恢复。然而，当他重回舰队时，"他不再是以前的那个人了，他已经心灰意冷，完全消沉，等待死亡的来临"。[203]他认为惩罚很少适用于本国水域，因为岸上的水手会暴动。[204]愤怒的梅尔维尔敦促他的读者鼓动废除鞭笞。[205]对此，其他水手表示赞同。海军乘务员爱德华·P.蒙塔古（Edward P. Montague）认为，如果水手"被更多地视为男人，而不是狗，就不会出现'九尾鞭'这种笞刑"。[206]北极海员威廉·戈德弗雷（William Godfrey）认为海军服役"对任何具有美好的荣誉感和与生俱来的正义感的海员都是严重的压迫……这种荣誉感和正义感会促使一个人去抵制暴政和错误的行为"。[207]

舆论最终尘埃落定。1842年威尔克斯探险队返航，反对鞭笞的呼声越来越高。海军不得不在1850年9月正式废除鞭笞。[208]事实上，很能说明问题的是，在回国后，水手和军官对威尔克斯提出的种种指控中，唯一让人信服的就是他对水手的残暴。对于在马洛洛的屠杀和过度使用武力的指控，陪审团宣布威尔克斯无罪。[209]这一裁决既反映了杰克逊主义在海上扩张时白人至上的地位，也反映了白人水手在海上资本主义治理中的复杂法律地位。最终，法院判定威尔克斯犯有17项违法惩罚水手的罪名。[210]为此，海军部长公开谴责："国家授予你们海军军衔，军人至少要严格遵守国家的法律制度。"[211]威尔克斯对训诫愤愤不平。[212]然而，对于那些背上永远留下伤痕的人而言，这点惩罚似乎无足轻重了。

商业帝国的释怀

1842年6月，当探险队的旗舰文森斯号最终返回纽约时，威尔克斯相信他已经实现了威尔克斯探险队的诸多目标。他认为他已经帮助美国资本主义抵御了众多威胁——尤其是敌对的大洋洲人和新兴的水手阶层。然而，历史学家并不如此看。商业帝国的将领们是否松了口气？威尔克斯探险队对杰克逊式资本主义的保护有多大作用呢？

在航海图那里可以找到部分答案。如前所述，美国船长在太平洋世界遇到了严峻的挑战。和大洋洲人不同，他们缺少完备的海洋知识，无法通过对自然世界的细致观察，在海洋中自由航行。[213] 由于缺乏准确的航海图，海员们不得不寻找防范海难的方法。例如，捕鲸船上会有两名男子在高处观察，提示着航行中的危险和远处喷水的鲸。[214] 水手们还通过涂油的铅线确定水深和海底成分。这些方法能够帮助他们确定该地区的海洋地理情况。为了测量陆地和浅水的距离，水手们密切关注海鸟和海藻等水生生物。[215] 正午时分，他们用六分仪或八分仪来确定纬度位置。[216] 然而在19世纪后半叶广泛采用航海经线仪之前，经度的确定要困难得多，船长必须进行复杂的月球距离观测计算才能确定经度。[217] 1802年，美国航海家和数学家纳撒尼尔·鲍迪奇（Nathaniel Bowditch）发表了《新美国实践航海学》（New American Practical Navigator），简化了海上计算月球距离的方法。[218] 然而，即使《新美国实践航海学》在手，踏入未知海域仍然是一场危险的游戏。[219]

西方海图缺失的后果显而易见。1828年至1840年，五艘美国船

第二章
基于杰克逊式资本主义的美国海外探索

只在斐济遭遇海难。[220] 航海危险重重,以至于海上保险公司拒绝承保前往该岛群的船只。[221] 在其他地区,太平洋捕鲸船遇难也是普遍情况。19世纪初,每当一艘美国双桅船返回港口,就有一艘、两艘甚至三艘捕鲸船长失去船只和船员。[222] 在楠塔基特岛(Nantucket),近四分之一适婚年龄及以上的女性因海难而丧偶。[223]

威尔克斯探险队的主要目的是解决海上导航问题。尽管如此,一些曾经研究威尔克斯探险队的历史学家开始把研究重点转向太空竞赛和冷战时代的科学。[224] 例如 1955 年,约翰·P. 哈里森(John P. Harrison)声称,威尔克斯探险队"一无所获……没有证据表明捕鲸业从这次航行中受益"。[225] D. 格雷厄姆·巴涅特(D. Graham Burnett)和杰森·W. 史密斯(Jason W. Smith)的表述更接近这次航海的目标:虽然考察队有 12 名科学家收集了丰富的自然历史标本和人种数据,但是威尔克斯探险队的主要目的是促进海上贸易,而非发展科学。[226] 如果威尔克斯探险队是由约翰·昆西·亚当斯政府派遣的,那他们可能会更倾向于扩展知识帝国。不过,事实与之相反。务实且目光短浅的杰克逊主义者更关心商业发展。迪克森部长如是说,这些人"不会为了无脊椎动物宝藏而放弃船坞"。[227] 在威尔克斯的指示下,保尔丁部长写道,这次探险的使命是"扩展商业和科学帝国"。[228] 该语序是经过深思熟虑的——这本就是一次资本主义之旅,其次才是科学之旅。

因此,威尔克斯和其下属在巡航期间孜孜不倦地调查未知的地理特征。这是一项艰巨的工作。官兵们因涉水过珊瑚礁而遭受晒伤、蚊虫侵袭和脚部伤痛。[229] 而且,勘测时还要应对冷血的威尔克斯的严密监督和分级管理。实际上,返航后争论的主要是"海上纪律"的问题。[230] 在航行结束时,威尔克斯探险队已经仔细记录了 154 个岛屿和 50 个独立珊瑚礁的情况。[231]

探险队重返家园时,威尔克斯的一项主要任务是制作南太平洋导航图。他和下属耗费多时绘制图表并将其转印到铜板上。他们总共绘制了249张岛屿、列岛、海港和暗礁的海图。[232] 其中180张地图收录在1850—1858年探险队制作的两卷水文地图集中。[233] 财政部以最低价格出售了威尔克斯探险队的航海图,几乎不能覆盖刻印成本。[234] 威尔克斯于1844—1858年以各种版本和格式出版的五卷书,科普了安全锚地、鲸种群、新鲜食物供应,以及友好的岛上居民等方面的实用信息。[235] 1861年,威尔克斯在此基础上扩充了内容,最终出版了一本关于水文和航海的书。[236]

　　船长们对威尔克斯探险队的航海图和导航数据极为赞赏。1846年,参议员詹姆斯·阿尔弗雷德·皮尔斯(James Alfred Pearce)向国会提交了一份关于威尔克斯探险队出版物(包括航海图)价值的报告。他注意到威尔克斯收到了许多从事斐济贸易的船长的感谢信。这些信函表明,"远征船队为我们在这些海域进行贸易的船只提供安全保障"。[237] 其中一位来信者是奥斯本(Osborn)船长,他从事海参贸易。奥斯本表示,斐济海图让他"能够日夜航行……无惧礁滩"。"我已经能够同时运营三四间海参工厂,很快就能满载而归,并且航行时间大为缩短。"[238] 另一个来自纽约的商人直接写信给出版威尔克斯系列丛书的利及布兰查德出版社,申请一本"威尔克斯船长的哥伦比亚河图"。[239] 在伦敦,《泰晤士报》(Times)称赞威尔克斯实现了他的目标,他们推荐"英国南海捕鲸者仔细阅读"威尔克斯的书籍和海图。[240]

　　事实上,威尔克斯探险队的航海图为美国在太平洋世界建立海上帝国提供了额外的安全保障。英美捕鲸者可能仍然需要面对梅尔维尔所说的"无法应对的未知捕鲸风险",[241] 但有了威尔克斯探险队航海图,他们撞上未知珊瑚礁的概率大大减小。精准的航海图也安抚了投资者的紧张情绪,此前他们拒绝为前往斐济的船只承保。19世纪40年代到50年代早期,居住在斐济的美国海滩探险者大卫·威皮（David Whippy）写的信件进一步表明，在那段时间里，斐济人仍畏惧着威尔克斯探险队的船队，因此他们表现得"非常文明和友好"。[242] 事实上，马洛洛屠杀事件之后，直到1855年，斐济人都没有再次与美国海军发生冲突。[243] 美国的投资资本可以更自由地投入太平洋地区，美国的捕鲸业飞速发展。19世纪40年代后期，900艘世界捕鲸船中有700艘来自美国。[244] 一支名副其实的2万人大军在全球范围内搜寻鲸。[245] 他们的出现刺激了美国海军于19世纪50年代在太平洋的活动：1852年至1854年，海军准将马修·加尔布雷思·佩里的日本航行和1853年至1855年的北太平洋探险远征成为这一系列活动的高潮。顾名思义，北太平洋任务原本是威尔克斯探险队的航行路线，捕鲸者在日本和白令海峡及其周边地区寻找新物种主要是为了测量日本海岸线和北太平洋边界。[246]

威尔克斯探险队航海图同时也帮助美国向西扩张。尽管保尔丁部长声称威尔克斯探险队"不是为了征服，而是为了发现"，但其领土野心无法掩盖。[247] 支持者认为，美国将很快在太平洋地区建立海上帝国。他们希望政府进行官方侦察，宣布对该地区的主权，并鼓励美国公民前往定居。因此，从1841年4月到11月，威尔克斯探险队忙于测量太平洋西北部和加利福尼亚海岸。当威尔克斯于1841年8月抵达旧金山湾时，他惊叹于其广阔的面积和作为防御地的优势。他预测属于墨西哥的加利福尼亚很快就会独立，与俄勒冈州形成政治联盟。（他的）国家由此将"掌握太平洋的命运"。[248] 作为一个优秀的杰克逊主义民主党人，威尔克斯断言，加利福尼亚会"被盎格鲁－诺曼种族占有"。[249] 他相信墨西哥人是"处于温暖气候的懒惰居民"，他们几乎不会抵抗。一旦落入美国手中，太平洋沿岸将"在未来的世界历史上独占一隅"。[250] 除了勘测旧金山湾外，威尔克斯探险队还探索了萨克拉门托河和费瑟河等河流，以及俄勒冈州前往北加利福尼亚州内陆的大片道路。

威尔克斯探险队在西海岸勘查的结果为美国的扩张之路奠定了基础。例如，俄勒冈州勘测对于入侵俄勒冈州原住民土地的美国定居者来说价值不菲。1843 年，军队派遣约翰·查尔斯·弗雷蒙将之前的西部勘测与"太平洋沿岸威尔克斯指挥官的勘查""联系起来"，以便对内陆进行准确勘查。[251] 1849 年，威尔克斯绘制了探险队的发现，出版了一本名为《西部美国》(Western America) 的书。此举旨在为立法者和"那些打算移民到加利福尼亚的人"提供信息和便宜地图。[252] 费城的利及布兰查德出版社印刷了 1900 册，并以每册 30 美分的价格卖出了 49 份。[253] 传教士也因此受益；正如参议员皮尔斯于 1846 年指出，威尔克斯探险队提供的西北海岸文化和语言信息为"印第安代理人和传教士"在印第安人驻扎地的发展提供了帮助。[254]

从外交方面来看，威尔克斯探险队的调查有助于美国扩大在俄勒冈州的主权。1818 年，美国和英国商定，两个国家的人均可在俄勒冈州定居 10 年。他们一再延长这项为期 10 年的约定，双方都在争取更多的利益。[255] 在威尔克斯向海军部提交的秘密报告中，他建议约翰·泰勒政府无视与英国的条约并占领整个俄勒冈州。俄勒冈州森林、渔业和毛皮哺乳动物资源丰富，因此他希望采取激进措施。虽然泰勒最初因害怕危及与英国正在进行的谈判而拒绝了威尔克斯的建议，但他后来决定支持这些建议。在 1843 年 12 月向国会发表的讲话中，泰勒呼吁美国占领太平洋西北部一直到西经 54°40' 线。[256] 在 1844 年的总统竞选中，詹姆斯·K. 波尔克 (James K. Polk) 抢尽风头，大肆宣扬该主张。[257] 但波尔克的夸夸其谈激起了英国人的好战情绪，美国参议院命令印刷商印刷一万份威尔克斯的俄勒冈地图以应对战争爆发。[258]

无独有偶，威尔克斯对加利福尼亚的描述可能有助于波尔克追求国家版图的扩张，即使这意味着与墨西哥开战。[259] 为了美国的商业发展，波尔克对占领普吉特湾、旧金山和耶路撒冷亚哥这三大港

第二章
基于杰克逊式资本主义的美国海外探索

口非常感兴趣。[260] 波尔克就该问题发表了公开演讲。例如，在墨西哥战争之后，波尔克自豪地指出："我们现在拥有三大海上战线——大西洋、墨西哥湾和太平洋。"[261] 他预测旧金山将成为太平洋沿岸的新奥尔良，为不断扩大的捕鲸业提供各项保障，甚至成为"我们伟大的海军西部基地"。[262]

总而言之，威尔克斯探险队航海图展现了杰克逊主义政治经济学。航海图使美国白人男性公民更容易获取太平洋和西部地区的资源。民主党的大部分计划都是为了争夺经济特权。民主党人努力为白人男性提供平等的经济机会，减轻失败的负面影响，"在没有立法支持的情况下"[263]鼓励竞争。所谓的"银行战争"①是此类事件中最突出的全国性案例，而在各州，此类案例更多。

太平洋地区的杰克逊主义计划也是类似的。在威尔克斯探险队之前，美国在太平洋地区的航海者主要依靠难以掌握的导航技术、以往的经验，或者有幸得到他人指导。在新英格兰，精英商人建立了海洋协会，分享陆地和海洋信息。[264] 例如，塞勒姆的东印度海洋协会提供了空白的航海日志，成员填写后捐赠给协会的图书馆供航海者参考。然而，航海知识分享仅限于特定群体。协会会员必须是曾经去过太平洋或印度洋进行航海冒险的人。[265] 杰克逊主义者认为社会上的知识库也是一种特权，关于北美洲西部的地图、回忆录、口耳相传的知识同样如此。[266] 如果一个人能够获得这些知识，他就享有某种特权，比其他有抱负的白人男性拥有更为特殊的经济优势。

无论是太平洋地区还是西海岸的威尔克斯探险队航海图，都让劳动阶层的白人男性和资本主义投资者享有平等的机会。1825年，

---

① "银行战争"是指美国的安德鲁·杰克逊总统出于政治斗争的目的，采取一系列有争议的策略来试图摧毁美国第二银行，其所诱发的诸多问题，最终导致了1837年美国金融恐慌。——编者注

当彼得·A. 布朗（Peter A. Browne）在费城富兰克林研究所大楼的落成典礼上发表开幕致辞时，他声称这不再是一个"知识被少数人垄断的时代，因为知识已经成了许多人的财富"。[267] 这是在指称威尔克斯探险队的成果。随着航海图在19世纪40年代中期出版，美国资本主义在大洋洲的远征比以往任何时候都更加安全。威尔克斯的成功并不意味着他做的都是正确的，威尔克斯探险队对原住民的暴力行径、对不服从命令的水手的惩罚是丧失道德、残忍和极其错误的。迫使大洋洲各方接受美国当局管辖的外交谈判和司法行为也有失公正。然而，这确实意味着到1860年，太平洋地区已经成为美国国内市场的延伸。

尽管航海取得了成就，但威尔克斯探险队尚未得到威尔克斯所期望的赞誉。美国人冷淡的态度让他惊讶不已。当然，至少部分是源于他自身的问题。如前文所述，迫于航海舰队的管理压力，威尔克斯专横跋扈，蛮不讲理。海军部远征前拒绝提拔威尔克斯的行为更是雪上加霜，他殴打下属、军官和普通海员，宣泄自己的不满情绪。[268] 他因恶毒行为处处树敌。远征结束时，威廉·雷诺兹将威尔克斯描述为"疯狂不已，甚至无可救药"，是"一个无赖暴君和黑心骗子，他与魔鬼为伍"。[269] 1839年8月，一名军官的兄弟写信给他告诫道："最佳复仇方式是与他战斗""解决掉他和他的骗子探险队"。当威尔克斯探险队回来时，他写道："撕咬威尔克斯的喉咙吧。上帝会狠狠惩罚他的！"[270]

许多海军军官在华盛顿都有政治赞助人，威尔克斯在海军中的人缘影响了其在立法者中的声誉。众议院否决了对远征的赞扬，而参议院也未能公开认可威尔克斯和舰队军官。[271] 约翰·泰勒政府的海军部长艾伯尔·阿普舒尔（Abel Upshur）是狂热的海军改革者和扩张主义者，他对威尔克斯敌意十足。1842年，他说服国会将海军开支大幅增加至8397000美元，即联邦预算的三分之一；废除海军委员会，以效率更高的海军局取而代之；出资建造世界上第一艘螺旋驱动的普林斯顿号。[272] 尽管阿普舒尔热衷于建立一支更加活跃、身强力壮、效率更高的海军队伍，但他对威尔克斯或者航海探索丝毫不感兴趣。或许是因为身为辉格党人，他认为这两者与民主党政策之间的关系过于紧密。[273] 威尔克斯在任期内出席了五次独立军事法庭，随后阿普舒尔公开谴责威尔克斯对待下属和军官的行为。[274]

威尔克斯愤怒不已，他本期待着人们的欢呼、赞扬，却受到了谴责。威尔克斯回国访问白宫时，泰勒总统邀请他和他的朋友们一同坐在炉边，抽着香烟，吞云吐雾。威尔克斯回忆道："这宛如身处弗吉尼亚州或北卡罗来纳州的酒吧里。"[275] 总统没有询问他任何问题，几乎无视他的存在。泰勒可能根本不知道威尔克斯是谁。[276] 由于他的政客朋友很少，又担心军事法庭的惩罚掩盖了远航成果，威尔克斯和盟友决定采取大胆的公关战略。美国人需要聆听远征故事，目睹太平洋世界的奇迹。重任在身，他必须重新召集科学家们。威尔克斯"解甲归田"，放下皮鞭和军刀，投身写作事业，他将亲笔书写自己的荣誉之路。

第三章

美国流行大众文化探索之旅

查尔斯·威尔克斯心灰意冷。威尔克斯在 1842 年 6 月乘文森斯号返抵纽约后,就一直在努力宣传威尔克斯探险队的成果。这令他身心俱疲。他还负责核查探险队的藏品记录和出版探险成果,因此常常工作到深夜。[1] 1853 年 12 月,任务接近尾声:威尔克斯的五卷本远征记录得以出版,涵盖民族学、语言学、植形动物学、体质人类学、地质学和气象学等内容。其他关于软体动物、鱼类和甲壳类动物的科学著作也准备陆续出版。威尔克斯探险队系列著作的最后一本是关于物理学的,也在费城刘易斯的出版社里等待出版。威尔克斯探险队的御用画家,威尔克斯在费城的得力助手约瑟夫·德雷顿(Joseph Drayton)此时也来到了纽约,和工匠们一起工作,忙着给书稿上色、印刷。[2]

一次德雷顿外出时,大火侵袭了印刷厂。威尔克斯所有的探险记录和他在探险途中的画作都被焚烧殆尽。用德雷顿的话说,熊熊燃烧的大火"就像点燃了蜡烛里的棉芯"。更严重的是,大火吞噬了大部分的印版。威尔克斯写道,虽然一些保存在防火盒中的印版得以幸免,但这场大火"对我们是一个意外的打击",因为他和德雷顿希望能"给这项工作画上个圆满的句号"。威尔克斯疲惫不堪,陷入忧郁,他致信给俄亥俄州的参议员本杰明·塔潘(Benjamin Tappan)。塔潘算是威尔克斯为数不多的朋友,也是他的赞助人之一。威尔克斯坦言自己经常处于一种"难以摆脱和克服"的负面情绪中。他告诉塔潘,发布威尔克斯探险队的成果"远比之前的艰苦航行要艰难得多"。他曾在早些时候说,"我很难使舰队上下团结一

第三章
美国流行大众文化探索之旅

心""我们为国家付出了那么多",却不受认可,这太痛苦了。威尔克斯内心充满怨恨又倍感孤独,他觉得自己的"努力"对他和他的家庭来说没有任何意义。[3]

威尔克斯陷入了自我挣扎,没能看清大势。的确,他为公布威尔克斯探险队的成果进行了多次政治斗争,身上的伤疤就是最好的证明。尽管他暴躁的性格使他与许多军官下属及以前的朋友日渐疏远,但事实上,到1853年年底,海军探险活动已经在白人中产阶级中极受关注。那时,他的《探险故事》已经至少在国内发行了九版,在国外发行了四版,并在后来的十年内,又在美国发行了两版。海军的探险记录需求量巨大,以至于读者和书贩直接写信给出版商,要求他们为当地的图书馆或书店供书,而图书销售商们则强烈要求与出版商签订利润丰厚的合同,以获取在当地售书的许可。[4] 出版商料定这套书定会获利颇丰。有一次,纽约市的一场大火几乎烧毁了海军军医以利沙·肯特·凯恩所著的所有初版北极探险记述,而出版商当即决定,弥补损失,准备再版。[5]

和书籍一样,艺术馆也是一个宣传途径,将威尔克斯探险队的成果带到满心好奇的中产阶级面前。虽然有些标本被送往了一些著名的私人艺术馆,如自然科学院(Academy of Natural Sciences)或皮尔博物馆(Peale Museum),但大多数标本都被运到了华盛顿保存。事实上,第一个由联邦资助的国家自然历史艺术馆并不是史密森学会,而是美国国家艺术馆。位于专利局二层的美国国家艺术馆很快成了威尔克斯探险队藏品的主要收藏库。19世纪40年代初,美国公民不仅可以阅读探险队的冒险故事,还可以去华盛顿亲眼看看帝国的战利品。展览一开始就大获成功。参观者们大受震撼,他们为艺术馆的珍稀鸟类、哺乳动物标本、异域植物、化石、珊瑚以及绝大多数来自南太平洋——尤其是斐济——的人类学文物兴奋不已。

为什么在美国内战之前,大多数美国白人公民对这些出版物和

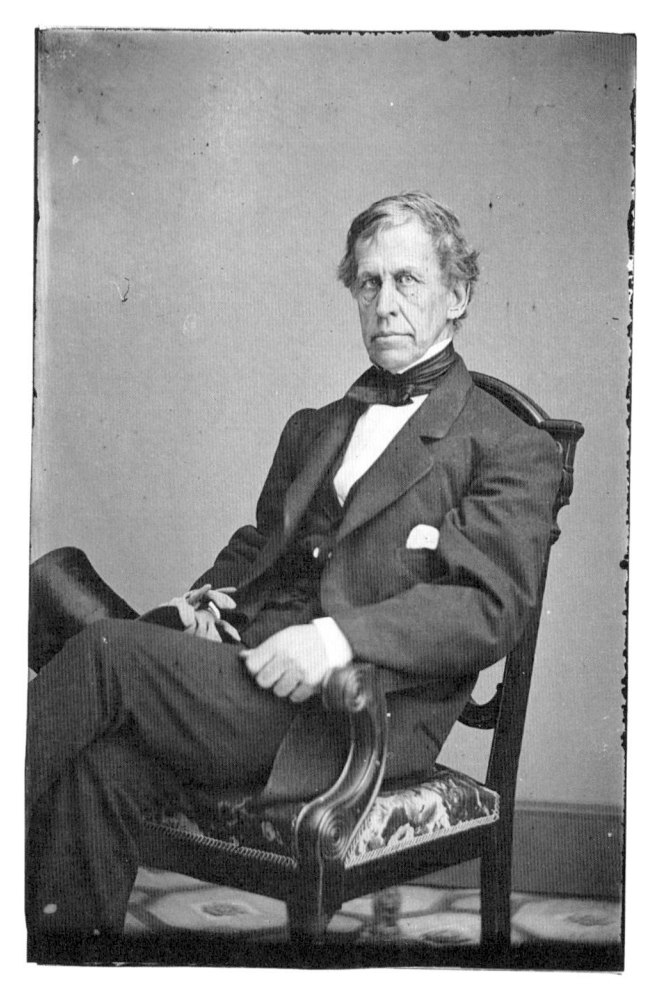

1860—1865 年，联邦海军军官海军少将查尔斯·威尔克斯的肖像

威尔克斯坚定不移的眼神和布满皱纹的疲惫面庞。（由美国国会图书馆图片与摄影部供图，华盛顿特区）

标本如此着迷？简言之，是因为威尔克斯探险队的探险结果能让他们对自己、自己的国家以及他们在世界上的地位放心。美国在 19 世纪 40 年代和 50 年代经历了痛苦的变化，市场、运输和通信革命的动荡增加了社会流动的机会，也增加了经济失败的可能。与此同时，

第三章
美国流行大众文化探索之旅

废奴主义者和第一波女权主义者对美国社会传统的种族和性别等级制度发起了挑战。在这个变化的世界中,威尔克斯探险队的出版物和华盛顿的"国家珍奇"(National Cabinet of Curiosities)重申了白人中产阶级的价值观。[6] 这些探险成果的公布是对公民的一种承诺,包括自我提升,重视教育,奉行美国例外主义和白人至上主义。威尔克斯探险队的记述和美国国家艺术馆都重点展示了所谓的"残暴"、"野蛮"或"半文明"文明。这证明美国白人公民自感优越,认为美国是一个先进国家,一个可以对全球文化进行分类,并为人类的科学知识做出贡献的国家。事实上,评估其他民族是美国一项重要的外交任务,以使国际认定美国为西方大国;毕竟,只有真正"文明"的国家才能对那些处于较低发展阶段的民族进行判断。美国向外国政府分发部分威尔克斯探险记录,作为美国成就的证据,效果显著。

威尔克斯探险队的成果所代表的美国国家成熟性,对白人中产阶级具有重要意义。这些人就像他们的国家一样,努力争取着世界的认可、成功和地位。可能他们目前还没有成绩,但美国探险远征队所具有的国家品质让他们确信自己是强国中的一员,且国内外还有其他民族在自己之下。因此,威尔克斯探险队的成果某种程度上肯定了种族和阶级等级制度,促进了帝国社会的建立。此外,全球范围的海军探索也促使那些曾一度被摒弃的地方专门知识得以纳入科学范畴。白人读者和艺术馆参观者现在可将野蛮的大洋洲人、被奴役的非裔美国人和被围困的美洲原住民进行比较。他们在书中可以读到黑人奴隶在里约热内卢生活得多么幸福,可以研究臭名昭著的斐济食人族的头骨,还可以了解到大洋洲也有食人族。美帝国的舶来品强化了公民们在国内、学校或是街头汲取的所谓的社会"真理"。白人公民无论是阅读威尔克斯探险队的出版物,还是参观美国国家艺术馆,他们都可以在一个日益多样化、复杂化、不断变化着的世界中找到与自己一致的价值观和社会判断标准。

在更高的政治层面上，海军探险的流行提高了公众和社会个体对全球冒险的兴趣。正如帝国主义者和学者早就意识到的那样，帝国计划是需要国内支持的。[7] 这一点通常表现为市场支持，克里斯汀·霍甘森（Kristin Hoganson）称其为"消费者帝国"。[8] 19世纪50年代美国海军勘探的急剧扩张有许多成因（包括在后面章节中讨论的因素），但最不可忽视的是，在美国内战爆发前的一二十年里的勘探活动中，国内的生产和消费发挥了重要作用。事实上，威尔克斯探险队精心发布的成果——无论是出版物还是博物馆展品——在联邦政府、出版社和白人中产阶级之间建立了一个可怕而强大的联盟。我们可以预见由此带来的影响：全球帝国主义在美国国内变得越来越有吸引力，越来越有利可图，而这种帝国活动的模式也越来越容易复制。在美国早期流行的"小海洋政治"中，威尔克斯探险队导致"民主浪潮"大涨，刺激了美帝国的崛起。[9]

探索文献和外交关系

从一开始，海军探索文献的出版就带有很强的外交意味。正如威尔克斯和他的许多同僚、众多科学家所理解的那样，威尔克斯探险队的使命并没有随着它1842年的归程而结束。等待他们的是一项更大也更艰巨的任务，那就是公布这次航行的史料和科学成果。若美国扬言要与列强平起平坐，那么这份文件的外交意义就变得至关重要。正如一位记者在1842年6月写给参议员本杰明·塔潘的信中所说，"世界对这次发现之旅期待极高，我们要做好万全准备"。[10] 耶利米·雷诺兹很同意这个观点。不久，雷诺兹在纽约市成为一名年轻的律师，他写信给塔潘，表达了内心的焦虑："我们应从头到尾精心准备这本书，并妥善出版。"[11]

第三章
美国流行大众文化探索之旅

威尔克斯和他在国会的盟友决定出版一部可以与所有欧洲出版物媲美的作品。这意味着他们立志要赶超法国。19世纪的法国拥有世界上公认的科学文献方面的领军力量,一位英国评论家称法国的科学探索地图册是"当代最出色的作品"。[12] 美国官员也同意这一观点。1842年8月,国会命令图书馆联合委员会负责监督威尔克斯探险队的成果发布时,委员会选择参考法国模式:威尔克斯探险记述应模仿"近期法国政府出版的星盘号(Astrolabe)之旅"。[13] 这里指的是关于朱尔斯-塞巴斯蒂安-塞萨尔·迪尔维尔(Jules-Sébastien-César Dumont d'Urville)船长率领的法国发现之旅的著作《乘坐星盘号和泽雷号护卫舰前往南极和大洋洲探险》(*Voyage au Pole Sud et dans l'Océanie sur les Corvettes l'Astrolabe et la Zélée*)。1841年它在巴黎问世,是十卷远征系列史诗的第一卷。除末尾一张麦哲伦海峡的折叠海图外,它没有任何图片,用最简单的纸板装订制成。[14] 虽然第一卷质朴简约,但美国图书馆联合委员会深知,后续出版的法国科考海图册将会惊艳全世界。

为了效仿法国,委员会求助于俄亥俄州的参议员本杰明·塔潘。塔潘是一位极具竞争力的候选人,一位坚定的民主党人,还是一位业余贝类学家,而他还有一个特殊的身份,那就是威尔克斯探险队出版物的发行监督员。他认为这是他生命中最重要的任务之一。[15] 但从威尔克斯的角度来看,塔潘最大的优点是,他默许威尔克斯指挥日常工作,再向他汇报。委员会同意了这一安排,两人很快形成了密切的合作关系。[16] 威尔克斯说,他们的目标是"即便不能超越法国",也要"不分输赢"。[17]

出版物需由国家授权发行,这一点很重要。图书馆联合委员会要求美国政府派出工匠和科学家以促成此项工作。有一段时间,他们甚至要求记述航行标本的科学家搬到华盛顿特区生活和工作。[18] 19世纪四五十年代的华盛顿文化水平落后,委员会的命令阻碍了专家们在各自的领域发挥专业水平。1846年3月，一位失意的地质学家对同事怒气冲冲地说："我竟然在一个没有书的城市写报告，简直荒谬至极！"[19]此外，由于最初的法律规定，国会只负责承担威尔克斯探险队出版物每卷前100份的印刷费，但威尔克斯和塔潘认为应该聘请最优秀的人才，选用最上乘的材料来印刷。[20]在印刷方面，委员会选择了康格·谢尔曼（Conger Sherman），这位费城匠人在出版科学书籍方面经验丰富。[21]在装订方面，他们选择了本杰明·加斯基尔（Benjamin Gaskell），他也是费城人，是当时美国顶尖的书籍装订师。[22]同样，德雷顿确信只有最优秀的艺术家才能雕刻出最好的铜板、钢板和木板。1846年5月，塔潘向图书馆联合委员会主席保证，他们选聘了"大量国内顶尖的雕刻师"参与这项任务。[23]

女性在威尔克斯探险队出版物的美工方面发挥了重要作用。在当时的社会趋势下，出版物制作人员中有一部分是女性。到19世纪50年代时，出版社已习惯雇用越来越多技术熟练的女性承担排字工作。[24]越来越多的年轻女性能够进入折页机车间或是印刷车间工作，她们负责将纸张送入印刷机内。[25]至于她们是否参与了威尔克斯探险队书籍的出版工作，我们不得而知；然而，有一点可考的是，确实有女艺术家们为科学书籍中的众多标本着色。拉维尼娅·鲍文（Lavinia Bowen）是费城一家精装书着色工作室的合伙人，她得到了为威尔克斯探险队出版物印版着色的机会。[26]在德雷顿给第一卷印版上色后，拉维尼娅的姑娘们对接下来的99卷印版如法炮制。[27]但她们的劳动成果经常被忽略。例如，1846年，参议员詹姆斯·阿尔弗雷德·皮尔斯公开讲话时，只提到了德雷顿和地质学家詹姆斯·德怀特·丹纳（James Dwight Dana）的贡献，称获得的那些标本是"令人惊讶且瑰丽"的"彩色珊瑚图画"[28]，而丝毫未提这些女性工作者的付出。她们做着与无数男性工作者同样的工作，从事着艰苦的重复性手工劳动，但她们的贡献在很大程度上被忽略了。

最终，成品的效果自然是非常出色。1844年年底，威尔克斯的五卷本《探险故事》面世，图书馆联合委员会的成员们看到书后纷纷称赞，认为这是美国生产的最为精美的书籍。这套书与迪尔维尔的书形成了鲜明对比：美国这套书要大得多，"使用的是超皇家四开本"，而法国则是八开小本。尽管法国政府定会重新装订迪尔维尔的书册，但也很难超越美国这套。威尔克斯的《探险故事》和后来出版的科学书籍都用了精美的深绿色摩洛哥羊皮作封皮，自然是"质量上乘，牢固结实"。[29] 书皮和书脊上用了烫金印字工艺，书籍封面的印制图案闪耀着美国民族主义风格。封面上，一只镀金的老鹰卧在饰有美国国旗配色的盾牌上，仿佛冲着两艘探险船咆哮。迪尔维尔的书是用劣质纸张印刷的，而美国的《探险故事》则是印在厚实的、乳白色的纸张上的。这些书卷均由手工装订，牢固结实，书脊上的五条凸起便是装订的痕迹。还有一点不同的是，美国的《探险故事》中配满了插图：内有64幅精美的铜版图，47幅钢版图（或用钢刻的小图），以及穿插在全5卷的247幅木版图。[30] 法国人在19世纪50年代初才出版了他们自己的地图集，与迪尔维尔的书配套，而威尔克斯的《探险故事》中文本与图像的结合大大提高了阅读观感。[31] 图书馆联合委员会主席皮尔斯参议员对这套书非常满意。他将美国的航海书籍与"英国和法国航海家的著名书籍"进行比较，说："这是美国第一部也是唯一一部此类作品，它卓越的品质让我非常满意。"[32]

联邦政府将威尔克斯探险队作为彰显美国文化成熟性的工具。1845年2月，国会对这100本威尔克斯探险队官方出版物进行分配。他们给联邦各州每州两套，给法国、英国和俄国各两套。[33] 其余出版物则分发给了更多国家，包括阿根廷邦联、巴西和中国。[34] 最初，国务卿只是将书发给在华盛顿的外国使团，没有附信介绍。但在法国使馆扭头就把它们丢在一边时，他调整了策略：一旦收到科学书籍，就直接交给美国驻外国首都的大使，让他们直接向自己所在国的政府展示。[35] 如 1855 年 4 月，美国国务卿威廉·马西（William Marcy）将第 16 卷（关于植物学的巨著）寄给了美国驻里约热内卢的大使，让其"以美国政府的名义将书递交给巴西政府"。[36] 美国一些职位较低（非大使级）的驻外官员认识到了威尔克斯探险队的价值，于是绕过政府，直接向威尔克斯个人请求赠送书籍。1853 年 7 月，美国驻那不勒斯的新任临时代办向威尔克斯请求一套探险卷本，他说："意大利人……非常重视此类科学作品。"[37]

美国向世界其他大国提供探险记录，是在仿效欧洲的"科学外交共和国"，欧洲大国通常会在科学领域相互援助，并分享本国的航行成果（有时是荣誉）。[38] 例如，在詹姆斯·库克船长航行之后，英国皇家学会（Royal Society）[①] 向法国国王和俄国皇后颁发了金质奖章，以感谢他们在库克环游世界期间给予的帮助。[39]［威尔克斯本人后来也被英国皇家地理学会（Royal Geographical Society）授予了金质奖章］。[40] 事实上，国会图书馆里有很多为国会成员准备的欧洲官方航海记录，他们正是在仔细阅读这些书籍后，建议美国直接效仿欧洲进行远航。的确，图书馆联合委员会熟悉更早的迪尔维尔卷本，这是他在 1826 年至 1829 年完成第一次太平洋航行后所作，1836 年由法国政府作为外交礼物送到美国。[41] 耶利米·雷诺兹称赞它们是"精彩的构想，是法国人的荣耀"，并指出"回馈这种礼赞也将是我们的荣耀"。[42] 西半球的其他国家也采取了类似行动。1857 年，巴西帝国[②] 向美国赠送了一本《布拉齐莱鸟类学》（Ornithologia Brazilera），国

---

① 英国皇家学会，全称"伦敦皇家自然知识促进学会"，成立于 1660 年，是英国最高科学学术机构。该学会的宗旨是认可、促进和支持科学的发展，并鼓励科学的发展和使用，造福人类。——编者注
② 拿破仑战争期间，葡萄牙王室流亡其殖民地巴西，1821 年返回欧洲，留下佩德罗王子继续管理巴西。1822 年佩德罗王子宣布独立，建立帝国。——编者注

第三章
美国流行大众文化探索之旅

务卿刘易斯·卡斯（Lewis Cass）对此表示感谢，"很开心看到国王陛下致力于促进……艺术科学的发展"，并将该书转交给国会图书馆。[43]

流行文化中的威尔克斯探险队出版物

然而，威尔克斯和出版商们都不满足于仅仅将威尔克斯探险队的书籍作为外交赠书。威尔克斯不满泰勒政府给他的待遇，于是他决定宣传自己的远征成就以挽回声誉。[44]威尔克斯常说，他希望这些出版物能成为"我们国家的伟大纪念品"。[45]他写道："时间会证明我的清白，我的书是我辛勤工作的丰碑。"[46]威尔克斯使用"丰碑"一词，表示他希望这些书能在民间广为流传，并受到接受过良好教育的中产阶级的赏识。印刷最初100套的出版公司也希望这些书能重印。[47]因此，威尔克斯拿走了《探险故事》的版权，准备出版大众读物，提高威尔克斯探险队的知名度。获取政府官方出版物的版权颇具争议，但他最终还是拿到了。[48]

威尔克斯对《探险故事》的畅销颇有信心。美国建国初期的白人公民正在摸索国家发展的方向。他们亟待确认世界的本质和美国在世界的地位。[49]近几十年来，学者们一直在研究1812年美英战争和美国内战对美国生活造成的影响。一些人强调政治蜕变，特别是像安德鲁·杰克逊这样的民粹主义政治家的崛起，以及推动他崛起的相对民主的选举权。[50]其他人则回避"杰克逊时代"（甚至是"克莱时代"）的称呼，他们更倾向于研究"市场革命"带来的变化。[51]另外一些历史学家则阐述了交通或通信技术进步。[52]还有一些人关注国家领土的急剧扩张，美国人日益渴望在全球商业、国际事务和基督教传教中发挥积极作用。[53]在国内，废奴主义者抨击奴隶制，甚至指责白人至上主义。同时，女权主义先驱要求获得与男性相同的法律和政治权利。无论早期共和党人着眼何处，他们发现世界正在发生翻天覆地的变化。

  阶级和社会地位的变化最为明显。在殖民时代，乡绅精英一直是他们社群中的社会、文化和政治领袖。排在第二位的是工业化前的工匠。工匠的手艺不仅带来了可观的收入，且在很大程度上也带来了社会的尊重和认可。然而，独立战争改变了一切。独立战争等事件波及殖民时代所有的贵族，最先影响的是保皇党精英和他们的财产，紧接着有贵族倾向的联邦党也被扫地出门。[54] 同样，工业、市场和移民革命也威胁到了工匠阶层，而工薪劳动者从中受益。[55] 经济扩张的影响越来越大，导致了1819年、1837年和1857年毁灭性的金融危机。[56] 在严峻的经济形势下，一些家庭和有抱负的年轻人被迫西迁，甚至移民境外。[57]

  为了弥补多重力量带来的不安全感，美国公民彻底改造了国内的社会等级制度。首先就是财富与阶级解绑。美国公民开始强调文化，即美国人常提及的"品格"（character），这意味着收入和财产不再决定一个人的社会地位。在美国建国早期，一个人有品格的标志是自律且富有美德，标志着切实的自我修养和自我进步。[58] 美国内战之前的公民格外看重"品格"，一些人甚至远渡重洋以证明自己。例如，南希·休梅克（Nancy Shoemaker）认为，美国人到斐济冒险的主要动机是寻求社会尊重，并非塑造帝国或者获取财富。[59]

  白人中产阶级看重种族。事实上，"品格"这一概念具有种族色彩。随着颅骨学和颅相学等伪科学的发展，美国白人公民认为，科学证明了白人社会优越的合理性。[60] 但随着经济危机的加剧，越来越多的白人劳工与黑人一起工作和竞争。他们突然面临着要承认自己与那些被视为低等种群的人拥有相同社会地位的现状。在这种情况下，种族主义成为白人进行社会流动的经济手段，也是抚慰白人自尊的心理策略。在《爱尔兰人如何成为白人》（*How the Irish Became*

White）一书中，诺埃尔·伊格纳季耶夫（Noel Ignatiev）认为，爱尔兰移民有意地寻求加入白人社会，是为了获得比低等黑人更多的社会优势。[61] 辉格党人和民主党人也依靠各类种族迫害来积累和维持政治权力。[62] 最终，在所谓的自由北方，种族隔离主义者将黑人排除在象征中产阶级身份的社交场所外，比如学校和演讲大厅。[63] 在经济动荡的世界里，阶级和种族是抚慰中产阶级白人心灵的工具。无论白人的经济状况如何，他们总能仰仗自己的"品格"和肤色，将自己与粗俗的白人区分开，同时也与甚至比他们更富有、更有才华、更优雅的黑人区分开来。

白人通过读书来证明自己的中产阶级身份。每晚，许多富裕家庭都会聚在客厅看书，或由父亲、母亲或哥哥姐姐朗读书籍或期刊。以利沙·肯特·凯恩的《北极探险》（Arctic Explorations）于1857年出版时，《快乐家庭和客厅杂志》（Happy Home & Parlor Magazine）称："在漫长的冬夜里，最佳选择是一家人围在桌旁或坐在火炉边读书。"[64] 煤油灯的普及以及阿尔甘煤气灯和无影灯的发明使家庭之夜成为可能。[65] 至少在某种程度上，这种形式的阅读产生了一种帝国闭环（imperial circuit），读者在鲸油灯下看到了太平洋地区的捕鲸生活。梅尔维尔恳求《白鲸》的读者们"节约灯和蜡烛"，"这不仅是烧一加仑①油这么简单，每一滴鲸油中都掺杂着捕鲸者的鲜血"。这里梅尔维尔所说的就有那些每晚齐聚一堂阅读文学书籍的家庭。[66]

选择书籍很重要。美国识字率高，中产阶级公民若想步入上层社会，就必须对文学作品仔细甄选。根据1850年的人口普查，77%的美国白人会读写，女性和男性数量几乎一致，还有5%~10%的黑人（包括奴隶）识字。相比之下，英国识字率约60%。[67] 因此，是否识字并非中产阶级身份的最佳评判标准，重点是会甄别读物。

---

① 1加仑约为3.29升。——编者注

1859年,《摩尔乡村纽约人》(Moore's Rural New Yorker)的一位专栏作家称,"阅读天才的作品"能促进心智发展,反之;阅读"粗制滥造的书籍"会"损害"人格。[68]

威尔克斯或许也不清楚自己的作品是如何帮助白人中产阶级提高自尊心的。然而,他和出版商都了解到,美国建国早期的人们对饱含丰富阅历的游记有巨大的需求。一位游记作家形容道,19世纪40年代末是"所有盎格鲁-撒克逊人追求新奇的时代"。[69]他说,很多美国人喜欢"坐在舒适的扶椅上,徜徉书海"。[70]图书馆的统计数据证实了这一观点。1847年至1849年,纽约社会图书馆男性读者借阅的书籍中有19%是旅行书籍;女性读者借阅旅行书籍的比例略低,但也达到了14.65%。[71] 1849年,美国国会图书馆近15%的旅行记事书籍归类于"地理"。[72]

游记流行的原因来自中产阶级将自我提升和娱乐相结合的"好奇心文化"。[73]中产阶级希望对世界有所了解。他们认同欧洲的旅行教育传统。在欧洲,任何一位18世纪年轻贵族的教育核心都是以前往南欧和西亚的"游学旅行"(Grand Tour)为基础的。如果无法负担价格昂贵的旅行,阅读游记就是退而求其次的选择。[74]一位作家曾说,"个人观察的不足"可以通过"阅读……杰出人物的报告和叙述"来弥补。[75]除了首都华盛顿,对航海充满好奇的人们还会参观费城费尼尔司·T.巴纳姆(Phineas T. Barnum)博物馆,观看福克斯姐妹的降神会,在公共图书馆借阅图书,或去倾听教授和探险家的讲座。[76]

游记中有很多是航海记述,如果不是大多数的话。环球航行类书籍在欧洲文学和出版文化中历史悠久,广受读者喜爱。19世纪,商船船长、海军军官、普通海员和女性游者都出版过这类书籍。海洋文学对美国内陆人具有双重吸引力,它描述了两个未知的世界:一是水手们风餐露宿的生活,二是海洋彼岸未知的土地、民族和文化。对读者来说,虚构了作者赫尔曼·梅尔维尔在马克萨斯群岛生活的《泰比》(Typee),销量远远超过了描述海上沉闷乏味生活的长篇小说《白鲸》。[77] 无独有偶,小理查德·亨利·丹纳的《七海豪侠》的卖点也在于它详述了码头及北美太平洋海岸的生活。航海的魅力延伸到了内陆地区;在俄亥俄州深山中长大的耶利米·雷诺兹"对航海书籍津津乐道",即使他"从未见过大海"。[78]

冒险故事激励读者纷纷效仿,比如雷诺兹,而他并非个例。美国军队中成就斐然的西部探险家约翰·查尔斯·弗雷蒙与雷诺兹一样痴迷探险故事。[79] 每次西部探险后,弗雷蒙都与妻子杰西·弗雷蒙(Jessie Frémont)共同创作浪漫的冒险史诗。[80] 这些作品激发了其他蠢蠢欲动的征服者的冒险热情。一位年轻人在阅读了弗雷蒙于1845年出版的《洛基山脉探险报告》(Report of the Exploring Expedition to the Rocky Mountains)后,对其"华丽的辞藻"赞不绝口。[81] 他保守谨慎的父母最终同意他去追寻西部冒险的梦想。[82] 正如丹纳的著名言论:"大海有一种魔力……吸引着海军和商人奔赴而来,比任何强制手段都有效。"[83]

虽然性别差异在决定读者如何通过阅读开启自己的冒险之旅方面起到了一定作用,但这并非导致游记在美国广泛流行重要因素。男人和女人,男孩和女孩都迷恋游记。例如,杰西·弗雷蒙珍惜与丈夫合作著书的机会。她用心感受丈夫的冒险经历,用女性生动感性的语言描述这段西部生活。[84] 随后在19世纪50年代中期,利沙·肯特·凯恩的著作席卷了图书市场,年轻女孩们喜欢阅读这位北极探险家的冒险经历。[85] 如后文所述,无论男女,亲属间赠书往往都会选择探险类书籍。因此,虽然不同学派经常区分男女喜爱的旅行类读物(比如男性喜爱对外征服这类主题的),但中产阶级读者大都喜爱冒险书籍,这一点没有显著的性别差别。[86]

无论男女,民族主义都增加了美国旅行书籍的情感吸引力。正如学者所认为,国家是"想象的共同体",人们在这个层面互相认同。书籍印刷对现代早期和当代民族意识的形成和延续起了至关重要的作用。[87]在美国和其他西方国家，蓬勃发展的印刷业使公民阅读到同胞的国内外旅行体验。旅行叙事使北美西部或其他地区的非美国领土融入美国。旅行叙事在文化层面上吞并这些地区的一草一木，将不同区域拼接成不断扩张的美国领土。[88]民族主义进而鼓励爱国者为同胞们的探险经历赋予特殊的情感意义，如为探险感到自豪或是羞愧。那些以美国之名开展探险或其他事业的人尤其如此。1850年，英国皇家地理学会向弗雷蒙颁发金质奖章，美国驻英国公使称其为"国家荣誉和个人荣耀"。[89]精彩绝伦的旅行故事因赞美了美国精神和美德而广受白人公民喜爱。书中的论述使他们坚信美国人的与众不同。

而且，威尔克斯精心编辑出版《探险故事》以吸引白人中产阶级。借鉴当时流行的写法，他将自己塑造成一个魅力四射、情感细腻的指挥官。威尔克斯的文字引导读者与作者共情。例如，威尔克斯回忆说，远征队离开诺福克后，文森斯号的船员们聚在一起接受船上牧师的祝祷。威尔克斯写道，"万般思绪涌上心头，我会永远铭记那几个小时""我想，我定将满怀希望，不辱使命，抱着必死的信念出征"。[90]在威尔克斯笔下，普通的海上宗教仪式变成了一个充斥着悲观宿命论的戏剧性场景。

除了感情认同，威尔克斯在《探险故事》中的写作还具有其他能够引发中产阶级读者共鸣的原因。其一，故事是以远征队中产阶级军官的角度展开的，而非粗鲁野蛮的工人阶级。虽然第一人称"我们"通常描述整个探险队，但威尔克斯有时使用这一词语特指军官阶层。[91]例如在第一卷中，当威尔克斯探险队经过大西洋圣迈克尔岛时，威尔克斯说，"我们手持望远镜远眺岛上的别墅、树林和耕地来自娱自乐"。[92]普通水手很少拥有望远镜，因此这里的"我们"仅限于威尔克斯自己和下属官员。同时，威尔克斯肯定了白人传教士对了解萨摩亚群岛提供的巨大便利,"他们带我们熟悉萨摩亚人的行为习惯和当地风俗"。[93] 为了观察萨摩亚部落,船上的军官和科学人员与传教士进行合作、沟通,也是一种以海军特殊阶层的独特视角叙述探险的体现。自恃上等人的读者们努力希望与这些探险队的"中产阶级"产生共鸣。从威尔克斯的阶级意识来看,甚至连原住民的衣着也与中产阶级时尚有关:萨摩亚人把树叶围在腰间,这与"一种短衬裙(petticoat)"极为类似。[94]

海军军官队伍变革反映了中产阶级的成长过程,也是中产阶级读者认同威尔克斯的部分原因。1812 年美英战争后,海军军官出海主要是执行和平任务。除海军科学和航海技术外,军官们开始重视学习外交技巧、外语等高端技能,越发注重科学追求。[95] 实际上,学者们认为,1845 年在安纳波利斯建立的美国海军学院与中产阶级崛起有关。中产阶级重视自我改进、自我提升和教育事业。[96] 威尔克斯本人在航行中不仅负责威尔克斯探险队日常事务,还主动领导气象学、水文地理学和物理学部门的科学调查,工作量大,他经常筋疲力尽。之后的海军探险家也纷纷追随威尔克斯的脚步。1847 年和 1848 年,威廉·弗朗西斯·林奇的耶路撒冷考察促进了古典文学和《圣经》的研究发展。19 世纪 50 年代,海军军医以利沙·肯特·凯恩在极地航行,自诩北极科学家。

威尔克斯在《探险故事》中对底层水手的描绘,将阶级思想体现得淋漓尽致。在整个航行过程中,威尔克斯一直在贬低逃跑的水手,斥之为"海洋国家的弃儿和垃圾""最低级的流浪者",称他们"不配为白人"。[97] 他不断指责这些人将恶习带到船上,而这些恶习是"文明开化,信仰发展"的"障碍"。[98]

不同于对底层水手的描述,威尔克斯多次称中产阶级和来自上层社会的传教士点燃了太平洋世界文明的火炬。同许多内战前的美国公民一样,威尔克斯追随社会发展主义,该学说信奉由欧洲思想家于 18 世纪发展的人类学体系。社会发展主义者认为，人类社会经历了从原始状态到未开化，再到低级文明和高级文明的连续过程。[99] 事实上，按这个标准对太平洋世界的岛屿族群进行分类是威尔克斯探险队人种学研究的主要内容。当探险队驶过被"黑暗异教"笼罩的区域时，威尔克斯探险队的海军军官和科学家们研究原住民种群，并将其归类。[100] 当文森斯号抵达图阿莫图群岛的拉拉卡时，威尔克斯表示，"这些原住民的半文明化"可能是"传教士传教的成果"；受基督传教士的影响，"这些野蛮人已被教化为具有理性的造物"。[101] 通过威尔克斯的描述，中产阶级读者获得了极大满足。这昭示着美国不仅拥有世界最优秀的文化，而且同一宗教的信奉者（有可能非本国人）也正积极地在全球范围内传教。

《探险故事》的官方权威性使其更具吸引力。威尔克斯的作品不是由平民作者创作的普通游记，而是国家科学考察的官方记录。从表面上看，考察是为了提供新知识。事实上，这份权威报告是白人中产阶级基于他们的标准对真实世界的描述。威尔克斯将自己塑造为神话终结者。例如，在描述船队抵达马德拉岛时，他说第一次看到这座岛时，"感觉并不像我们想象中的旅行者对其描绘的那样美丽动人"。[102] 同样，威尔克斯写道，虽然探险队（"我们"）将这座珊瑚岛想象成"仙境"，但"真正登上岛时，一切美好的幻想都破灭了"。[103] 威尔克斯的书也破除了有关航行冒险的谣言。[104] 另外，根据威尔克斯探险队的探险发现制成的海图非常可靠且具有科学价值，进一步提高了该书在全球自然地理界的地位。

威尔克斯的感伤主义、阶级主义和官方权威性很快赢得了中产阶级和上层阶级读者的青睐。1845 年，威尔克斯第一版非官方的《探险故事》发售，从其销售情况中可以看出该书从一开始就备受欢迎。谢尔曼出版社负责印刷工作，比谢尔曼出版社成立更早、口碑更好的费城利及布兰查德出版社负责书籍出版。[105] 这个早期大众版本制作

第三章
美国流行大众文化探索之旅

精美，限量150册，正匹配国会最初定制的100册。威尔克斯出钱为朋友购买了25本，另外125本公开售卖。[106]这版与国会官方版本使用了相同的纸张、雕刻版、木刻版和立体版印制，包装精美，价值不菲，购买整套书需60美元。[107] 1850年，一位纽约富人主动寄信给出版商，要求订购一套"与国会外交赠书纸张、封面都相同的版本"。[108]

对于工人阶级甚至一些中产阶级读者来说，早期版本价格昂贵；威尔克斯表示，60美元一套的定价会使很多人无法"充分了解远征的成果"。[109]因此，他和利及布兰查德出版社决定出版一套面向所有中产阶级读者的新版本。首先，他们与谢尔曼公司签订印刷合同，印制了1000册帝国八开版。新版保留了烫金工艺、彩色地图以及与国会印刷版本相同的插图。[110]他们向社会投放大量广告，寄给报社12册样书，通过邮箱发放35000份广告，在主要期刊投放29500份广告，广告费共计235.69美元。[111]

帝国八开版售价为每套25美元，比国会特别版实惠得多，但仍然超出了工人阶层的经济承受能力。为此，威尔克斯向美国众议院议长承诺，他会"出版价格低廉的完整版，满足读者需求"。[112]为了履行这一承诺，利及布兰查德出版社在1845年春末夏初推出了"中号"十二开版。[113]该版使用"普通纸张"，装订实惠，去掉制作成本高昂的版画和海图。出版商能以每卷仅2美元的价格售卖，整套售价为10美元。[114]这一版至少发行了5000册；威尔克斯在自传中表示，利及布兰查德出版社预计发行10000册。[115]如同帝国八开版一样，十二开版得到积极推广：出版商为投放的报纸广告制作了特别版木刻版画，在杂志中插入12500条广告，在《文学报》（*Literary News*）等报纸中投放60000条广告。据出版社工作人员计算，当时全国大约有20万条书籍广告。[116]

利及布兰查德出版社也没有遗忘英国市场；他们将帝国八开版

和十二开版的样书都寄给了伦敦出版社的编辑，[117] 还要求谢尔曼出版社协助英国的威利（Wiley）和普特南（Putnam）出版公司，共同印刷这本即将在英国发行的书籍。[118] 他们甚至通过与拉夏尔中国贸易公司的商业伙伴关系，在中国广东向说英语的商人售卖包装精美的帝国八开版。[119]

利及布兰查德出版社不仅在英国市场获利颇多，也帮助国会进行大国外交。国会向欧洲列强赠书，分享威尔克斯探险队的成果。英国最重视海洋探险，探险报告在该国也最受欢迎。早在18世纪70年代，英国政府确信库克的航海报告一定会受大众喜爱，因此不惜花费6000英镑雇用约翰·霍克斯沃斯（John Hawkesworth）编辑图书。[120] 如预想的一样，库克的航海日志是18世纪和19世纪初最受欢迎的图书。1843年，英国皇家海军爱德华·贝尔彻（Edward Belcher）上尉出版了他指挥英国皇家海军硫黄号（Sulphur）环游世界的回忆录，他指出："英国人喜爱海洋探险旅行。"他也希望自己"不会因为人们沉浸于前人的发现而被否定"。[121]

威尔克斯与利及布兰查德出版社一样野心勃勃。他们无须担心威尔克斯探险队出版物在英国的销售情况。该书在英国广受欢迎，甚至遭到盗版。1845年，一家英国出版商利用美英两国版权法的漏洞出版了威尔克斯《探险故事》的缩略两卷版。[122] 这个版本随后被译为德语，于1848年至1850年传播到欧洲大陆。[123] 1852年，英国英格拉姆·库克公司（Ingram, Cooke, & Co.）印制出版了缩略单卷版。[124] 由于当时美英之间没有签订版权互惠条约，这种未经授权的剽窃是完全合法的。[125]

虽然有时会高高在上，但英国评论家在评论《探险故事》时普遍比较谦恭。《泰晤士报》（Times）称赞图书的"纸张和排版"，称帝国八开版可以"与英国（可能还有法国）出版界的最佳作品相媲美"。[126] 另外也有批评，《威斯敏斯特评论》（Westminster Review）称美国这次远征存在缺陷，是一个年轻国度缺乏经验的冒险行动，"人类早期的探险活动，包括库克探险在内，已为世人提供了一些经验教训，美国应适时向这些前辈学习"。但对这位评论家来说，至少"大量精美的钢版画和插图有力弥补了英国早期航海记录中的缺陷"。[127]

美国公民对外界评论十分敏感。至少从 19 世纪第二个 10 年起，许多英国文学期刊，如《爱丁堡评论》(Edinburgh Review)，就已在美国中产阶级公民中流行开来，因此美国人能看到其他国家对探险的评价。[128]《伦敦雅典娜报》(London Athenaeum) 对威尔克斯的《探险故事》作了负面报道，对此，《十字旗帜报》(Banner of the Cross) 轻蔑地说，这是因为"约翰牛"（英国）"嫉妒"美国发现了南极洲。[129] 而《南方和西方文学信使》(Southern & Western Literary Messenger) 赞同《威斯敏斯特评论》对"这部作品和我国政府的合理评价"，特别是对图书品质的评价。[130] 威尔克斯本人认为，他的作品"得到了国内外相关人士的认可，它已经并将持续为提升国民的品格做出卓越贡献"。[131]

如同英国评论家一样，美国评论家对《探险故事》的评价也上升至国家层面。一则帝国八开版的宣传广告称其是"真正伟大的民族作品"。[132] 另一个广告商补充说，"这本书从撰写到出版，向世人展示了真正的美国"。[133] 1845 年 5 月，《十字旗帜报》认为，威尔克斯探险是"我国政府首次科学考察远征，每位美国人都应该关注探险的成果"。[134]《哥伦布报》(Columbian) 表示同意，称"每位美国公民都与航海事业息息相关"。它认为，这是"由国家资助的首支远征探险队，它将成为美国事业、智慧与自由的不朽丰碑"。[135] 评论的关键词是"自豪"。《北美评论》(North American Review) 收到寄给报社的图书后表示："《探险故事》首先带给我们的是民族自豪感。我们的国家资源丰富，对如何开发资源保持自由开明的态度。航海知识不仅是对常识的补充，也为扩大贸易范围进行航行提供了安全保障。丰富的航海知识与蓬勃发展的商业相得益彰,确保了美国在世界文明之国中的独特地位。"[136]

然而,这并不意味着美国国内评论家对《探险故事》只有正面评价。《北美评论》称为一部"具有压迫性的作品","这本书缺乏合理的叙事结构,只是一些事件的堆砌"。[137] 还有一些读者在读到威尔克斯对其下级军官非常挑剔时感到羞愧难当,因为这本书由国务院背书赠送到世界各地。[138] 少数人甚至质疑向巴西这样的国家赠书并非明智之举。因为在书中探险队到访巴西这一章中,威尔克斯做出了负面评价。[139]《南方文学信使》(Southern Literary Messenger)对威尔克斯的批评最为犀利。虽然该报支持广义上的探险,但它认为威尔克斯存在领导缺陷,写作"糟糕",甚至指控威尔克斯剽窃了航行结束时搜刮来的军官日记。[140] 威尔克斯在自传中予以否认,[141] 辩解道航行后收集军官日记是探险的传统,这至少可以追溯到库克船长时代,收集军官日记是防止国家机密外泄的重要手段。[142]

尽管存在异议,总体来说,美国国内对《探险故事》的评价大多是正面的。评论家赞美其丰富的插图,甚至在十二开版中还"穿插了大量木刻图"。[143] 他们称赞此书叙事详尽、注重事实。《美国科学与艺术杂志》(American Journal of Science & Arts)称威尔克斯探险队系列巨著是"迄今为止美国最重要的地理科学贡献之作",[144] "书中描述的历史、商业信息和四年环游经历","使大众读者为之沉迷"。[145] 一位崇拜威尔克斯的记者在寄给威尔克斯的信中附和道,"无论是作为科学类还是非科学类书籍",《探险故事》都"生动有趣,适合各阶层读者阅读"。[146]

威尔克斯探险队读物的出版经过证明了这位记者的观点。1849年,利及布兰查德出版社再版了帝国八开本。由于公众需求量大,出版社于次年出版了第九版。[147] 同时,费城的乔治·戈顿(George Gorton)于 1849 年将威尔克斯的巨著精简为一卷,随后将其印刷铅版卖给了纽约的乔治·P.普特南（George P. Putnam）。1851年，普特南印刷了新缩略本。[148] 1856年，受利益驱使，他倾其所有在纽约出版了五卷本。然而到1858年，普特南觉得威尔克斯的书已经没有市场了，只印刷了《探险故事》的第一卷。[149]

某种程度上，威尔克斯是自身航海成就的受害者——19世纪50年代末，其他关于威尔克斯探险队和海军探险队的日记流传开来。其中一部分是前海军军官的日记。他们重新获取了自己的探险记录，依靠这些探险记录或巡航时的秘密（非法）日记和回忆撰写书籍。[150]还有一部分是非探险队成员对威尔克斯记录的转述。这其中包括约翰·S.詹金斯（John S. Jenkins）的《美国探险远征队》（*United States Exploring Expeditions*）。1850—1855年，该书至少印刷了五版。詹金斯将威尔克斯探险归类到更大范畴的欧洲航行中，包括威尔克斯在海上和媒体界的对手迪尔维尔的航行，以唤起民族自豪感。他传达的信息十分明确：威尔克斯是当代最出众的"文明"欧洲探险家，曾为获取知识和荣誉勇闯未知海域。这似乎引起了读者共鸣。纽约、伊利诺伊和密歇根的出版商纷纷购买詹金斯的书籍或自行印刷出版。[151]

探险书籍受欢迎的程度，或许最好地体现在它们常常被选作礼物。乔治·M.科尔沃科雷塞斯（George M. Colvocoresses）于1855年出版的《在国家探险队的四年》（*Four Years in a Government's Exploring Expedition*）经常被选作礼物。科尔沃科雷塞斯曾是探险队海军候补少尉，他希望"写一部寓教于乐、文字简洁且价格低廉的书"。[152]他似乎非常成功。1859年6月18日，一位名叫伊丽莎（Eliza）的女士送给表弟查尔斯·佩里（Charles Perry）一本科尔沃科雷塞斯的作品。[153] 1855年，一位年长的亲戚或导师送给小男孩查理（Charley）一本科尔沃科雷塞斯的作品作为"新年礼物"。[154]马修·欧文·斯科特（Matthew Irwin Scott）对詹金斯的《美国探险远征队》非常着迷,并将此书送给了他"心爱的妹妹玛丽·简·斯科特·欧文(Mary Jane Scott Irwin)"。[155]

美国中产阶级公民认为,威尔克斯探险队出版物具有教育意义和娱乐功能。小查理收到这本书作为礼物尤其证实了这一点。赠书人认为这样的作品对一个年轻且富有抱负的男孩意义非凡。他们或许被类似 1855 年 3 月《基督教会客厅书》(Christian Parlor Book)的书评所打动。该杂志称此书"比当时一众浅显的读物更有价值,作者带领读者环游世界,书中所写并非虚幻,而是真切壮美的海洋和无数见所未见的地方"。换言之,这是一本"有益的""极具启发性的"书,是"每个家庭的财富",是每个求知若渴的中产阶级爱国读者的宝贵财富。[156]

威尔克斯探险队出版物与帝国

年轻的查理阅读威尔克斯的书后,可能也会受种族优越观的影响。的确,像科尔沃科雷塞斯这样的作家在出版物中对于大西洋和太平洋世界非西方民族的描写,是吸引英美读者的一个主要因素。这些作家在航行中仔细探究了其他种族,并发现其缺陷。他们对一些种族的容貌身材进行了言语攻击:科尔沃科雷塞斯认为圣杰戈的妇女丑陋至极,一定是由于该种族中有三分之二的混血儿。[157] 在描述火地岛的印第安人时,他写道,"我无法想象还有比他们更肮脏、更令人作呕的人类。"[158] 威尔克斯赞同道:"他们体形难看,样貌丑陋。"同样,威尔克斯对新西兰毛利人的外表也颇有成见。[159] 当一队毛利人首领拜访停泊在云雾湾的文森斯号时,威尔克斯形容他们是"面相凶恶的野蛮人,头发粗乱,面部文身,身上沾满了红土和油污……一个个都脏兮兮的"。其中一位酋长"形似恶魔""眼窝深陷"，"小眼睛"中闪烁着"猛虎般凶恶的眼神"。[160]

然而，值得注意的是，作家并非不认可所有的非白种人。比如，威尔克斯认为萨摩亚人"擅长运动"，赞美图图伊拉岛男性"身材高大、长相俊美、聪明伶俐、讨人喜欢"。[161] 他钦佩大洋洲的水运工具和航海技术，谴责当地将夏威夷人和白人学童隔离教学。他认为一名富有魅力的萨摩亚酋长应该像"杰克逊将军"一样。[162] 同时，其他军官摒弃种族偏见后，也看见人类的相似之处，因而受到触动。比如威廉·雷诺兹在访问一个萨摩亚村庄时，表示"摒弃了白人的优越感后，这些人比白人更有资格被称为好人"。[163] 尽管白人探险家也赞美了其他民族，但仅是对外族人评头论足的行为已显示出威尔克斯和军官的傲慢。毕竟，他们的衡量标准是以白人、基督徒或者他们所代表的美国中产阶级为参照的。

西方读者最感兴趣的是大洋洲的斐济文明。早在威尔克斯的《探险故事》出版之前，斐济人凶猛善战、同类相食的形象已经根植于英美人心中。威尔克斯的作品进而佐证了斐济人的形象。他认真记录了威尔克斯探险队在斐济观察到的每一次食人事件。他在第三卷中写道：一位美国事务长打算与斐济人交换一个吃剩的头骨残骸。快要成交时，他被另一个旁观交易的斐济人吸引了注意，那个斐济人正不慌不忙地咀嚼着一颗眼球。[164] 这名中尉表示，这并非偶然事件。斐济人的食人行为由来已久，"吃人肉仅是一种消遣"。他补充道："他们对美食的最大赞誉就是称其如同人肉般柔软可口。"[165]

斐济食人的恐怖传说令英美读者和评论家们兴奋不已。《泰晤士报》对此表现出近乎病态的喜悦之情："斐济人过着野蛮原始的生活，他们极度凶残。同类相食并不是为了庆祝胜利，也不是为了追踪或报复他人，这是一种对人肉的渴望。食人习俗活生生地展现在美国人眼前，令人战栗不安。"[166]《北美评论》也"通过描写斐济人的野蛮生活来吸引读者"。[167] 1849 年，威尔克斯在纽约发行《探险故事》

缩略单卷本时，明确指出，书中关于"探险所至地区风俗习惯的描述必须完整保留"，特别是斐济地区的习俗。[168]

威尔克斯报告中关于野蛮食人民族的叙述经过大众媒体的夸张报道后飞速传播，这有助于佐证马洛洛暴行的正当性。《探险故事》展现了加纳纳什·奥贝赛克拉（Gananath Obeyesekere）所谓的"野蛮主义"，他有意将原住民描绘成原始的野蛮人。因此，美国可以传教、殖民，甚至彻底灭绝原住民。[169]虽然少数评论家批评了威尔克斯为手下两名军官在马洛洛被杀而报复屠城的残忍无情，但大多数人肯定了他的行为。《北美评论》"无条件赞许威尔克斯对原住民的惩罚"。[170]得知本国军官在异乡被杀之后，《南方文学信使》对威尔克斯凶残的报复行为表示自豪。报纸中将其类比为1812年美英战争中的美国海军英雄，称在海军军官身上，仍能看到"赫尔（Hull）、劳伦斯（Lawrence）、迪凯特（Decatur）和其他先辈的精神"。[171]苏格兰的《爱丁堡评论》对此表示赞同，认为岛民的行为"显然让威尔克斯船长别无选择"。他们补充道，"在敌对状态下犹豫不决是不可饶恕的软弱行为"。[172]

在大西洋彼岸，威尔克斯的《探险故事》和英国本土对此的评价可能使英国坚定了延续殖民帝国的想法。毕竟，像《泰晤士报》和《爱丁堡评论》这样的英国主要出版物大量刊登了威尔克斯对斐济人的描述，称斐济人是"太平洋上最野蛮、最奸诈的种族"，同时也是"顽固不化的食人族"。[173]虽然难以判断这些论述在国外的影响力，但书中对斐济的描述可能是英国于1874年攻占斐济的"正当"文化理由。[174]

威尔克斯探险队系列著作也强化了美国国内的白人至上主义。美国人对斐济食人族的传说深信不疑。在弗吉尼亚州的卡罗琳港的乔治·菲茨休（George Fitzhugh）决定在另一篇维护南方奴隶制的论文中将北方劳工的自由意识和斐济食人主义进行对比。在1857年发表的《都是食人者：没有主人的奴隶》(Cannibals All! Or, Slaves without Masters)中，他控诉美国北方人是食人族，北方人"以（其）受害者数量为荣，如同斐济酋长以每顿食人肉为荣"。[175] 同样，另一位亲奴隶制人士威廉·埃斯特斯（William Estes）引用威尔克斯《探险故事》中关于太平洋民族的描述来论证低等种族与文明不相容。因此，他认为非洲人后裔注定要成为奴隶。[176]

菲茨休和埃斯特斯可能还在威尔克斯探险队的探险记录中收集了其他支持奴隶制的证据。在威尔克斯和科尔沃科雷塞斯的书中，巴西里约热内卢的黑人奴隶满足现状，过得开心幸福。[177] 威尔克斯表示："总的来说，黑人奴隶生活待遇不错，十分依恋主人。"[178] 威尔克斯承认跨大西洋奴隶贸易是非人道的，但他否认黑人是完全文明开化

中尉安德伍德和见习军官亨利惨遭屠杀

乔治·M. 科尔沃科雷塞斯《在国家探险队的四年》卷首插图，纽约，康沃尔，兰波特，1855。（承蒙生物多样性遗产图书馆惠允复制，史密森尼图书馆供图）

的。[179] 虽然大部分非洲奴隶在被购买时就接受了洗礼,去教堂礼拜、忏悔,但"他们从未(被)认为是文明人"。[180] 阅读过他的书第一卷的人也许会相信,巴西"仁慈"的奴隶制是最适合非洲黑人的社会生存形式。

图像资料也是传播种族偏见的强有力方式。1855 年,当小查理打开他的新年礼物时,他一定看到了卷首插图。这是一幅题为《中尉安德伍德和见习军官亨利惨遭屠杀》(*Massacre of Lieut Underwood Midshipman Henry*)的木版画,描绘了 1840 年 7 月的马洛洛突发暴力事件。[181] 倘若仔细端详这幅画,他就会发现那些挥舞着棍棒的当地人与黑人奴隶为自由而斗争的形象如出一辙。

美国国家艺术馆

随着各种畅销版《探险故事》的发行,美国公民更容易了解到威尔克斯探险队的故事。不过,在 19 世纪四五十年代,美国人可以亲自到华盛顿特区观赏探险队带回的标本。1841 年,联邦政府为了存放标本,重新布置了宽敞空旷的美国专利局二楼。[182] 设立美国国家艺术馆,并非事先计划好的。第一批威尔克斯探险队标本实际上被运送到了费城的皮尔博物馆(Peale Museum)。这是在走刘易斯和克拉克远征队的老路,他们探险收集品最后都藏于私人机构。[183] 然而,即将离任的海军部长艾伯尔·阿普舒尔一反常态,介入标本的珍藏工作。虽然阿普舒尔一直对威尔克斯和威尔克斯探险队抱有敌意,但他似乎认识到了探险队藏品的科学价值。他将这些藏品归为美国政府的官方财产,将其运往华盛顿特区。[184]

国家科学促进机构(National Institution for the Promotion of Science)的成员是这些藏品的第一批官方管理者。该机构的创始人、战争部长乔尔·R. 波因塞特（Joel R. Poinsett）认为，国家科学促进机构的设立对外交和帝国行动有重要意义。1842年6月，波因赛特发表演讲，表示科学进步对"国民品格的塑造和国家自主独立非常重要……放眼全球，拥有杰出科学艺术成就的人（群）占有了最多财富和权力"。[185] 约翰·昆西·亚当斯和约翰·泰勒总统等主要政治家也支持波因塞特的科学帝国愿景。毕竟，欧洲各大国的首都都设有科学协会，美国怎么能没有呢？

起初，威尔克斯支持建立国家科学促进机构。当威尔克斯探险队在火奴鲁鲁休整时，他听到了设立机构的消息，并立刻给波因塞特写信表明自己渴望加入该机构。[186] 威尔克斯的行为不难理解，他打算像雷诺兹一样成为知识帝国和商业帝国的推动者。威尔克斯与波因赛特也颇有前缘，1838年4月，波因赛特正式任命他为威尔克斯探险队的指挥官。于是，波因赛特同意了威尔克斯的请求。[187] 1842年6月，威尔克斯回国后，波因赛特邀请他向机构其他成员汇报考察成果，包括许多华盛顿的政治精英在内的机构成员成群结队地去听报告。

然而，正当一切工作按部就班进行时，威尔克斯与该机构的关系有了变化。威尔克斯探险队的科学家们叫苦不迭，称由于该机构对他们的标本管理不善，一些标本失去了科研价值。地质学家詹姆斯·德怀特·达纳愤怒地说道，一些甲壳类动物已"完全无法分类"，其他动物标本也"失去了许多原有特征"。[188] 鉴于此，当该机构的馆长查尔斯·皮克林（Charles Pickering）辞职去书写探险书籍时，图书馆联合委员会将监督权交给了专利专员查尔斯·埃尔斯沃思（Charles Ellsworth），并任命威尔克斯为新馆长，负责管理威尔克斯探险队藏品。[189]

威尔克斯的新办公室位于美国专利局二楼。这是一个名为大礼堂（the Great Hall）的巨大房间。1836年的一场大火烧毁了最初的大楼，因而严格来说，这是第二间办公室。[190]大礼堂要比最初的大厅宏伟得多：它由防火的坚固石头筑成，门廊有16根多立克柱，如一本国家旅游指南所述，它"与雅典的帕特农神庙有几分相似"。[191]参观者登上门廊前的台阶，走过新古典主义的巨大廊柱，漫步至拱形走廊下，最后沿着优美精致的旋转楼梯来到二楼。礼堂入口处，迎面看到的是新古典主义拱门，下方建有壁柱。顶部巨大的牌子上写有"探险远征队藏品"的金色字样。[192]这就是美国第一座国立自然历史艺术馆。

一进门，宽敞明亮的礼堂让参观者深感震撼。大礼堂占据了整个专利局大楼的二层空间，长273英尺①，宽63英尺，高30余英尺，是华盛顿市最大的房间。[193]一排排的长方形红柱子矗立在礼堂里，一眼望不到尽头。大厅上方是水仙花般的金字塔形彩色玻璃天井，蓝色诗文环绕在四周。当参观者步入大厅时，会有彬彬有礼的迎宾员上前接待。倘若赶上雨天，迎宾员会帮他们拿外套和雨伞，请他们在访客登记簿上签字（虽然鲜有参观者这样做），也许还会幽默地指出建筑上的缺陷。[194]参观者也许会听到喃喃自语的回声和鞋子在大理石上发出的敲击声、摩擦声，但艺术馆本身最引人注目，它就像一座由木头和玻璃箱组成的巨大迷宫，箱子里装满了各类标本。

威尔克斯将大礼堂改造成一个赏心悦目、井然有序、适合中产阶级参观的场所。[195]担任馆长后不久，他把不久前更名的国家研究所（National Insititute）移出了大礼堂。资金不足的国家研究所于是只能将物品集中在"少数几个展柜和大楼地下室的一两个房间"，直到1862年合约到期。[196]同时，威尔克斯将腾出的大厅进行专业分类，科学管理，张贴标签，按照科学依据而非视觉效果布置标本。在红色廊柱的绿色底座周围放置痰盂，指派一名员工监督咀嚼烟

---

① 1英尺约等于0.3048米。——编者注

第三章
美国流行大众文化探索之旅

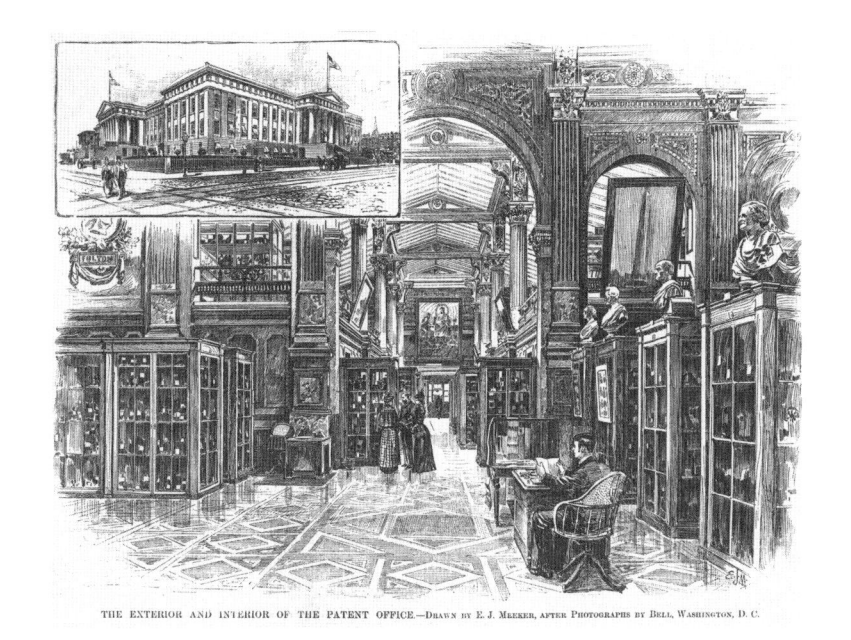

E. J. 米克尔（E.J.Meeker），1891年美国专利局办公大楼外部、内部版画

虽然这幅图是参照19世纪末的一张照片雕刻而成的，但仍可感受到19世纪四五十年代大礼堂的样貌，木头、玻璃盒子里存放着威尔克斯探险队收藏品。（由史密森学会档案馆提供，图SIA2007-0134）

草的参观者。[197] 他们需要手脚麻利地迅速清理干净散落在痰盂周围的烟草末。[198] 据威尔克斯所述，这些改进措施使"大礼堂不再是那些游手好闲之人的度假地，也不再是人们遛弯、闲逛和吸烟的场所"。[199] 艺术馆不再是满地烟草末了。1842年查尔斯·狄更斯（Charles Dickens）访问华盛顿时，曾对这种"肮脏的习俗"感到非常震惊。[200]

整改后的美国国家艺术馆大受欢迎。埃德加·爱伦·坡（Edgar Allen Poe）称赞艺术馆藏品丰富，拉尔夫·瓦尔多·爱默生（Ralph Waldo Emerson）称其是"华盛顿最靓丽的风景"。[201] 其他著名知识分子，比如哈佛大学的自然学家路易斯·阿加西兹（Louis Aggasiz），都赶到华盛顿，希望亲眼看看威尔克斯探险队带回的藏品。[202] 踏入艺术馆，这些知识分子就会发现，馆内挤满了无数和他们一样前来参观的好奇民众。当时有人估计，国家艺术馆每年的参观人数超过10万。[203] 虽然这个数字可能有些夸张，但史密森学会档案馆现存的访客登记册清楚地表明了美国国家艺术馆的高涨人气。例如，据专员记录，仅1845年3月就有10323名参观者。虽然在夏天参观人数大幅下降，但每日参观量仍然令人震惊。1845年7月，艺术馆总计有3209名参观者。[204] 而且，艺术馆的游客来自全国各地。虽然登记的居住地为华盛顿地区，但有些参观者来自遥远的新罕布什尔州匹茨菲尔德、俄亥俄州悬岩、亚拉巴马州莫比尔、密苏里州圣路易斯和路易斯安那州纳切兹。[205] 参观者中，有的是陪同配偶、家人和同事参观，有的是退役的海军水手，还有一些是来自君士坦丁堡、委内瑞拉、埃及和苏格兰的外国政要。[206]

　　为什么美国国家艺术馆人气如此高涨？一是因为人们可以在那里欣赏到大自然的魅力，毕竟艺术馆有大量自然历史藏品。参观者能看到鲜艳美丽的枝状珊瑚和鱼类化石，看到巨嘴鸟、夏威夷蜜鸟和刺背针鼹鼠等各类生物标本，还有皮肤坚韧粗糙的果蝠、油亮的鲸头骨和从冰山上采集的岩石以及象海豹笨重的骨骼。1844年，据《卫报》（Guardian）统计，国家艺术馆的展品中有2000只鸟类、829条鱼类、140只爬行动物、900只甲壳类动物、1500只昆虫、450只珊瑚和3000个贝壳标本。[207] 这令参观者大为震撼，震惊于地球上丰富的宝藏。一位访客说道："在这里可以看到世界上几乎所有物种的标本……我可以在这儿待上一个星期。"[208] 建筑群后的温室尤其受欢迎。起初它只有50英尺长，之后随着新标本的补充和人流量的增加而不断扩容。到1845年，它已经扩充到78英尺长。供暖需求也很急迫。同年，艺术馆工作人员在温室内安装小炉子，抵御华盛顿寒冷的冬天。[209]

　　中产阶级对自然的喜爱，部分是出于对建立社会阶层秩序的兴趣。正如玛丽·路易斯·普拉特（Mary Louise Pratt）所称，1735年林奈（Linnaeus）《自然系统》（Systema Naturae）的出版是西方帝国史的一个转折点。[210] 林奈希望提出一种能针对所有植物的综合分类法。17世纪50年代，他开始根据植物生殖部位的形态，按属名和种名对植物进行分类。林奈分类法很快扩展到自然史的其他领域，[211] 从而推动构建了欧洲的"行星意识"（planetary consciousness），鼓励西方人探索世界，寻求更多的系统性知识。[212] 内战前的美国公民似乎也对此很感兴趣。人们可以轻而易举地记录、组织和理解自然界知识，这有助于他们在一个飞速变化的世界中寻找定位。一本旅游指南的作者说："对人类来说，调查地球家园的构成是最为有趣，也最能满足其对知识渴求的事。"[213] 这甚至具有宗教意味，"造物的多样性和无限性"让"我们更加敬仰上帝"。[214] 科学发现的成就一定会让"许多现代藏品更加准确详细、全面完整"。[215]

　　民族主义是另一个主要原因。美国内战之前的公民认为，威尔克斯探险队丰富的科学成果是成熟国家的象征。1851年，史密森学会的第一任秘书约瑟夫·亨利（Joseph Henry）博士认为，"一个综合性艺术馆似乎是每个文明国家政府驻地的必设机构"。[216] 对许多美国公民来说，威尔克斯探险队的藏品可以与欧洲任何艺术馆的藏品相匹敌。乔尔·波因赛特表示："有了探险队带回的标本，任何国家都无法超越我们的艺术馆。"[217] 1844年，探险队的贝类学家奥古斯都·古尔德（Augustus Gould）在给参议员塔潘的信中自豪地说道，"波士顿享有盛誉的动物学家怀曼（Wyman）博士"将来参观。据古尔德描述，怀曼"花了一天时间仔细研究这些藏品"。参观之后，怀曼表示这座艺术馆"只需合理布置……就能与伦敦或巴黎任何一家艺术馆相媲美"。[218]

如果科学成就还不足以拨动爱国者的心弦，参观者还可以欣赏在美国国家艺术馆展出的美国重要政治军事藏品。虽然这些物品并非是由威尔克斯探险队收集，但艺术馆还是将其归类于人种学和自然历史藏品。例如，参观者们会看到本杰明·富兰克林（Benjamin Franklin）的手杖、"华盛顿之剑"、华盛顿"辞去安纳波利斯职务时"所穿的外套、安德鲁·杰克逊将军的军大衣，以及《独立宣言》原件。[219] 另外，参观者可以饱览象征美国外交和帝国胜利的战利品。其中有来自北非巴巴里海岸"由地方权贵赠给美国中队军官的摩尔人之剑"，以及"突尼斯国王赠送给托马斯·杰斐逊的两把精美的黄金浮雕火枪"。[220] 美洲原住民战争和与墨西哥战争中的文物也很有代表性，包括"塞米诺尔人战袍"、各种各样"从陆军部获得的印第安人烟斗"和"墨西哥军队在围攻阿拉莫时投掷的炮弹"。[221]

然而在所有展品中，斐济的展品格外引人注意。威尔克斯探险队收集的人类学藏品共有4000件，比任何欧洲探险队的收藏品都多，比库克船长所有的太平洋探险活动收集品的总和还要多三分之一。[222] 艺术馆中的斐济藏品占很大一部分（在四分之一到近一半）。事实上，公众十分期待人类学藏品，因而艺术馆工作人员的第一要务就是编目和展览该类藏品。[223] 于是，游客进入展馆后，首先映入眼帘的就是放有"大量斐济群岛长矛和战棍"的藏品柜。[224] 藏品中有一根结实的深色木棍，其中一端画有弯弯曲曲的波浪形图案。据游客指南介绍，该藏品是在马洛洛冲突中杀死安德伍德中尉的武器。[225]

如同第一个藏品柜中的展品，美国国家艺术馆将斐济人描绘成危险、暴力、好战的种族。虽然击倒安德伍德的棍子外观简陋，周围却摆满了沉重、弯曲、华丽的木制狼牙棒。这些工具有些是用来割肉和碎骨的，有些可以压碎和刺穿头骨。还有在战斗人员逼近前击晕敌人的投掷棒，以及对抗敌人打击的桨状棒。无论用途如何，这些都是构思精巧的战斗武器。它们由坚硬的红树根雕刻而成，密度大，质量重。[226] 讽刺的是，艺术馆所展示的许多斐济战棍藏品实际上是当地一种名为米克（meke wau）的舞蹈表演道具，奥瓦劳的斐济舞者通常手持棍棒，为威尔克斯探险队表演"表达本国对来访外邦友谊"的传统仪式舞蹈。[227] 然而，艺术馆展览时忽略了该文化因素，引导参观者将斐济视为暴力成瘾的民族，而非跨文化的友好使者。一本旅游指南上说，斐济人的棍棒是"最奇怪恐怖的武器"，"没有哪个文明国家可以制造出这种便于使用、造型精美的武器"。[228]

然而，最轰动的是证明斐济人是食人族的藏品。例如，四号柜中展示了一串人类牙齿项链。据特别版旅游指南介绍，这串牙齿项链属于"一位大酋长，悬挂的牙齿取自他三天前杀死并吃掉的囚犯"。[229] 同时，在艺术馆的另一侧，参观者可以仔细端详维多维经防腐处理后的头颅。维多维是一名斐济酋长，他被指控在1834年谋杀并吃掉了8名美国水手。[230] 维多维在纽约病逝后被斩首，博物学家将他的头颅送到了华盛顿美国国家艺术馆。在透明玻璃柜前，无数想要一睹其真容的参观者蜂拥而至。旅游指南详细描述了维多维的面部文身、剩余的头发和他的尖牙，其中表示，他把牙齿"用鲨鱼皮锉尖，以备不时之需"。[231] 维多维的头骨周围陈列了另一个被斐济食人族吃剩的头骨和其他大洋洲人的头骨。[232]

人类牙齿项链、维多维头颅和其他颅骨遗骸，是19世纪白人中产阶级参观者建立文化和种族等级制度的重要证据。当时颅骨学受人尊敬，人们普遍认为这是白人种族优越性的证明。美国颅骨学领军人物塞缪尔·乔治·莫顿（Samuel George Morton）的观点被用于拥护奴隶制和在政治上排斥黑人。莫顿在研究了古埃及人破裂的颅骨后表示，古埃及人属于白人种族，非洲黑人是古埃及人的奴隶。换言之，黑人有史以来就是奴隶。[233] 1857年，莫顿的学生詹姆斯·艾特肯·梅格斯（James Aitken Meigs）认为，颅骨学与种族政策问题尤为相关："一个国家的文明史在很大程度上产生并依赖于该国公民的自然或身体特征。"[234] 对于梅格斯和他的许多白人同胞来说,"不论是人类命运,还是维护美国的稳定",都取决于体质人类学的研究发现。[235]

当白人中产阶级游客在美国国家艺术馆大饱眼福,参观维多维和其他人类头盖骨时,他们不仅是猎奇心作祟,也是对当时盛行的白人至上理论的肯定。无论白人中产阶级在这个生机勃勃的经济世界中处于何种地位,他们都为拥有受过教育的中产阶级的价值观而感到自豪;无论有色人种多么富裕,白人都可以证明自己是优越的种族;无论大洋洲或美洲原住民社会在"文明"方面取得多大"进步",美国白人公民和欧洲人仍是辅导、评估和研究他们的导师。离开艺术馆时,参观者目睹了黑色和棕色人种所谓"种族劣等"的实物证据。相比之下,艺术馆的爱国主义文物和专利局一楼展出的发明模型,则证明了一本旅游指南中所述的"日耳曼人天生就是天才"这一观点。[236] 因此,白人中产阶级喜欢参观美国国家艺术馆就不足为奇了:艺术馆不仅挑战着他们对已有知识和世界的理解,而且也抚慰了其心灵。

渐渐地,威尔克斯探险队出版物和藏品使美国公众舆论转而开始支持联邦领导的全球帝国主义。1842年探险队回国时,没有受到隆重迎接。如前文所述,五次军事法庭审判了航行中的诸多暴力冲突。法庭认定威尔克斯指挥官是有罪的,海军部长公开谴责他的暴行。[237] 审判的耻辱深深地印在了威尔克斯的灵魂深处。他决心通过出版威尔克斯探险队探险记录和展示标本以重振声誉。仅仅几年后,他的策略似乎奏效了。1845年5月,威尔克斯访问波士顿,他得意扬扬地写信给塔潘说道:"人们对远征队的态度与《探险故事》出版前大不相同。"[238] 华盛顿特区的美国国家艺术馆也起到了同样的效果。事实上,19世纪40年代末和50年代美国海军在世界各地的众多探险活动都有力证明了威尔克斯是正确的。到19世纪40年代末,海军探险成了白人中产阶级中盛行的消费项目。

联邦主导的全球帝国主义是多方合作的结果，这至关重要却被人遗忘已久。海军帝国主义者、商人和好奇的中产阶级在19世纪四五十年代目标一致。对于威尔克斯这样的探险家而言，公众对威尔克斯探险队成果的痴迷肯定了全球性的、国家资助的帝国事业的文化和社会价值。于威尔克斯个人而言，宣传威尔克斯探险队成果最终为他赢得了探险队回国后应得的荣誉。于商业发展而言，工匠和商人（包括一些女商人）从政府合同和远征书籍销售中获利。最重要的是，在这个不断发展变化的世界中，威尔克斯探险队文学出版物和艺术馆展品抚慰了白人公民的自尊，证明了其上流阶层的身份。随后几年里，美国人对世界及其他民族的好奇心不断催生新的环球航行。随着威尔克斯探险队归国，帝国汲取了养分，也更加野心勃勃。

第四章

死海远征与信仰帝国

1848年4月18日深夜，朝圣者手举火炬，祷告着来到约旦河畔的美国营地。哨兵拉响了警报，海军军官和海员从床上惊醒。他们冲出帐篷，看到"不可计数的火把和黑压压的人群在山头间涌动"。[1]数以千计的人群正在靠近。[2]朝圣者来自四海八方，[3]有的人骑着骡子、骆驼或者马，也有人徒步而行；有独行者，也有人拖家带口。十几种语言互不相同，衣着各异，行车装备也各不相同。[4]在狂热的宗教氛围中，朝圣者直奔探险者的营地和远方的河流。美国远征约旦河和死海的指挥官威廉·弗朗西斯·林奇中尉命令手下撤离帐篷，拖走物资，远离他们途经之路。"话音未落，他们就来了。"林奇回忆道："男人、女人还有孩子……说话声和叫喊声交织在一起。"朝圣者们"杂乱无序"，威胁着要占领美国人匆忙拆除的营地。[5]万幸的是，林奇的盟友贝都因部落①的成员就在身旁，贝都因人身骑战马，"在美军帐篷前插满长矛"。[6]贝都因人身披飘逸的黑色长袍或斗篷，长着黝黑的胡子，头戴黄色头巾，手持十八英尺长矛，抵挡住了虔诚的朝圣人群。[7]林奇承认："要不是有他们在，我们就被打败了。正是阿拉伯人的长矛和黝黑的面孔拯救了我们。"[8]

最后一批朝圣者在黎明后便离开了。他们走后，暴风雨来袭，电闪雷鸣，雨水纷纷。午后，林奇中尉和他的下属、盟友都湿透了，他们筋疲力尽，食物供应不足。尽管如此，他们依旧团结一心，坚

---

① 贝都因人是阿拉伯人的一支，主要分布在西亚和北非广阔的沙漠和荒原地带，信仰伊斯兰教。——编者注

第四章
死海远征与信仰帝国

定地从遥远的美国海岸向目的地——巴勒斯坦的死海前进。那时，距离死海"只有几个小时"的路程了。[9]

美国对约旦河和死海的探索之旅一直吸引着众多学者，他们时而困惑，时而烦恼。[10]虽然探险的直接目的是对约旦河水位下降和死海进行严谨的科学考察，但长期以来，人们对特派团的额外任务和其存在的理由一直争辩不休。一些历史学家尝试将商业目的视为远征的潜在动力。[11]表面看来，这符合我们所了解的美国早期治理模式：一个勤俭节约、务实重行和世俗主义的美国政府远征耶路撒冷仅仅是为了获取经济利益。然而，如果说远征是为了进行贸易，那么这些学者忽略了这样一个事实：美国在耶路撒冷的经济利益微乎其微，而林奇本人在远征期间进行的商业调查也是有限的。[12]有些历史学家则认为，文化因素是死海探索的主要动力。[13]他们认为，死海探险的唯一诱因是19世纪中叶印刷业的不断扩大。根据这种说法此次探险未能实现其核心的科学或者神学目标。相反，探索的真正收获是"看似无用的探险下"隐藏的"有趣征途"。[14]

若从帝国文化和宗教文化的角度来分析，人们对这次远征会有不同看法。林奇是福音派基督徒，他把历史看作一场道德剧（morality play）。上帝赋予人类自由的意志，每一个人都可以决定自己的人生之路——将自己提升到更高的精神层面或者通过放纵贬低自身的存在。前者提升国家和个人，赐福土地、授予权力；后者造成的毁灭无法形容。根据《旧约圣经》，后者正是索多玛（Sodom）和蛾摩拉城（Gomorrah）所经历的。这两座城市曾是坐落于约旦河岸的繁荣之地。尽管收到了许多祝福，索多玛和蛾摩拉城的居民还是选择了罪恶而非美德。上帝因而发怒，用地狱之火毁灭这两座城市，肥沃的平原崩塌，死海吞没了冒烟的废墟。[15]美国的死海探索就是为了证明这一故事的真实性。如同19世纪中叶大多数虔诚的新教徒一样，林奇相信基督教和科学是兼容的。他深信，死海的科学探索能揭示、证明所谓的"上帝的暴怒"。[16]

在福音派基督徒看来，死海探险绝非无用，反而会滋养信仰帝国的根基。福音派相信拥有正确的信仰是国家力量的源泉，因此从根本上说，这次远征是一次权力之旅。[17]正如林奇和其宗教同盟者所理解的那样，精神帝国既是纵向的，也是横向的。纵向表示信仰的深度和宗教承诺，横向则是传播信仰的机构、活动和个人。在美国，宗教帝国的横向传播主要依靠传教士、赞助机构和保护传教士的政府力量。传教士的主要目标始终是非基督徒的皈依。福音派长期以来一直坚信，传教活动同样加强了家庭信仰。在理想情况下，精神帝国的横向和纵向传播是相辅相成的——传教士外出传教并帮助人们建立信仰。林奇的死海探险有同样的宗教目标。当然，一个重要区别是远征队是由官方派遣的。1847年，基督教信仰成为国民认同的信仰，要求政府也介入海外的传教活动。

宗教扩张主义，以及宗教与政治和商业帝国的关系一直是学者研究中的热点问题。尤其是研究大英帝国的学者，他们认为传教士有助于领土扩张。[18]其他学者则认为传教士、商人和殖民官员是截然不同的帝国代理人。[19]杰弗里·考克斯（Jeffrey Cox）认为，英国福音派"几乎不关心国家权力问题，除非这有助于或有碍于福音传播"。[20]安德鲁·波特（Andrew Porter）表示同意："传教士首先以信仰之眼看世界。"[21]"对于传教士来说"，帝国无非"是达到目的的一种手段，如果帝国不能为传教士的主要目的服务，同样会被忽视甚至拒绝"。[22]

本章讲述了考克斯和波特对信仰进行的严肃探讨。[23]死海探险出现于美国基督教精神危机之时，实际上是一次帝国冒险。在国内，福音派认为，天主教移民、酗酒、向西扩张，尤其是自由派一位论基督徒神学方面的批评使国家的基督教力量变得薄弱。同时，美国在境外的商业扩张——包括由于美国探险而导致的扩张——是否能够帮助传教士改变世界仍是个未知数。重重伪装下的罪恶削弱了国家信仰,威胁着美国权力的核心。

林奇组织远征队以解决这个问题:通过证明《圣经》内容的真实性让国内心存疑虑的人和有罪过的人改变想法,同时说服福音派同胞认同海军探索和宗教可以和谐共存。远征队的出版物宣传了远征队的观点,延续了探险轨迹,抛开了对宗教自由的担忧,并将浪漫的基督教民族主义视为一种民族精神。林奇和其他福音派人士相信,这将巩固美国天选国家的地位。

上述做法是否成功,历史学家无从得知。然而,显然死海探险将福音派人士带入了探险家阵营。美国的种族、性别、阶级甚至宗教方面等级森严,基督徒传福音受到法律保护,而直言不讳的无神论者则可能面临牢狱之灾。[24] 如今福音派开始相信海军探索能提升基督教在帝国内部的地位。正如水手、科学家、杰克逊主义民主党人和好奇心强的中产阶级一样,福音派基督徒发现海军探索能为他们最看重的帝国目标服务。

这个关于基督徒觉醒的故事讽刺意味十足。正如本章开篇讲述的轶事,死海探险的成就不仅仅属于林奇或者林奇的下属军官、海员、同胞,以及海军部,也要归功于阿拉伯人。林奇明白这是个悖论。他认识到"沙漠中的野孩子——名义上是伊斯兰教徒,实际上是异教徒——保护我们免受侵害是多么奇怪啊"。[25] 在死海探险中,奥斯曼官员和贝都因部落都是美国信仰帝国的伙伴。[26]

基督教国家?

威廉·弗朗西斯·林奇是日益基督教化的国家的产物。1801年4月1日,他出生于弗吉尼亚州诺福克,当时美国正进入学者称为

"第二次大觉醒"（Second Great Awakening）的基督教化新阶段。[27] 在大众的眼中，北美新教是逐渐衰退的，五月花清教徒移民北美促成了新教信仰的巅峰，此后逐渐衰落。然而，历史学家的看法截然不同：移民新英格兰的五月花清教徒是英属北美殖民地的少数派，是宗教极端分子。由于联邦在美国内战中取得胜利，他们才获得开国元勋这样的传奇地位。[28] 事实上随着历史的演进，美国基督教程度日益加深。[29] 例如，在1776年，13个殖民地中只有大约17%的人是教会成员；到1850年，教会成员的比例增长至35%。[30] 为满足迅速增长的信仰需求，教堂、牧师和宗教组织的数量在19世纪上半叶呈爆炸式增长。[31]

激进的福音派坚持独立战争以来的政教分离。美国开国元勋和其他革命者坚持欧洲旧有的宗教自由传统。他们编写了一部联邦宪法，禁止宗教测试以保证宗教自由。他们煞费苦心地向犹太人和天主教徒保证其会受到美国欢迎。他们承诺包容宗教，考虑支持伊斯兰教徒成为公民、议员甚至总统。[32] 1796年，美国外交官乔尔·巴洛（Joel Barlow）在起草与的黎波里的条约时，声明美国不是基督教国家。[33]

一些宗教和政治领袖对这种自由主义提出异议。在独立战争时期，牧师和神职人员支持独立。[34] 1783年战争结束后，福音派试图将政府、基督教和国家捆绑在一起。大卫·塞哈特（David Sehat）表示，他们建立了一个州级"道德机构"，在日常生活中推广新教，阻止无神论者和异教徒参与到市政工作中。[35]

这种趋势在新英格兰最为明显。在那里，清教在18世纪已发展为公理会。加尔文教徒几乎和其在荷兰时一样严厉，而公理会主义者也具有很强的影响力，其教会是新英格兰几个州的官方宗教——例如，马萨诸塞州在1832年之前要求居民向州教会缴纳什一税。[36] 如同许多其他州一样，马萨诸塞州保护基督教在公共场合传教，而

第四章
死海远征与信仰帝国

133

亵渎神灵是犯罪行为。州法院和联邦政府通常支持此类法律。[37] 1833年和1855年,最高法院两次裁定,宪法第一修正案的宗教自由条款只适用于联邦一级,而不适用于州级。[38] 结果,美国内部建立起宗教等级制度。也就是亚历克西斯·德·托克维尔所宣称的美国"道德帝国"。[39]

1861—1865年身穿制服的邦联海军指挥官威廉·弗朗西斯·林奇

摄影师不详[源自美国华盛顿国会图书馆印刷与照片部(Library of Congress Prints and Photographs Division),批号14043-2,编号192]

林奇的早年生活反映了这些变化。林奇的父亲重商无信仰,母亲是一位再生的基督徒,对他影响深远。[40] 虽然她红颜薄命,但林奇和她十分亲近,由衷赞美她的虔诚,依稀记得听到的"优美却被忽视的训诫"。[41] 1819年,当他成为一名海军见习军官时,他把信仰带到了军营。[42] 他将海洋视为上帝完美的镜子,向人们提醒着"造物者的威严、仁慈和暴怒"。[43] 作为一个有信仰的人,他看得到上帝对万事的掌控:在菲律宾逗留期间,一名水手长的大副死于霍乱,林奇认为这个人"淫秽亵渎",死于"天意"。[44] 他写道:"上帝掌控人类的命运,人类何时跌倒都是上帝的旨意。"[45]

不过,这种加尔文式的宿命论并没有阻止林奇的正义行动。林奇是虔诚的改革者,他相信善行成就美国的天赐命运。如同其他基督徒一样,林奇认为历史是围绕上帝圣约和自由意志发展的,而西方历史就是不断背弃与上帝签订的契约的过程。虽然上帝告诉古犹太人,"你们要归我作祭司的国度,为圣洁的国民",犹太人却把耶稣交给罗马人,放弃了犹太人曾拥有的神圣地位。早期基督徒自认为"神的选民",但腐败的天主教会背弃了这一承诺。新教改革使得神圣的盟约传到北欧新教徒的手中,他们又将"福音"带到了新大陆。同教友一样,林奇相信上帝保护西半球在宗教改革之前免受天主教徒影响。[46] 对于美国福音派来说,《独立宣言》和宪法是神圣的契约,而独立战争是天启的第二个时期。[47] 梅尔维尔宣称美国是世界的"政治救世主",美国白人公民是"特别的选民——是当代犹太人,承载着世界的自由方舟"。林奇完全赞同梅尔维尔的论述。[48]

林奇和其他福音派人士环顾美国现状,担心这个国家有违背他们与上帝签订的契约的危险,其中一个威胁就来自移民。死海探险恰逢美国内战前天主教移民高峰期。在19世纪四五十年代,信奉天主教的爱尔兰和德国农民饱受政治压迫,家园遭到破坏,他们逃往美国的人数创下了历史纪录。[49] 截至1855年,近300万爱尔兰人和德国人抵达美国。[50] 在本土主义者看来,移民带来了两大罪恶:酗酒和错误的宗教。年轻的爱尔兰人喜欢豪饮,德国农民则会在周日畅饮德式啤酒,禁酒人士对爱尔兰和德国的饮酒传统感到十分苦恼。[51] 国内天主教徒人数的增加使福音派更为不安。极端的本土主义者将天主教移民视为教皇甚至恶魔的阴谋,认为他们会取代上

第四章
死海远征与信仰帝国

帝的选民,把"自由方舟"沉入错误之洋。为了挫败这个巨大的阴谋,土生土长的白人新教徒于19世纪40年代成立了"美国本土党"(Native American Party),在社会上广泛宣传反天主教言论,甚至采取暴力行动。1834年,白人新教徒烧毁了波士顿郊外的一座天主教修道院;1844年,他们在费城聚众寻衅滋事。[52]

第二个威胁来自美国西部地区。理想情况下,西部地区应该是虔诚的新教徒的摇篮。许多美国白人公民是这样认为的。19世纪30年代到40年代,白人抵达密苏里州西南部,他们将当地溪流的名称从"威尔逊河"(Wilson's Creek)改为"约旦河"(Jordan Creek)。[53] 无独有偶,1850年,当威廉·S. 朱厄特(William S. Jewett)开始创作《应许之地——格雷森家族》(The Promised Land—the Grayson Family)时,他选择的场景不是耶路撒冷,而是加利福尼亚的内华达山脉。对于朱厄特和其他美国白人来说,格雷森这样的先驱家庭是上帝的新选民,西部地区是新选民的迦南地①。[54] 天选思想影响了军队探险家约翰·查尔斯·弗雷蒙,他称加利福尼亚州为"现代迦南地,这里盛产'牛奶与蜜',重峦叠嶂,河流交叠,遍地黄金"。[55]

实际上,西部地区严重威胁新教扩张的步伐。其一,真正的美洲原住民坚持其精神传统。19世纪初的一段短暂时期里,白人传教士团体无法说服北美原住民,只好把视线转向亚洲。[56] 其二,西部大部分地区信奉墨西哥天主教。即使在美墨战争之后,新教徒仍然害怕被迫接纳大量种族混杂的天主教徒会减缓新教扩张的步伐。[57] 爱尔兰裔美国人约翰·奥沙利文(John O'Sullivan)是民主党支持者,像他一样的人可能会怒吼:"天命降临天选大陆了!"种族和宗教多样性限制了新教的扩张。[58] 其三,新教徒担心开拓西部的白人的基督教

---

① 迦南地是《圣经》中的地名。——编者注

信仰成分。德国天主教移民在美国中西部定居已经造成了糟糕的局势，摩门教徒的情况更为复杂，内战前，本土主义暴徒把他们从一个州赶到另一个州。由于贫困的白人喝酒、打架，和印第安人通婚，对锄头的信仰多于对《圣经》，他们也受到了怀疑。一名伊利诺伊州开拓者表示："我看着城镇周围广阔而美丽的草原……一个愈加强烈的愿望油然而生，我希望正确的道德制度应该随着人口增长而不断完善。"[59]

第三个挑战是最严峻的，它来自受过高等教育、崇尚圣经批判学的自由派美国白人新教徒。诸如拉尔夫·瓦尔多·爱默生这类从德国和法国神学家的著作中获得灵感的传教者和知识分子认为，《圣经》是人们在理解神的启示后形成的，和神的启示本身有一定偏差，并非绝对可靠。《圣经》象征着上帝所要传达的真实信息和计划，但其字面诠释未必完全可靠。[60] 相比之下，福音派坚持清教徒的信念，即《圣经》是毫无错误的。他们坚信，质疑《圣经》的准确性或将其视为人类的文化作品都将威胁基督教的信仰根基。可是，在马萨诸塞州东部地区，越来越多的一位论派（Unitarians）开始传播该观点。一位论派在哈佛大学和马萨诸塞州康科德这样的学术基地中传播其理念，构成了一种威胁。[61]

为应对一位论派的"知识自信"，福音派抱有一种理性的虔诚。[62] 1807年，福音派基督徒在马萨诸塞州安多佛建立了安多佛神学院以制衡哈佛每年培养的自由派基督徒毕业生。[63] 他们培养的牧师在讲坛和媒体中与一位论派展开较量；他们处于宗教之争的前线，维护国家与上帝的契约。其中，大部分人入驻新英格兰西部和北部的福音派宣传点，还有一些人成为前往国外的传教士。[64] 克里斯蒂娜·海尔曼（Christine Heyrman）表示，福音派使用传教士的信件和报告，"揭示错误的宗教助长了严重的不平等、专制政权和陋习"。[65] 1855年，一位福音派人士宣称："我们在坎顿（Canton）做的事情，使整个加利福尼亚都得到了净化。"[66]

福音派在与自由派基督徒的斗争中参考了《圣经》考古学。一位论派有爱默生,而再生基督徒有爱德华·罗宾逊(Edward Robinson)。罗宾逊是一位杰出的学者和虔诚的基督徒,他几乎单枪匹马地开辟了《圣经》考古学。罗宾逊是康涅狄格州一位公理会牧师的儿子,才华横溢,他很快成为美国最杰出的古语言学研究学者。从纽约州北部的汉密尔顿学院毕业后,他接受学院聘请,成为导师的同事。他对福音派满怀热情,来到了美国福音派的重要枢纽安多佛。1826年,罗宾逊凭借自身才能,被派遣到欧洲,学习如何使用《圣经》考证学方法来对付自由派一位论派。

1830 年,罗宾逊回到美国,他认为语言分析是不够的。为了真正打败一位论派,他必须前往耶路撒冷,从科学上证明《圣经》是完全准确的历史文本。1838 年,他与一位来自安多佛的传教士同事抵达耶路撒冷。[67] 如同林奇依赖伊斯兰教徒,罗宾逊的旅行依赖于穆罕默德·阿里(Mehmet Ali)的慷慨解囊。穆罕默德·阿里曾是奥斯曼帝国的埃及总督,他反抗苏丹,并于 19 世纪 30 年代在埃及和耶路撒冷建立了自己的帝国。罗宾逊摒弃了几个世纪以来天主教和东正教关于宗教场所的认识,依靠阿拉伯语和古希伯来语名称之间的相似性来定位《旧约》遗址。他渊博的知识和细致的分析终有所成:1841 年,他出版了备受赞誉的两卷关于耶路撒冷研究的书籍。《巴勒斯坦的圣经研究》(*Biblical Researches in Palestine*)。这本书认为,《圣经》是权威的、真实的历史文献,而不仅仅是一种符号或象征。这项工作重挫了自由派对《圣经》的解释,在欧洲也是如此。伦敦《泰晤士报》称其为"迄今为止关于巴勒斯坦的最佳著作"。[68] 1842年,伦敦皇家地理学会授予罗宾逊金质奖章。他是第一位获此殊荣的美国公民(查尔斯·威尔克斯是第二位,于 1848 年荣获金质奖章)。[69]

林奇的死海探险归功于罗宾逊。事实上,整个行动都是在罗宾逊研究的基础上进行的。对耶路撒冷的科学分析证明了《圣经》的真实性,一举击溃了一位论派和怀疑论者。[70] 林奇赞扬了罗宾逊"细致的工作",证实了他的诸多发现,甚至可能在探险前亲自拜访了罗宾逊。罗宾逊对死海探险兴致勃勃,甚至与海军部联系。[71] 罗宾逊知道,死海探险不是普通的基督教行动,而是把信徒武装起来与一位论派徒作斗争。

提案

1847年5月8日,林奇正式向海军部提出探险的提案。他认为前往死海进行勘探既简单又便宜,对海军、美国、《圣经》知识以及科学研究来说都有益处。林奇告诉海军部长约翰·杨·梅森(John Young Mason):"探索死海的'谜团'能推进科学事业的发展,并取悦所有基督徒。"需要注意的是,海军补给船必须定期在地中海港口停靠,以便为中队提供补给,林奇建议可以根据前者的日程安排远征。需要的人手不多,在加利利海的海岸,"船骨可以用骆驼从阿克里(Acre)运到提比里亚(Tiberias)"。海军从加利利海海岸出发,顺着约旦河最终到达死海。帐篷的帆布、营地用品和武器也都可以从补给船上拿。总之,林奇向梅森保证:"探险所需的经费不多且目标容易达成。"[72]

在某种程度上,林奇的确是一名机会主义者。大卫·H. 芬尼(David H. Finnie)的判断可能是正确的,他认为死海探险只是林奇的旅行幻想。[73] 林奇是资深的旅行人,也是最具探索精神的海军军官。作为一名虔诚的基督徒,他承认自己"无比渴望看到……这片由救世主的鲜血滋养的土地,因有救世主来过而神圣,因有救世主的坟墓而圣化"。[74] 如果不能启程去死海探险,或者没有美墨战争的话,

第四章
死海远征与信仰帝国

他本打算休假一年，独自穿越耶路撒冷。[75]对巴勒斯坦开展调查之后，林奇对耶路撒冷的渴望愈发强烈；他将非洲描述为"一个无与伦比的探索之地"，并于1852年率领一个小型布道团探索利比里亚内陆。[76]在此期间，他提出去南美洲的拉普拉塔河（La Plata River）探索，为促进美国的商贸发展考察中国东北，驾驶一艘军舰环游世界，收集有用的植物、动物和种子，促进美国农场发展。[77]但这些任务都未能实现，令他大失所望。林奇渴望成为北美的洪堡，成为耶利米·雷诺兹崇拜的那种人。[78]

显然林奇的提议源自恢宏的帝国愿景。如同罗宾逊一样，他希望通过信仰巩固美国的精神帝国。他目标明确，"驳斥无信仰的哲学家"，因为他们无视死海的神圣起源。[79]像许多福音派人士一样，林奇也为酒精、天主教徒和移民这些问题感到头疼。但最让他愤怒的是自由派基督徒。他将"冷酷的怀疑论者"描述为"无异于与异教徒结盟"。[80]他写道，"对自己的知识感到骄傲无疑是心灵的堕落"，这是"造物主对他们的额外惩罚"。[81]他认为，倘若他能够说服《圣经》怀疑论者承认其错误，或许他能保护美国人民免受"造物主暴怒的惩罚"。[82]

死海似乎是研究民族道德、权力和毁灭的理想场所。长期以来，犹太人、基督徒甚至伊斯兰教徒都认为死海的起源与上帝对索多玛和蛾摩拉城的惩罚相关。[83]著名的旅行作家约翰·劳埃德·斯蒂芬斯（John Lloyd Stephens）为此提供了佐证。1837年，他出版了广受欢迎的两卷本游记，讲述了死海及其周边地区。事实上，斯蒂芬斯不是科学家，他曾是一名无神论者，但他声称自己已经看到"大量的迹象，表明罪恶之城索多玛和蛾摩拉城的地狱之火阻塞了约旦河的航道，形成一个可怕的湖泊"。[84]随后，他成为基督教徒。[85]他希望未来的调查能够提供更多证据以证明《圣经》的真实性——尤其是罪恶之城的废墟。[86]无独有偶，在《巴勒斯坦的圣经研究》中，罗宾逊也论述了《旧约》的记载是正确的,上帝用地狱之火焚烧了索多玛和蛾摩拉城。[87]

林奇渴望获取更多的证据以证实《圣经》的真实性。1847年12月,他在公开信中保证,死海探险将"揭示那些废墟的真相,让心存疑虑的无信仰者相信神的存在"。他列举出一些未得到解答的重要问题,提醒大家"4000年以来,死海一直是个谜"。除了通过研究古生物和生态学问题来探究死海到底有多么"名副其实"外,林奇还希望确定死海深处是否存在水下火山,或者有"地下水渠"将死海与地中海连接起来。和雷诺兹、约翰·昆西亚当斯一样,他呼吁美国白人公民保护自己的文化地位,对抗欧洲势力。林奇进一步将自己的使命同美墨战争相联系,声称"我们应该在科学界和基督教界做更多的工作","在扩大南部和西部公民自由福祉的同时,不妨尝试促进科学发展,巩固基督教在东部的地位"。[88]

读完林奇的信,梅森国务卿可能挠了挠头。这位来自弗吉尼亚的和蔼可亲的绅士知道,1847年的那次探险,除了从与士麦那和奥斯曼帝国的贸易中获取一点盈利外,美国在耶路撒冷几乎没有经济收益。[89]据林奇手下的一位水手描述,除了在历史上有一些联系,1849年的耶路撒冷"与大型商业场所相距甚远"。[90]到19世纪五六十年代,这种情况有所变化,一些美国公民(包括林奇)效仿英国,强调叙利亚是通往亚洲的新路线。[91]然而在1847年,未来的发展仍充满了未知数。梅森清楚,摆在他办公桌上的提案是为了解决科学和宗教问题,而非商业问题。实际上,梅森不希望林奇将探险扩展到幼发拉底河,他认为探险应是"基于政治和商业的,而死海的探险是基于科学的"。[92]

最终,梅森还是赞成了林奇的提议。1847年7月31日,他写信命令林奇到纽约为远征采购物资和船只,招募人员。[93]几个月后,他解释道:"我已经批准了您的申请,远征的目的是为了促进科学事业，提升海军声望。"[94] 第二个理由更容易理解。那时，海军的光辉被陆军的功绩所掩盖，死海探险承诺为海军重铸荣光。1847年夏天，温菲尔德·斯科特（Winfield Scott）将军的部队在韦拉克鲁斯（Veracruz）两栖登陆，海军迎来了短暂的辉煌时刻。[95] 然而，林奇认为"海军已经黔驴技穷了"。[96] 海军巡洋舰找到的物资缺乏经济价值。小型海军舰艇有时冲进墨西哥河，袭击毫无战略意义的沿岸城镇。相比之下，陆军不断击败墨西哥军队，赢得一场又一场的胜利。扎卡里·泰勒和温菲尔德·斯科特的胜利吸引了民众的目光，甚至赢得了威灵顿公爵的赞扬。[97] 罗伯特·鲁克（Robert Rook）写道："陆军在墨西哥战争中的优势有利于他们在华盛顿赢得更多预算。"但海军在"通往蒙特祖玛殿堂的路上没有赢得声望，或许他们会在加利利海和死海上重新获得"。[98]

从科学角度出发，梅森也许考虑到，林奇的死海探险能解决当时两项主要的地理问题：死海的深度和约旦河的河道宽度。1841年，英国皇家工程师 J. F. A. 西蒙兹（J. F. A. Symonds）中尉声称确定了加利利海和死海的相对水位。尽管皇家地理学会在1845年授予他金质奖章，但西蒙兹的结论仍然存在一些疑问。其中最有名的怀疑者是罗宾逊。1847年11月，他在提交给皇家地理学会的一篇论文中称，如果西蒙兹的计算是准确的，约旦河必须以尼亚加拉大瀑布的落差从加利利海落入死海。[99] 林奇的一个主要科学目标是解释死海谜团，并检查西蒙兹的计算。然而他不知道的是，皇家海军已经在托马斯·莫利纽（Thomas Molyneux）中尉的带领下组织远征队以解答罗宾逊的疑问。莫利纽与林奇的计划类似：一行人乘小船顺着约旦河漂流，验证了约旦河河道曲折，水流湍急。由于河道过于曲折，无法形成西蒙兹所提及的瀑布，从而证明西蒙兹的计算是错误的。[100] 然而，梅森和林奇通信时并不知道莫利纽远征队的存在。[101] 因此，林奇的探险目的还是为了回答1847年争辩的这两个地理问题。

梅森的前一个理由是"科学事业",也有宗教意义。科学和宗教在 19 世纪中叶还没有分道扬镳。这就是林奇的密友兼军官同僚马修·方丹·莫里经常在他的科学出版物中引用《圣经》的原因。[102] 梅森也是如此。如同这一代的许多美国白人公民一样,梅森的成长和教育背景深受信仰的影响。这意味着他对知识和真理的认识与基督教密切相关。梅森的父亲埃德蒙(Edmund)是一名圣公会教徒,成婚后带着家人参加卫理公会礼拜,听自己的兄长布道。每天晚上,埃德蒙都会在烛光下给小约翰(即梅森)和他的兄弟姐妹朗读《圣经》。[103] 在预科学校,梅森学习古典语言,翻译了部分古希腊语的《新约》。[104] 在北卡罗来纳大学读书时,他总会准时参加早晚祷告会、周日礼拜和周日下午的道德考查。[105] 毋庸置疑,梅森珍视虔诚。1821 年结婚后,他称赞其福音派岳母是"虔诚圣洁"的。[106] 岳母去世之前也将属灵日记托付给梅森。[107] 总之,梅森的成长经历让他决定支持林奇的计划。

尽管如此,海军部部长的批准严重破坏了政教分离。梅森默许林奇死海探险的行为,意味着联邦政府对福音派基督教坚定的支持。令人费解的是,这说明詹姆斯·K. 波尔克的民主党政府采用了美国政坛中辉格党的立场。事实上整个计划都是由南方辉格党人设计的,即林奇本人。林奇如同其他辉格党人一样,比民主党人更愿意利用国家来提升大众的道德品质。禁酒主义者和本土主义者在辉格党中多于民主党。在美墨战争期间,他们更愿意将冲突视为新教徒和天主教徒之间的宗教之争。[108] 梅森的决定让辉格党政客和报纸编辑措手不及。他们抨击政府的虚伪行为,因其同意探索巴勒斯坦,却拒绝使用联邦权力改善西部的河流状况,但他们通常不会质疑此举在宗教和科学领域的价值。一位辉格党作家评论道:"幸好死海不属于任何一个州,不然远征就违宪了。"[109]

基于基督教媒体对林奇的支持,辉格党选择不质疑死海探险的宗教问题。《每月灯塔》(Monthly Beacon)希望此次探险不要始于"驳斥异教徒的嘲讽和证明《圣经》记载"这样"愚蠢的缘由",但鲜少期刊对此做出回应。[110] 当然,福音派热情满满,他们清楚这正是林奇所追求的。一位作家在《基督教守护神》(Christian Palladium)中沉思道:"我时常想,这是从未实现的事情。如今我们的海军可能完成文明世界迄今未能做到的事情,真是令人欣慰啊!"[111] 费城长老会(Presbyterian)自豪于"新世界的政府是最先探索……一个与基督教世界有共同信仰并密切相关的地区的"。[112] 长老会希望林奇能够证实《圣经》的原始记录"。[113]《福音教师和主日学撰稿人》(The Gospel Teacher & Sabbath School Contributor)表示赞同:"最好找到一些遗迹,证明上帝真的摒弃过这些城市,这大有好处。"[114]

林奇远征计划的充满了福音派本土主义、阳刚之气和军事主义的特征。在纽约招募海员时,林奇只选择"年轻力壮、肌肉发达、土生土长的美国人。他们没有喝酒的习惯,(林奇)要求每个人都承诺不喝任何含酒精的饮品"。[115] 一名水手偷偷上岸只是为了"喝一口朗姆酒",林奇判处他禁酒三个月(水手说他宁愿挨鞭子)。[116] 10月,林奇要求梅森解雇一名他认为"身体欠佳"的水手。[117] 他还放弃了使用木船穿越巴勒斯坦的最初计划,转而采用更安全的新型船只:两艘较小的金属船——一艘铜船和一艘铁船。[118] 他以梅森孩子的名字命名小船,确信"他们的祈祷宛如守护神一般,会在危险时刻保护我们"。[119] 如果梅林的孩子忘记为他们祈祷,林奇也另有准备:一个惊人的军械库——包括1门大口径火炮,14支步枪刺刀,4支左轮手枪,10把弓形刀手枪和剑。[120] 在上帝的国度里,他不能忍受傻瓜,也不会只依靠上帝。

毫无疑问,林奇精心挑选的水手反映了他的本土主义和阳刚之气。他们认为自己是合格的"纯种美国人"。[121] 一位水手表示,"我们意志坚定,身强体壮,物资丰富",拥有"大量弹药"。[122] 他们非常崇拜林奇,称他为"世界上最优秀、最人性化、最有思想、最慷慨的人,胆量超人,是真正勇往直前的美国人"。[123] 和指挥官一样,水手对死海探险也兴致勃勃。一名登上林奇的补给船瑟普莱号(Supply)的水手在日记中写道:"人们一直在谈论远征队。"当这艘补给船靠近巴勒斯坦海岸时,船员恳求远征队成员和自己交换一下位置,但无济于事。[124] 1848年3月31日,在阿克里登陆后搭建帐篷时,一位水手大喊道:"带我回到弗吉尼亚的海岸吧!"[125] 他的同伴打断了他,警告他不要在远征前说这样的话。水手叫喊着:"他们只有去过死海底部,看到索多玛和蛾摩拉城遗址的尖顶建筑、教堂和葡萄酒商店,才会愿意回家。"[126]

奥斯曼帝国宫廷

无论如何,死海探险是美国新教徒为了自身的利益而发起的任务。然而,从一开始林奇和梅森的福音派就依赖着伊斯兰教徒。林奇首先取得了奥斯曼帝国苏丹阿卜杜勒·迈吉德一世(Abdülmecid Ⅰ)的支持。这是詹姆斯·布坎南促成的结果。他是波尔克的国务卿,这次远征的一部分计划是在他的支持下进行的。他赞同此次远征,但为了事情进展顺利,要求林奇赢得苏丹的祝福。[127] 同时,布坎南命令美国驻君士坦丁堡外交使节达布尼·S. 卡尔(Dabney S. Carr)为林奇的到来做准备,考虑如何获得敕令或是获得帝国通行证。该地区的西方探险家通常会从奥斯曼宫廷甚至行省长官那里得到敕令。[128] 敕令允许林奇通过奥斯曼帝国,理论上将获得奥斯曼官员的协助。[129] 如果远征队遇到麻烦,可以借助敕令简化纷争。如果林奇团队和奥斯曼帝国的人发生争执,敕令可保护波尔克政府免受公众

第四章
死海远征与信仰帝国

批评，也可用于与奥斯曼宫廷谈判。[130]

1847年11月26日，瑟普莱号离开纽约。[131]前往东地中海的路程漫漫，林奇有大把时间思考福音派历史理论。他认为毁灭主要是由于缺乏正确的信仰，导致肉欲尤其是性欲的放纵。这削弱了女性的美德和男性的阳刚之气。[132]离开特拉法尔加角（Cape Trafalgar）后，他回顾了英国海军英雄霍雷肖·纳尔逊（Horatio Nelson）勋爵是如何遭受"海妖的诱惑"的。[133]"放荡骑士"查理一世的恶习和法兰西民族的纵欲行为最终导致了英国资产阶级革命和法国大革命。[134]接近爱琴海时，林奇称赞揭示了"天启的早期光芒"的"希腊朴素哲学"，它使得苏格拉底和其他哲学家超越了多神论。[135]他将罗马的衰落归咎于伊壁鸠鲁学派的唯物主义哲学，"通过否认至高无上的主宰，动摇了社会和政治道德的根源"。[136]对于林奇来说，过去的主要教训是，"道德的放荡总会造成……国家灾难"。[137]这种解释含义清晰：基督徒有责任"反对一切败坏道德和令人放荡的事物"。[138]这关系到美帝国的存亡。

值得注意的是，林奇从未特别关注男同性恋问题。《圣经》认为上帝毁灭索多玛是由于男同性恋的欲望，这似乎有些耸人听闻。实际上，索多玛一词一直用来描述肛交等非法性活动，随后演变为非法性活动的同义词。[139]虽然许多历史学家将现代"恐同国家"的兴起追溯到14世纪中叶，但其起源可能更早：在4世纪，古罗马皇帝君士坦丁皈依基督教，将教会的性法规与民法相结合。[140]北美殖民地和早期合众国继承了这一传统，规定对男同性恋判处死刑。[141]作为一名海军军官，林奇对该问题的遗漏似乎令人惊讶：水手的俚语、海军法典和军事法庭记录表明，海军中的同性恋并不少见。[142]然而，考虑到那个时代保守压抑的价值观，男同性恋可能是一个绅士官员不能提及的禁忌话题。事实上，林奇的同僚军官们会尽可能地掩盖同性恋问题。[143]林奇可能认为，死海军团对男同性恋的立场是显而易见的，男同性恋是一种罪，这无须公开表明。无论林奇对同性恋问题避而不谈是有意为之还是无意的忽视，这次探险无疑悄然促进了异性恋。倘若他能够说服同胞相信《圣经》中索多玛毁灭的真实性，那么将同性恋定为犯罪将更具宗教说服力。

1848年2月20日，林奇最终抵达君士坦丁堡这座正在历经深刻变革的古都。[144] 奥斯曼帝国正处于坦齐马特改革的时代阵痛中。[145] 这项改革可追溯到18世纪，经历了革命时代和1768年至1774年对俄国战争失败，奥斯曼帝国得以重塑，产生了全新的组织和治理模式。[146] 19世纪20年代至40年代初期，希腊和埃及叛乱分子的出现进一步强调了改革的必要性。因此，苏丹和官僚同盟试图重组奥斯曼财政—军事国家。[147] 帝国的精锐部队（即禁卫军）以及他们的原教旨主义盟友伊斯兰学者反对这些举措。他们反驳改革者的论点得到了林奇和其他美国福音派的认同：帝国的发展受到阻碍是由于信仰缺失，而非陈旧的组织体系。[148] 他们的观点传到敌方耳中。1826年，苏丹马哈茂德二世（Sultan Mahmud II）突袭歼灭了禁卫军。[149] 这是奥斯曼帝国保守派的巨大失败。1839年，马哈茂德的儿子阿卜杜勒·迈吉德一世继位，他继续对税收、征兵、欧洲式军事和外交训练以及宗教自由等方面进行改革。[150]

林奇在君士坦丁堡目睹了奥斯曼帝国的改变。在参观奥斯曼军营时，他留意到士兵的欧式服饰和禁用笞刑的规定（一种古老的地中海惩罚）。[151] 在首都郊外的圣斯特凡诺（San Stefano）——今土耳其耶希尔科伊（Yeşilköy），他会见了担任苏丹高级地质和农业顾问的两名美国人。[152] 19世纪30年代以来，美国在奥斯曼帝国海军事务中发挥了重要作用，林奇延续了这一传统。[153] 例如，他在君士坦丁堡时（不太情愿地）建议政府购买一艘英国轮船。[154]

美国驻君士坦丁堡外交使节卡尔对苏丹采用美国农业和海军专业知识"重振国民"的计划兴致高涨，但林奇较为悲观。[155] 他赞

第四章
死海远征与信仰帝国

同欧洲的普遍观点：奥斯曼帝国在飞速衰退。一名美国外交官表示，只有"欧洲强权的嫉妒"才使这个积病已久的帝国勉强支撑。[156] 福音派的林奇认为奥斯曼帝国的衰落是由于宗教的缘故，并将"穆罕默德统治"描述为"政界中能摧毁一切阻碍物的西洛可风"。[157] 妇女权利是帝国衰败的主要方面。他认为基督教赋予了女性拒绝男性性要求的权利，但伊斯兰教并没有提供此类保护。最终，肉欲造成堕落，损耗了国家精神。怀揣新教思想的林奇在参观苏丹的后宫时感到十分震惊。[158] "后宫都是什么光景啊！充斥着阴谋、谋杀，还有被装入麻袋处死！哎，真是群可怜的女人！"[159] 他断言："倘若基督教能帮助误入歧途的人洗心革面，那么这个国家将会永存，悲剧不再重演。"[160]

1848年2月24日与苏丹会面后，林奇把奥斯曼帝国的病痛描绘得淋漓尽致。皇家会议在博斯普鲁斯海峡沿岸的一座灰色木制建筑塞拉根宫（Ciragan Palace）中举行。这是一座具有"东方神韵""精巧优雅"的宫殿。[161] 林奇欣赏着这些"品味高雅"的庭院、鱼塘和楼梯。[162] 然而，当林奇看到阿卜杜勒梅西德时，先前的偏见涌上心头。苏丹是一个心地善良、体弱多病且有些忧郁的青年。林奇沉思道："苏丹面露一种难以言表的悲伤情绪，宛如将死之人。"林奇认为苏丹的抑郁来源于"对国家即将灭亡的恐惧"。他想象着"英明神武的（奥斯曼）帝国先王们的灵魂"精灵般盘旋在苏丹头顶，哀悼着"这个曾经从大西洋延伸到恒河，从高加索延伸到印度洋的帝国即将面临的命运"。[163]

林奇将苏丹的弱点和共和党自身的活力放到一起进行思考。在等待召见期间，林奇受到精心款待。面对精美的杯子盛着的咖啡和令人惊叹的昂贵材料制成的土耳其长烟管，他不禁心旌摇荡。[164] 他很快恢复了过来，询问管家参加皇家会议能否携带佩剑。[165] 林奇佩剑穿过门廊时，看到奥斯曼帝国的秘书会在靠近苏丹的房间时放轻脚步，心中暗自瞧不起他们。林奇为自己铿锵的步伐自豪不已，"我不习惯宫廷规定，我踏在皇家地板上发出的脚步声代表一位质朴的共和主义者坚定的态度"。[166] 在觐见中，林奇自述是来自"遥远共和国最谦逊的忠仆"，而苏丹是"强大王国的统治者和数百万帝国子民命运的仲裁者"。[167] 尽管如此，他依旧"没有改变观念"。[168] 他写道："看到君主时，我很难过，甚至想起了蒙特祖马（Montezuma）①。"[169]

林奇把阿卜杜勒梅西德类比为蒙特祖马，这昭示了，他在很大程度上以西进运动的眼光来看待这次任务。事实上，在美国白人公民心目中，征服者从未像在美墨战争期间那样受欢迎。美国海军陆战队的赞美诗表明，白人基督徒士兵认为他们在 1846 年至 1848 年对墨西哥的入侵是埃尔南·科尔特斯（Hernán Cortés）征服墨西哥事件的重演。梅森部长异常迷恋威廉·H. 普雷斯科特（William H. Prescott）1843 年出版的《征服墨西哥》(History of the Conquest of Mexico)，为此他给"每艘海军军舰"订购了一本。[170] 也许林奇一伙人在漫长的大西洋和地中海之旅中反复翻阅这本书。林奇一次又一次将这次旅程类比作美国西进运动。他认为奥斯曼人走路像"我们的印第安人"，贝都因阿拉伯人也是如此，而奥斯曼帝国巴勒斯坦地区和北美西部一样是法外之地。[171]

西进运动的成果甚至有助于卡尔安排林奇与苏丹的会晤。卡尔了解到勤俭节约与慷慨大方的奥斯曼宫廷文化不符。与威尔克斯在威尔克斯探险队航行期间的做法一样，卡尔以与北美印第安人的交往方式为指导。1847 年 6 月，他建议国务院"安抚"奥斯曼人，就像"向我们的印第安酋长和部落提供礼物"那样。[172] 布坎南批准了

---

① 蒙特祖马是墨西哥阿兹特克帝国国王（1398—1469 年）。他曾一度称霸中美洲，最后被西班牙征服者埃尔南·科尔特斯所征服，阿兹特克文明就此灭亡。——编者注

第四章
死海远征与信仰帝国

该计划。根据卡尔的观察，苏丹"对北美印第安人十分好奇"，于是他订购了三本精美的有关北美原住民作品集，包括一本乔治·卡特林（George Catlin）的作品，让林奇中尉亲自送给苏丹。[173] 卡尔告诉布坎南："这么做是为林奇争取苏丹的支持。我让他把这些礼物送给了国王陛下，苏丹非常高兴。"[174] 阿卜杜勒·迈吉德一世看完这些伟大的典籍后，宣称其为"美国文明进步的证据"。这个评语让林奇大为惊讶。[175]

3月7日晚上，林奇收到了期待的诏书。林奇得意扬扬地对梅森说道："这样国务卿就没有理由反对了。"[176] 虽然林奇认为卡尔帮助他获得了苏丹的诏书，但外交技巧不是受到热情款待或者奥斯曼帝国支持的原因。[177] 林奇获得奥斯曼宫廷优待有三个重要因素。第一，出于防御。19世纪30年代至40年代初期，君士坦丁堡一直想把埃及人赶出巴勒斯坦和叙利亚。在1832年至1833年以及1840年，欧洲列强两次将这两个地区从埃及武装下解救出来，并恢复了奥斯曼帝国对此地的统治。[178] 阿卜杜勒·迈吉德和他的臣子担心埃及人会再次崛起，因此对该地区进行更为详细的调查是有好处的。第二，奥斯曼人认识到开放进入耶路撒冷的通道有助于与西方列强保持良好的外交关系。[179] 这也是他们为每年从耶路撒冷前往约旦朝圣的基督徒提供强大军事护送的原因。[180] 第三，奥斯曼人非常珍惜与美国的关系，这从奥斯曼帝国雇用美国造船者和科学家以及对林奇的特殊待遇中能看出来。[181] 心思缜密的卡尔认为："变革中的奥斯曼帝国最为看重美国，渴求我们的帮助和支持。"[182] 奥斯曼帝国外长表示赞同，他对英国商人说："不管英国怎样对待我们，美国人始终是我们的好朋友。"[183]

约旦河和死海探险

奥斯曼帝国的友谊使得远征事业得以展开，而贝都因人则帮助其走向成功。1848年3月31日，瑟普莱号上的官兵最终在叙利亚的阿克里海滩登陆，而林奇得知死海地区发生了骚动，非常苦恼。[184]那时，贝都因人在约旦河上伏击了莫利纽克斯（Molyneux）中尉的队伍，林奇（错误地）认为莫利纽克斯在袭击中"受了致命伤"。[185]林奇与当地的奥斯曼帝国总督萨伊德·贝（Sa'id Bey）进行会谈，但他怀疑萨伊德·贝试图恐吓远征队，征收保护费。[186]接下来的行动证明了该地区地缘政治的复杂性。例如，尽管奥斯曼人在该地区的主要城市中树立了权威，农村地区的贝都因人却厌恶其统治。林奇认为，在强大的奥斯曼帝国军队支持下离开阿克里只会招致敌意和遭受攻击。[187]因此，他拒绝与萨伊德·贝做交易，转而寻求其他志同道合的合作伙伴。

不久，林奇找到了合作伙伴。在总督府接受公开采访时，林奇遇到了阿克尔·阿加·埃尔哈西（Akil Aga el Hasseé）。阿克尔是负责部落外交事务的贝都因人酋长。[188]林奇与总督和奥斯曼帝国知名人士坐在沙发上，看到阿克尔的穿着打扮，他肃然起敬。酋长"身着金色刺绣的暗红色外套"，中尉认为他是"一个伟大的野蛮人"，是"（他）见过的最优雅的人"。当萨伊德·贝诉说国家局势不平稳时，他示意阿克尔出来作证。林奇回忆道："我立刻就意识到他们要拿贝达温（Bedawin）酋长来恐吓我。"当林奇拒绝了总督的保护时，阿克尔警告林奇："古尔（Ghor）的贝达温人会把我们吃得骨头渣子都不剩。"林奇冷静地回答说："我们可不好消化。"[189]之后，他追上酋长，向他展示了"刀柄上附有枪管的剑和左轮手枪"。林奇描述了自己的队伍在人员和武器方面的优势，"询问酋长是否认为他们不可能沿着约旦河顺流而下"。阿克尔的回答是："如果真的有人能够做到，那你也可以。"[190] 也许，这位酋长对中尉的印象如同林奇对他的印象一样；只要奥斯曼人不知道此事，酋长同意陪同远征队完成任务。[191]

当地人纷纷来到美国领事馆，拜访来自异域的美国军官，并和他们打成一片。在这里，林奇遇到了他的第二位阿拉伯盟友。谢里夫·哈扎（Sherif Hazza），"一位优秀的老人……50岁左右，黝黑的埃及人肤色，身材矮小，充满智慧"。[192] 林奇看到"每一个进来的伊斯兰教徒都会先走近他并亲吻他的手，显得十分尊敬这位老者"。[193] 林奇对他印象深刻。他很快得知谢里夫是先知穆罕默德的后裔，家族世代担任麦加总督一职。[194] 然而，埃及人侵后，谢里夫家族的世袭官位就不复存在了，他与家人饱受苦难。当时，谢里夫正等待向君士坦丁堡申请赔偿的结果。[195] 林奇看到了机会，赶紧询问谢里夫能否加入远征。林奇回忆道："起初他笑了，仿佛这个提议十分荒谬；但当我向他解释我们不是私人团体，而是被遥远的强大国度派来解决科学问题的军官和海员时，他开始感兴趣了。"林奇甚至用信仰吸引谢里夫的加入，承诺"会说服怀疑者相信摩西是真正的先知"。[196] 谢里夫同意了。[197]

为什么阿克尔和谢里夫同意加入美国死海远征队？主要原因应该不是钱财。远征队档案或公开文件中都没有提到阿克尔的酬劳。实际上，谢里夫让林奇决定他的薪酬，这令林奇很意外。[198] 甚至海军中尉也不认为阿拉伯人是为了金钱而伸出援助之手。考虑到林奇将阿拉伯人描绘为"对黄金贪得无厌"，且他相信阿克尔部落的人认为美国正在勘查贵金属，这确实令人惊讶。[199]

现存证据表明，伊斯兰领导人加入死海远征是出于外交考虑。1847年，阿克尔领导了一场反对苏丹统治的叛乱。林奇表示，由于"无法镇压叛乱"，君士坦丁堡使出了奥斯曼帝国的常用伎俩：授予阿克尔官爵和部分地区的治理权，他们（或者他们认为可以）以此解决阿克尔的叛乱。[200] 然而，阿克尔似乎正在寻找更合适的机会。阿克尔酋长与林奇彻夜长谈，提出了美国人和贝都因人联手对抗君士坦丁堡的可能性。[201] 阿克尔和谢里夫了解到，这个遥远的共和国已经与英国打了两场仗。英国人是奥斯曼帝国的亲密盟友，贝都因人"满怀渴望地环顾四周，希望找到一股同盟力量，能与奥斯曼帝国的强大盟友相抗衡"。[202] 谢里夫的目标则似乎不太一样。奥斯曼帝国是伊斯兰大国，长期以来，奥斯曼统治在城市里的阿拉伯人眼中具有特殊的合法性。[203] 作为长期从伊斯兰帝国中获利的阿拉伯精英家庭，谢里夫可能是为了讨好奥斯曼帝国，使其同意他（林奇）的提案。毕竟，林奇随身带着几封奥斯曼帝国的诏书——一封来自苏丹，一封来自耶路撒冷的巴夏（pasha，旧指奥斯曼对大官的尊称）。[204] 显然，奥斯曼帝国十分欢迎林奇的到来。

无论出于何种原因，阿克尔和谢里夫的加入都是无价之宝。林奇"最大的愿望"是沿约旦河考查时避免受到莫利纽克斯中尉所遭遇的伏击。[205] 因此，他将队伍一分为二，派一支车队沿着巴勒斯坦一侧的河岸行进，另外一支船队沿着耶路撒冷一侧航行。无论是保护车队安全还是协助金属船上的水手，阿拉伯人都是不可或缺的。阿克尔带来了14名战斗人员，增加了一倍的战斗力。[206] 参与水路任务的阿拉伯人引导船只在约旦河上航行，绕过湍急的河流。[207] 此外，林奇"雇用"了"最强壮的阿拉伯人"在淡水中游泳以引导船只，提前"防范风险"。[208] 最关键的是阿克尔和谢里夫的声望。这两位首领都与车队同行，担任远征队的使者和外交官。[209] 在他们的陪同下，林奇和他的水手仍然是"法兰克人"——阿拉伯人对所有欧洲人的称呼，但也是当地领袖的盟友。

从林奇写的涉及"贝都因朋友"的著作可以看出，虽然他很重视种族问题，但阶级似乎更为重要。[210] 基于职业和种族考虑，林奇希望底层阿拉伯人而非美国水手在约旦河激流中冒险。在与阿拉伯人会面时,他用北美原住民、非洲裔美国人甚至大洋洲岛民的境况来形容自身的遭遇,以获得阿拉伯人的认同。[211] 基于共同领导的地位,他似乎与阿克尔和谢里夫建立了密切的合作伙伴关系。这与学者们对英格兰(以及后来的英国)殖民和帝国关系的看法一致。凯伦·奥达尔·库珀曼(Karen Ordahl Kupperman)描述道:在早期英国殖民者与北美原住民相处过程中出现的"残暴行为和种族问题都不重要,真正重要的反而是地位"。[212] 阿克尔可能是一个"野蛮人",但"他彬彬有礼,温文儒雅"。[213] 而"顾问"谢里夫"聪敏谨慎"。[214] 两人"经常拜访我们的帐篷",林奇非常依赖他们的建议。[215] 在林奇的叙述中,读者发现两者的地位如同林奇的副指挥官约翰·B. 戴尔(John B. Dale)中尉。反之亦然,例如阿克尔在信中称林奇为"亲爱的朋友"。[216]

林奇和阿拉伯盟友关系融洽,而水手们并非如此。即使林奇认为"谢里夫是营地的涅斯托尔(Nestor)①,阿克尔是我们的阿喀琉斯(Achilles)②",但远征队中劳动阶级的白人海员对阿拉伯人仍有偏见。[217] 在一名匿名远征水手出版的书中,充斥着对阿拉伯人嗜血、暴力的刻板印象。他声称,阿拉伯人"凶狠残暴,他们在国外夜以继日地掠夺财产和谋害人命"。[218] 诸如此类的言论既说明远征队队伍组成存在问题,也显示出美国工人阶级的偏见。如同欧洲人在伊斯兰世界进行考古探险活动时一样,美国人和贝都因人有各自的帐篷,几乎没有交集。[219] 相反,军官们会定期拜访、咨询阿拉伯同僚,和他们友好交流。军官们还配有一名阿拉伯厨师穆斯塔法(Mustafa),

---

① 涅斯托尔是《荷马史诗》中一位智勇双全的老年英雄,具有卓越的军事才能,为特洛伊战争的胜利提供了保障。
② 阿喀琉斯,又译作阿基里斯、阿奇里斯,是《荷马史诗》的《伊里亚特》中参加特洛伊战争的一个半神英雄,希腊联军"第一勇士"。——编者注

而水手们却为谁什么时候准备晚饭争吵不已。[220] 尽管出书的水手可能浅薄无知，也可能持有伊斯兰教徒是暴力狂热分子的成见，但他确实很难有机会打破这种根深蒂固的刻板印象。[221]

尽管存在不同文化间的隔阂，联盟还是形成了。1848年4月18日，远征队最终踏入死海地区。[222] 狂风大作，暴雨倾盆，好似有人向死海扔入了"盐水泡腾片"，盐雾四起，灼伤双目。[223] 船慢了下来，"仿佛船头遇到的是泰坦巨人的大锤，而非怒涛汹涌的大海"。[224] 林奇开始担心生存问题，不知道船只是否能够安全靠岸。倏然间，风平浪静。[225] 后来，林奇疑惑是否"令人敬畏的全能之主反对我们在死海中航行，用风暴代表其愤怒之情"。[226] 阿拉伯人也有同样的担忧。死海是"命运之海"，他们和美国盟友一样相信其令人生畏的力量。[227] 阿拉伯人一次次告诉林奇和远征队，"没有人可以在这片海洋上生存"，"反复"提醒他们莫利纽克斯的命运——幸存于军事袭击，却在船上死于斑疹伤寒症。[228]

即便如此，如同在约旦河一般，阿拉伯人在死海也发挥着关键作用。谢里夫和阿克尔是外交官，特别是阿克尔，他负责前往安抚死海东岸的部落。[229] 阿拉伯人为远征提供食物和淡水，普及自然知识。例如，谢里夫前往耶路撒冷负责补给品的运输工作。[230] 当地的拉什耶德（Rashâyideh）部落协助他获取补给品。[231] 经过一整天的勘测，美国人瘫倒在营地，不知道日渐减少的粮食还剩多少。林奇写道，幸好"阿拉伯人晚上为我们带来了些苹果充饥"。[232] 他写信给梅森："要是没有阿拉伯人的帮助，我们寸步难行。""他们忠心耿耿，是我们的向导和信使；我们饥饿时他们会准备食物，干渴时送来饮水，离开时为我们看管帐篷、床品和衣服。"[233]

在贝都因人的帮助下，远征队专心进行测量工作。在接下来的22天里，天气干燥炎热，盐水刺激皮肤，军官和水手在死海中进行测绘和探测，辛勤工作。他们的调查极大丰富了有关含盐盆地的科学地理知识。后来,林奇告诉读者:"我们仔细探测了这片水域,确定其地理位置,获取确切的地形信息,确定支流的温度、宽度、深度和水流速度,收集标本,记录风、洋流、天气变化和其他所有的大气现象。"[234] 远征队还仔细测量了加利利湖、死海、耶路撒冷和地中海的海拔高度。他们证实了西蒙兹的计算,发现内海位于地中海下方 1300 多英尺处。同时,他们进一步解答了爱德华·罗宾逊的疑问,约旦河的落差是 U 字形弯曲(河道)造成的。[235] 之前人们认为约旦河发源地仅在死海上方 60 英里处,但远征队发现,实际距离超过 200 英里。[236] 莫利纽克斯是第一批踏入约旦河的航海者,其命运多舛。林奇远征队证实了莫利纽克斯的发现。[237]

至于《圣经》考古方面,远征队没有发现任何与索多玛或蛾摩拉城有明确关联的遗址。林奇严谨的科学态度十分罕见。先前诸如罗宾逊这样的探险家都将海滨小型废墟解释为罪恶之城的遗迹,但林奇更为谨慎,[238] 这很令人惊讶。远征前,他声称探险的目标是寻找《旧约》城市的遗迹,考虑到他的信仰之深,人们几乎以为他会在每座鼹鼠丘上发现一座金字塔。而且,他在书中清楚地表明,他和远征队大多数成员一样,在踏入死海前对《圣经》深信不疑。据林奇统计,远征队中仅有两人表示怀疑。[239](集体的)信仰甚至使远征队成员对死海及其周围的废墟产生了幻觉。一小队人离开营地调查马察达(Masada)废墟时,看到了"一片布满城镇和村庄、大理石城的平原,城市里有纪念柱、寺庙、圆顶房屋和宫殿。再往前走,这些建筑却逐渐消失,细看竟是一些奇形怪状的小山丘"。[240] 后来,在沉思的时候,林奇停下来凝视"平静的湖面"①,确定"湖面下埋葬着命运多舛的索多玛城和蛾摩拉城"。[241]

---

① 死海是世界上最低的湖泊。——编者注

穆斯塔法厨师

选自威廉·弗朗西斯·林奇《美国远征约旦河和死海》(Narrative of the United States' Expedition to the River Jordan and the Dead Sea)，费城，利及布兰查德出版社，1849年，318页。该书反映了阿拉伯贝都因人在死海远征中发挥了保卫和补给的关键辅助作用。（由费城图书馆公司供图）

林奇也许是担心废墟年代的测定，也许是畏惧从盐水和淤泥深处取回文物。他也可能认同一位水手的观点，即"加利利各城已经化为乌有，因此很难确定其准确位置"。[242]

然而，最大可能是林奇相信有更好的方法来证明《圣经》的真实性。林奇是海军军官，他指出远征队的探测是最可靠的证据。探测表明北部盆地较深，南部盆地较浅，也测算出中央洼地延伸到海洋的距离。林奇估计这个中央洼地是约旦河的古老河床。他认为，这些发现明确证明"整个鸿沟被上帝的愤怒'淹没'了"。信徒相信《圣经》中的地理知识，相信亚伯拉罕看到了死海所在的广阔平原。在调查快要结束时，他在给梅森的信中热情洋溢地写道："我确信调查的结果能充分证明《圣经》中记载的平原城市毁灭之事。"[243]

况且，还有其他地质证据。远征队在死海东岸遇到了巨型盐柱。人们猜测这是罗特的妻子，《圣经》记载她在索多玛和蛾摩拉城毁灭之时转身看到了由上帝之怒汇聚凝成的烈焰而变成了盐柱。[244] 远征队收集了盐柱的样本以供进一步分析。[245] 而且，他们认为盆地的岩石带有火山活动的痕迹。爱德华·罗宾逊和林奇的朋友马修·方丹·莫里都是虔诚的科学家，他们将火山活动视为神圣的意志。[246] 正如林奇临行前的公开信中所述，火山活动有助于"驳斥异教徒哲学家关于（死海）起源的观点"。[247]

　　林奇和水手对《圣经》的证实有深刻的民族意义。国家的兴衰存亡和信仰息息相关。美国必须虔诚地维持与上帝签订的契约；反之，冒犯神明将"承受上帝的愤怒"。[248]

　　远征队和阿拉伯人找到了一直想要寻找的结果，他们于5月10日拔营。[249] 远征队的科学任务已经完成，但耶路撒冷之旅尚未结束，他们将继续拜访耶路撒冷和伯利恒，寻找约旦河源头。林奇兴奋不已。他表示，远征队的发现"一字不差地证实了这片圣地（即那些沉没城市）的历史"。[250] 他小心翼翼地把证据装进板条箱，收拾到行李中。他确定这能说服一位论派、自由主义怀疑论者和无神论者，帮助他们重新接受福音派信仰。

死海探险与媒体

　　1848年年底林奇和下属在弗吉尼亚州的诺福克（Norfolk）登陆时，探险是人们关注的热门话题。[251] 探险期间，许多报社定期出版的刊物激发了公众对海军远赴耶路撒冷冒险的好奇心。[252] 如今远征队完成任务后安全返航，媒体热切期盼官方回应。《纽约先驱报》（*New York Herald*）发表声明："我们期待远征队在死海和耶路撒冷有趣的冒险历程。"[253]

美国福音派媒体最渴望情报信息。《基督教大使》（Christian Ambassador）认为："他们的探索经历一定非常有趣。"[254] 同样，《基督教守护神》的一位作者也难以抑制报道盐柱时的兴奋之情。他询问："盐柱是对《创世纪》的证实吗？我们希望听到更多关于盐柱的消息。"[255] 林奇的密友兼同僚莫里军官最为自豪。莫里在航行中担任林奇的通信员。1848年9月，他在《南方文学信使》上发表了一篇长文，为此次航行辩护，拥护远征成果。他认为远征打破了政教分离的情况，可以让美国人民都接受基督教："本次远征后，美国政府解决了基督教的重要问题。"[256] 他相信林奇和他的团队完全值得"基督徒的称赞和认可"，"整个基督教世界都热切地期盼远征队回国，期待林奇的远征报告"。[257]

联邦政府对远征故事的需求更为复杂。就出版相关书籍而言，海军部而非国会给予林奇的支持更多。这表面看来似乎没有问题。毕竟，梅森部长批准了该项目。死海探险是个有效的宣传噱头，希望远征能够恢复美墨战争期间海军长期被陆军所遮盖的光芒。他为林奇派遣了两名"优秀的制图员"，负责制作出版用的图像和图表。[258] 梅森告诉林奇，他希望林奇的远征报告"彰显海军的荣誉"，"满足人们对基督徒世界和科学世界的好奇心"。[259] 因此，1849年2月海军部收到报告后，梅森高兴地允许林奇发表个人陈述。[260]

然而，国会对此不太感兴趣。尽管政府在1849年印制了林奇的官方报告，但并不精美。[261] 林奇本人对印刷错误和"粗糙外观"感到"羞耻"。[262] 立法者计划在1852年发布"四册装订精美的镀金卷"以纠正印刷问题。1852年的报告看似珍贵，但是由于包括科学论文和化石标本的雕版印刷，内容复杂冗长，并不适合大众阅读。[263] 不像威尔克斯探险队的出版物那样，国会似乎没有发现林奇死海探险书的实用价值，也不支持出版大部头书籍。如下一章所述，赞成奴隶制的领导人支持对南美洲扩张主义政策,国会议员在发布该地区的海军调查报告时采取了不同策略。[264] 对于海军入侵南美洲后干预政教分离的状况,国会的态度至少是听之任之的。

然而,林奇没有放弃。他开始动笔书写,这是传播福音派信仰的核心手段。事实上,许多福音派基督教组织认为出版物是劝人皈依的工具。爱德华·罗宾逊是美国福音派《圣经知识库》(*American Biblical Repository*)的作者和编辑,他和美国圣经协会都是这样做的。他们的目标是让每位没有宗教信仰的家长和户主手中都有一本《圣经》。[265] 同样,传教团体还通过地方代理人的信件在国内筹款和传播信仰。马萨诸塞州的一位立法者支持传教。他告诉他的同事:"宗教是一种商品,宣传增加,信仰者的数量也随之增长。"[266] 纳西莎·惠特曼(Narcissa Whitman)就是一个例子:她从小就读过美国传教士和夏威夷皈依者的圣徒传记,后来成为俄勒冈州面向卡尤斯印第安人(Cayuse Indians)的传教士。[267]

林奇是在得知一位远征队成员计划抢在自己的长官(林奇)之前出版(探险)日记后,才开始动笔的。[268] 一位水手意识到死海探险的文化和民族意义,用日记完整地记录了下来——在船上、在岸上,甚至"在骆驼背上"的旅途。[269] 当远征队在叙利亚与补给队会合时,这位不知名的水手与船上外科医生的管家爱德华·P. 蒙塔古(Edward P. Montague)分享了他的日记,蒙塔古在归途中将日记整理成书。[270] 回国后不久,蒙塔古便和出版商联系出版事宜。[271]

比起林奇于同年较晚时候出版的优雅作品,蒙塔古的作品显得更粗糙,但也更具民主精神。作为一名贵族指挥官,林奇的书是写给赞助人梅森的,而蒙塔古则将书献给"美国人民"。他甚至声称出版是为了民主的缘故,这本"朴实无华的书"可以满足"许多买不起林奇即将出版的书的读者"的好奇心。[272]

不出所料,蒙塔古的叙述充斥着工人阶级的民族主义和基督教的大男子主义。他叙述的焦点是在海上、岸边，甚至死海上"微风轻拂的美国星条旗"。[273] 水手才是主角，林奇和军官则退到幕后。蒙塔古描绘的远征队水手是坚强勇敢、坚定不移的——他们是"这个伟大国家"的理想公民。[274] 作者断言，"我们美国男孩不会退缩"，"既不怕流浪的阿拉伯人，也不畏惧疾病；既不怕炎炎的烈日，也不怕令人窒息的西罗科风"。[275] 在蒙塔古的叙述中，"乐观的水手"是英雄；他们才是真正的"勇敢的航海者"，林奇和其他中上层探险家只是自吹自擂。[276]

不同于林奇的结盟和跨文化友谊故事，蒙塔古讲述了"一群健康强壮、勇敢大胆的群体"在"贝都因人"领土上的悲惨旅程。[277] 这似乎是一个奇迹，他们每个人都是"职业小偷和杀人犯"手下的幸存者。[278] 此外，蒙塔古宣扬本土主义。这些水手是"纯正的美国男孩"和"土生土长"的美国人。[279] 这与假美国公民或天主教徒形成鲜明对比——他们是蒙塔古用斜体字标明的*美国人*。例如，在朝圣者沐浴时，蒙塔古指出，"这里是有一些*美国人*"，可是"他们信奉另一种洗清罪恶的方式——用基督的血"。[280]

相反，蒙塔古和他的团队强调信仰胜过圣礼。他的书仅为普通人传播福音。例如，在耶路撒冷，（美国）海员与奥斯曼士兵发生争吵，他把逮捕和审判比作基督拜见彼拉多①。[281] 在他出版的日记中，他幻想了与沉没城市的鬼魂对话的场景。鬼魂来自死海底部的"巨大坟墓"。"难道他（鬼魂）不会将当今美国人民的特权与索多玛和蛾摩拉城毁灭前的状态比较吗？在他离我们而去之时，他会不会凭借他的经验，热情地……呼吁我们认真聆听《圣经》的戒律和真理？"[282]

---

① 彼拉多是公元26—37年在犹太的罗马司令官。他十分残酷，并不为犹太人欢迎。耶稣被带到他面前受审时，他知道耶稣是无辜的。但他恐怕引起暴乱，罗马皇帝会因此革他的职，所以他宣判耶稣死罪。——编者注

第四章
死海远征与信仰帝国

我们无从得知工人阶级读者对蒙塔古的书的反馈。但中产阶级和上层阶级的反应一致：评论家几乎无一例外地都将蒙塔古的著作视为投机取巧的垃圾。1849 年 7 月，《教会评论》（*Church Review*）发表的文章中写道，"我们很不愿意谈论这本书"，蒙塔古的叙事"缺乏品味、趣味和信息"。大洋彼岸的《北不列颠评论》（*North British Review*）称，蒙塔古书中的用语是"小学生的胡言乱语"和"可悲的艉楼俚语"。[283]《南方文学信使》认为蒙塔古的书"利用了公众对林奇中尉非凡航行的好奇心"，但"必然不是众望所归"。[284]《戈迪女性读本》（*Godey's Lady Book*）评论道，这种"朴实无华的叙述"，"使人们更加期待林奇中尉即将出版的著作"。[285]

中产阶级和上层阶级批评蒙塔古的书，部分原因是他违反了社会等级制度，即在上级之前出版著作。[286] 指挥官林奇享有优先分享探险成果的权利，蒙塔古的出版是一种侵权行为。正如其他历史学家所提及的，科学和考古探险的负责人往往认为使命只属于他们自己，经常将下属的辛勤劳动占为己有。[287] 当然，林奇也不例外。当他得知蒙塔古的报道出现在媒体上时，异常愤怒，甚至希望海军部出面交涉，暂停出版蒙塔古的著作。[288] 梅森反对海军部进行干涉。但是他理解林奇的愤怒，并写信给他："我也认为那些不负责远征工作的人，不应该在你之前出书。"[289]

利及布兰查德出版社于同年出版的林奇的《美国远征约旦河和死海》，引起了出版界的轰动。两位评论家赞扬这本书外表华丽，是"漂亮的八开本"，也是"令人惊叹的图书馆藏书"。[290] 出版商花了一大笔钱——933 美元——聘请了美国最优秀的艺术家。[291] 他们手艺精湛：两张折叠式地图几乎涵盖了约旦河和死海的所有盐洞。28 幅木版画栩栩如生地再现了耶路撒冷和当地居民。读者看到"聪慧"的谢里夫、尊贵而"优雅"的阿克尔、约旦河的源头，还有死海坚硬干燥的湖岸。[292] 不出所料，印刷的第一版很快销售一空，第二版、第三版、第四版、第五版和第六版随之而来。[293] 书店积极补货。[294]

林奇的著作非常畅销，利及布兰查德出版社决定于 1850 年发行价格更为优惠的精简版。不久，书商和订购图书的读者的来信堆满了出版社位于费城的办公室。同时，偏远地区的书贩也期待图书大卖。[295] 乔治·雷诺兹（George Reynolds）在纽约的锡拉丘兹（Syracuse）写道："我是一名旅行代理，得知你们即将出版林奇死海远征精简版。我在图书馆浏览过这本书的完整版，精简版也许会更加畅销。"他申请了一本精简版仔细阅读，同时也要了一份价格清单。[296] 另一位流动书贩 J. M. 荷兰（J. M. Holland）表示同意。他来自北卡罗来纳州，声称降价后他"可以在一个县销售 2 份到 500 份"。[297] 一位评论家写道，出版更优惠的版本是"一件明智的事"，"人们将感谢出版商让他们拥有这本梦寐以求的书"。[298]

收获

我们无从得知大众对死海远征书籍的兴趣能否让他们成为福音派的皈依者。然而显而易见的是，福音派基督徒将林奇的书当作反对《圣经》怀疑论和无神论的有力武器。正如《教会评论》的一位作者所说："作者的语气深沉而崇敬，让异教徒面红耳赤。"[299] 基督教改革派的《纽约报刊》（*New-York Organ*）尖锐地表示："那些总是对《圣经》中有关平原诸城命运的记述加以嘲讽的人，最好读一读林奇中尉的《美国远征约旦河和死海》。"[300]《基督教观测站》（*Christian Observatory*）的一位评论家称，该著作是"神圣的慈善事业"，是"抵御批评的武装"。他总结道："该地区的所有地质特征都证实了摩西所述的被毁灭的罪恶城市。"[301]

坎迪·冈瑟·布朗（Candy Gunther Brown）指出，19 世纪的美

第四章
死海远征与信仰帝国

国福音派特别重视宣传新教信仰的出版物。[302] 若以此来理解福音派对林奇作品的态度,那么该书具有典型的基督教色彩。《基督教的观察者与宗教杂志》(Christian Examiner and Religious Miscellany)发现,远征队的探险成果"已经在基督教各类出版物中流传"。[303] 例如,1851 年 1 月,《主日学倡导者》(Sunday School Advocate)印刷了林奇死海探险的概要和摘录。[304] 同样,浸信会的爱德华·瑟斯顿·希斯科克斯(Edward Thurston Hiscox)将林奇对约旦河的描述引入神学斗争中。他用此来对付那些认为约旦河水不够深,无法完全沉浸其中的人。[305] 1859 年,美国传单社团(American Tract Society)借鉴林奇的书出版了《圣经词典:通用版》(A Dictionary of the Holy Bible, for General Use in the Study of the Scriptures)——圣经研读通用版。[306] 无独有偶,福音派狂热者费舍尔·豪(Fisher Howe)很早就在他自己关于耶路撒冷旅行的书中引用了林奇的描述。像这位海军军官一样,豪希望能够支持"高贵"的信仰,鼓励"安息日学校和圣经班的教师"。[307] 因此,林奇在基督教圈内"人人皆知"也就不足为奇了。[308]

虽然无法确认死海远征能否增加美国人的信仰,但它确实帮助福音派人士走向探索主义。在林奇探险前,海外探索和宗教扩张之间的关系错综复杂。《圣经》跟随美国国旗,传播到探险家们在全球各地开辟的传教新领域。[309] 西方海军保护传教者,迫使当地领导人尊重传教士,惩罚那些伤害传教士的人。例如,1839 年 10 月,传教士抵达萨摩亚后,查尔斯·威尔克斯命令威尔克斯探险队船员在传教士所在地进行军事训练。烈日炎炎,美国海军在一群萨摩亚人的瞩目下游行,炫耀着他们的鲍伊猎刀、弯刀和手枪。[310]

然而,传教士和海军军官有时也会意见不同。一些福音传教士反对带有军事色彩的探险。当威尔克斯试图说服一名在萨摩亚的传教士随身携带武器以自保时,这位传教士宣称"反对使用枪支或任何武器来传播福音"。[311] 一些传教士也质疑远征的商业驱动力,他们指责水手将恶习带入原住民社会，没有用人道主义对待原住民居民。塞缪尔·威尔斯·威廉姆斯（Samuel Wells Williams）是马修·佩里远征日本时担任翻译的传教士，他担心后者可能会让日本人民接触到鸦片和其他罪恶的产品。[312] 而且，19世纪的海上探险家通常更愿意把自己当作启蒙运动的继承者，而非基督教世界的代理人。[313] 1830年，沙俄探险家奥托·冯·科策布（Ottovon Kotzebue）公开批评英国和美国在夏威夷群岛的传教活动。很久以来，福音派媒体都对此愤愤不平。[314]

死海远征有助于探险主义的兴起。随着林奇和蒙塔古图书的出版，福音派人士看到海军探索是深化国内外信仰帝国的有力工具。他们可以利用联邦政府的力量，征召海军与天主教移民、粗鲁的西部开拓者，尤其是一位论派相抗争。林奇的研究让他们通过索多玛和蛾摩拉城的厄运，恐吓人们和社会接受基督教改革，包括禁酒令、移民限制，以及对性取向和亵渎上帝行为的监管。美国社会已根据肤色、财富和性别划分不同阶层，宗教信仰方面也愈加等级化。福音派认为这是件好事。一个伟大的帝国需要牢固的根基。林奇的努力将这些根基深植到福音派基督教信仰的基石中。但是他在死海远征中异常依赖伊斯兰教徒也成为难解之谜。

远征促进基督教皈依的结果激发了美国其他利益集团（尤其是奴隶主）的野心：如果海军可以为福音派服务，那么为了实现帝国目标，他们也能通过探索世界来完成其他任务。

第五章

南美洲的奴隶制拓展

无尽的海洋
美国海事探险与大众文化：1815—1860

海军见习少尉拉德纳·吉朋（Lardner Gibbon）刚要用餐，便察觉到这是一场"鸿门宴"。1851 年 7 月，吉朋是前往亚马孙河谷探险考察的两名美国海军军官中的一员。在秘鲁与指挥官分道而行后，他负责勘察亚马孙河玻利维亚支流。[1]这会儿他在拉巴斯的私人住宅参加晚宴，席间热闹非凡，他落座于女主人身旁。[2]他也许希望坐在其他座位上，但女主人对美国扩张主义非常感兴趣，不停地询问墨西哥北部并入美国，以及美国的古巴计划等问题。根据吉朋回忆，女主人突然转身，抬头询问："吉朋先生来这里做什么？你是要攻占玻利维亚吗？"[3]吉朋解释道，他的使命是帮助玻利维亚人找到进入国外市场的捷径。尽管这位玻利维亚女士表示"赞同"，但在谈话结束时，她感慨道："有朝一日，北美人会统治整个南美！"[4]

吉朋没有袒露实情。作为美国南方白人和未来的南部邦联①军官，他是南美洲探索的既得利益者。[5]事实上，在美国内战前夕，由于国际人士和美国国内反对在西部扩大奴隶制，美国转而在国外地区支持奴隶制。这些扩张主义者试图让美国参与战争并占领墨西哥北部，从西班牙手中购买古巴，以及通过私人军队或"海盗"占领其他拉丁美洲国家。本章探讨的关键点在于扩张主义者派遣海军进行南美洲勘探，寻找潜在的可以蓄奴的地方。1853 年亚马孙探险队回国后，海军向拉普拉塔河流域派遣了第二支探险队，部署了更为

---

① 1861 年，美国南方成立美利坚联盟国（又称南部邦联），宣布脱离联邦，引发了美国内战。——编者注

第五章
南美洲的奴隶制拓展

艰巨的任务。1853 年至 1856 年和 1859 年至 1860 年,水巫号(Water Witch)上的军官和船员沿着阿根廷、巴西和巴拉圭郁郁葱葱的河岸寻找未来的蓄奴地。总之,亚马孙和拉普拉塔河的任务表明,海军侦察不仅寄托了奴隶制精英及其盟友的短暂幻想。相反,这是联邦政府在内战前最后十年解决地区紧张局势和安抚南方白人的一项持久性战略。[6]

海军倾向于支持奴隶制的探险运动显著表明了美国南方白人对海外帝国主义态度的转变。早在 1829 年,南卡罗来纳州的奴隶主和政治家罗伯特·杨·海恩曾阻止美国的首次全球探险。他反对的原因是基于共和主义的:他坚信保护奴隶制共和国的最佳方式是限制联邦权力,美国应该向西扩张而非对公海进行科学探索。远征之旅会造成税收增加、政府权力过度扩张以及海外殖民地的建立。他认为这将损害白人的自由,甚至会危及奴隶制。然而在 1850 年,情况发生了转变。海恩逝世已久,美国的奴隶制比以往任何时候更加根深蒂固,甚至约翰·C. 卡尔霍恩也改变了想法。在美国向外扩张时,联邦的力量可以为奴隶制服务。海军勘探被证明可以扩大奴隶制帝国,对奴隶主有益,不会构成对其利益的威胁。支持者甚至希望海军在南美勘测后,在遥远的土地上建立美国殖民地,即使这是海恩曾经忧虑的事情。过去危险的海外殖民如今已成为拯救美国奴隶制的方式。[7]

奴隶主向探索主义的转变扩大了(海外探索)联盟的支持基础。在权力斗争中尤其如此,美国内战爆发前,支持奴隶制的精英占主导地位。[8]例如,内战爆发前夕,南方领导人愈加依靠联邦的权力来保护奴隶制。马修·J. 卡普(Matthew J. Karp)证实了奴隶主及其盟友根据奴隶制的要求决定政治意识形态的事实。南方政客可以通过鼓吹联邦制和州权的言论来维护奴隶制,他们也可以通过支持强健的外交政策部门来达到同样的目的。因此,杰斐逊·戴维斯(Jefferson Davis)

和斯蒂芬·马洛里（Stephen Mallory）等杰出的南方领袖在19世纪50年代极力扩张美国陆军和海军，随后于1860年至1861年支持美国南北分离。他们期望军队继续为奴隶主的利益服务。在19世纪四五十年代，南方政客认为联邦政府军队和外交部门是维护南方特殊社会制度的有力武器，而非威胁。[9]

国内外反奴隶制势力的崛起严重影响美国海外奴隶制的拓展。在美国，出版物尖锐的评论以及激进的黑人和白人废奴主义者令奴隶主忧心忡忡。在19世纪四五十年代，美国反奴隶制运动成为主流运动，奴隶主愈加担心。在国外，英法帝国也有类似的情况。1833年，英国议会通过了一项逐步解放奴隶的法案，最终将释放英属西印度群岛的所有奴隶。尽管法案条款的限制性很强，但该举动仍然撼动了美国奴隶主。[10] 1848年，法国在其殖民地再次废除了奴隶制，美国奴隶主在欧洲帝国政治包围下更加孤立无援。[11] 然而，更有力地改变这一情况的群体是勇猛的黑人自由战士，他们迫使美国支持奴隶制的精英人士不得不转向海军探索。这些人包括海地的费朗泰瓦·多米尼克·图桑·乌维图尔（François Dominique Toussaint L'Ouverture）和让·雅克·德萨林（Jean-Jacques Dessalines），以及美国的加布里埃尔（Gabriel）、丹麦的维西（Vesey）和内特·特纳（Nat Turner）。他们为自由而战——化犁为剑——诸多白人奴隶主为此夜不能寐。[12]

最后，南美洲自身的情况也促使美国南方领导人及其盟友决定进行海军探索。海军的奴隶制探索与南美洲克里奥尔人①的国家发展计划是一致的。美国海军帝国主义者明白，南美洲精英渴望通过对欧洲和美国的模仿实现南美洲国家的现代化。事实上，无论是在里

---

① 克里奥尔人，又称土生白人，是指父母为西班牙人或葡萄牙人而出生在美洲的人。——编者注

约热内卢、亚松森（Asunción）还是布宜诺斯艾利斯，南美洲的克里奥尔人都希望占领热带雨林，迁移原住民，修建铁路，鼓励通航，增加农业产量。这些计划通常存在很多种族方面的考虑。许多克里奥尔人认为，按照西方标准进行现代化改造的最佳方式是说服欧洲和北美白人在其领土定居和建立殖民地。此外，在19世纪初期，美国、巴西和古巴重新发展奴隶制农业，戴尔·托米奇（Dale Tomich）称之为"第二次奴隶制"。[13]对于一些南美洲精英而言，让白人殖民者（在巴西则是黑人奴隶）进入南美洲似乎是增长经济和获取权力的必经之路。美国海军中拥护奴隶制的军官企图利用南美洲渴望发展经济的心愿。如同吉朋一样，军官们以建立友谊和发展商业为幌子，掩盖其帝国使命。

尽管美国海军拼尽全力赢得了不同国家以及重要公众利益集团的大力支持，但在美国内战前，美国没有在南美洲建立任何殖民地。美墨战争震惊了巴西，他们开始怀疑美国海军在亚马孙河探索的真实目的。远征结束后，扩张主义者变本加厉。这进而证实了巴西对美国在南美洲建立殖民地的担忧是正确的。在巴拉圭，美国海军军官的傲慢无理造成了1855年的流血事件和1858年巴拉圭与美国的决战。然而，阿根廷和玻利维亚的官员并没有怀疑美国的探险目的，他们热情好客，积极支持海军探险家。倘若内战没有爆发，美国能否在这些国家建立殖民地这个问题引人深思，但答案也无从得知了。几乎所有历史学家都认同，美国内战后，巴西不可能成为美国殖民地了。然而，更确切、更令人惊奇的事实是，拥护奴隶制的帝国主义者在发现远征的价值后，开始热衷于海上探险。亚马孙和拉普拉塔探险不是一时幻想或是草率的冒险行为，这是联邦政府将"南方的奴隶制"扩展到南半球所做的努力。

支持奴隶制的起源

美国海军亚马孙河探险的核心人物是一位才华横溢、身材矮小的海军军官——马修·方丹·莫里。1806 年，莫里出生于弗吉尼亚州弗雷德里克斯堡（Fredericksburg）附近的小奴隶主家庭。[14] 他五岁时，全家搬迁到田纳西州中部地区。然而，莫里和哥哥约翰（John）无法适应农业生活。[15] 1809 年，约翰加入海军，他的家书令莫里对海洋充满幻想，激起了他对海洋的终生热情。[16] 1825 年，莫里随兄参军。他在科学探索和海洋学方面天赋非凡，迅速成为一名称职的海军军官，也因此有机会在 1837 年威尔克斯探险队中担任天文学家，然而他拒绝了。两年后，他遭遇了一场马车事故，身体虚弱。[17] 由于无法在舰队里一展宏图，莫里只得专心钻研海洋科学。1842 年至 1861 年，他在华盛顿特区担任海军天文台以及海图和仪器仓库的负责人。他最擅长绘制航海图、风向图和海流图。莫里参考了水手和海军军官的航海日志，经过细致观察，绘制出图表，于 1847 年至 1855 年出版，标示出比以往更便捷的航海路线，加快了美国大西洋商业发展的步伐。国家总统、欧洲科学协会和作家纷纷对他赞不绝口。梅尔维尔在《白鲸》中称其揭露了"海洋洋流的秘密"。[18] 研究表明，莫里是 19 世纪科学巨匠和海洋（尤其是制图）先驱。[19]

然而，莫里也有鲜为人知的一面。虽然莫里是著名的现代海洋学之父，但他也是狂热的奴隶制扩张主义者。尽管他批判奴隶制和跨大西洋奴隶贸易，但坚持奴隶是美国南方政治、经济和社会秩序的重要组成部分。[20] 莫里不是奴隶主，却胜似奴隶主。[21] 1861 年，他辞去海军天文台负责人的职务，为南部邦联（Confederacy）服务。在英国，他支持南部海岸线的防御工作，为邦联军舰辩护。他穷尽一生，试图通过科学的途径建立美国商业帝国，却在内战时期想要摧毁这一切。[22] 莫里和他的同盟对家乡绝对忠诚，对帝国奴隶制也是如此。

杰西·怀特赫斯特（Jesse Whitehurst）绘画作品
《马修·方丹·莫里》，约 1857 年

莫里试图利用海军探险，帮助美国奴隶主和他们的奴隶移民到巴西。他的计划是这些移民通过变革，最终建立一个新盎格鲁－撒克逊奴隶制共和国。[该图由华盛顿史密森尼学会（Smithsonian Institution）国家肖像画廊（National Portrait Gallery）提供，编号 NPG.80.164]

在美国内战之前，莫里的梦魇是海地革命。海地革命是在法国大革命（French Revolution）影响下的奴隶起义，造成数以万计黑人和白人的死亡，最终海地奴隶获得解放，成为自由人。乌维图尔和德萨林等优秀的黑人领袖击退了欧洲对海地革命的镇压。1804 年，他们建立了一个自由的黑人共和政府，这是西半球的第一个黑人政权。美国报纸密切报道了海地革命的几经波折。许多北方和南方的白人读者非常害怕。他们对奴隶制带来的罪行和战时对黑人的暴力行为视而不见，却对大规模处决白人的报道（有的来自目击者）十分不安。[23] 尽管美国奴隶叛乱的规模和成果不及海地，但美国白人公民经常将国内的起义与海地革命联系起来。例如，1831年特纳在弗吉尼亚州进行奴隶起义后，塞缪尔·华纳（Samuel Warner）撰写了一篇耸人听闻的血淋淋的记述叛乱的文章。然而，他多半是在讲述海地革命，而非弗吉尼亚州起义。华纳警告道，"南方黑人人口数量急剧增长"，南方可能发生"类似的流血事件"。[24]

塞缪尔·华纳不是唯一担心美国黑奴增加、支持奴隶制的白人。莫里和奴隶主们发现，奴隶人口正在以"惊人的速度"增长，南部各州黑人与白人比例"骇人"。[25] 事实上，19世纪20年代中期至1860年，美国各州的奴隶人数从不到200万增长到近400万。[26] 相比之下，白人家庭出售奴隶后移民到南方腹地或西部地区的自由州，白人人口似乎正在减少。[27] 莫里通过研究人口数据，预见到一场即将来临的种族危机。他反问海军部长："难道美国黑人人口过剩的时代还没有到来吗？"[28] 他确信不改善人口结构会导致种族战争。他写道，除非奴隶主能够找到一种方法来"应对过剩的黑人，否则黑人和白人之间为会为权利而决一死战"。[29] 美国黑人同样相信未来的奴隶起义会越来越多。1850年查尔斯顿（Charleston）起义失败后，一位匿名的黑人自由战士发誓，"崇高的""美国有色人种"将重获"自由"。[30]

黑人暴力反抗事件引发奴隶主深思，他们决定采纳马尔萨斯人口理论。美国受过良好教育的思想家都精通英国经济学家托马斯·马尔萨斯的人口理论。马尔萨斯假设，人口自然增长会导致食物供应不足，人口危机随之产生。然而，与马尔萨斯不同的是，奴隶主认为土地而非食物是评估奴隶人口数量多少的决定性因素。奴隶制支持者马修·埃斯特斯引经据典，认为"发展中的文明国度只要拥有适居土地就不会衰落"。[31] 密西西比州前州长约翰·奎特曼

（John Quitman）是一名私人探险家，他认为获得更多土地对奴隶制至关重要。[32] 他写道，南方奴隶主必须"心怀戒备，由于对过剩的奴隶人口缺乏限制，如今仁慈高效的劳动制度可能会造成恶果"。[33]

莫里同奎特曼一样，相信奴隶制的稳定性取决于是否有利可图，即是否有新的荒地。因此，奴隶主及其子孙需要不断开垦荒地，携带奴隶移民，或者开拓新市场，出售多余的奴隶。无论是移民还是建立新市场，缺乏新土地都意味着无处安置不断增加的奴隶。这种情况的唯一后果就是黑人起义，即另一场"海地革命"。[34] 1860年林肯当选总统后，莫里惴惴不安。他在寄给表弟的信中写道："南方土地扩张受阻，奴隶制终会消失。"[35]

北美西部是土地扩张的最佳地点，但19世纪40年代末50年代初的国家政治状况令莫里担忧不已。莫里是典型的种族主义者，他认为白人奴隶主夫妇带着奴隶移居西部如同北方农民驱赶牛一样简单。[36] 然而，从莫里留在海军天文台的资料来看，他认为奴隶制扩张的机会正在减少。虽然北方和南方各州关于奴隶制的争议起源于制宪会议，但1846年众议院通过的《威尔莫特限制性条款》（*Wilmot Proviso*）极大地激化了争议。[37] 北方民主党人戴维·威尔莫特（David Wilmot）提出一项战时拨款法案的修正案，主张禁止美国在美墨战争中获得的领土上实行奴隶制。[38] 尽管该修正案被参议院否决，但这激起了北方的反奴隶制情绪，引发两党内的北方人开展"自由土地"运动，让奴隶主十分恐慌。

美墨战争后，南方白人发现奴隶主出身的总统扎卡里·泰勒也支持"自由土地"运动，这让他们更加担心。1850年，泰勒鼓励加利福尼亚州和新墨西哥州申请成为自由州。[39] 当南方政客抗议时，他威胁要带领军队攻击南方，并绞死叛徒。[40] 泰勒拒绝了辉格党同僚亨利·克莱的调解措施，他似乎决定与南方民族主义者摊牌。1850年7月9日，泰勒猝然离世，其来自纽约的继任者米勒德·菲尔莫尔（Millard Fillmore）较为温和，签署了一系列法案，即"1850年妥协案"。国会决定接受加利福尼亚作为自由州加入联邦，规定新墨西哥州和犹他州的移民有权决定成为自由州或蓄奴州，同时制定了更为严格的逃奴追缉法案。[41] 1850年妥协案也许有利于联邦的稳定，但没有解决不同白人政治派别之间的紧张局势。许多南方奴隶制支持者反对妥协，认为这限制了奴隶制的发展。而在北方，新的逃奴追缉法案激怒了所有反奴隶制领袖。

在这种情况下，莫里希望海军勘探成为奴隶主寻找新土地放置奴隶的另一种选择。他后来对朋友的解释是，美国在亚马孙流域获得定居权，"可以减轻国内的奴隶问题……（摆脱）原本必然会发生的残酷的种族战争"。[42] 1850年4月20日，莫里在给妹夫、海军中尉威廉·刘易斯·赫恩登（William Lewis Herndon）的信中详细阐述了自己的计划，希望海军勘探能缓解国内奴隶主的困境。他声称已经预见美国将占领包括海岸线和主要支流在内的整个加勒比盆地。"泛美国"将是一个奴隶制国家，这里种植的美国南方农作物通过墨西哥湾或者横跨中美洲的大运河出口到达太平洋市场。[43] 亚马孙河谷是"南美洲仅存的棉花产区"，也可能发展为"世界上最大的稻米产区"，因此莫里认为亚马孙河谷是南美奴隶制国度最重要的区域。[44] 赫恩登勘探将会引发美国和巴西的兴趣，把美国商业和移民引入亚马孙市场。在勘探过程中，他将"有所作为"，"最终建立亚马孙共和国"。[45] 一旦巴西允许外国船只在其内陆水域航行，谁也无法"阻止美国公民自由进出，建立奴隶制国家，美国人将携带货物和财产在亚马孙河谷定居，进行变革，最终建立盎格鲁-撒克逊共和国"。[46] 随着时间的推移，亚马孙移民计划会帮助美国逐渐减少南部的黑人。倘若能阻止奴隶的大规模起义，巴西会成为"美国南部各州的安全阀"。[47]

莫里为什么选择巴西？首先，这与他自身的工作有关。莫里是

第五章
南美洲的奴隶制拓展

美国海军天文台和海军图表、仪器仓库的负责人，其职责是利用天文、潮汐、海洋和气象数据发展美国商业。如同英法天文、水文和制图机构的负责人一样，他为帝国利益服务。[48] 研究数据时，莫里发现亚马孙水域在洋流的作用下向北与密西西比河汇合，一同流入加勒比海。他认为美国大西洋港口是"亚马孙河口与全球市场之间的中转站"，而亚马孙河只是密西西比河共同水域的一部分。[49] 他相信海洋学中的"天命"，北美洲的西部地区由于其毗邻的地理位置而被占领，洋流也昭示着巴西属于美国。

其次，莫里选择巴西的原因在于农场主需要更多的奴隶。在19世纪40年代后期，莫里浏览了美国人的巴西游记，比如丹尼尔·P.基德（Daniel P. Kidder）的《巴西居住与旅游概述》（*Sketches of Residence and Travels in Brazil*）。这本畅销书于1845年出版，"在南方许多图书馆里都有藏书"。[50] 莫里研读了威尔克斯的五卷版《探险故事》，首卷就包含里约热内卢，威尔克斯深入描述了里约热内卢的政府统治和被奴役的人民。[51] 从这些资料中，莫里了解到巴西对奴隶与日俱增的需求。几个世纪以来，黑人奴隶促进了巴西经济的发展。然而，在"第二次奴隶制"时代，巴西种植园主发现奴隶种植的咖啡商业价值高，因此对奴隶的需求比以往更甚。[52] 19世纪30年代，巴西成为世界上重要的咖啡种植国，而美国是最大的咖啡需求市场。[53] 巴西的奴隶需求持续助长了跨大西洋的非法奴隶贸易，其中美国人"功不可没"。[54] 1845年至1850年，奴隶贩子绕过英国（和一些美国）军舰，偷偷运送了30多万非洲奴隶前往巴西。[55]

最后，莫里也许知道，许多巴西白人精英，包括巴西皇帝多姆佩德罗二世（Dom Pedro Ⅱ）担心奴隶贸易会使巴西人口"非洲化"。[56] 从某种程度上来说，巴西白人和莫里都害怕黑人人口增加。因此，多姆佩德罗二世及其同盟试图吸引白人移民，尤其是北欧移民，以取代非洲奴隶。如同19世纪的克里奥尔人一样，巴西自由派希望通过"白人化"改善巴西。杰弗里·莱塞（Jeffery Lesser）表示，"白人化"是"通婚和移民政策双管齐下，使人口由黑人变成白人"。[57] 1824 年，巴西向中欧移民发放补贴。巴西在德语国家的代理人鼓动大批移民上船前往巴西，借机大肆敛财，他们在出版物中把巴西描述为"应许之地"。[58] 1848 年，巴西每个省都预留了 275 平方英里①的白人聚居区。[59]

巴西积极吸纳移民的部分原因是出于防御考虑。巴西幅员辽阔，边疆动荡，与阿根廷和巴拉圭相邻。[60] 因此，以定居的形式确定国界是政治精英关注的重要问题。1851 年，巴西和阿根廷联邦爆发了普拉廷战争（Platine War），多姆佩德罗二世雇用了约 1800 名德国雇佣兵。战后，他希望这些德国雇佣兵能在阿根廷边境驻扎。[61] 另外，政府还担心原住民革命和奴隶起义，比如 19 世纪中叶发生和预谋的几次暴乱。和美国一样，黑人和原住民令巴西政府恐惧，他们的抵抗使里约官员相信，白人数量的增加有利于巴西应对国内外的威胁。

出于以上考虑，莫里与一些巴西官员目标一致，计划让美国白人奴隶主移民到亚马孙地区。其实，莫里美化亚马孙移民计划，看起来是希望得到巴西的支持。例如，他经常强调美国移民和商业会开发巴西的热带雨林和淡水河流，从而促进美西两国关系的友好和谐发展。1852 年，他写道："美国南方……是巴西的朋友和邻居。"[62] 随后赫恩登仿照莫里的说辞，承诺美国移民将"极大地提高巴西的国力和财力"。[63] 莫里和赫恩登的第一阶段目标是让美国公民可以在巴西安置他们的奴隶，这有利于让巴西的两个政治派别都对此产生兴趣。多姆佩德罗二世等改革者欢迎美国南方白人移民，而巴西种植园主则可以拥有新的奴隶来源和新的政治盟友。当然，美国移民主要是为了阻止美国黑人革命和发展南美殖民地，但莫里在会谈和

---

① 1 平方英里约等于 2.589 平方米。——编者注

通信中偷偷隐瞒了他的计划。

莫里毫不费力地得到了海军部的支持。泰勒的秘书威廉·普雷斯顿（William Preston）和菲尔莫尔的秘书威廉·格雷厄姆（William Graham）是南方辉格党人，他们和莫里一样对南方奴隶制的未来感到担忧，因此海军部支持亚马孙勘探也不足为奇了。事实上，1850年3月，莫里与普雷斯顿通信，直接阐明了此次勘探的目标："难道将密西西比流域的奴隶送往亚马孙河谷不明智吗？"[64] 在泰勒审批后，莫里对格雷厄姆同样毫无隐瞒，甚至寄去一封自己之前写给赫恩登的信。[65] 同许多华盛顿人一样，格雷厄姆敬佩莫里的聪明才智，知晓他的科学成就，尊重其意见，并且经常向莫里请教。[66] 因此，他毫不犹豫地批准了莫里的亚马孙河谷勘测计划，并为探险队提供了5000美元资金支持。[67] 最重要的是，经海军部格雷厄姆批准，亚马孙探险队获得了美国政府的官方支持。

辉格党政府官员也许认同亚马孙勘探是一种扩大奴隶制的方式。他们清楚奴隶主非常渴望更多的奴隶，但宪法和外交政策保守派制约着奴隶制发展。在19世纪40年代后期，包括泰勒、亨利·克莱和亚伯拉罕·林肯在内的大多数辉格党人都对詹姆斯·K. 波尔克总统入侵墨西哥嗤之以鼻。[68] 同时，他们不赞成私人冒险家（或者称为掠夺者）对墨西哥、中美洲和古巴岛部分地区的占领。当西班牙前军官纳西索·洛佩斯（Narciso López）集结了一支私人军队入侵古巴时，泰勒派遣海军包围了他。[69] 南方辉格党人莫里提出另一种解决办法，即在巴西发展商业和殖民地。他坚信应该用"科学""外交""和平"的方式发展奴隶制，而非"暴力"或"强制手段"。[70]

巴西允许赫恩登和吉朋在亚马孙进行勘探的原因尚未明确。[71] 美墨战争之后，巴西精英严重怀疑美国在拉丁美洲的勘探意图。赫恩登承认，美墨战争和私人探险导致"巴西公开表达对美国的恐惧"。[72] 目前，莫里的提议是否引发了白人移民支持者或希望发展奴隶制经济的人的共鸣尚不清楚。然而，最有可能的是，出于外交考虑，巴西没有理由拒绝。巴西与美国一样，也希望按照欧洲标准实现国家进步与发展。[73] 在国际事务中，科学是体现国家文化复杂性和现代性的一项主要手段。由于巴西无法外派本国科学考察队，那么获得"自由国度"声誉的最佳方式是允许外人进入巴西。实际上，多姆佩德罗二世等改革派利用了美国海军报告来吸引其心仪的美国或欧洲白人移民。因此，文化因素和现实因素使多姆佩德罗二世政府默许了莫里的亚马孙勘探。

海军中尉回到华盛顿听到这个消息后欣喜若狂。1851 年 3 月，莫里在寄给亲戚的信中写道："刘易斯·赫恩登正在亚马孙探险，你们想不想在南美拥有种植园呢？刘易斯一定会带着惊奇的故事和惊喜的礼物回来，他至少能给我们每人带来一两片土地。"[74]

1850—1854 年在亚马孙河谷的勘探

1851 年冬天，赫恩登抵达利马卫城。4 月初，他收到上级命令和外交文件，其下属军官海军候补少尉德纳·吉朋将辅助他进行亚马孙河谷勘探。[75] 格雷厄姆部长命令赫恩登的勘探队在亚马孙地区进行矿物、航海、农业等方面的勘探，以寻找商机。格雷厄姆认为亚马孙河的自由航行对国家的"未来发展十分重要"，而赫恩登的使命便是"确保政府为国家发展进行合理评估"。[76] 为了实现这些目标，赫恩登最终决定分道而行，派遣吉朋一行人探查亚马孙河流域的玻利维亚支流，同时自己沿着亚马孙河主干道继续前行。[77]

穿越安第斯山脉后，郁郁葱葱的南美洲内陆地区令探险者震撼不已。赫恩登证实了莫里认为亚马孙冲积平原适合种植水稻的猜测，并将这里的玉米地与弗吉尼亚州最富饶的土壤相提并论。[78] 1852 年

第五章
南美洲的奴隶制拓展

1月，抵达亚马孙河尽头时，赫恩登惊叹于遍布亚马孙河岸适合农耕的土地。他相信，亚马孙河岸可以用以"种植粮食作物，养育地球上更多的人"。[79] 赫恩登到达亚马孙的大西洋河口帕拉州（Pará），凝视着肥沃的甘蔗田和棉花田（甘蔗和棉花是典型的南方作物），不禁"心潮澎湃"。[80]

亚马孙流域的富饶主要是由于它的水系。在勘探中，赫恩登和吉朋细致报告了流域的运输能力。他们进行河流测深，判断可通航的河段，测量其与瀑布之间的距离，对未来的航行者该在哪些航段使用独木舟或汽船提出建议。[81] 虽然赫恩登对亚马孙河通航能力的论述有时自相矛盾，但他最终得出的结论是汽船适合在亚马孙河航行。[82] 据莫里表示，赫恩登写道，美国人很快就能"在亚马孙河和其他南美洲河流中自由航行……本项成就仅次于收购路易斯安那州"。[83]

根据来往的信件和官方报告，赫恩登和吉朋认为亚马孙地区的农业和商业潜力尚未得以开发。与其他美国白人公民一样，他们认为南美洲人不愿意也没有精力将富饶的土地变成种植园。居住在利马的美国人表示，在地域广阔的南美洲，"大自然中每年浪费的食物都可以供应整个中国的人口"。[84] 莫里表示赞同。他写道："在亚马孙河谷，很少有人知道犁的用途，但美国步枪和斧头才是保证移民定居和发展文明的珍品。"[85] 汽船航行还"尚未被尝试过"。探险家的一手资料似乎支持了上述论断。赫恩登写道："亚马孙地区从未经历规律的农耕。"[86]

美国白人确信南美洲人懒惰的原因在于种族和气候。在盎格鲁－撒克逊人的种族理论中，热带气候早已宠坏原住民。[87] 他们的解决方案是让北半球的人移民至此，因为北半球恶劣的环境催生了更为聪明、更为勤劳的种族。莫里询问赫恩登："亚马孙河流域应该居住着一群懒人，还是居住着活力满满、进取心强的先进种族呢？先进种族可以征服森林，开发森林中隐藏的大量资源。"[88] 在离开利马前，赫恩登得出了相同的结论。他向格雷厄姆承诺："如果积极进取和勤劳的人民能在这个地方定居，并获得自由航行权，美国公民将获取源源不断的财富和权力。"[89] 1851年9月，他告知海军部长："只有移民和定居才能有所获益。"仅仅是"白人的到来"就会使亚马孙河流域"生机勃勃"。[90]

当然，奴隶也是必要的。炎热潮湿的气候使白人殖民者感到疲倦，因此种植园主需要黑人奴隶完成平整森林、清理树桩、建造房屋和谷仓、耕地和收割庄稼等繁重的工作。支持奴隶制的思想家马修·埃斯特斯认为："白人不宜长时间暴晒。"[91] 埃斯特斯警告道，如果南方白人失去奴隶，南方腹地的"原始森林""将卷土重来"。[92] 因此，白人监工下的奴隶制是成功开发热带地区的唯一方式。海军探险家认同该观点。离开玻利维亚的科恰班巴（Cochabamba）后，海军候补少尉吉朋指出，他身处之地"盛产水果和鲜花，这里的气候适宜黑人"。[93] 赫恩登的结论类似，他看到"巴西的黑人奴隶很开心"。[94] 他指出，亚马孙海牛"可以做成巴西黑人食用的牛肉干"，此外他们还有大量的淡水鱼可以作为食物。[95] 莫里如同往常一样在文章中总结道："开发热带雨林的任务必须由非洲奴隶用美国的斧头来完成。"[96]

最后，赫恩登和吉朋的结论是，亚马孙流域是美国奴隶主及其奴隶的最佳目的地。在书写巴西殖民地计划时，赫恩登表示："世界上没有哪个地区的地理位置如此优越。"[97] 如果巴西允许外国移民，他确信"在国内奴隶制状况十分紧张"的情况下，"南方种植园主希望将奴隶转移到巴西，以耕种土地"和"获取资源"。[98] 对于奴隶主来说，巴西的另一个优势是，至少在这个西半球最大的奴隶制国家，美国南方移民不会与奴隶制反对者为"自由"而战。1851年，莫里向朋友保证，亚马孙计划"不是在没有奴隶制的地区发展奴隶制，巴西和弗吉尼亚州一样，都是奴隶制地区"。[99]

第五章
南美洲的奴隶制拓展

对于米勒德·菲尔莫尔的亲南方政府来说，亚马孙勘探的结论是好消息。毕竟，勘探始于联邦政府官方的奴隶制拓展项目，早就获取了官方支持。1851年5月，赫恩登和吉朋准备离开利马时，国务卿丹尼尔·韦伯斯特启动了外交行动。韦伯斯特当时正在筹备竞选1852年辉格党总统候选人，需要得到南方的支持。[100]因此，他指示美国驻巴西大使与巴西政府就亚马孙河航行权进行谈判。[101]在南美洲的其他美国外交官也一起积极运作，美国驻秘鲁大使于1851年7月与利马签署条约，允许美国在秘鲁亚马孙河流域自由航行。[102]此外，吉朋说服玻利维亚总统开放河域，发展国际贸易，其目标是迫使巴西最终同意类似的要求。[103] 1852年7月，赫恩登安全返航，新任海军部长约翰·彭德尔顿·肯尼迪委派赫恩登和吉朋执行一项特殊任务，起草官方调查报告以争取公众的支持。[104]海军部还将赫恩登的标本提交到华盛顿的美国专利局，参观者可以亲自查验亚马孙棉花的产品质量。[105] 1852年12月，在第三次年度致辞中，菲尔莫尔感谢赫恩登"妙趣横生且意义非凡"的亚马孙之旅，声称"如果亚马孙河流域向世界工业社会开放，这将是取之不尽用之不竭的宝贵财富"。[106]

国会中支持奴隶制的民主党人也支持在南美洲拓展奴隶制。菲尔莫尔提交了赫恩登的报告后，国会投票决定于1854年1月印刷一万份，同年4月再印刷两万份。[107]当莫里在报刊上刊登慷慨激昂的信件和文章以吸引大众兴趣时，南方民主党人也积极在国会传播莫里的说辞。除了说服巴西向外国开放亚马孙河流域外，莫里的另一个目标是在美国南部港口和巴西帕拉河之间的亚马孙河口建立轮船航线。这条航线建成后，将运送美国南方移民及其奴隶前往巴西。[108]南方人士渴望伸出援手，他们恳请开通该航线，以纪念莫里及其盟友。1852年6月，该提议通过。[109]

这些努力极大地提高了公众对亚马孙河流域的兴趣。崇尚科学的美国人称莫里的计划是"一项伟大的项目"。[110] 在艾奥瓦州,一位名叫塞缪尔·克莱门斯(Samuel Clemens)的流动印刷工阅读了赫恩登的勘探报告,宣称自己"渴望前往亚马孙"。[111] 马克·吐温受其启发,计划了未能成功的亚马孙探险,他从艾奥瓦州一路行至新奥尔良州,寻找前往帕拉的汽船。[112] 纽约《时代周刊》认为亚马孙地区"比加利福尼亚山脉和日本群岛更为重要"。[113] 在克利夫兰(Cleveland),《新美国》(*New American Magazine*)重申了赫恩登和莫里对亚马孙地区商业潜能的论断。该杂志认为亚马孙"是地球的花园","亚马孙的财富不属于任何人,只属于美国"。[114] 同时,评论家称赞了赫恩登的丰功伟绩和奴隶制拓展的愿景。华盛顿的《每日环球报》(*Daily Globe*)宣称,赫恩登"尽其本分,表现极佳","之后的工作就要留给其他美国人了"。[115] 1853 年 6 月,南方代表在田纳西州的孟菲斯市(Memphis)会面,批准了莫里建立美国–巴西通邮航线的提议,并向国会提出同样的申请。[116] 在华盛顿,一些奴隶主甚至与巴西驻美国公使提议,希望"与 1000 名奴隶移民至亚马孙地区"。[117]

并不是每个人都像挤在巴西大使馆的奴隶主一样对亚马孙勘探感兴趣。《新英格兰》(*New-Englander*)质疑奴隶制拓展的终点在何处:"我们开始担心移民地供不应求。"[118] 莫里也受到家人的质疑。他的亲属玛丽·B. 布莱克福德(Mary B. Blackford)反对拓展奴隶制,亚马孙计划使其情绪低落。她写信给莫里:"奴隶制是一种有利可图的人口贸易,奴隶妻离子散,弊病无数。是的,奴隶贸易令人作呕!奴隶制是最大的过错,是人类灵魂的堕落。一想到我的亲人竟会犯下如此严重的错误,我的心在滴血。"[119]

如同布莱克福德一样,白人废奴主义者和黑人同样感到惴惴不安。1854 年,波士顿自由主义捍卫者威廉·劳埃德·加里森(William Lloyd Garrison)赞扬并重申了废奴主义者的严厉批评。加里森声称:"温德尔·菲利普斯(Wendell Phillips)是正确的。如果美国与巴西联手成立庞大的奴隶帝国,整个西方将充满黑暗。"[120] 弗雷德里克·道格拉斯(Frederick Douglass)和其导师看法一致,美国的巴西拓展计划对废奴主义的威胁远高于吞并古巴。[121] 北方自由黑人领袖 J. H. 班克斯(J. H. Banks)明白,亚马孙探勘是"与巴西联手在太平洋地区拓展奴隶制"的手段。[122] 在加拿大,黑人报纸《自由州报》(*Provincial Freeman*)认为,莫里的计划对国际废奴主义运动构成了严重威胁。文章作者同意莫里的设想,即南方"过剩的奴隶人口""是(奴隶主)的噩梦"。然而,如果南方白人"在富饶的热带山区站稳脚跟,那么一个巨大的奴隶制帝国将随之产生,美国国内的奴隶制将得到巩固,几个世纪以来这一制度所面临的唯一威胁也将被移除"。[123]

其实《自由州报》不必担心,巴西人也十分聪明。尽管赫恩登和吉朋被允许在巴西勘探,但巴西人十分怀疑他们的真实目的。[124] 得知此次探险后,里约当局立即派出外交官与说西班牙语的邻国缔结独家航行条约。这些条约旨在阻止美国通过与巴西邻国缔结条约进而踏入亚马孙地区。[125] 例如,在玻利维亚的科恰班巴,吉朋报告称巴西大使在晚宴上向玻利维亚总统及其内阁发表了热情洋溢的演讲,敦促他们给予巴西船只在玻利维亚水域的独家航行权利。当总统的一位朋友提出,给予美国航行权更有利于玻利维亚经济发展时,巴西大使提醒道:"美国已经吞并了大片墨西哥领土,他们来到南美洲的目的是相同的。"[126]

莫里随后便证实了巴西大使的担忧。他发表的文章《南美洲的亚马孙地区和大西洋斜坡》非常受欢迎。1853 年,这篇文章被印刷为小册子出版。里约热内卢翻译和重印了这本小册子,在巴西引起一时轰动。随后,巴西人听到传闻说,有人在纽约集会,要求探险队"迫使亚马孙地区对外开放",他们不禁惊慌失措。[127] 在这危机四伏的时刻,巴西爱国主义者提笔撰文。1853年年底,巴西驻秘鲁大使撰写手册,抨击莫里的亚马孙计划,抵制美国吞并主义。[128] 次年,皇室成员佩德罗·德·安吉利斯(Pedro de Ángelis)用法语撰文反驳莫里的计划。德·安吉利斯援引美国对西属古巴的干涉行动,指责莫里煽动"奴隶制扩张,不幸的古巴就是最近的例子"。[129] 他表示:"比起得克萨斯州,吞并亚马孙地区才是美国的荣耀。"[130] 另一位巴西作家同意:"这个海盗国家希望驱逐所有非盎格鲁-撒克逊人后裔的美洲人。"[131]

巴西人的抵抗令莫里沮丧不已。他精心策划了一个阴谋,旨在迎合他们的兴趣,结果却被对方发现他是一只披着羊皮的狼。无奈之下,他攻击巴西是另一个日本——1852年3月,菲尔莫尔政府命令海军准将马修·卡尔布雷思·佩里领导建立一支现代化舰队。[132] 巴西人坚持其立场,直到1867年9月他们才向国际航运开放淡水水域。[133] 那时,美国经历了内战和第十三修正案,奴隶制在亚马孙地区的拓展也销声匿迹了。

1853—1860年的拉普拉塔河勘探

尽管莫里和赫恩登未能打开在巴西建立蓄奴地的大门,但他们获得了联邦和公众支持。1853年3月,富兰克林·皮尔斯(Franklin Pierce)担任美国总统,探寻南美洲蓄奴地的前景一片光明。原因如下:首先,皮尔斯政府和继任的詹姆斯·布坎南政府支持拓展奴隶制。皮尔斯和布坎南都是"反对解放奴隶的北方议员",因承诺采取激进的外交政策而当选。其次(也许是最重要的),在亚马孙勘探之后,以拓展奴隶制为目的的勘探进一步南移,转向肥沃的拉普拉塔河流域。在这里,海军遇到了钦佩美国并渴望白人移民的克里奥尔政府。如果奴隶制扩张主义者希望建立南美洲蓄奴地，那么1853年至1860年的拉普拉塔河勘探正是绝佳机遇。

如同亚马孙勘探一样，里约热内卢拉普拉塔河勘探由辉格党策划。米勒德·菲尔莫尔政府的海军部长约翰·P. 肯尼迪（John P. Kennedy）提出了勘探计划。肯尼迪是一位多才多艺的小说家，也是来自马里兰州的著名辉格党人。[134] 虽然肯尼迪是奴隶主，但拓展奴隶制不是拉普拉塔勘探的唯一原因。[135] 作为来自巴尔的摩（Baltimore）的南方辉格党人，肯尼迪寻求政治上的超地方主义。他认为奴隶制是一种道德错误，奴隶制的支持者和废奴主义者都是极端主义者，他谁也不赞同。[136] 然而在内战前，他也是一名民族主义者，他清楚奴隶制已深深渗入国家的法律、社会和经济等各领域。因此，肯尼迪希望发展商业和科学，同时也拓展奴隶制。在这种情况下，他可能认为拉普拉塔勘探可以将北方利益和南方利益完美结合在一起，并且能够帮助辉格党更新科学进步与发展的理念。[137] 显然，这令他激动不已。肯尼迪"慷慨激昂"地在日记中进行谋划，并绕过国会，为海军勘探预留出22万美元的预算经费。[138]

肯尼迪很清楚，此次勘探是受北方商业利益所驱。事实上，拉普拉塔河勘探能够开展主要归功于北方商人。其中最著名的是罗得岛州的爱德华·霍普金斯（Edward Hopkins）。作为海军军官和外交官，霍普金斯并不成功，由于所承担的任务，他曾前往南美洲。19世纪40年代中期，詹姆斯·K. 波尔克派霍普金斯在巴拉圭做特工。霍普金斯对巴拉圭的经济发展很有信心。[139] 他获得了纽约美国地理和统计学会（American Geographical and Statistical Society）的支持，该学会向华盛顿当局提议，联邦政府应派遣海军勘探拉普拉塔河及其支流。[140] 除了霍普金斯，北方商人也支持进行拉普拉塔河勘探。1857年，美国与巴拉圭出现外交问题，海军不得不中断普拉廷（Platine）地区的制图工作。为此，波士顿贸易委员会向华盛顿提出请愿书，敦促完成勘探工作。[141] 纽约的乔治·W. 布伦特（George W. Blunt）和波士顿的罗伯特·班纳特·福布斯（Robert Bennet Forbes）非常支持海军勘探。福布斯是一位对华贸易商和造船商，他在19世纪50年代后期为普拉廷勘探制造了两艘新轮船。[142] 1859年1月，他亲自将第二艘轮船从波士顿运送往蒙得维的亚（Montevideo）。[143]

北方商人与海军为支持奴隶制而在南美洲进行勘探工作之间的具体关系尚不清楚。至少，霍普金斯反对奴隶制。他希望巴拉圭接收欧洲移民，建立白人普拉廷共和国，从而摆脱奴隶制。他认为奴隶制是"美国完美政体中的唯一弊病"。[144] 福布斯则在内战爆发后成为奴隶制的坚定支持者，他的造船厂专门为海军服务。[145] 另外，波士顿和新英格兰的工业和航运中心从奴隶制中获取了大量利润。因此，除了霍普金斯之外，支持拉普拉塔河勘探的北方商人可能都是"棉花派辉格党人"，他们认为这有益于奴隶制拓展和美国商业发展。[146]

无论美国商人的看法如何，肯尼迪决定启动南美洲勘探。托马斯·杰斐逊·佩奇（Thomas Jefferson Page）中尉来自弗吉尼亚，他不仅是美国海军军官和外交官，[147] 还是莫里的门生，曾在海军天文台与莫里一起工作。因此，佩奇知悉莫里的亚马孙计划以及关于拉普拉塔地区的报告。[148] 莫里甚至对佩奇在科学仪器选择和"一些工作"上提出建议——这些工作也许涉及奴隶制问题。[149] 此外，佩奇在随后的著作中暗示，他将莫里最初的亚马孙勘探计划扩展到了拉普拉塔地区。[150]

南美洲的政治局势如以往般在普拉廷勘探中扮演重要角色。1851年，阿根廷的胡安·曼努埃尔·德·罗萨斯（Juan Manuel de Rosas）强权统治被推翻，1853年成立了由巴西、乌拉圭以及两个独立的阿根廷省组成的阿根廷联邦。罗萨斯的手下胡斯托·何塞·德·乌尔基萨（Justo José de Urquiza）将军领导阿根廷联邦。[151]

第五章
南美洲的奴隶制拓展

肯尼迪认为乌尔基萨上台是美国商业扩张的重大机遇，因为罗萨斯禁止外国船只驶入拉普拉塔河及其主要支流巴拉那河（Paraná），而乌尔基萨允许国际通航。[152]佩奇随后写道："许多水域禁止航行的条例失效了。"[153] 1852年12月，肯尼迪向国会报告道，拉普拉塔河勘探"源于阿根廷联邦临时领导人的最新法令"，该法令开放了"广阔的土地资源"。他承诺，阿根廷及其邻国已经"准备好迎接首位商业使者，并奉上他们的财富"。[154]

肯尼迪是正确的，许多阿根廷联邦精英人士欢迎美国移民。自由派阿根廷人向往法国和美国的发展模式，希望乌尔基萨能领导他们用同样的方式实现阿根廷的现代化。当时的阿根廷总统明戈·萨米恩托（Domingo Sarmiento）认为，美国为阿根廷的发展奠定了坚实的基础。他特别赞扬了美国的移民政策，满怀希望地写道，"人们如洪流一般……涌入原始森林"，踏入这个"世界上最新""最年轻""最勇敢的共和国"。[155]萨米恩托在知识界和政治界的对手胡安·阿尔伯迪（Juan Alberdi）也高度赞扬美国。同萨米恩托一样，他认为南美洲"最大的阻碍"是"广阔无垠、寥无人烟的土地，人们居住分散，难有成就"。[156]他强调，阿根廷应该"接收移民"，看看那些"聪明的移民如何发展国家文明"。[157]

1852年11月，皮尔斯的当选缩短了肯尼迪在海军部任职的时间，但实际上加速了美国的拉普拉塔河勘探计划。皮尔斯政府内的民主党人支持激进的外交政策。对于许多南方白人来说，1852年皮尔斯当选宛如天赐良机。选举结果公布后，奴隶主们"燃起篝火，手执火炬游行"，庆祝皮尔斯总统上任。[158] 3月4日，皮尔斯发表就职演讲，承诺"在扩张中不会胆怯"，这令奴隶制支持者激动不已。[159]此外，皮尔斯是莫里亚马孙河计划的主要支持者。在首个年度致辞中，皮尔斯鼓励巴西像周围讲西班牙语的邻国一样，对外开放亚马孙河这条"伟大的天然高速公路"，供外国船只航行。[160] 1854

年 12 月，皮尔斯在第二次年度致辞中再次提到亚马孙地区。他高度赞赏与巴拉圭、乌拉圭和阿根廷联邦签订的新商业条约，但也承认"美国开辟亚马孙地区的成果不佳"，承诺会继续与各国谈判。[161]

然而，尽管皮尔斯做出承诺，但地区仇恨使皮尔斯和布坎南为扩大蓄奴区所做的努力都前功尽弃。最重要的是，1854 年出台的《堪萨斯－内布拉斯加法案》（Kansas-Nebraska Act）阻碍了皮尔斯扩展奴隶制的进程。该法案宣布堪萨斯州和内布拉斯加州由民众决定是否禁止奴隶制，宣布《密苏里协定》（Missouri Compromise）作废——该协定禁止奴隶制发展到北纬 36°30′以北的地区。[162] 北方的强烈反对使皮尔斯不得不放弃早期的亲南方外交政策。[163] 例如，虽然他曾支持前密西西比州州长约翰·奎特曼的计划，但在 1854 年 5 月突然改变了主意，警告道，如果奎特曼执意如此，他将用联邦中立法律阻止奎特曼。[164] 虽然皮尔斯突然改变了策略，但变化不大且为时过晚，这使民主党在中期选举中损失惨重。11 月下旬，《奥斯坦德宣言》（Ostend Manifesto）使美国政府进退维谷。该宣言由美国驻英、法、西大使制定，宣称如果西班牙拒绝出售古巴，美国有权武力夺取古巴。[165] 北方人愤起反击，他们的抵制使皮尔斯和布坎南在任期间仅兼并了一小块领土，即 1853 年从墨西哥手中购买到盖兹登（Gadsden Purchase）。[166]

拒绝妥协的北方人士使美国在中美洲实行强硬外交政策变为泡影，扩张主义者不得不寻找扩展奴隶制的其他方式。其中一种方法是海盗活动。19 世纪 50 年代中期，海盗活动取得一些成效。1856 年，威廉·沃克（William Walker）占领尼加拉瓜并重新实施奴隶制。[167] 尽管沃克和其盟友支持率很高，但在民选官员中，海盗活动从未摆脱非法的污名。[168] 对于一些南方民主党人来说，只能通过高尚和合法的手段扩展奴隶制这样的文明制度。[169] 例如，1858 年，密西西比州的国会议员卢修斯·金塔斯·辛辛纳图斯·拉马尔（Lucius Quintus

Cincinnatus Lamar）声称，他不允许奴隶制由"强盗之手扩张，也不会通过非法探险取得进展，这样会毁坏其神圣地位"。[170] 佩奇对此表示赞同，他认为海盗活动既不能"维护商业利益，也无法促进文明进步"。[171]

扩展奴隶制的解决方案是远征。海军勘测是取代海盗活动的合法方案，尤其是在勘探有利于美国签订移民和殖民条约的情况下。勘探甚至会促进科学和商业的发展，从而实现19世纪的跨国性进步。因此，支持者重视此次勘探的科学和商业目标，而非拓展奴隶制。1853年10月1日，佩奇抵达亚松森（Asunción）。与巴拉圭总统卡洛斯·安东尼奥·洛佩斯（Carlos Antonio López）会面时，他解释其目标是签订友好的商业条约和"促进科学发展"。[172] 佩奇得知美国驻阿根廷联邦临时代办已通过谈判签订了一项商业条约后，称赞洛佩斯是一位开明的自然历史研究赞助人。他还表示，巴拉圭地域遥远，美国只想促进科学发展，别无他求。[173] 因此，佩奇谦恭地请求总统允许他们探索巴拉圭的拉普拉塔河支流。[174]

洛佩斯同意了佩奇的要求。和其他南美洲邻国一样，洛佩斯希望沿着西方的发展路线走向现代化。巴拉圭前任总统是医生出身的何塞·加斯帕尔·罗德里格斯·德·弗朗西亚（José Gaspar Rodríguez de Francia），他进行独裁统治，遭受国际舆论法庭的多次谴责。尽管洛佩斯的专制政策与弗朗西亚如出一辙，但洛佩斯渴望在其他方面获得名誉。[175] 他相信，促进科学发现能提升巴拉圭的国际文化影响力。

此外，洛佩斯认为美国勘探能帮助巴拉圭提高防御力。1853年，巴拉圭四面受敌。长期以来，阿根廷联邦拒绝承认巴拉圭独立，将其视为背叛国家的省份。同时，巴西帝国似乎急于向西扩张，攻占巴拉圭。洛佩斯认为他必须购买欧洲的武器、设备和军舰，引进操练方法，快速建立国家军火库。[176] 因此，洛佩斯可能相信佩奇的勘探能帮助巴拉圭了解其河岸线，进而有助于促进国家发展军事训练和科学技术。实际上，皮尔斯试图利用该利益关系，指示佩奇向洛佩斯提供"榴弹炮以及装有弹片和弹筒的弹匣"。[177] 并且，洛佩斯希望美国成为巴拉圭主要贸易伙伴。如上所述，他同意佩奇勘探巴拉圭及其周边地区。[178]

当水巫号航行至拉普拉塔河及其支流时，佩奇对该地区的农业前景感到震撼不已。他写道："大自然对阿根廷国家异常慷慨。"[179] 拉普拉塔地区土壤肥沃，倘若能被合理利用，"与不太富饶的地区相比，人的劳动能够以一当十"。[180] 最重要的是，这里的土壤和气候十分适合种植传统南方作物，比如棉花、烟草、水稻、甘蔗和靛蓝植物，还可以种植小麦和玉米。[181] 同时，查科（Chaco）草原适宜放牧牛羊。佩奇证实了其导师莫里的猜测，拉普拉塔地区"拥有堪比印度的农业生产力"。[182] 再者，汽船能够在拉普拉塔河及其支流航行，运输农业产品。

从他的著作和与海军部的官方通信中推测，佩奇认为南美洲人缺乏开发土地的能力。他告诉海军部长："巴拉圭人不愿意辛苦劳作，缺乏热情和事业心。"[183] 1854年3月，他预计巴拉圭的棉花产业将持续萎靡不振，"只有通过移民，才能获取农业劳动力"。[184] 1854年8月，佩奇在阿根廷的科连特斯（Corrientes）再次哀叹道："巴拉圭人天性冷漠，缺乏活力。由于劳动力不足，大片土地无法耕种。"[185]

佩奇提到"天性"一词，暗示解决拉普拉塔地区商业问题的关键是种族。如同19世纪中叶的许多白人一样，佩奇认为种族代表着与生俱来的生物类别，决定了人的身体和心理能力。因此，虽然克里奥尔精英和混血农场主拥有土地，但他们不得不吸纳决心开发拉普拉塔地区的盎格鲁-撒克逊地主。佩奇向海军部保证："在美国移民到达之前，巴拉圭的资源无人开发。"[186] 即使拉普拉塔是"天赐福地"，也只有通过"农业劳动力"才能获得天赐的恩赏。[187]

第五章
南美洲的奴隶制拓展

有趣的是，佩奇没有在通信或出版物中公开讨论过奴隶制。最接近的话题可能是他把当地原住民视为"有价值的人"。[188] 然而，虽然他考虑过强制雇用原住民劳工，但佩奇预计拉普拉塔的大部分劳动力还是黑人奴隶。为了讨好北方商业盟友和南美洲的克里奥尔人，他必须支持奴隶制扩展。因此，佩奇对奴隶制闭口不谈是有战略意义的，这是从莫里的巴西战略中吸取的教训。

佩奇行事谨慎，从支持奴隶制的角度出发，可以更为清晰地了解拉普拉塔河勘探计划。如同盎格鲁-撒克逊主义者一样，佩奇相信黑人比白人更适合在炎热气候中耕种。1846 年，奴隶制捍卫者埃斯特斯在《为黑人奴隶制辩护》（Defence of Negro Slavery）中阐释了这一观点。他写道："纯正的高加索人无法在异常炎热的气候中耕种。"[189] 在其著作《南方社会学》（Sociology for the South）中，他表示伟大的奴隶制支持者乔治·菲茨休宣称黑人"适宜耕种"。[190] 1861 年，密西西比分离主义者试图为脱离联邦寻找正当理由，他们声称这是为了保护奴隶制中的农业劳动力，由于"自然法则，只有黑人才能承受热带阳光的照射"。[191] 如果熟悉环境种族主义的论调，佩奇的真实意图便清晰可见：他所谓的拉普拉塔地区需要引进的"劳动力"和"农业人口"，指的就是黑人奴隶和白人奴隶主。[192]

佩奇在勘探期间和结束后出版了一些著作，从中可以看出他希望在拉普拉塔地区发展南方殖民主义。他寄给海军部的信函、官方报告以及 1859 年出版的书籍都为雄心勃勃的商人和奴隶主提供了参考。1853 年 11 月，他登上潘德阿苏卡尔（Pan de Azúcar）——今巴拉圭奥林波堡（Fuerte Olimpo）——的山顶，凝望着潮湿的丛林——密西西比河流域之外"世界上最美好、最完整的可耕地"，幻想着"美好的未来"。[193] 倘若玻利维亚、巴拉圭、阿根廷联邦和布宜诺斯艾利斯能够在美国的号召下联合起来，保证新教徒的宗教自由，允许"移民，尤其是耕种者和工匠定居"，那么"南美共和国将空前繁荣"。[194] 既不需要海盗活动，也不需要暴力革命，"南美洲人民将受益于伟大的共和文明"。[195] 南美洲的景观、人民和制度会在潜移默化中接受白人移民和奴隶的影响，最终成为美国的一部分。[196]

如同佩奇一样，阿根廷官员明白在其境内建立美国殖民地会实现国家进步，促进普拉廷地区的发展。1853年5月，当佩奇首次抵达布宜诺斯艾利斯时，乌尔基萨命令所有阿根廷官员支持本次勘探。[197] 随后，科连特斯州长告诉佩奇，他认为白人移民是落后地区实现经济发展的"唯一补救办法"。[198] 他希望勘探"能促进拉普拉塔地区的移民和商业发展"。[199] 同样，圣达非（Santa Fe）州长声称，"这个资源丰富的国家只能由移民开发"。他告诉佩奇，他准备为移民提供"最诱人的条件"。[200]

然而，由于佩奇的傲慢无礼，这次勘探最终失败了。佩奇访问期间，正值巴拉圭与巴西边界冲突激烈之时，洛佩斯严格控制巴拉圭河流域。因此，他要求佩奇在1853年秋天沿巴拉圭河勘探时切勿进入他国领土。然而，佩奇无视他的指令，沿着巴拉圭河航行至巴西的科伦巴（Corumbá）。洛佩斯愤怒地表示巴西有可能借此侵犯巴拉圭领土。[201] 随后，佩奇介入洛佩斯与一位商人出身的美国领事的争执中，这位独裁者勃然大怒。为了平息他的怒气，佩奇将这位领事和其他美国公民带上水巫号，顺流而下，回到阿根廷联邦。矛盾虽然缓和了，但洛佩斯禁止所有外国军舰进入巴拉圭水域。[202]

可是，佩奇再一次无视了洛佩斯总统的法令。他指示威廉·杰弗斯（William Jeffers）中尉搭乘水巫号完成巴拉那河勘测，该河是巴拉圭的东南边界线；同时他本人勘探了阿根廷拉普拉塔地区的另一条支流。杰弗斯在上游必须途经巴拉圭伊塔皮鲁（Itapirú）的堡垒。1855年2月1日，为了寻找安全航道，水巫号无视伊塔皮鲁的炮火警示，强行越过巴拉圭。巴拉圭国防军多次警示水巫号，但杰弗斯视若无睹。[203] 最终，伊塔皮鲁开炮炸毁了水巫号的船舱，击伤

第五章
南美洲的奴隶制拓展

一名军需官。[204] 在水巫号匆忙撤退的途中,杰弗斯开炮反攻。他估计炸死了 15 名巴拉圭士兵。[205]

美国国内对伊塔皮鲁的攻击反应不同。佩奇必然是愤怒的,他请求巴西提供枪支和士兵以"反击伊塔皮鲁",并对巴拉圭发起战争,但巴西的军队指挥官拒绝了他。[206] 美国国务卿威廉·马西听取了水手爱德华·帕尔默(Edward Palmer)的证词,途经伊塔皮鲁时后者在水巫号上工作。帕尔默告诉马西:"水巫号有错在先,遭受攻击也无可非议。"[207] 堪萨斯问题的分歧越来越大,皮尔斯愈加无能为力。因此,虽然美国报纸的头条新闻是"战争",但似乎也没激起什么水花。[208]

《水巫号遭受攻击》(*Attack upon the Water Witch*)

选自托马斯·杰斐逊·佩奇的《拉普拉塔地区、阿根廷联邦和巴拉圭》[*La Plata, the Argentine Confederation, and Paraguay*,纽约,哈珀兄弟出版公司(Harper & Brothers),1859 年,306 页](费城图书馆公司提供)

詹姆斯·布坎南选择了不同的航线。1857 年 12 月,他请求国会授权,派遣一支舰队陪同一名专员前往巴拉圭。[209] 1858 年 10 月,一支由约 2500 名海军和 19 艘军舰组成的庞大美国舰队携带 200 多门火炮向南驶往拉普拉塔河。《哈泼斯杂志》(*Harper's Magazine*)指出，这是"美国迄今为止最强大的海军"——甚至超过了著名的佩里准将打开日本国门的代表团。[210] 佩奇是舰队舰长。1859 年冬天，布坎南的专员说服洛佩斯为伊塔皮鲁事件道歉，向被杀军需官的家属赔款 10000 美元，并签署新的商业条约。[211] 外交关系恢复后，美国得以重新勘探富饶的巴拉圭。佩奇回到拉普拉塔地区，并在 1859 年 3 月至 1860 年 3 月完成了勘探任务。[212]

1858 年的巴拉圭远征表明奴隶制扩张主义者认为海军勘探是奴隶制扩张的有效工具。鉴于联邦政府积极地将拉普拉塔地区扩展为美国南方居民的移居地，布坎南希望能够促进勘探和殖民化进程。从海军参与勘探的角度来看，美国是为了彰显军事实力，而不是想采取武力。舰队的大部分火炮都安装在吃水较深的军舰上，倘若外交失败，这些军舰将无法到达亚松森。只有少数装载了 20 门到 25 门火炮的船只，才能驶入巴拉圭水域。这样的军队远远无法应对巴拉圭的海军和水域防御。[213] 布坎南的内阁也感到十分悲观，他们承认，一旦战争爆发，"洛佩斯总统执意开战，远征队必会战败"。[214] 然而，舰队的目标不是恐吓洛佩斯总统，而是为了说服南方白人。正如金·史密斯 (Gene Smith) 和拉里·巴特利特 (Larry Bartlett) 所暗示的那样，布坎南的庞大舰队可能会使这个分裂的国家重新凝聚人心。然而，这也是对白人奴隶主的保证：尽管布坎南未能获得新的蓄奴地，但他仍以奴隶主利益为重。[215]

失败

如本章所述，第三次奴隶制扩张起源于 19 世纪 50 年代。由于

第五章
南美洲的奴隶制拓展

进一步征服拉丁美洲和通过外交手段购买古巴进展得并不顺利，政府中的奴隶制支持者开始寻找新的办法。在美国国内，西部地区对奴隶制的阻挠和对种族战争的担忧使奴隶制支持者感到紧张。海军探测员在南美洲很受欢迎，这有利于依靠海军勘探扩展美国的奴隶制。19世纪的南美洲克里奥尔人和政府精英试图按照欧洲路线发展自己的国家，尤其是通过白人移民和殖民化。因此，莫里、肯尼迪和佩奇等奴隶制扩张主义者明白，他们的目标是抑制南美洲地区的野心。

美国国内的奴隶制扩张比国外更为顺利。南美洲勘探让美国南方白人看到了海军勘探为他们带来的利益。这一转变起源于早期的海军勘探：在19世纪40年代，一些害怕英帝国废奴主义的南方辉格党人成了海军至上主义者。他们曾希望，倘若爆发美英战争，"海防舰队"将阻止英国皇家海军通过武力废除南方奴隶制。[216] 然而在19世纪50年代，他们顿悟了：海军应该主动扩展奴隶制，而非被动地保护奴隶制。如同许多美国早期的白人选区一样，奴隶主意识到可以从由国家主导的海军勘探中获利。临近美国内战，南方白人控制了联邦政府的关键部门，从而更有利于海军勘探的发展。[217]

尽管如此，联盟也付出了一些代价。被一位加拿大黑人称为"建立奴隶主集团的宏伟计划"的社会趋势令弗雷德里克·道格拉斯（Frederick Douglass）、玛丽·布莱克福德（Mary Blackford）和威廉·劳埃德·加里森等废奴主义者为之警醒。[218] 尽管亚马孙和拉普拉塔地区的勘探与《堪萨斯－内布拉斯加州法案》《奥斯坦德宣言》或《斯科特决议》颁布时不同，没有引发狂热的废奴主义情绪，但也无法解决19世纪50年代日益严重的南北分歧。无论是亲身经历还是经他人转述，对于那些了解邪恶奴隶制的人而言，南半球的奴隶制扩张让他们感到焦虑和恐惧。[219] 他们和莫里一样，看到了"游戏规则"的改变，奴隶制可能扩展到南美洲。

奴隶制扩张也引发了南美洲的强烈反对，尤其是巴西和巴拉圭。亚马孙勘探可能会让战败的美国南方人移民到巴西，但这些疲惫不堪、厌恶战争的移民与莫里所设想的满怀信心征服亚马孙丛林的奴隶主截然不同。[220] 同样，美国在地图上绘制得最清晰的境外流域——拉普拉塔河及其支流——没有成为佩奇在巴西潘德阿苏卡尔山顶设想的"南美共和国"的运输动脉。[221] 虽然美国殖民主义在南美洲失败的主要原因是美国内战，但南美洲人民的抵抗也在一定程度毁灭了莫里将奴隶制从堪萨斯州扩展到火地岛的梦想。W. E. B. 杜波依斯（W. E. B. Du Bois）在描写美国内战后南方白人的文章中写道："生活不易，梦魇缠身，眼睁睁看着帝国宏图化为灰烬。"[222] 这也是莫里的命运——再也不会有一个广袤的美国人国家了。[223]

最后，海军在南美洲扩展奴隶制也有碍美国对于获得欧洲尊敬的执念。由于奴隶制的存在，美国尤其难以获得英国的尊敬。英国曾经是世界上最大的奴隶贸易国，但从18世纪后期开始，其对奴隶制的抵制情绪随着拿破仑战争的结束而加剧。[224] 滑铁卢战役后，英国废奴主义空前高涨，使得这个多元民族的广阔帝国达成共识。[225] 1833年，英国议会提出了在英属西印度群岛逐步废除奴隶制的计划，这标志着英国比美国拥有更高的全球道德地位。每当美国白人宣称美国自由时，英国常常指出其曾经的奴隶制度。[226] 如同巴西一样，他们早已看穿莫里进行亚马孙勘探的真实目的。一位伦敦评论家这样描述赫恩登和吉朋的探险故事："赫恩登的命令暗含着与吞并得克萨斯州类似的信息。"他指出："扩展奴隶制是与勇敢的旅行者意图推动南美洲发展密不可分的。"[227]

奴隶制阻碍了美国白人获得英国和其他大国的尊重。《泰晤士报》认为："在这个时代，奴隶制是国家的污点。"[228] 初露头角的自然主义学家查尔斯·达尔文（Charles Darwin）表示赞同。1832年，当他乘坐著名的小猎犬号（Beagle）访问巴西时，他表示自己厌恶奴隶制对人类的束缚。小猎犬号离开巴西后,达尔文感谢上帝并保证"再也不会前往奴隶制国家了"。他在日记中写道:"我们都罪孽深重,但一想到现在的英国人和其美国后裔高呼自由,就令我怒不可遏。"[229] 达尔文清楚,一个伟大的国家不只是强大的,也应是正义的。倘若美国渴望得到英国的认可,它必须兼而有之。[230] 由于在美国成立早期,奴隶制已经写入美国宪法,因此美国白人公民必须在其他方面体现国家道德上的正义。

第六章

北极探险与美英和解

对于英国南部居民来说，1949年4月注定是一段悲伤的时光。4月下旬，暴风雪侵袭，白雪皑皑。在伦敦东南部的肯特郡（County Kent），厚厚的积雪甚至吞没了马车。[1] 简·富兰克林没有受气候的影响。她住在伦敦贝德福德广场（Bedford Place）的一幢五层别墅中，终日受忧惧、焦虑与抑郁折磨。[2] 这是由于她丈夫离开得太久了。1845年5月，约翰·富兰克林爵士同138名军官及船员乘恐怖号（Terror）和幽冥号（Erebus）从英国启航，肩负起北极科考的使命。[3] 船上必需品比较充足，可供给三年。然而，将近四年了，约翰爵士和下属却杳无音信。1848年，英国海军部派出三个师开展营救行动，但由于种种原因该行动未能进行。富兰克林夫人陷入绝望，她渴望得知丈夫的下落、身体状况，以及存亡与否。她想，任何"幸存者在极地度过了一个个酷寒的冬季，都已经到达身体的极限了"。[4]

她向国际社会寻求救援，下定决心抓住营救丈夫和其队友的最后机会。她的恳求打动了沙皇尼古拉一世，沙皇承诺将搜索俄国在白令海峡的管辖区域。随后，富兰克林夫人写信给美国总统扎卡里·泰勒。她从1846年的一次访问中得知，美国人民十分钦佩约翰爵士，赞美他对北极地理学做出的卓越贡献。[5] 虽然英美媒体说法不一，但她清楚美国白人对其丈夫的命运非常关注，有诸多猜测。[6]

1849年4月4日，富兰克林夫人最终完成了那封信件。她推敲措辞，希望迎合美国的民族自豪感和美国白人对国际声誉的渴望。她在开篇写道："我坚信您作为大国领袖扶危救困的品格。"她简述了1848年夏季派遣的三支英国远征队的种种不足，并向总统请求帮助。

第六章
北极探险与美英和解

她表示:"一个志同道合的伟大民族承担起人类事业是值得世人尊敬的,我将其视为贵国之民族精神,而贵国更会慷慨地视为己任。我对此心怀希望。"在提到沙皇的承诺后,富兰克林夫人写道,自己期待着"一个宏伟壮观的场面……三个地域最辽阔的大国因此团结起来,效忠正统基督教,拯救垂死的同胞免于灭顶之灾"。在信的结尾处,她写道:"作为妻子,我焦虑万分,这才斗胆向您求助。"这种带有性别意味的口吻激发了骑士精神。[7]

1849年4月25日,国务卿约翰·M.克莱顿(John M. Clayton)给富兰克林夫人公开回信,安慰富兰克林夫人,并对她的遭遇表示同情,美国是一个文明、慷慨又富有同情心的国家,他十分同情夫人的困境。克莱顿写道,富兰克林夫人的恳求"能够赢得文明世界中任何地区统治者的同情"。他赞扬了约翰·富兰克林的"英雄品行",钦佩其"为了人类的利益"甘愿"忍辱负重,付出生命"。他说道:"(约翰爵士)妻女悲痛万分,她们向茫茫大海彼岸的亲人寻求帮助。"克莱顿答应鼓励美国捕鲸船参与救助,并提供有关搜救约翰·富兰克林的最新信息。最后,他承诺总统会竭尽所能"通过美国人的积极进取、精湛技术和勇气来帮助富兰克林夫人"。[8]

自此,美国开始参与简·富兰克林及其家人所称的"搜救行动"。这项国际远征行动的目的是在北极搜救富兰克林及其船员,或者得知他们的下落。[9]为了解开19世纪中期富兰克林失踪之谜,人们共计探险36次。大多数探险队由英国派遣,包括官方探险队和私人探险队,但也有几次是美国安排的。然而,探险队没有救出富兰克林或其下属,一些探险队员甚至为此丧生。只有一支探险队发现了少许踪迹,不过这些证据非但没有解惑,反而带来了更多疑问。实际上,营救行动太晚了。除了少数因纽特人,人们并不知道,早在1846年9月初秋,富兰克林和船员就由于冰封被围困在加拿大威尔士王子岛。[10]雪上加霜的是,被冰层困住的人们又得了坏血病。[11]

1847年6月15日，富兰克林于船上病逝。[12] 补给物越来越少，副手弗朗西斯·克罗泽（Francis Crozier）上校下令探险队开启一段注定失败的旅程：他们决定前往一千多英里外的哈德孙湾公司（Hudson's Bay Company）贸易基地。船员们孤注一掷，也许只是为了保持士气而为。[13] 结果正如克罗泽所担忧的，任务失败了。情况愈加严重，他们不得不食人肉，但也只是多苟延残喘了几天。[14]

因此，从人道主义的角度来看，美国的北极任务是失败的：缺乏激动人心的救援行动，也没有向富兰克林或其下属提供物资援助。然而，从外交和帝国的角度来看，北极探险大获成功。参与富兰克林营救计划的美国人不仅诚心希望找到这位著名的英国探险家和其下属，他们还希望得到英国的尊重。探险活动在国内已经获得了白人的支持，探险家们如今又回想起最初的目标，即在文化上和欧洲主要大国平起平坐。最终目标是让英国人认可美国这个伟大而文明的国度，实现探索主义愿景。如本章所述，美国出乎意料地获得了巨大成功。

研究美英关系的历史学家普遍忽略了北极探索在美英和解中的关键作用。[15] 相关文献记录了从18世纪末到21世纪以来的英美和解过程，1795年至1805年是美英的"第一次和解"。[16] 人们普遍认为，美英"特殊关系"的现代基础奠定于20世纪的两次世界大战和冷战时期。然而，历史学家忽略了富兰克林夫人信件起的作用，早在19世纪中期，美英关系已经开始缓和了。在美欧看来，美国公民不惜牺牲生命、花费钱财去搜寻富兰克林，这证明美国是一个伟大而慷慨的国度。在两次世界大战期间美英联手应对德国以及在冷战中共同对抗苏联之前，他们曾在北极并肩作战。

19世纪50年代的极地和解有重要的种族基础。[17] 的确，无论是英国人还是美国人都认为两国的北极合作是盎格鲁-撒克逊传统，是从事"人类共同事业"中的"同一"种族团结起来对抗自然。[18]

第六章
北极探险与美英和解

尽管搜救行动毫无进展，但美英船员情同手足，并肩作战，在寒冷严酷的北极中坚持不懈。出版物、演讲和新闻报道中强调了种族和谐，美英也涌现出盎格鲁–撒克逊主义思潮。在北极发生的事情——更准确的是关于北极探险的种种叙述——证实了美英两国的白人至上主义。因此，北极和解同19世纪后期（美国）南北方的白人在种族基础上寻求和解具有相似之处。[19]

北极和解与国家强大、性别化和中世纪精神等方面有关。[20] 实际上，约翰爵士是一位骑士，而他忧心忡忡、失去亲人的妻子是维多利亚时代的淑女。富兰克林夫人弘扬骑士精神，获得了强健敬业、雄心勃勃的男性的支持。为了营救约翰爵士，有人因此牺牲，有人身负重伤、心力交瘁，比如美国海军外科医生以利沙·肯特·凯恩。[21] 但至少他们获得了名誉，还有数百名无权无势的人在国际营救过程中受伤甚至失去生命。北极水手威廉·戈德弗雷指责美国总统因富兰克林夫人的遭遇抛弃了理性思考。至少于他而言，北极营救是一场闹剧，一场上流社会的骑士精神骗局。[22]

美国精英对此看法不同。他们支持北极探险不仅出于文化观念，还因为他们发现了其中的利益。19世纪50年代，公众似乎遗忘了美英关系紧张的历史缘由。英国和巴西忌惮美国对墨西哥北部的侵吞。大英帝国在中美洲和加勒比地区仍保有殖民地和保护地，美国认为这是美国在西半球实现"天定命运"的绊脚石。实际上，在整个19世纪50年代，美国领土扩张多次导致美英关系紧张。因此，美英的商业界认为，富兰克林营救计划是获得和平的手段：避免战争，保护商业贸易。[23] 对于对大西洋地区错综复杂的商业情况怀有极大兴趣的商人来说，北极营救是一项有价值的投资。

北极营救是值得的。到1856年年底，英国称赞美国、美国人和美国北极探险者。这是美国白人从未获得的来自欧洲的赞誉。美国人津津乐道，他们终于获得了与欧洲大国相当的尊重，却不必承担在欧洲或奥斯曼帝国的外交义务。最重要的是，1856年，英国主动示弱，美国至少短期内掌握了西半球的主导权。除了在美国内战期间（美英关系紧张），英国已经承认美国在美洲的霸权地位。这种情况持续到1895年委内瑞拉爆发边界危机，美英关系才再次发生变化。作为一次非正式外交活动，北极营救成效显著。

外交骑士的文化世界

简·富兰克林女士是维多利亚时代最伟大的非官方外交官之一。她并非生而尊贵，其父亲是一位中产阶级丝绸织布工，家庭富足。[24] 1828年，她嫁给约翰·富兰克林爵士，婚姻美满。[25] 众所周知，富兰克林夫人崇拜她的丈夫，全力支持丈夫和他的事业。[26] 她也享受作为伟大探险家妻子的身份所带来的社会影响力。[27] 此外，她热爱冒险。由于丈夫身负政治使命，长期出海，她也趁此机会出国旅行。[28]

本章重点论述的是简·富兰克林如何利用精英文化中的性别角色观推进北极救援。富兰克林夫人明白，西方世界的中上层阶级认为帮助柔弱无助、多愁善感的女性是男性的社会责任。她深爱着丈夫，在公众面前精心塑造了一种忠实、焦虑和痛苦的妻子形象。美国水手称她为"不可多得但令人钦佩的珀涅罗珀①"。[29] 她坚信，通过这样的形象塑造，她可以影响到有权势的男性，甚至在男性主导的政治和外交领域得到关注。富兰克林夫人的自身情况和情感状态符合19世纪英国和美国对女性的外貌、声音和行为的期待。她

---

① 在《荷马史诗》的《奥德赛》中，珀涅罗珀是奥德修斯忠贞的妻子，在丈夫远征特洛亚失踪后，她拒绝了所有求婚者，一直等待丈夫归来，忠贞不渝。——编者注

身材纤弱，声音低沉迷人，阿尔弗雷德·坦尼森勋爵（Alfred, Lord Tennyson）描述她是一位"温柔贤淑的女性"。[30]

然而，富兰克林夫人看似柔弱，内心却十分坚定。她清楚自己的需求，也清楚该怎么做。如同维多利亚女王一样，富兰克林夫人善于处理人际关系，是一名精明的政治家和娴熟的外交官。19世纪中叶，印刷业发展迅速，她清楚公共媒体不仅是隐藏在"外交后的现实"，还是大卫·布朗（David Brown）所言的"外交的真实情况"。[31] 为了给政府官员施加压力，富兰克林夫人将寄给大人物的信件和回信都刊登在报纸上。家人称她的伦敦公寓为"发信箱"，她在那里向海军部写了很多封信。[32] 此外，她允许侄女索菲亚·克拉克罗夫特（Sophia Cracroft）代表她本人与官员和媒体交涉。克拉克罗夫特可以肆意咆哮，而富兰克林夫人就可以免于不体面。[33] 因此，同时代的人将她与伊丽莎白一世相提并论，一位传记作家甚至承认自己惧怕她。[34]

可以看出，富兰克林夫人并不是反传统的女权主义者，她的政治和社会观点迎合了主流观念。[35] 对于大西洋世界的女性平权来说，她的跨国名人地位是一把双刃剑。一方面，她证明在某些情况下，女性身份可以将社会约束变成有力武器。这与那些在殖民地的英国女性的经历类似，她们发现，殖民地的残酷、特殊环境有时允许她们成为暴力复仇者，而不失去其女性气质。[36] 另一方面，富兰克林夫人善用其女性身份，这种策略凸显了女性受限的社会角色。艾莉森·亚历山大（Alison Alexander）认为"习俗保护了她"，但富兰克林夫人也保护了习俗。[37] 实际上，她是女性美德的缩影，大西洋两岸都称赞她为"令人钦佩的女人"，"她忠于勇敢的丈夫，夫妇二人也因此在美英两国家喻户晓"。[38] 亚历山大指出，后世作家称她为"对年轻女性进行指导的书中忠诚妻子的形象"。[39] 不仅精英和中产阶级称赞富兰克林夫人，工人阶级的水手也创作了著名民谣《富兰克林夫人哀歌》（*Lady Franklin's Lament*）。[40] 她是英语世界所有阶层女性的榜样。

维多利亚时代对骑士精神和中世纪精神的痴迷在富兰克林夫人主导的公开搜救行动中也发挥了重要作用。在美国，虽然中世纪精神普遍被当作镀金时代的现象，但其根源颇深。英国的中世纪精神可以追溯到近代早期，而英属北美殖民者继承了这种精神。[41] 例如，托马斯·杰斐逊是一位早期的盎格鲁－撒克逊主义者，他相信通过革命，盎格鲁－撒克逊人可以从诺曼政权（英国汉诺威王朝）手中重获自由。[42] 早期种族科学理论是美国早期中世纪精神的重要组成部分：血统决定命运，盎格鲁－撒克逊人生而自由、勇敢、坚强、善良。[43] 因此，沃尔特·司各特（Walter Scott）爵士、阿尔弗雷德·坦尼森勋爵和拜伦勋爵等英国浪漫主义作家书写了以仁慈的盎格鲁－撒克逊骑士为崇高目标而奋斗的英雄故事。他们的著作在英美广受欢迎，促进了整个英语世界（实际上是西方世界）的中世纪性别化伦理学发展。[44]

中世纪精神宣告并合理化了美国扩张主义和帝国主义。研究北美西部的学者们尤其理解这一动态，而中世纪精神美化了美国早期的全球和海洋扩张。[45] 梅尔维尔将捕鲸者的地位与骑士和乡绅类比，他暗示历史上的圣·乔治（St. George）实际上是一位捕鲸人。[46] 威廉·弗朗西斯·林奇认为他在巴勒斯坦的经历与十字军东征类似，他怀有"十字军纯粹无私的心愿"。[47] 同时在尼加拉瓜，反对奴隶制扩张的威廉·沃克称赞同僚的"英勇"精神宛如"封建王朝的骑士"。[48] 沃克的同僚，支持奴隶制扩张的马修·方丹·莫里将亚马孙勘探比喻为邀请亲戚入住"美丽城堡"。[49] 美国人和英国人透过性别和中世纪精神的视角来看待北极探索。悲痛万分的富兰克林夫人需要男性拥护者和骑士帮助她完成美国海军军官口中的"十字军营救"。[50]

起初，美国骑士精神似乎无法胜任这项营救任务。实际上，尽管美国的北极外交享有盛名,开头却很糟糕。在美国赢得大西洋彼岸的赞誉前,泰勒总统的承诺不过是夸夸其谈。1849年5月中旬,美英媒体纷纷刊登美国总统将派遣两艘海军舰艇前往北极寻找富兰克林的新闻。[51] 英国人乐见于此。1849年6月15日,美国驻英国公使乔治·班克罗夫特(George Bancroft)写信给克莱顿,报告称"罗伯特·英格利斯(Robert Inglis)爵士、帕默斯顿(Palmerston)勋爵和迪斯雷利(D'Israeli)先生在下议院谈论此事"。克莱顿在寄给一位朋友的信中写道,当议会和皇家学会知晓泰勒的北极营救计划时,他们拍手称快。[52] 皇家学会于6月9日将感谢状授予班克罗夫特。他们认为美国的富兰克林营救计划与国家文明的发展程度相关联,祝愿美国"在和平与文明方面飞速发展,在世界科学和文学中占据一席之地"。[53] 这正是美国白人渴望的赞誉。

然而,跨大西洋的友好关系持续不久,北极营救还需考虑是否合乎宪法。收到富兰克林夫人的来信后,泰勒指示海军部长威廉·普雷斯顿召集海军上尉组建委员会,并汇报派遣北极军舰前往北极的可行性和合宪性。[54] 普雷斯顿是弗吉尼亚州的辉格党人,狭义宪法解释派。他在获得国会批准前就支持亚马孙勘探的初期计划,因其承诺扩张奴隶制。然而,北极营救行动让他回想起辉格党人曾以违宪为理由反对的耶路撒冷远征,因此犹豫不决。[55] 他的反对影响了委员会的最终报告,该报告在6月中旬否决了北极营救计划。原因有二:首先,海军缺乏在北极严酷环境中航行的船只。委员会建议官方购买"两艘200吨载重的船舶",并在秋冬季为来年春季航行做准备。其次,委员会在研究了最新的海军拨款法案和已有法规后,认为委员会无权授予政府部门购买船只的权力。[56] 倘若总统答应富兰克林夫人的请求,他需要国会的帮助。

错误的开端使美国进退维谷。由于共和政体的缘故,美国无法迅速地积极应对国际紧急情况。在纽约,《先驱周刊》(Weekly

Herald）的标题是"美国政府放弃搜寻约翰·富兰克林爵士"。1949年7月，克莱顿在寄给朋友的信中表示，他"惭愧万分……由于海军委员会的反对，总统也抬不起头了"。[57] 英国人也垂头丧气。富兰克林夫人如同以往一般利用性别优势和媒体宣传。在美英报纸上刊登的广为流传的致美国朋友的公开信中，她哀叹美国错失了机会："愿美国人能如去年般慷慨，取得无上荣耀！"[58] 富兰克林夫人悲痛万分，她讲述了詹姆斯·克拉克·罗斯（James Clark Ross）爵士搜索队早已返回的情况，希望美国人能回心转意。[59] 她写道："我实在束手无策，只能非常焦急地向他们求助！"[60]

受道德感驱使，美国人愿意帮助富兰克林夫人参与北极营救。即使泰勒总统不会成为她的骑士，其他人也会这么做。报纸上刊登着私人探险的提议。在华盛顿，查尔斯·威尔克斯暂时放下了出版威尔克斯探险队故事集，以及管理艺术博物馆以推广探险成果的工作。为了解决海军在宪法和后勤保障方面可能遇到的障碍，他提出一项计划，使用私人费用将几艘坚固的渔船从缅因州派往北极。[61] 林奇痴迷于骑士精神，他公开了自己的计划，愿随时带领美国探险队前往北极。[62] 同时，波士顿人也谈论着如何驾驶私人船只寻找富兰克林。一位北极营救倡导者希望马萨诸塞州的"船只在三周后驶出港口，完成这项神圣的事业"。[63]

如上所述，许多美国白人公民热情虔诚地回应了富兰克林夫人的呼吁。毕竟，美国骑士精神岌岌可危。与英国和欧洲大国相比，19世界上半叶的美国精英仍担心自身的文化劣势。实际上，他们深受英国批评困扰。[64] 在艺术和文学上，美国人刚刚学会如何弘扬民族精神。1837年，拉尔夫·瓦尔多·爱默生指出，美国民族文化"不能捡国外的残羹冷炙"。[65] 同时，虽然美国科学已经快速发展并获得国际声望，但仍远远落后于欧洲国家。1851年伦敦举行万国工业博览会①前夕，美国驻英公使阿伯特·劳伦斯（Abbott Lawrence）担心美国自取其辱。他告诉国务院："我十分期待本次博览会，但同时也心怀恐惧，唯恐我国会蒙羞。"[66]

19世纪上半叶，美国在海洋领域的表现可圈可点，国家声望大为提升。美国的商业船只和捕鱼业遍布全球，水手、造船工人和海军工程师声名远扬，美国人对此感到十分自豪。[67]1851年8月，美国在第一届美洲杯帆船赛的跨大西洋帆船比赛中击败英国。[68]同年，一位费城富商发现美国快速帆船在香港－伦敦航线中占据优势。他欢呼道："我们能在任何领域战胜英国人了！"[69]1846年，英国《谷物法》（Corn Laws）②被废除后，连阿伯特·劳伦斯也认为"美国不久将占领全球贸易"。[70]总之，美国人认为北极探险是提升国家知名度的有效途径，他们对此充满信心。

亨利·格林内尔是一位纽约商人和航运大亨。他出生于马萨诸塞州新贝德福德，并在那里完成学业。随后，他前往纽约定居，成为一名船务员。1825年，他与他的兄弟约瑟夫·希克斯（Joseph Hicks）和摩西·希克斯（Moses Hicks）合伙成立了格林内尔渔业公司（Fish, Grinnell & Company），负责分销国家捕鲸船队每年收获的数千桶鲸油。[71]生意兴隆也促使他们的资产愈加多样化。他们承包了利物浦和纽约的包裹运送业务，随后不断购买新的船只以扩张他们的商业帝国，比如美国最著名的快速帆船驰云号（Flying Cloud）。[72]1850年，格林内尔退休了，将金钱和精力投入富兰克林

---

① 万国工业博览会是第一次真正意义上的世界性博览会。此次博览会会期为1851年5月1日至1851年10月15日，历时5个多月，被认为是维多利亚时期的象征，确立了英国世界工厂的地位。——编者注
② 《谷物法》于1815年颁布，是一部强制实施的进口关税法案，规定了国产谷物平均价格达到或超过某种限度时方可进口，其目的是维护土地贵族的利益。——编者注

营救中。1850 年年初，他挺身而出，建议与联邦政府合作进行北极探索。他声称会为海军提供两艘船只，国会只需配备军官、工作人员和补给物。

格林内尔的提议既出于文化方面，也考虑了实际问题。如同许多身份显赫的男性一样，他崇拜富兰克林夫人。格林内尔称她为"亲爱的女士"，并且渴望取悦她。[73] 同时，格林内尔希望缓和美英关系，避免战争。19 世纪 50 年代初期至中期，由于两国争夺对于中美洲和加勒比地区的控制权，美英（通常也包括法国和西班牙）关系尤为紧张。英国人担心美国扩张会危及其在中美洲的控制权和西半球的海军霸权。西印度群岛海军基地和中美洲达利恩地峡（今巴拿马地峡）的自由通行权是英国掌控南北美洲的关键。[74] 美国在中美洲拥有重要的商业利益，比如奴隶制和加利福尼亚金矿运输。尽管格林内尔愿意提供探索船只，但外交官忙于协商解决美英危机，此事被搁置一旁。19 世纪 50 年代初，观察家认为，美英关系正处于一种微妙的平衡之中。因此，格林内尔推测，北极勘探似乎是缓解美英关系的安全阀。

种族主义是格林内尔行事决策的核心原则。最重要的是，他厌恶盎格鲁-撒克逊国家之间爆发战争。他花费了 3 年时间建立跨大西洋友谊和商贸关系。这其中不乏投资英美贸易的纽约商人、新贝德福德的捕鲸大亨、英国东印度公司的官员以及购买快速帆船和中国货物的伦敦商人。倘若跨大西洋战争爆发，美英商业贸易将崩塌，格林内尔承受不起。[75] 1856 年 2 月，美英在中美洲发生武装冲突，这使格林内尔在寄给富兰克林夫人的信中承诺："美国和英国永远不会发生战争。我曾说过，两国人民拒绝战争，帕默斯顿（英国首相）和皮尔斯总统也不会这么做。"[76] 也许这只是一个愿望，但具有说服力。

格林内尔反对白人之间的战争，这一观点也适用于国内。格林

第六章
北极探险与美英和解

内尔是一位本土主义者，从他对奴隶制的态度可以看出他对和平的渴望远远高于正义。1856 年，当前总统米勒德·菲尔莫尔获得美国人党（American Party）① 提名竞选总统时，格林内尔是纽约州的一位选民。他能接受民主党的布坎南当选总统，但他担心曾经身为探险家的共和党候选人约翰·查尔斯·弗雷蒙当选。在选举前，他写信给富兰克林夫人："如果弗雷蒙当选总统，我担心以后的局势会更加糟糕，矛盾会集中在是否应该保留奴隶制这一问题上。"[77] 最终，詹姆斯·布坎南当选总统，弗雷蒙竞选失败，格林内尔因此松了一口气。他告诉富兰克林夫人："未来几年的美国是安全的。"[78]

格林内尔的白人至上主义是北极探险下隐藏的阴暗面。一位政客指出，倘若美国如此渴望"慈善性质的探险活动"，为什么不选择邻近美国的地区呢？[79] 近 400 万美国黑人饱受奴役之苦，而白人投入大量金钱和精力前往遥远又危险的北极营救英国白人。当然，当时的想法和如今大不相同。对于威尔克斯来说，"奴隶制问题"是一种阻碍。当他需要国会为威尔克斯探险队出版物拨款时，国会忙于处理奴隶制问题，无暇顾及。[80] 1853 年至 1855 年，美国军官和水手在北极过冬，他们肆意开着美国黑人的玩笑。[81] 威廉·弗朗西斯·林奇似乎是少数真正关心奴隶制和种族主义弊端的海军探险家。然而，他的解决方案是将解放的美国黑人送往非洲，建立殖民地——这是美国大多数黑人抵触的做法。[82] 林奇之前的推断是，皈依基督教的奴隶和奴隶制反对者必须"虔诚"，"（顺从）天意"。他认为奴隶制是上帝许可的。[83]

同时代的美英白人忽略了这些矛盾，格林内尔得到大西洋两岸的普遍称赞。在亚拉巴马州，报社编辑称这是一项"伟大的事业"。[84]

---

① 亦称"一无所知党"（Know-Nothing Party），19 世纪 50 年代在美国发展成全国性组织，以限制移民的主张而著称。——编者注

1850年3月,《哈德孙河纪事》(Hudson River Chronicle)认为:"这个高尚仁慈的企业懂得如何使用财富。格林内尔先生是商业精英的榜样,他将荣获国际赞誉。"[85] 1850年3月25日,《泰晤士报》盛赞格林内尔慷慨解囊,它写道:"言语无法表达我们对格林内尔先生的感激之情,他捐献了3万多美元(约5000英镑)。"该报希望美英搜救队能"在这项神圣事业中团结一致,全力以赴,不遗余力地搜寻营救我们失踪的同胞"。[86]

在美国,支持格林内尔提议的言论表明美国出现了民族精神危机。纽约《先驱周刊》希望国会议员足够"慷慨和开明"。[87] 1850年5月5日,肯塔基州参议员亨利·克莱向参议院提交了格林内尔的请愿书,他担心富兰克林和其船员的安危。他告诉同僚:"北极营救会受到世界赞誉。"[88] 4月22日,马萨诸塞州国会议员塞缪尔·芬利·文顿(Samuel Finley Vinton)在众议院宣称,"这位英勇的官员以身涉险进行科学考察活动,倘若找到并帮助了他",这一事迹将被列入"国家最辉煌的伟大胜利"。因此,他敦促同僚批准"本次对国家有益的远征"。[89] 然而在参议院,来自新泽西州的辉格党参议员雅各布·米勒(Jacob Miller)表示,如果格林内尔营救任务失败了,这将是美国在全球范围内的耻辱。他恳求道:"只要拒绝格林内尔捐赠的船只,北极营救计划就无法实施,美国也不用参与到这项全球关注的事业中了。"[90]

即使是反对该法案的议员也援引了美国探索主义的伟大愿景。北卡罗来纳州民主党参议员威廉·金(William King)认为,格林内尔等商人牵头参与官方探险活动是不体面的。[91] 另一位密西西比州的南方民主党人亨利·富特(Henry Foote)表示赞同。富特抨击道,泰勒政府就没有遵守对富兰克林夫人许下的承诺,如今联邦政府掺和格林内尔的营救计划更为令人不齿。他警告道:"如果政府参与此次北极营救,一定会颜面尽失。我不希望政府在格林内尔先生或者其他人的主导下行动。"[92] 即使被步步紧逼,富特仍然坚持自己的立场,他慷慨激昂地表示:"美国是一个伟大宽容的国度,我们应该坚持'民族精神'——北极营救的荣耀将全部属于美国。"[93]

尽管对该提案的异议在很大程度上是党派之争,但也有其合理之处。富特正确地认识到了北极探险将采取官方和私人合作的形式。但他只看到了其弊端,却没有认识到这本身也是其优势所在。近期,历史学家和政治学家已经证实美国政府政策灵活、懂得变通,在行使政府权力时可以采取不同的办法,包括授权私营企业和志愿者履行国家职能。[94] 例如,医疗事故法鼓励律师和受害者自行监督医疗事故的处理。[95] 无独有偶,早期的道路、桥梁和运河大多是各州授权私营企业建设完成的。[96] 北极勘探的情况与之类似。格林内尔的提议既为美国政府挽回了颜面,也为政府缩减了成本,能够以最低成本进行具有最高外交价值的探险航行。同时,这也有助于后勤统筹安排。海军委员会是正确的,舰艇无法承受北极的严酷条件——美国探险队在南极探险时,文森斯号(Vincennes)和其他船只几乎全军覆没。[97]

总之,国会看到了格林内尔提案的优势。他们通过了一项法案,授权总统派遣海军登上格林内尔的船只,并提供三年口粮。[98] 1850年5月2日,泰勒签署了该法案。[99] 富兰克林夫人激动不已,她感谢格林内尔的"慷慨仁慈",愿上帝"奖励美国自我牺牲和崇高的奉献精神"。[100] 然而,究竟结果如何,这就要看上帝的意愿了。

格林内尔的第一次远征

1850年5月22日,格林内尔的两艘探险船——前进号(Advance)和救援号(Rescue)终于缓缓驶离布鲁克林海军船坞,沿着东河入海。

威尔克斯远征队的埃德温·杰西·德黑文（Edwin Jesse De Haven）中尉担任舰队指挥官。[101]当远征队途经曼哈顿岛时，热情的人们簇拥在船坞和码头上。一位海军军医后来回忆道："欢呼声此起彼伏，直到我们通过炮台，声音才逐渐消失。码头的渡船和汽船纷纷改变航道，在海湾向远征队致敬。"[102]格林内尔依依不舍，在领航船上逗留三天才离开。[103]

格林内尔清楚北极航行的重重困难，所以他迟迟未让船队出发。南极和北极是地球上人类生存与探索的最大挑战。极寒、极夜、营养不良、坏血病、滑入深不可测的冰缝、坠入冰冷的海水中，抑或是船只被撞成碎片，种种风险都对极地航海家的生命构成了严峻威胁。[104]19世纪中期，评论家称北极为"自然战场"。他们经常将北极拟人化，把它塑造成"北极女王"甚至是"死神"的形象，"留着灰白胡须，手持闪闪发光的长矛和嘎吱作响的坚冰炮弹"，蔑视着一切愚蠢的入侵者。[105]北极是"凶险之地"[106]和"战场"。[107]在这里，英勇的航海家要"打破冰霜之友的魔咒"，与"恐怖的敌人——严寒"开战。[108]北极的野兽也十分危险：海象是"狮身人面的怪兽"，是众所周知的危险猎物；而北极熊是"冰老虎"。北极既给人类提供了丰富的资源，又是一个危机四伏的地方。[109]

然而，正因为北极之地充满危险，美国白人才对这次探险深感兴趣。美国渴望得到欧洲的尊重，而北极探险是获得尊重的最佳方式。一位作家指出，极地航行是"对参与者体能和品质的双重考验"。[110]探险家前往北极探险并开展搜救行动本身就足以证明自身实力。他们的首要任务是生存，而不是找到富兰克林。毕竟，只有真正坚韧不拔、技术先进、组织严密的探险队才能经受住恶劣环境的考验。

格林内尔参考了以往英国航海家和当代私人探险家的最佳航行方案，以确保本次探险顺利进行。比如，他所选用的两艘船：前进号和救援号比幽冥号和恐怖号小得多。一位海军军官将这两艘船与

第六章
北极探险与美英和解

马丁·弗罗比舍（Martin Frobisher）和威廉·巴芬（William Baffin）的探险船进行比较。他认为，格林内尔的小型船只使这次探险颇有"旧时代先辈航海家的风范"。[111] 更重要的是，前进号和救援号专为抵御北极的严寒而建；若船只被冻住，楔形船体有助于破冰，帮助船员脱离险境。[112] 为了防止险情发生，船体采用了双层结构，"两层船舱嵌套在一起"，"船头至船梁由厚重的铁板制成，以抵御冰层侵蚀"。格林内尔在船内建有"军械锻造炉"，修复可能损坏的铁制板条和冰锚。[113] 这些预防措施使探险船成为一座虽小却坚固的漂浮城堡。

船上的探险家自诩为骑士，其中海军军医以利沙·肯特·凯恩的劲头最足。凯恩年近三十，是费城显赫家庭中的长子。少年时代，他就沉迷中世纪的传说。年少的他描绘着"激动人心的战斗和英雄主义场景——士兵们拔剑征战，与策马驰骋的异教徒战士一决胜负"。[114] 他的兄弟称他为"我们可爱的堂吉诃德"。[115] 凯恩曾送给他的暗恋对象一本弗里德里希·德拉莫特·福克（Friedrich de la Motte Fouqué）的《温蒂妮》（*Undine*）以表达自己的爱意。该书讲述了水精灵和游侠骑士的爱情故事。[116] 虽然凯恩心脏脆弱，风湿热频繁复发，但这些难以打消他对探险事业和骑士精神的深切渴求。他在给母亲的信中写道："在浴血的战争中死去是我最好的归宿……我宁愿死于长矛和热病，也不愿临死前躺在房间中，面对冷冰冰的白墙。"[117]

不过，凯恩的想法也受到了其他人的影响。他身材矮小，体弱多病，常被戏称为"女孩子"。女佣回忆道："凯恩长相俊美，年轻貌美，有着少女般的肌肤。"[118] 他的父亲约翰·金廷·凯恩（John Kintzing Kane）身材高大，身强力壮，年轻时是一位消防员，之后成为一位威严的法官。[119] 他不愿过于怜悯这个体弱多病的儿子。凯恩曾患有严重的风湿，大病初愈后，他的父亲忍无可忍，对凯恩说：

"你就是死也要在工作中死去。"[120] 凯恩把父亲严厉的教诲牢记于心。在前往北极前，他曾作为外交官的随行医生周游世界。他踏足过菲律宾的火山，探索过古埃及遗址，在锡兰跟随英国军官猎象，在美墨战争中也曾光荣负伤。总之，他是一位浪漫主义英雄，是应富兰克林夫人的请求前往北极探险、获得英国尊重的完美人选。[121]

北极探险将全面取胜。美国史书记载，第一次格林内尔远征是一场国际友谊赛，赞颂两个国家共同拥有的盎格鲁-撒克逊传统和男子汉气概。当前进号和救援号抵达纽芬兰的圣约翰岛时，凯恩说道："六个彪悍的盎格鲁-撒克逊人划了九英里的船来迎接我们。"听说不能担任船队的领航员时，他们略显失望。"但听到我们将要去'寻找约翰·富兰克林爵士'时，他们顿时又容光焕发了。"[122] 凯恩眼中的约翰爵士也是如此（容光焕发）。他把这位探险家的画像挂在床头，仔细欣赏这位"优秀、真诚、强健的英国人"。[123]

凯恩不久会遇见其他盎格鲁-撒克逊人。美国探险队在途中遇到了另外两支探险队，一支是私人探险队，另一支是官方探险队。他们多次相互示好。1850 年 8 月，在兰开斯特海峡附近，探险队与威廉·彭尼（William Penny）上尉的私人舰艇富兰克林女士号（Lady Franklin）不期而遇。凯恩在他出版的回忆录中描述了美英船员相遇时热烈欢呼的场面。他听到"美国船员发出古老的英式欢呼声"，感到十分开心。凯恩表示，英国人的欢迎"展示出亲兄弟般的支持"，在凯恩看来，美国和英国海员情同手足，为了"慈善使命"共同努力。[124] 凯恩在记叙中使用了两次"我们的英国兄弟"，[125] 北极探险确实是家族同盟行动。

由于都认同民族精神和男子汉气概，美英友谊传承了下来。两天后，在北极夏季阳光明媚的清晨，前进号追赶上英国皇家海军的双桅纵帆船菲利克斯号（Felix）。菲利克斯号船长约翰·罗斯（John Ross）爵士是一位"务实而又经验丰富的北极探险家"。海上波涛汹涌，颇具"翻江倒海"之势。但在喧嚣的海浪中，双方能听到彼此的呼喊。当美方询问其余英国探险船的位置时，罗斯喊道："他们在我们后面！"凯恩异常兴奋，他写道："菲利克斯号和前进号是排头兵。我永远不会忘记（罗斯）深情的高喊。"凯恩钦佩这位"勇敢的老约翰爵士"，称其为"有男子汉气概的老水手"，并"投身于寻找失踪战友的征途之中"。[126] 这位年轻的医生乐于与他同行。

英美探险队之间常常相互帮助。8月下旬，两支探险队发现他们都被困在比奇角（Beechey Point）附近的海湾里。指挥英国救援队的海军准将霍雷肖·托马斯·奥斯汀（Horatio Thomas Austin）爵士因而称之为"联合湾"（Union Bay）。[127] 虽然船只被坚冰所困，但凯恩正好有机会访问英国舰队。他与著名极地探险家詹姆斯·克拉克·罗斯（James Clark Ross）爵士交谈，备感荣幸。此外，凯恩受到了英国皇家海军坚毅号（Resolute）军官"兄弟般的"热烈欢迎。在坚毅号上，有一位中尉是他在菲律宾冒险时相识的老熟人。很快，凯恩与船上的军医也成为好友。[128] 1851年7月，当格林内尔远征队经过巴芬湾时，英国捕鲸船免费为他们提供了新鲜食物，为表达感激之情，美国捕鲸船要求用其他物品进行补偿。[129]

英美探险队之间的合作与友情随处可见。1850年7月1日，德黑文向英国海军部汇报了美国和英国搜寻队的进展，询问他们能否将搜救情况告诉富兰克林夫人。[130] 当前进号因"强水流和落潮"搁浅时，英国人自愿提供帮助，拖出遇险船只。[131] 美英两国的海军军官多次应奥斯汀邀请，商讨协调搜索工作。[132] 尽管德黑文清楚奥斯汀准将的计划与他的命令不同，但也基本接受了。[133] 1850年8月27日，两国海员在比奇岛海岸进行联合搜寻。一位英国人发现了几个坟墓，两国搜救人员急忙赶到现场。这些死者正是富兰克林探险队的成员，证据确凿。[134] 探险队迅速制订了陆地搜救计划。罗斯建议他们留下一艘他从英国带来的小船，以备搜救撤退时的不时之需。

德黑文同意了，并在船上留下了几桶补给食物。[135]

然而，美英合作并不意味着大国之间竞争的消失。[136] 远在伦敦的富兰克林夫人意识到，国与国之间的竞争是实现自己利益的最佳途径。因此，她经常挑拨美英海军部之间的关系，令他们难堪，促使他们采取进一步营救行动。她的侄女索菲亚·克拉克罗夫特就曾写了一些密信来达到这一目的。例如，1850年1月，索菲亚在寄给《泰晤士报》编辑的一封匿名信中写道："1850年是挽回英国岌岌可危的荣誉的一年"，"不要让美国抢走属于我们的拯救失踪远征队员的荣耀"。英国人开始担心美国探险队会抢先找到富兰克林。[137]

有时，德黑文和凯恩也会认为寻找富兰克林是一种竞争。9月初，英国皇家海军搜寻船全部解除冰封。德黑文和船员们羡慕地看着英国船只"勇敢地驶向远方"。[138] 8月底，凯恩在访问坚决号时，发现英国探险队技术先进，这令他感到十分沮丧。他说道："我看到英国人装备齐全，足以对抗严寒。我必须走出绝望，重拾信心。美国无法配备英国探险队那样的御寒衣物和取暖设备。与他们相比，我们一无所有。"[139]

不久，格林内尔前期准备的物资就严重匮乏。德黑文收到海军部指示，除非有利于春季的搜寻工作，否则不要在北极过冬。当德黑文船队周围的冰层开始松动时，他立即启程。1850年9月10日，他命令前进号和救援号启程归国。[140] 然而，13天后，他们发现舰队又被坚冰挡住了去路。[141] 凛冬已至，归国无期。也许，这是美国海军第一次经历北极恐怖的寒冬。救援号和前进号周围的坚冰险些摧毁船只。9月下旬，前进号"被两块浮冰死死夹住"。德黑文回忆道，冰块层层堆积，"远高于右舷的栏杆，沉重的冰块几乎使船只沉没""所有人都在忙着阻挡冰的侵袭"。[142] 更糟糕的是，由于暖气炉在货舱补给物之下，直到10月下旬，船上才安装了暖气炉。然而，冰块已然堆砌到了前进号和救援号内部。[143] 1850年12月初，风暴袭来，掀起周围的浮冰，再次威胁到了被冻住的船只。[144] 除此之外，凯恩和助理医生还要应对坏血病的暴发。此时他们并不知道，约翰·富兰克林爵士和船员没能逃脱坏血病的魔爪。1851年3月10日，凯恩向德黑文报告，"几乎所有船员都得了"坏血病，"只有三个人幸免于难"。[145]

尽管如此，他们还是坚持了下来。在凯恩和助理医生的努力下，船员们尽可能地保持了良好状态。1851年6月，冰雪融化，格林内尔探险队挣脱坚冰，重获自由，踏上归国之路。1851年9月30日，探险队回到曼哈顿岛。格林内尔在码头上第一个上前迎接他们。[146] 这一时刻苦乐参半。当然，格林内尔看到船员和船只安全返航，欣喜万分。然而，在寄给富兰克林夫人的信中，他写道："探险队没有找到富兰克林，我感到十分难过。您的丈夫和同胞未能获救，也未能回到故乡。"他不清楚美国是否计划再次前往北极，[147] 而富兰克林夫人笃定美国会再次启航。

准备第二次远征

第一次北极探险刚刚结束，美国就开始着手筹备第二次远征。这一次，富兰克林夫人有了一个新盟友：凯恩。尽管北极探险危险重重，但这位海军军医仍然渴望前往北极，营救远在寒冷极地的约翰爵士。11月4日，纽约英国侨民社区宴请格林内尔和远征队军官，为他们颁发银质奖章，凯恩敬酒致辞。他期待与约翰·富兰克林爵士见面，并"诚挚"地希望"继续开展搜寻工作"。[148] 富兰克林夫人感到很欣慰。她对格林内尔说道："英国人和美国盟友情感真挚，搜救工作一定能顺利进行。"[149] 11月15日，凯恩给富兰克林夫人写信，承诺为"神圣的北极营救事业"而"真诚合作"。[150] 如同富兰克林夫人和克拉克罗夫特一样，凯恩认为媒体是博取公众同情的最佳途径。

他激励同胞再次前往北极探险，这需要"彰显北极探险的重要性，引起美国政府的重视"。[151] 1851 年 12 月 19 日，富兰克林夫人在回信中表示："您的来信给予了我莫大的宽慰，我的感谢之情无以言表。"[152]

凯恩和富兰克林夫人彼此相互钦佩。彬彬有礼、富有骑士精神的费城医生与迷人又富有野心的贵族夫人性格互补。杰斐逊曾认为约翰·昆西·亚当斯和詹姆斯·门罗是"天造地设的一对"，而富兰克林夫人和凯恩也是如此。[153] 一位传记作家表示，富兰克林夫人"崇拜浪漫的凯恩"，将"他的肖像用天鹅绒画框裱起来，挂在客厅墙上"。[154] 他们的友谊无疑是真挚的，但各自也有所需求：富兰克林夫人认为凯恩是完美的国际英雄，他向英国海军部施压，迫使英国继续寻找富兰克林爵士；而凯恩获得了富兰克林夫人的探险赞助，积极参与搜寻工作以展现其高尚的、具有男子汉气概的品格。倘若他父亲看到儿子的转变，会倍加自豪的。

凯恩的野心是成为美国的约翰·富兰克林爵士，他似乎清楚该怎么做。前北极探险指挥官德黑文是美国搜救富兰克林爵士的最佳人选，但他志不在此，德黑文更加向往平静的生活。1851 年 10 月，在向海军部提交了长达 16 页的报告后，他便归隐田园，回到宾夕法尼亚州的农场。[155] 虽然德黑文没有参与第二次北极探险，但他希望凯恩记述探险故事，以供日后出版。[156] 他甚至邀请凯恩在他的农场写作，以便晚间交流。他催促道："你把书稿带过来，我在农场忙碌时，你可以安心工作。"[157] 富兰克林夫人也鼓励凯恩记录探险故事。当时，人们普遍认为富兰克林和其队友已经罹难。但在寄给凯恩的信中，富兰克林夫人表示："希望你能改变人们关于我丈夫已遇难的消极想法。"[158] 即使评论家的看法是对的，结论也合理，富兰克林夫人却不以为然，她希望凯恩的著作能够重铸英国海军部的信心。凯恩听从了富兰克林夫人的建议。首先，他博取公众同情，激起他们兴趣，写了第一次格林内尔远征的故事，在纽约和波士顿等美国东北部主要城市巡回演讲。[159]无论是杰出精英组织还是工人阶级劳工协会都十分期待凯恩的演讲。[160]凯恩告诉他们,富兰克林及其船员尚有存活的可能,也许他们已经离开了惠灵顿海峡,踏入传说中的极地海域。他推测,倘若美国派遣的第二支探险队沿着格陵兰岛西海岸而上,将会抵达那片未知海域。之后,探险队再乘船继续寻找富兰克林。[161]评论家指出,1845年幽冥号和恐怖号出海时携带的物资只能供给三年,凯恩辩驳道,开阔极地海域的气候温暖,孕育出丰富且有营养的物种,可供英国船员食用。[162]也许,富兰克林爵士和船员们不仅还活着,可能还长胖了呢。

为了成为美国的富兰克林爵士,凯恩需要船队和资金支持。凯恩把格林内尔当作"第二位父亲",但像第一次远征一样,如果缺乏联邦政府的支持,格林内尔不愿意再次进行远征。[163]根据耶利米·雷诺兹曾经的探险经历,格林内尔清楚,保证自筹资金的探险队伍能够进行极地探险的唯一办法是证实"在北极地区有大量海豹"。[164]海军部长约翰·彭德尔顿·肯尼迪(John Pendleton Kennedy)承诺,如果国会批准北极探险,还会征用格林内尔提供的新船只。[165]1852年冬,格林内尔和盟友花费了几个月的时间游说国会议员。然而,格林内尔的计划需要与早期极地探险家查尔斯·威尔克斯提交的富兰克林营救计划展开竞争。[166]双方都失败了。3月,参议院海军事务委员会主席通知格林内尔:"参议院大多数议员都反对进行第二次北极探险。"[167]

格林内尔心灰意冷。他回到纽约,仔细考量自己的选择。格林内尔是一位商人,同时也是爱国人士。国会未能认识到北极探险的必要性,这令他十分沮丧。他认为,除了与英国的外交关系,商业因素也同等重要。美国在全球大部分温带海域过度捕捞鲸,如今的捕鲸业已经扩展到北极圈。格林内尔清楚,美国需要更大范围的捕鲸场,而北极海域有可能变得更温暖,这会更为有利。1853年,凯恩在解释联邦政府需要支持第二次北极探险的原因时,他表示极地探险

"与美国捕鲸业息息相关","探索广阔的极地海洋潜力巨大"。[168] 最后，格林内尔认同梅尔维尔的观点，捕鲸是帝国主义行为。[169] 他预计美国最终将会占领加拿大和北极。1852年2月，他在一封公开信中写道："即使不继续寻找富兰克林，我国政府也应该派遣一支探险队前往这些北部地区。25年内，这些地区终将属于美国，我们应该对这个地区有更多的了解。"[170]

然而，随着1852年大选临近，美英关系愈加不稳定。虽然两国试图通过1850年签订的《克莱顿–布尔沃条约》（Clayton-Bulwer Treaty）解决双方在中美洲的冲突，但格林内尔清楚，两国对条约第一条说辞不一。条约第一条规定，双方承诺不"占领、驻防或殖民……中美洲的任何地区"。[171] 美国官员希望这一条款具有追溯效力。他们要求大英帝国撤出伯利兹（Belize）、群岛湾（Bay of Islands）及中美洲米斯基托印第安人（Miskito Indians）保护国①。而英国认为，该条款只适用于将来，对既成事实不具有效力。[172] 随着美国大选将近，与詹姆斯·K.波尔克一样，主要的民主党总统候选人支持武力扩张，格林内尔不知道和平能维持多久。[173] 而北极探险能促进大西洋世界的和谐与商业繁荣。

1852年11月，格林内尔认为第二次北极探险的回报大于投入。格林内尔获得乔治·皮博迪（George Peabody）的支持。皮博迪是一位居住在伦敦的富有的美国银行家，他与格林内尔一样关注美英关系的稳定发展。1852年1月，皮博迪承诺，与爱德华·贝尔彻爵士前往北极的美国探险队将获得1万美元。他希望"传递国际善意和支持国际友谊"。[174] 格林内尔将这笔钱用于筹备前进号的第二次北极

---

① 保护国是殖民统治的一种特殊形式。帝国主义国家为了掠夺原材料产地和国际市场，用强力的手段迫使弱小国家同其签订不平等条约，以"保护"为名，控制和吞并弱小国家。这些弱小国家就称为保护国。——编者注

远征。虽然凯恩尚未获得国会支持，但他至少筹备了自己的船队。

同时，凯恩对探险的宣传吸引了更多新老成员的加入，其中包括约翰·西姆斯（John Symmes）上尉的儿子。约翰上尉是在1812年参加过美英战争的老兵，也是一位地理学爱好者。19世纪20年代，雷诺兹在他的激励下进行了全球探索。[175] 第一次格林内尔探险队的军官亨利·布鲁克斯（Henry Brooks）也致信凯恩，询问是否可以加入第二次探险。他写道："如同第一次北极探险一样，我希望在这次远征中与您同行。"[176] 第二次北极探险也吸引了工人阶级。比如，一位从未在海上工作过的劳动者威廉·戈德弗雷表示，自己"热爱探险"，"向往新奇事物"，因此决定加入探险队。[177] 为此他放弃了比北极水手每月18美元工资高两倍的工作。[178] 然而，他将来可能会后悔。

在华盛顿，海军部长肯尼迪尽其所能，协助探险。他在海军部的所作所为体现了美国的最新共识——探险有助于积聚帝国力量。实际上，肯尼迪是最热衷于探险的海军部长。1852年年底至1853年年初，他命威廉·弗朗西斯·林奇考察利比里亚内陆地区，以便开拓新的蓄奴地；派遣佩里前往日本探险；派遣佩奇前往拉普拉塔河探险以扩展奴隶制；派遣北极号（Arctic）探测大西洋深处，考察穿越中美洲达利恩地峡的运河路线，并筹备北太平洋沿岸的大规模海军勘探。与19世纪50年代初的许多美国白人公民一样，肯尼迪具有很强的大局意识。他认为，美国已经足够强大，可以延伸至南美洲，在西非和桑威奇群岛建立殖民保护国，加强与中美洲和大西洋深处的通信联系，促使东亚国家向西方开放贸易，扩大极地捕鲸者的利益，进行北极探索的人道主义外交。因此，共和党人无须再顾虑联邦政府的规模、范围和开支。肯尼迪宣称，瞻前顾后无法挽救"荣誉"，或者"取得探险成功"。[179] 耶利米·雷诺兹在参议院的宿敌罗伯特·海恩一败涂地。

肯尼迪支持第二次格林内尔探险，这在某种程度上促成了一项公私合作的事业。毕竟，凯恩是海军军官。在肯尼迪的指示下，他承担了搜寻富兰克林和探索极地海域的特殊任务。[180] 肯尼迪满足了凯恩的要求，在海军中选派自愿加入前进号的船员。[181] 因此，探险队的17名成员中，有10名来自海军部。[182] 他还指示海军天文台的莫里向凯恩提供导航和科学仪器。[183] 莫里态度谦和，他感谢肯尼迪"像父辈般照顾我们"。[184] 1853年5月30日，前进号启航前往格陵兰岛，船舱里挂着两幅肖像：一幅是富兰克林，另一幅是肯尼迪。[185]

然而，并非所有联邦官员都像肯尼迪那样乐于助人。继任海军部长詹姆斯·C.多宾（James C. Dobbin）与肯尼迪不同。虽然他支持拉普拉塔河勘探，派遣海军最先进的船只出海，但他认为探索冰雪覆盖的海域毫无价值。[186] 和海恩一样，他不认同肯尼迪未取得国会批准就支持第二次格林内尔远征的做法。尽管多宾承诺不会否认肯尼迪的决定，但他明确表示海军部不再支持凯恩。[187]

有趣的是，尽管缺乏国会的支持，多宾也极力阻挠，但是大西洋两岸都普遍认为美国即将成为领先世界的强权国家。在美国，报纸大肆宣扬第二次格林内尔远征，媒体认为这是国家扩张的证明。《密苏里共和党日报》（Daily Missouri Republican）自豪地表示："这次远征将会得到全世界最高赞赏和尊重。无论结果如何……英国欢迎富兰克林及其下属的归来，给予其罗马征服者都从未获得的称赞。"[188] 在波士顿，《每日地图集》（Daily Atlas）表示赞同："营救约翰·富兰克林爵士的远征……是美国和整个人类的荣耀。凯恩英勇无畏，当他再次起航时，美国人将密切关注，给予其最美好的祝福。"[189]

这些言论表明，虽然公共事业是充满理想主义的，但美国公民迫切希望通过公私联合的探险队形式实现与欧洲列强平起平坐的愿望。毕竟，19世纪盛行的民族主义把个体行为与民族精神相联系。这就解释了为什么一些非国家行为者（比如科学家、航海家和艺术家）的成就也具有一定的国家意义。美国内战前，公民可能也本能地理解了美国治理的混合特征。在将第二次格林内尔远征视为一项国家行动时,他们含蓄地承认了美国历来会通过政府与企业合作的方式来实现国家公共目的。[190]

欧洲媒体与美国齐头并进,对探险赞誉有加。英国人对格林内尔和凯恩表示敬意,让重要的北极探险人员为凯恩等人提供帮助。1853年3月16日,英国驻纽约领事从海军部给格林内尔寄去了一些英国最著名的北极探险家的鼓励信,比如爱德华·帕里(Edward Parry)爵士、弗朗西斯·博福特(Francis Beaufort)爵士和爱德华·萨宾(Edward Sabine)爵士,这些维多利亚时代的探险家和科学家提供了专业建议。[191]多宾也承认:"英国海军部的倾情相助令凯恩欣喜万分。"[192]无独有偶,丹麦国王也致信凯恩,承诺格陵兰岛上的丹麦殖民者会向他提供援助。[193]普鲁士也支持凯恩,有名的全球科学探索支持者、启发了众多美国和欧洲探险家的亚历山大·冯·洪堡给凯恩写信,称赞他从事了"高贵慷慨的探险之旅"。他祝愿凯恩"在崇高的探险事业中取得成功"。[194]这些信件出乎耶利米·雷诺兹的意料。

格林内尔的第二次远征

1853年5月30日,前进号离开了纽约。[195]与首次格林内尔探险一样,第二次探险是对白人、基督教和基督教以前的文明的探访。在格陵兰岛,凯恩拜访了摩拉维亚传教士之乡利希腾费尔斯(Lichtenfels)。峡湾水面清凉,凯恩看到"西里西亚宅邸……上方有一座古色古香的钟楼",不由喜出望外。一位"头戴无边便帽"的"庄严人士"上前迎接,宛如"范迪克(Vandyke)或伦勃朗(Rembrandt)的画作一般"。他们从海上看到了古老豪宅的全貌。[196]

凯恩认为白人异教徒的历史同样重要。他将一座小船命名为"红色埃里克"（Eric the Red）。[197] 后来，当他在格陵兰岛西部海岸遇到巨大的冰川滑落时，他表示这座"水晶桥""将斯堪的纳维亚维京人的格陵兰岛和哥伦布的美洲连接起来"。[198] 甚至格陵兰岛的因纽特人也让凯恩回想起白人的历史。[199] 他强行将他们与北美印第安人相比，将他们描绘成中世纪野蛮人。他们建立的是封建政权，他们使用"独角象牙长矛"猎杀海象，疯狂地追捕熊。[200] 这里的景观也是中世纪浪漫主义风格。在达拉斯湾（Dallas Bay）的红色砂岩中，凯恩看到了"一座梦幻般的城堡，城堡两侧是三层塔楼"，顶部是"仿真的垛口"。[201] 他把一座独特高贵的尖塔命名为"丁尼生纪念碑"，因为阿尔弗雷德·丁尼生（Alfrredlord Tennyson）① 是他最喜欢的浪漫主义诗人。[202]

与大多数极地探险一样，格林内尔第二次远征困难重重。为了寻找长期以来为人们所向往的极地海洋和可能存活的英国人，凯恩和船员沿着史密斯海峡在格陵兰岛和埃尔斯米尔岛（Ellesmere Island）之间航行，进入一个人类从未到达过的北极海湾。地理学家后来将其命名为凯恩盆地（Kane Basin）。[203] 这是西方船只航行到达的最北端。[204] 他们在一个小海湾中度过了两个冬季。想起自己在宾夕法尼亚州的庄园，凯恩把这个小海湾称作伦斯勒港（Rensselaer Harbor）。[205] 1853 年 11 月，天气异常寒冷，威士忌也冷冻成冰。在北极度过的这第一个冬天，他们有 127 天没有见过阳光。[206] 凯恩的挚友杰弗逊·贝克（Jefferson Baker）[207] 和法国志愿者皮埃尔（Pierre）死于严寒。[208] 有一次，他们特别想吃鲜肉，甚至吃了船上的老鼠和

---

① 阿尔弗雷德·丁尼生（1809 年 8 月 6 日—1892 年 10 月 6 日），是英国维多利亚时代最受欢迎及具特色的诗人，代表作品为组诗《悼念》。——编者注

刚出生的雪橇犬幼犬。[209] 1854 年 8 月,物资匮乏,近半数的探险队成员选择退出。为了躲避北极的冬天,他们跑到了南边的丹麦殖民地。然而,这谈不上是一次成功的突围。12 月初,凯恩克服重重困难,说服想要退出探险行动的船员,探险队再次团结一致。[210]

凯恩可能会埋怨船员们毅力不足。毕竟,本次远征是为了彰显盎格鲁 – 撒克逊人的力量。凯恩承认在北极过冬是对"身体素质的挑战",但他希望队友能经受住考验。[211] 凯恩称赞船员的男子汉气概,尤其是那些牺牲的人。[212] 当一支雪橇队回到伦斯勒港时,凯恩向他们致以"古老的盎格鲁 – 撒克逊式问候——三声欢呼"。[213]

《双桅船生活:第二个冬天》(*Life in the Brig: Second Winter*)

选自以利沙·肯特·凯恩《北极探险:寻找约翰·富兰克林爵士的第二次格林内尔远征》[*Arctic Explorations: The Second Grinnell Expedition in Search of Sir John Franklin*,1853 年,54~55 页,费城,蔡尔兹和彼得森出版社(Childs and Peterson),1856 年,1:442]。请注意凯恩的阳刚之气。(费城图书馆提供)

水手的阳刚之气非常重要。威廉·戈得弗雷（William Godfrey）报名参加此次远征，不仅是因为渴望冒险，还因为他"力量非凡，耐力充足"。[214] 在戈得弗雷的探险记录中，他曾抨击指挥官凯恩。他把凯恩描绘成一个残忍、粗暴、恶毒的人，而且最重要的是，凯恩身体虚弱。[215] 有一次，在探险队返回雪车的途中，他们异常疲惫，四肢麻木，许多人在路上就睡着了。[216] 虽然凯恩是清醒的，但只有戈得弗雷为昏睡的队友搭帐篷。由于帐篷空间不足，凯恩建议徒步回到9英里外的雪车上，戈得弗雷同意了。然而，凯恩非常疲惫，他不得不依靠戈得弗雷的力量。戈得弗雷解释说凯恩"体质不好"，他甚至"晕倒了……两三次"。当他晕倒时，戈得弗雷"只得背着凯恩走"。[217] 凯恩曾经精心塑造了理想中的男人形象——心思细腻、身强体壮，但戈得弗雷的描述对他是毁灭性的打击。

凯恩对力量和耐力的渴求，清楚地体现在他与因纽特人的交往中。因纽特比他要高大——考虑到他的体格，他本不该惊讶。然而，凯恩对其体格和技术印象深刻，他担心如果无法表现出探险队与他们实力相当，因纽特人会伤害他们。[218] 同时，他需要因纽特人为队员和雪橇犬提供新鲜的肉。[219] 因此，他试图证明白人在体格和技术方面的优越性。他解释道："千千万万的人都不明白，尊重不过是对优越性的一种赞美，而这种优越性可能是真实的，也可能是虚张声势。"[220] 在打猎时，凯恩和队友"小心翼翼，假装不累"。有时，他们甚至和戈得弗雷一样，背起疲惫的因纽特人。通过这种方式，凯恩希望因纽特人不会把白人的"丰富设备"看作"缺乏男子汉气概或力量不足"的标志。[221]

他的策略似乎奏效了。他认为因纽特人"对于我们的优越性印象深刻"[222]，但看起来他们只是认为美国人能与自己平起平坐而给予对方一定尊重。他们或许也深刻地认识到联盟对双方有利，在发生了几起盗窃纠纷后，因纽特人与凯恩起草了一份条约，双方得以和解。[223] 凯恩和下属掌握了原住民的知识。实际上,后来的传记作者争辩道,探险队北极远征的主要贡献是肯定了因纽特人知识的价值。[224] 因此,美国将前进号内部改造成了一个冰屋,使用动物皮毛制作了因纽特人风格的衣服,甚至佩戴因纽特风格的木制护目镜,减弱极地太阳的眩光。[225] 回国后,凯恩向多宾解释道:"我们不得不像因纽特人一样生活,但这是一项策略。"[226] 最关键的是,他们加入因纽特人的狩猎派对,享用海豹、熊、海象肉等新鲜猎物。[227] 而因纽特人得到了美国的枪支和火药,狩猎的成功率显著提升。至少,凯恩帮助因纽特人摆脱了饥饿。[228]

因纽特人帮助探险队探索北极。通过乘坐狗拉雪橇、乘船以及步行,探险队成员彻底探索了凯恩盆地及其北部边界。1853年10月,一块巨大的冰川从格陵兰岛北部滑落到凯恩盆地,他们的探索险些功亏一篑。凯恩心怀敬畏,以自己心目中的英雄"洪堡"来为这块冰障命名。[229] 1854年6月,探险队绕过洪堡冰川继续向北前行。[230] 他们发现凯恩盆地逐渐缩窄成一条通道(命名为肯尼迪海峡),最终通向一片无冰的广阔海洋。[231] 这里是北冰洋的一个海岸,理论上这片海域已经形成很久了。在条件适当的时候,海面偶尔无冰,凯恩和队友相信他们已经证实了存在温暖的极地海洋。探险队最大的遗憾是肯尼迪海峡距离短,结冰条件不足,他们无法"寻找英国远征烈士的踪迹"。[232]

物资减少,士气锐减,凯恩认为北极的第三个冬天是致命的威胁。他承认:"包括我自己在内的探险队成员已经遍体鳞伤了——几乎所有人都患有坏血病,还有人因冻伤脚趾截肢。"[233] 1855年5月17日,他们离开被冰封的前进号,将捕鲸船抛到雪橇上,只带走了必需品。[234] 经过1300英里的艰难跋涉,他们轮流拖拽雪橇,携带设备一路向前。1855年8月6日,探险队抵达丹麦最北端的乌佩纳维克殖民地(Upernavik)。[235] 在丹麦的捕鲸船上,他们收到了最新消息:

欧洲克里米亚战争①爆发，以及在向南、向西部数百英里处发现了富兰克林一行人的踪迹。[236] 原来他们一直找错了地方。我们只能想象凯恩和其饿死、冻伤的船员对此做何感想了。

在南部的戈德港（Godhavn）——今凯凯塔苏瓦克（Qeqertarsuaq），探险队迎来了喜讯。1855年9月，在登上一艘商船前往丹麦的途中，凯恩一行人发现了远处的一艘美国军舰。这是由亨利·J.哈斯泰内（Henry J. Hartstene）指挥的轮船解放号（Release）。[237] 凯恩和下属登上船后得知，国会命令该船来北极寻找探险队回国。自1854年7月以来，探险队音信全无。[238] 到1854年年底，肯尼迪和格林内尔感到十分焦虑。[239] 他们通过自身的社会影响力，博取了公众的关注和同情。因此，美国哲学学会（American Philosophical Society）、纽约商会（New York Chamber of Commerce）、自然科学院、波士顿和费城贸易委员会（the Boards of Trade of Boston and Philadelphia）向国会请求提供援助，请愿书从纽约和新泽西州纷纷涌向华盛顿。[240]

1854年至1855年的冬天，宾夕法尼亚州的国会代表团在国会推进该法案。他们警告道，美国是伟大的国度，不能放弃凯恩这样的英雄。宾夕法尼亚州参议员理查德·布劳得海德（Richard Brodhead）告诉同事，营救身处险境的探险家是"慷慨政府的职责，也彰显了国民的慷慨"。[241] 他们要求仿效大英帝国的做法；凯恩已成为他们眼中的又一个富兰克林。在舆论的影响下，国会于1855年1月和2月顺利通过凯恩营救案。[242] 一位国会议员站起来表示支持该法案，同僚奉劝他坐下来，解释道："所有人都赞同这一提案。"[243]

10月11日，哈斯泰内与凯恩和前进号船员一同返回纽约，美国

---

① 克里米亚战争是1853年至1856年在欧洲爆发的一场战争，俄罗斯与英国、法国为争夺小亚细亚地区权利而开战，战场在黑海沿岸的克里米亚半岛。——编者注

人欣喜若狂。毕竟，他们做到了英国未做到的事情：寻回失踪的美国探险家。多宾对解放号指挥官大加赞扬："您忠心赤胆，技巧娴熟，不屈不挠，圆满完成了这项艰巨的任务。"他指出，除凯恩以外，哈斯泰内比其他航海探险家更加深入北极地区。"（哈斯泰内）成功穿过冰川，克服地球上荒凉地区的种种危险。如今，您已经返航，顺利完成任务。"[244]

凯恩回国后，其传奇故事的影响力越来越大。由于媒体广为报道，他的名字家喻户晓。[245] 格林内尔的儿子科尼利厄斯（Cornelius）称赞道："您现在是北极的雄狮！"[246] 在华盛顿，凯恩受邀与总统夫人喝茶。[247] 他也收到了讲座、签名和订制相关工艺品等活动邀请。[248] 1856 年，出版商出版了他的著作《北极探险》，这部 2 卷本描述了格林内尔的第二次远征。该书"第一年售出了 65000 余份；截至 2018 年，累计售出 145000 份"。[249] 读者支持书中的种族理论。比如，《北美评论》指出这是有关 "日耳曼种族构成" 的证据，吹嘘道："北极营救是对身体耐力和性格的双重考验。"[250]

英国人也祝贺凯恩归国。英国皇家地理学会（Royal Geographical Society）授予他金质奖章。[251] 英国驻美国公使向凯恩保证："英国政府和人民对（您）的慷慨和努力表示最诚挚的敬意。"[252] 然而，于凯恩而言，富兰克林夫人信中所述的内容是最重要的。她写道："收到您安全回国的消息，我倍感欣慰。"夫人称赞凯恩对富兰克林北极营救的"慷慨奉献"，她希望英国同胞也能这么做。为了"解开我丈夫一行人命运的谜团，获得宝贵的探险记录"，她希望凯恩能来英国担任她的私人营救计划的指挥官。[253]

1856 年 10 月，凯恩听从富兰克林夫人的建议，航行到英格兰。[254] 虽然他无法再次参加严酷的北极探险，但他可以帮助富兰克林夫人游说英国政府指派船只搜索。然而，他高估了自己的身体状况。由于多年过度疲劳，风吹日晒，他的身体状况很差。当富兰克林夫人终于见到她的英雄时，惊呆了。格林内尔曾警告道："凯恩已经瘦弱得不成人样了。"[255] 尽管如此，富兰克林夫人仍然希望他能康复，再次前往北极。然而，凯恩本人也清楚这是痴人说梦了。他写信给父亲，称自己已"油尽灯枯"，"北极探险的梦终究走到了尽头"。[256] 英国皇家地理学会为他举办了一次特别会议，但凯恩病重，无法出席。[257] 他在英国白厅接受采访，与海军部第一勋爵、几位英国海军上将和杰出的船长以及皇家海军的首席水文测量师交谈。这是他最后一次为富兰克林夫人服务。1856 年 12 月，他来到古巴。1857 年 2 月 16 日，他在哈瓦那离世，身边有他的母亲、两个兄弟和他的朋友兼前往北极的战友威廉·莫顿（William Morton）。[258] 听到凯恩逝世的消息，富兰克林夫人悲痛欲绝，她告诉格林内尔："我已无力下笔。"[259]

美国举国悲痛。人们在江轮上向凯恩致敬哀悼，他的遗体被火车运往费城。历史学家马克·斯温估计，其葬礼规模堪比亚伯拉罕·林肯和罗伯特·肯尼迪的葬礼。[260] 他们哀悼的部分原因是凯恩提升了美国的国际地位。正如《哥伦布调查者》[Columbus (GA) Enquirer]所述，凯恩的探险事迹是"英雄主义"的体现，"他无私奉献，提升了国家地位"。[261] 凯恩的遗体到达费城后，市政府官员安排将其安葬在美国独立纪念馆（Independence Hall）①。美国白人认为，凯恩宣传了美国的文化独立性，并彰显了国家成熟度，应该向他致敬。为表达悲痛之情，费城的哀悼者佩戴了特别设计的黑色丝带。丝带上写着："哀悼凯恩的逝世，他为国家增光添彩。"[262] 当费城人看到葬礼队伍缓缓走过他们的城镇，覆盖着美国国旗的灵柩在费城经过，他们也许认为这代表着美国的巅峰时刻。

---

① 美国独立纪念馆建立于 1732 年。1776 年，第二届大陆会议在这里签署了《独立宣言》；1787 年，制宪会议的代表们在这里起草并签署了美国宪法。——编者注

第六章
北极探险与美英和解

坚毅号返航

营救富兰克林的北极行动促进了美国获得英国认可,成为"西方"大国的进程。然而在 1856 年之前,奴隶制和美帝国在西半球的利益阻碍了这种探险运动的发展。此外,英国驻纽约和美国其他地区的领事号召美国人参加克里米亚战争,美国人对此的指责也起到了同样作用。[263] 对美国白人公民而言,英国公然违反中立法,说明英国官员拒绝承认美国是真正值得尊敬的大国。

中美洲仍然是美英关系的难题。英国坚守加勒比海的岛屿湾(the Bay of Islands),在中美洲建立印第安人保护国,美国对此感到非常愤怒。1854 年 7 月,美国歌鸲号(Cyane)指责英国进行海盗抢劫,并以此为由炮击了尼加拉瓜海岸的英国保护国格雷敦(Greytown)。[264] 格林内尔等美国商人担心爆发战争,而沙文主义者却擅动刀戈。他们希望英国人从美洲撤离,以便美国人实现"天定命运"。对此,英国媒体反驳道,美国不断进行海盗活动,它就是一个"海盗国家"。[265] 1854 年至 1856 年,美英关系紧张,双方的执政精英都担心会爆发战争。[266] 1856 年 3 月下旬,英国首相帕默斯顿勋爵承认,"中美洲争议""最有可能"在"战火中"解决。[267]

然而几年后,帕默斯顿的态度有所缓和。英国深陷克里米亚战争中,不愿再发动战争了。[268] 英国商人——格林内尔的跨大西洋竞争者——警告道,战争会造成商业损失。[269] 他们认为美国的扩张趋势是不可逆的,甚至美国在拉丁美洲的领土扩张也许有利于商业发展。[270] 渐渐地,帕默斯顿开始承认,他担心美国的扩张能否被限制在格兰德河(Rio Grande)以南。他认为,美国将于 20 世纪中叶占领合恩角。[271] 他同意经济学专家的预测,美国的发展有利于英国商业。1856 年 10 月,他提出了一项新的外交提议,以解决关于《克莱顿 – 布尔沃条约》的争议。[272] 英国仍将保留伯利兹城(Belize),但到 1860 年 1 月，英国将放弃米斯基托印第安人保护国，撤离岛屿湾。[273] 由此，战争的阴云消失了。

英国从中美洲撤退非常重要。首先，这是慑于美国军事和经济实力而做出的妥协。国家军事和经济实力强大是赢得西方国家尊重的基石。其次，英国默许美国在中美洲和南美洲扩张，扫除了美国内战前全方面扩张的主要外部障碍。奴隶制扩张引发的政治风暴仍在继续，但如今已没有强大的他国政府阻止美国的扩张。最后，美国硬实力强早已是事实，英国人也因此充分认识到美国在文化、科学、艺术等文明领域已经发展成熟（这也是国家发展的最终阶段）。其中，北极探险——远远超过美国内战爆发前十年间的所有活动——赢得了英国的最大赞誉。即便如此，于英国而言，退出中美洲是一种耻辱。英国能否克服沮丧心理，最终承认美国国际强国的地位，仍须观察。

获得欧洲国家承认的过程中，美国还打出了一张王牌：他们修复了坚毅号，并将其归还英国。坚毅号是一艘英国军舰，担负着寻找约翰·富兰克林爵士的任务。如同其他船只一样，它也被冰封在北极地区。船长和船员弃船而去，坚毅号被牢牢封在冰层中，向南漂流了 1000 英里。[274] 一艘新伦敦（New London）捕鲸船发现了海上的坚毅号，并将其驶回港口。美国国会花费 4 万美元购买了该船只，又额外花费 4 万美元修复它。[275]

在华盛顿的支持者认为此举是中美洲外交失败后修复美英关系的途径。参议院海军事务委员会主席告诉同事："我们最近伤了大不列颠的自尊。"他希望同胞能"真正尊重英国人，顾虑他们的感受，而把船只归还女王陛下不失为一个好办法"。[276]《俄亥俄州政治家日报》（Daily Ohio Statesman）表示赞同，它认为这是"解决中美洲争端的最佳时机"。[277] 国务卿威廉·马西在写给格林内尔的信中表示，归还坚毅号本就是"一个大国对另一个大国应有的国际礼节之一"。[278]

马西此话未免有些不妥。他可能自认为是一个伟大国家的公民,但这种评价只有英国人才能做出。[279] 1856 年 12 月,坚毅号绕过锡利群岛驶向英格兰,哈斯泰内船长猜想着自己会遇到什么情况。

英国人的欢迎远远超出哈斯泰内的预期。12 月 12 日,狂风暴雨,电闪雷鸣,坚毅号抵达斯皮特黑德海峡(Spithead)。[280] 皇家海军热烈欢迎坚毅号的回归。富兰克林夫人建议女王军舰鸣响三声皇家礼炮,以表达敬意。[281] 船只靠岸后,哈斯泰内乘车前往伦敦,参加为期两周的访问和见面会。他和下属会见了第一海务大臣,并参加了在普利茅斯(Plymouth)举办的宴会。[282] 12 月 22 日,哈斯泰内及其手下的军官和船员回到坚毅号上,接待了英国政要,其中包括坚毅号曾经的最高指挥官贝德福德·比姆(Bedford Bim)中尉。当晚,哈斯泰内和客人们在船长舱饮酒,一致认为必须再次进行北极探险,"解开富兰克林失踪之谜"。次日,哈斯泰内在一位海军中将的陪同下,受邀前往帕默斯顿庄园。[283] 富兰克林夫人招待美国军官共进圣诞晚餐,她希望哈斯泰内能说服英国海军部再次派遣坚毅号前往北极。[284]

12 月 16 日,维多利亚女王、阿尔伯特亲王和其他王室随行人员参观了坚毅号,这是莫大的殊荣。格林内尔的儿子科尼利厄斯收到消息,急忙赶往船只在考兹(Cowes)的停泊处。他看到"军官们身着全套军礼服,水手们衣着精致,船只无比干净……英国王室的旗帜最夺目,在女王踏上舷梯那一刻迎风展开。前桅和后桅的桅杆是英国国旗的颜色,桅杆顶部飘扬的美国星条旗与英国国旗交相辉映"。科尼利厄斯不禁松了口气。[285]

女王走上舷梯后,哈斯泰内发表了简短讲话。他告诉女王,美国归还坚毅号"不仅是对英国示好,更表达了对英国的喜爱、钦佩和尊重"。[286] 伦敦《泰晤士报》写道:"哈斯泰内的坦诚相待令女王动容。"她亲切地微笑着说:"感谢先生。"[287]

英国给予美国如此荣誉,代表着英国承认美国成为国际上与英

《1856 年 12 月 16 日，维多利亚女王访问坚毅号》
(*In England and America. The Visit of Her Majesty Queen Victoria to the Arctic Ship Resolute—December 16th, 1856*)

雕刻师乔治·祖贝尔（George Zobel）重现了威廉·辛普森（William Simpson）原画中美英和解时激动人心的骑士精神。对于大卫·波特、耶利米·雷诺兹和约翰·昆西·亚当斯等探险家来说，维多利亚女王访问坚毅号代表美国的文化地位与欧洲大国持平。（1859 年乔治·祖贝尔雕刻威廉·辛普森的绘画作品，于伦敦 Colnaghi & Co. 画廊展出；华盛顿特区国会图书馆印刷和照片部门提供。编号：96511945，专利号：LC-DIG-pga-03087，LC-USZC4-4671）

国相当的大国。这是会让大卫·波特、耶利米·雷诺兹、约翰·昆西·亚当斯以及其他早期探险家无比自豪的时刻。通过官方和私人合作的方式，美国于 1849 年 4 月接受了富兰克林夫人进行北极营救的提议，跻身文明国家的行列。当时的人以中世纪性别观和盎格鲁-撒克逊种族观来看待这些发展。格林内尔、德黑文、凯恩以及数十名普通水手如同骑士般自愿帮助富兰克林夫人。他们坚韧不拔，前往地球最恶劣的北极地区，证明了自己的阳刚之气和种族优越性。在未来接下来的时间，他们的所作所为强化了美国国内和欧洲的白人至上主义。在外交方面，他们为美国文明的成熟发展奠定了基础。1856年，大英帝国最终接受美国在西半球的领土扩张行为，承认美国是一个文明开化的帝国。

1857年1月，哈斯泰内回到美国，海军部授予他一把来自维多利亚女王的"荣誉之剑"。[288] 幸运的是，于两国而言，这也是一把和平之剑。

结语

南卡罗来纳州的种植园主刘易斯·M. 哈奇（Lewis M. Hatch）一定在报纸上读到了这则消息：以利沙·肯特·凯恩正从英格兰前往古巴疗伤。哈奇看到了为这位伟人效劳的机会。他知道凯恩是费城人，在西印度群岛逗留后很可能返回家乡，因此他决定邀请凯恩来自己的庄园歇脚。他写道："虽然我们素未相识，但我和所有美国人一样，深切关心您的身体健康。"哈奇的种植园位于城外四英里处，"地处偏僻，阳光充足"。他对凯恩说道："这里地面平整，适宜散步，松林舒缓，田野怡人。"如果情况紧急，医生可以从查尔斯顿骑马赶来。但很可能根本无需医生，因为"庄园里的女士们有丰富的护理经验，许多受过她们帮助的陌生人都心怀感恩"。他继而补充道："当然，您不是陌生人！"[1]

凯恩并未收到这封信，信寄到了费城凯恩的父亲手中。约翰·金廷·凯恩认为这封信非常重要，嘱咐要传给后人。这封信确实值得重视。如同哈奇在信中所述，仅仅通过媒体中对凯恩的描述，哈奇就视其为"亲人"。哈奇的信中充满了同情、怜悯和亲切之情。倘若有奇迹发生，凯恩接受了哈奇的邀请，那么哈奇定会精心照料他的。

但凯恩对哈奇意味着什么呢？我们只能从信中寻找一些蛛丝马迹。哈奇是通过书籍"了解"凯恩的，因此媒体对这位探险家形象的描述尤为重要。在本书最后一章，媒体和凯恩自己写的书都将他描绘成一位理想的盎格鲁－撒克逊人。正如《费城晚报》（*Evening Journal*）在凯恩去世后所述，凯恩是"男子汉气概的理想代表"和

"最崇高的男性楷模"。[2] 这是内战前北方根深蒂固的男性形象，如今也逐渐获得南方白人的认可。[3] 哈奇可能欣赏凯恩前往北极地区帮助富兰克林夫人寻找丈夫的气魄，这维护了父权制。而且，北极探险为哈奇的女性亲属（"庄园里的女士"）展示了白人男女应该如何相处。此外，哈奇是奴隶主，乐于听到对于盎格鲁－撒克逊人耐力和优越品性的赞美之词。在《北极探险》中，一名水手嘲笑黑人用豆子和猪肉就能做一顿大餐。[4] 也许哈奇也会像凯恩和水手们一样哈哈大笑。他肯定十分感谢凯恩，凯恩虽然是位名人，但没有利用其身份与兄弟一起抵制奴隶制。[5] 不然，他肯定不会邀请凯恩来庄园休养。总之，这位南卡罗来纳州种植园主似乎非常看重凯恩对（维护）等级社会所做的贡献。

哈奇的信中还蕴含着有关内战前美国民族身份的一些有趣信息。首先，这位种植园主同其他美国白人一样，担忧凯恩的身体健康："我和所有同胞一样，十分担心您的身体。"他强调凯恩不是"陌生人"，而是朋友或家人。然而，哈奇不是特例。美国哲学学会和宾夕法尼亚州历史学会保存的凯恩家族文件中有数十封美国公民的吊唁信，寄信者既不认识凯恩，也不认识他的家属。一位来自俄亥俄州辛辛那提（Cincinnati）的年轻女孩艾玛·卢·斯普林曼（Emma Lou Sprigman）写信给凯恩的母亲简·莱珀·凯恩（Jane Leiper Kane），用亲属的口吻表达了她的悲痛。她写道："我一直敬凯恩如长兄。我读过他高尚无私的探险事迹，心中充满对他的敬爱。"[6] 另一位吊唁者在致凯恩夫人的信中写道："您的丧亲之痛令许多人感同身受。"[7] 肯塔基州路易斯维尔律师协会向凯恩父亲致以慰问："美国与您共伤悲。您儿子的英勇事迹属于美国人民的荣耀，这将成为一笔宝贵的国家财富。"[8] 总而言之，这些信件表明，内战前的白人都认为美国是一个统一的、亲如一家的国家。

凯恩等海军探险家帮助建立、加强了这种民族认同感。他们塑造了美国文化，也深受美国文化的影响。埃德加·爱伦·坡的《亚瑟·戈登·皮姆的故事》(The Narrative of Arthur Gordon Pym of Nantucket)的创作灵感来源于雷诺兹对南极探索的痴迷之情。[9] 1849年，爱伦·坡因热病去世，弥留之际，仍念着这位探险家的名字。[10] 赫尔曼·梅尔维尔也深受雷诺兹所写的太平洋凶猛白鲸摩卡迪克的故事的影响。他还有一套威尔克斯的五卷本《探险故事》，并在旁注中写下了他的读后感。[11] 虽不是为了扩展奴隶制，但马克·吐温在年轻时也曾尝试重走亚马孙探险之旅。[12] 拉尔夫·瓦尔多·爱默生赞扬凯恩和其他海洋探险家为西方增加了丰富的知识和文化财富。[13] 爱默生昔日的门生亨利·戴维·梭罗（Henry David Thoreau）性格叛逆，却最喜欢在躺椅上阅读有关海军探险的著作。[14] 他的同胞也是如此。诗人艾米丽·狄金森（Emily Dickinson）写道："书本带我们到遥远的国度遨游，这是护卫舰无法办到的事情。"[15]

白人中产阶级和上层阶级开始赞赏海军探险家，因为这些人帮助他们建立了反映他们最为看重的价值观的民族身份认同：欧洲文化遗风、自由资本主义、中产阶级品性、福音派基督教。在赞美像凯恩这样的探险家时，白人公民始终忽视了劳动阶级水手、棕色人种的向导和补给者、阿拉伯和因纽特人盟友、南美克里奥尔人和英国贵族妇女的帮助，正是有了他们的贡献美国特定人群的愿景才得以实现。威尔克斯探险队的军官决定在斐济马洛洛建立一座纪念碑，纪念约瑟夫·安德伍德（Joseph Underwood）中尉和海军见习生威尔克斯·亨利之死，而刻意忽略了远征中牺牲的其他普通海员。马萨诸塞州剑桥市奥本山公墓中20英尺高的大理石纪念碑也是如此。它用来纪念1839年在合恩角附近失踪的海鸥号（Sea-Gull）和船上两名海军候补少尉，但纪念碑上没有列出与他们一同淹死的15名水手的名字。[16] 这座军官专属纪念碑是帝国主义社会的产物。

鉴于国家对凯恩等探险家的重视，民众希望用建筑物来纪念这位北极英雄也就不足为奇了。最早设立的是凯恩墓，这是一座优雅的埃及风格陵墓，建在费城劳雷尔山公墓的小山上。凯恩墓位于思古河（Schuylkill River）和熙熙攘攘的凯利大道（Kelly Drive）之上，墓中葬有凯恩、他的父母和亲属。它虽引人注目，却幽深僻静。凯恩的崇拜者对此不甚满意。1859年6月，他们通过纽约州立法机构起草了凯恩纪念协会（Kane Monument Association）章程。之后，纽约市新落成的共济会会所"凯恩小屋"（Kane Lodge）的会员们发起筹款活动，为新雕像筹集资金。[17]

但他们的计划被战争打乱了。1860年至1861年的冬天，美国分崩离析，探险者联盟也随之瓦解。南卡罗来纳州的哈奇加入了叛乱的南部邦联。1861年7月，他在第一次奔牛河战役（First Battle of Bull Run）[①]中担任P.G.T.博雷加德（P. G. T. Beauregard）的随从军官。随后，他负责指挥北卡罗来纳州第23军团，这显然惹人非议。[18]约翰·彭德尔顿·肯尼迪仍忠于联邦政府，但他和乔治·班克罗夫特是在世的前海军部长中仅有的两个站在北方立场上的人。詹姆斯·布坎南的海军部长艾萨克·托西（Isaac Toucey）内战中在北方按兵不动，人们强烈怀疑他对南方邦联心存同情。在布坎南任期即将结束，国家陷入分裂危机的时候，他将海军分散派往世界各地。批评家认为他的目的是防止联邦军舰被用来对付南部反叛势力。前海军部长威廉·普雷斯顿和威廉·格雷厄姆都是亚马孙探险队的支持者，内战期间他们一直待在里士满（Richmond），属于南部邦联一派。[19]

马修·方丹·莫里、拉德纳·吉朋、亨利·J.哈特斯坦和威廉·弗朗西斯·林奇也去了南方。莫里南下激怒了北方渔民。渔民是莫里科学研究的最大受益者，所得利益远超奴隶主，因此他们

[①] 也称第一次马纳萨斯战役，是南北战争中的一场重要战役。联盟军在托马斯·杰克逊的率领下，打破了联邦军进攻里士满的计划。——编者注

不希望莫里去南方。1859 年，塞勒姆的东印度洋协会（East India Marine Society）曾投票选举莫里为"本协会第一位且唯一一位荣誉会员"。[20] 两年后，他们将莫里除名。一名成员把他的画像从博物馆的墙上扯下来，并在画的背后写下"中尉 /M.P. 莫里 / 叛徒"。[21] 拉普拉塔河勘探的前指挥官佩奇先是加强了南部邦联海岸线的防御，又争取了欧洲盟友的支持。[22] 林奇则主要在北卡罗来纳州海岸竭力抵抗更强大的北军。[23] 他作为海军探险家的名声也传入了南部邦联军中。1862 年 2 月的某个深夜，军官威廉·哈沃·帕克（William Harwar Parker）"看见他身穿睡衣，安静地坐在船舱里阅读《劫后英雄传》(Ivanhoe)"。[24] 那是北军进攻罗阿诺克（Roanoke）前夕，他们胜算渺茫。两位军官讨论了作战计划后，话题又转回到文学。帕克对此毫不意外，他解释道："林奇是位谦谦君子，十分健谈，他的《美国远征约旦河和死海》在海军中颇有名气。"[25] 北卡罗来纳州的另一位分裂主义者凯瑟琳·安·埃德蒙斯顿（Catherine Ann Edmonston）也知道林奇的耶路撒冷考察。有次林奇想咨询她丈夫一些军事问题，她在日记中写道，我丈夫"立即去拜见了这位死海探险家"。[26]

其他的海军探险者仍忠于北方。在威尔克斯远征队服役期间，海军候补少尉威廉·雷诺兹偷偷写了日记。美国内战时，他为北方作战，表现出色。1873 年，他晋升为海军少将。[27] 他的朋友贝类学家约瑟夫·B. 库托伊（Joseph B. Couthoy）曾指挥联邦炮艇舰队同南方作战，英勇牺牲。[28] 另一位退伍老兵詹姆斯·B. 奥尔登（James B. Alden）中尉参加了几次海军战役，包括新奥尔良、维克斯堡（Vicksburg）和费舍尔堡（Fort Fisher）战役。[29] 威尔克斯探险队的老指挥官查尔斯·威尔克斯脾气暴戾，性格古怪，在内战时也活跃着。1861 年 11 月，他拦截了一艘名为特伦特号（Trent）的英国游轮，拘留了两名美国邦联外交代表。英方认为这是对大英帝国的侵犯，非常愤怒，准备拔刀相见。国务卿威廉·H. 西华德（William H.

Seward）平息了此事，但特伦特号事件是英国支持南部邦联、干预美国事务最严重的一次。[30]

老一辈探险家不必像年轻人那样拼命。1840 年，美国驻奥斯曼帝国公使大卫·波特（David Porter）死于君士坦丁堡。[31] 他见证了 1815 年年初所提提议的实现，但人们无从知晓他对此做何感想。八年后，约翰·昆西·亚当斯于 1848 年去世。与波特不同，亚当斯目睹了威尔克斯探险队的归国和所获的科学成果。1842 年，亚当斯拜访威尔克斯。他在日记中惊叹道："探险队收集了大量绘画，既有男人、女人和孩子的肖像，也有海洋和斐济群岛的风景画。鱼类、鸟类、植物、贝壳和航海图数不胜数，令人眼花缭乱。"[32] 亚当斯一定相当满意。当亚当斯的探险家好友威廉·弗朗西斯·林奇得知这位前总统的死讯时，他正在绘制死海地图。他降下半旗，命令探险队发射"每隔一分钟放一次礼炮，连发 21 次……以纪念这位伟大的逝者"。林奇写道："炮声轰隆，在高耸荒芜的山脉的洞穴深处回荡。"[33]

耶利米·雷诺兹从未得到他梦寐以求的声誉。威尔克斯探险队启航后，他成为纽约的一位律师，专攻海事法。[34] 他似乎撰写了一份南美洲旅行记录，但只发表了一部分。完整的手稿摆放在他的办公桌上，1858 年他去世后，手稿也不知所踪。[35] 雷诺兹去世时，他的白人同胞受凯恩北极探险的鼓舞，开始大肆宣扬雷诺兹对美国全球探索的贡献。这一观点起初出现在 1843 年，诗人埃德加·爱伦·坡对雷诺兹《美国探险远征队发现和结果简述》（*Brief Account of the Discoveries and Results of the United States' Exploring Expedition*）的评价是："这次成功探险的崇高荣誉是属于雷诺兹的。当今后谈到这次远征时，人们不会认为这是美国的远征，甚至不是齐尔·R. 波因塞特远征或马隆·迪克森的远征。当提到威尔克斯远征时，人们会说这是'雷诺兹先生本人的探险'。"[36] 安娜·埃拉·卡罗尔（Anna Ella Carroll）也崇拜雷诺兹。她在 1857 年出版的《西部之星》（*Star of the West*）最新修订本中对雷诺兹大加赞赏，认为他是美国海军探索的奠基人。雷诺兹"为他的国家构思并完成了那些最无畏的航海家都从未设想过且没有勇气提出的事"。[37] 他是威尔克斯探险队的先驱，成功"提升了美国地位，使之与旧大陆平等交往"。[38] 她认为："美国之后的所有探险航行都是他的功劳。"[39] 我们尚未得知雷诺兹是否知道她的称赞。他是那个时代的伊卡洛斯（Icarus）①、美国早期成千上万即将成为征服者和伟大白人中的一员。斯科特·桑达奇（Scott Sandage）对亨利·戴维·梭罗的评价同样适用于雷诺兹："他充满野心，也许功成名就，也许一事无成。"[40]

若雷诺兹能亲历美国内战，他将目睹他帮助建立起的战前全球帝国的毁灭。长期以来，这个帝国的核心立足于太平洋捕鲸队以及海军保护与扩展捕鲸队的能力。然而，两者都在内战中严重受挫。在南卡罗来纳州海岸，北军在查尔斯顿（Charleston）港的航道上击沉了几十艘旧捕鲸船。北方战略家希望这些沉船能帮助封锁南部邦联军队，防止私掠和封锁。[41] 同时，在英国的莫里与其他南部邦联官员合作，购买并装备了强大且快速的船只进行商业劫掠，[42] 比如阿拉巴马号（Alabama）和谢南多号（Shenandoah）。这两艘军舰都对北军航运造成了严重的破坏。谢南多号在太平洋的劫掠活动严重打击了美国捕鲸业。指挥官詹姆斯·瓦德尔（James Waddell）率领船队驶入太平洋，烧毁了25艘北方捕鲸船。[43] 内战结束时，美国捕鲸队的规模已缩减至1860年的一半。[44] 南军的海军共计夺取了300艘北军船只，并总计将100万吨位美国船只驱逐出世界大洋。[45] 北军派往全球的军舰重新部署到南部和海湾沿岸，间接证实了上述数据的

---

① 伊卡洛斯是希腊神话中代达罗斯的儿子，在与父亲使用蜡和羽毛制造的翅膀逃离克里特岛时，他因飞得太高，翅膀上的蜡被太阳融化，跌落水中而丧生。——编者注

真实性。海怪的触须已经悄然缩回了——在这漫长的 4 年里，美国在内战。

之后出现的残破国家与内战前的帝国大不相同。首先，它在全球范围内的海事活动遭受了无法挽回的损害。在美国内战后，虽然捕鲸业慢慢复苏，但昙花一现。早在 19 世纪 40 年代，由于替代性的照明材料出现，捕鲸业的发展已然受阻。而关键的转折点是 1859 年宾夕法尼亚州发现了石油矿藏，喷涌的油井使得煤油灯的使用成本比鲸油灯便宜许多，捕鲸业从此一蹶不振。[46] 1871 年和 1876 年的夏天，北极冰层压垮了白令海域的大部分捕鲸船队，捕鲸业更遭受打击。[47] 在内战后，美国的大洋航运也有所衰退。内战期间，北方商人开始在外国港口注册船只，以保护它们不受南军的袭击。战后也依旧如此。时至今日，美国的全球性商船仍然习惯悬挂"方便旗"①。[48] 海上劳动力的人口结构也发生了变化。美国船员尤其是捕鲸船船员原本就来自全球各地，在内战后更加多元化。有民族主义倾向的白人水手和政客埋怨航运人员的种族和民族多样性增强。[49]

随着 19 世纪下半叶美国普通水手和商船数量缩减，对于政府在勘探、制图和保护方面提供援助的需求也降低。[50] 内战后，美国海军很少前往世界各地探险。1879 年，美国海军与纽约报业大亨詹姆斯·戈登·贝内特（James Gordon Bennett）合作，派遣军舰珍妮特号（Jeannette）前往北极进行科学考察。与格林内尔探险不同，这与其说是一次外交活动，不如说是贝内特在《纽约先驱报》(New York Herald) 上的宣传噱头，类似于贝内特曾在 1871 年至 1872 年资助亨利·莫顿·斯坦利（Henry Morton Stanley）前往非洲寻找大卫·利文

---

① 方便旗是指一国的商船不在本国而在他国注册，不悬挂本国旗而悬挂注册国国旗，以逃避本国的法令管制，减少税收的缴纳或工资等费用的支出等，或者在政治上防止敌对国家的破坏或歧视行动。——编者注

斯通（David Livingstone）。然而，这次探险是一场灾难：船队遇难，33 人中仅有 2 人生还。[51] 1885 年至 1890 年，海军中尉埃默里·唐特（Emory Taunt）为寻找商业机会，对刚果河进行了一次小规模的勘探，结果同样悲惨。与他在珍妮特号的战友一样，唐特在探险中丧生。[52] 与内战前的 17 次探险相比，这 2 次探险不值一提，规划不足，后果惨烈。总之，国家探索不再是发展重点。美国不再是全球帝国主义国家，也就不需要海军探险了。

外交关系在这过程中也发挥了一定的作用。19 世纪中期，欧洲更为尊重美国。从外交角度而言，这意味着没有必要继续进行国家航海探险活动。到 1860 年，从某种程度上来说，美国已经加入西方大国行列。虽然在美西战争①之前，欧洲没有将美国的外交使节视为大使，但在美国内战前夕，欧洲渐渐使用"大国"一词形容美国。[53] 1849 年，英国外交大臣帕默斯顿勋爵致信美国驻英国公使，希望"两个大国联手"修建一条横贯中美洲的跨洋运河或铁路。[54] 无独有偶，1851 年，前法国驻美公使对美国的发展表示惊叹："虽然在过去 50 年里，美国的知识进步和物质发展使其跻身于世界最繁荣和最文明的国家之列，但美利坚民族依旧洋溢着青春与活力。"[55] 1859 年，美英关系再次恶化，《泰晤士报》剖析了两国间的两极关系，认为美国对英国的不友好可追溯到五月花清教徒逃往美国的殖民时期，这也是"在世界所有大国中"，"美国虽然与我国最相似，两国关系总是时好时坏"的原因。[56]

随着美国海军涉足事业的减少，海军探索也从人们的视野中消失了。实际上，内战前两座最为人熟知的海军探险家纪念碑都忽

---

① 美西战争是 1898 年美国为夺取西班牙的殖民地古巴、波多黎各和菲律宾而发动的战争，最终美国获胜。美西战争标志着美国作为一个主要军事力量的崛起。——编者注

略了探险家在全球帝国主义中的角色，比如位于马里兰州安纳波利斯美国海军学院的赫恩登纪念碑。与凯恩或雷诺兹一样，威廉·刘易斯·赫恩登无须选择支持南方或者北方。1855年，这位亚马孙探险队指挥官离开海军，担任美国邮轮兼跨大西洋客船中美洲号（Central America）的船长。1857年9月，一场大西洋飓风席卷了位于北卡罗来纳州海岸附近的中美洲号。超过400名乘客和船员在这场灾难中丧生，赫恩登也不幸罹难。总之，他是一位模范船长，将同伴的生命置于自己的生命之上。[57] 1860年，赫恩登的崇拜者在美国海军学院竖起一座方尖纪念碑，歌颂他的英雄事迹。学院新兵一年一度的传统活动是攀爬涂满油脂的纪念碑。[58] 高大的纪念碑上没有提及赫恩登在将南方奴隶制扩展至巴西亚马孙方面所做的贡献。1929年，弗吉尼亚州里士满修建了赫恩登姐夫莫里的雕像，将莫里誉为"海洋开拓者"。然而，建立雕像的真正目的是向20世纪弗吉尼亚州另一位南部邦联之子（伍德罗·威尔逊总统，1913—1921年在任）致敬。[59] 2020年7月2日，这座象征着白人至上主义的雕像被拆除。[60] 与安纳波利斯的赫恩登纪念碑一样，莫里纪念碑也对奴隶制扩展的话题只字不提。这样看来，也许威尔克斯将《探险故事》和科学书籍当作他远征的主要"纪念碑"是明智之举。美国国会认为威尔克斯探险花销太大，对此不满，拒绝拨款建设海军探险的公共纪念碑。[61]

在今天的美国，美国海军探索成果保存最好的也许是在史密森学会。1857年至1858年，美国国家艺术馆的工作人员将威尔克斯探险队的标本打包，送到史密森学会进行保存和展示。它们很快成为该机构的核心藏品。[62] 一些标本甚至在国家自然历史博物馆中展出。史密森学会的大多数成员都熟悉这段历史。20世纪80年代中期，赫尔曼·J. 维奥拉（Herman J. Viola）、阿德里安·开普勒（Adrienne Kaeppler）及其同事在美国自然历史博物馆精心策划了一场展览，纪念威尔克斯探险队对科学和史密森博物馆馆藏的贡献。[63] 尽管他们做出了努力，但公众对海军在这一国民生活标志中所扮演的角色仍然知之甚少。一些人可能知道，史密森学会得名于英国化学家詹姆斯·史密森（James Smithson），正是他慷慨解囊，为该机构成立提供了资金。史密森的遗骨存放在史密森城堡入口处的公共墓穴中，日复一日，每年有数十万的游客来来往往。然而，可能很少有人知道史密森学会的来历，学会最古老的藏品来自哪里，是谁收集了这些藏品，他们付出了怎样的代价。如同许多美国人一样，他们对帝国历史知之甚少。他们满怀好奇，而知识帝国在探索、怀念和遗忘中继续前行。

参考文献

导论

1. David F. Long, *"Nothing Too Daring": A Bibliography of Commodore David Porter, 1780-1843* (Annapolis, MD: United States Naval Institute, 1970), 175–76.

2. Historians have narrated Porter's cruise in the Pacific during the War of 1812 in detail. See Long, *Nothing Too Daring*; George C. Daughan, *The Shining Sea: David Porter and the Epic Voyage of the U.S.S. Essex during the War of 1812* (New York: Basic Books, 2013); and Charles Lee Lewis, *David Glasgow Farragut: Admiral in the Making* (Annapolis, MD: United States Naval Institute, 1941). For Porter's own published account of his cruise aboard the *Essex*, see his memoirs, *A Journal of a Cruise Made to the Pacific Ocean* (1815; repr., Philadelphia: Wiley and Halstead, 1822); and *A Voyage in the South Seas* (London: Sir Richard Philips, 1823).

3. David Porter to James Madison, dated October 31, 1815, reprinted in Allan B. Cole, "Captain David Porter's Proposed Expedition to the Pacific and Japan, 1815," *Pacific Historical Review*, March 1940, 61–65.

4. Douglas E. Evelyn, chap. 11, "The National Gallery at the Patent Office," in *Magnificent Voyagers: The U.S. Exploring Expedition, 1838-1842*, ed. Herman J. Viola and Carolyn Margolis (Washington, DC: Smithsonian Institution Press, 1985), 236.

5. For global histories of exploration, see Louise Levathes, *When China Ruled the Seas: The Treasure Fleet of the Dragon Throne, 1405-1433* (Oxford: Oxford University Press, 1994); Felipe Fernández-Armesto, *Pathfinders: A Global History of Exploration* (New York: W. W. Norton, 2006); Giancarlo Casale, *The Ottoman Age of Exploration* (Oxford: Oxford University Press, 2010); and Lincoln Paine, *The Sea and Civilization: A Maritime History of the World* (New York: Knopf, 2013). For the First Age of European Exploration, see titles by Samuel Eliot Morison, as well as the works J. H. Parry, *The Age of Reconnaissance: Discovery, Exploration, and Settlement, 1450-1650* (1963; repr., Berkeley: University of California Press, 1982); Brian Fagan, *Fish on Friday: Feasting, Fasting, and the Discovery of the New World* (New York: Basic Books, 2006); and David Abulafia, *The Discovery of Mankind: Atlantic Encounters in the Age of Columbus* (New Haven, CT: Yale University

Press, 2008).

6. Maryland House of Representatives quoted in a letter from Jeremiah Reynolds to the speaker of the US House of Representatives, February 10, 1828, reprinted in "On the expediency of fitting out vessels of the Navy for an exploration of the Pacific Ocean and South Seas. Communicated to the House of Representatives," March 25, 1828, *American State Papers: Naval Affairs*, 3:190.

7. *Cong. Globe*, 34th Cong., 1st Sess., 646 (March 13, 1856).

8. This book uses the phrase *white US citizens* frequently. In general, citizenship was restricted to those deemed white in the early republic. However, there were exceptions, especially in some northern states and in special circumstances at sea. Therefore, though the phrase *white US citizens* may seem redundant, I feel that it is vital to acknowledge both the historical restrictions on US citizenship as well as the ways in which racial minorities have laid claim to—often unsuccessfully, but sometimes successfully—that citizenship. For more on US citizenship at home and abroad in the early US republic, see W. Jeffrey Bolster, *Black Jacks: African American Seamen in the Age of Sail* (Cambridge, Massachusetts: Harvard University Press, 1997); Nathan Perl-Rosenthal, *Citizen Sailors: Becoming American in the Age of Revolution* (Cambridge, MA: Harvard University Press, 2015); Nancy Shoemaker, *Native American Whalemen and the World: Indigenous Encounters and the Contingency of Race* (Chapel Hill: Univer- sity of North Carolina Press, 2015); and James H. Kettner, *The Development of American Citizenship, 1608-1870* (Chapel Hill: University of North Carolina Press, 1978), esp.287–333.

9. Brooke Hindle, *The Pursuit of Science in Revolutionary America* (Chapel Hill: University of North Carolina Press, 1956); William E. Burns, *Science and Technology in Colonial America* (Westport, CT: Greenwood Press, 2005); Richard L. Bushman, *The Refinement of America: Persons, Houses, Cities* (New York: Knopf, 1992).

10. Benedict Anderson makes his observation in *Imagined Communities: Reflections on the Origin and Spread of Nationalism* (1983; reprint, London: Verso, 2006), 81.

11. Sam W. Haynes, *Unfinished Revolution: The Early American Republic in a British World* (Charlottesville: University of Virginia Press, 2010); Daniel Kilbride, *Being American in Europe, 1750-1860* (Baltimore: Johns Hopkins University Press, 2013).

12. Eliga H. Gould, *Among the Powers of the Earth: The American Revolution and the Making of a New World Empire* (Cambridge, MA: Harvard University Press, 2012).

13. Kariann Akemi Yokota, *Unbecoming British: How Revolutionary America Became a Postcolonial Nation* (Oxford: Oxford University Press, 2010).

14. Burns, *Science and Technology in Colonial America*, 163.

15. See Christopher McKee, *A Gentlemanly and Honorable Profession: The Creation of the U.S. Navy Officer Corps, 1794-1815* (Annapolis, MD: Naval Institute Press, 1991).

16. Dane Anthony Morrison, *True Yankees: The South Seas and the Discovery of American Identity* (Baltimore: Johns Hopkins University Press, 2014), 91.

17. "Remarks of Mr. Baker, of Illinois, in Favor of the Franklin Expedition, in the House, April 26th," *Daily Atlas* (Boston), May 2, 1850. For more on why explorationists believed that private maritime exploring expeditions could not succeed, see J. N. Reynolds to unknown recipient, February 10, 1828, reprinted in *American State Papers: Naval Affairs*, 4:711; and Benjamin Pendleton to Edmund Fanning, September 15, 1831, reprinted in Edmund Fanning, *Voyages Round the World* (New York: Collins & Hannay, 1833), 486.

18. Ernest R. May discusses this idea in *Imperial Democracy: The Emergence of America as a Great Power* (New York: Harcourt, Brace & World, 1961). See also Haynes, *Unfinished Revolution*; and Gould, *Among the Powers of the Earth*.

19. This definition of what it meant to be a Great Power in the early nineteenth century is an amalgamation of Paul Kennedy's *Rise and Fall of the Great Powers: Economic Change and Military Conflict from 1500-2000* (New York: Random House, 1987); Jack S. Levy's *War in the Modern Great Power System, 1495-1975* (Lexington: University Press of Kentucky, 1983); and the author's own primary source research in mid-nineteenth-century British newspapers, especially the digital database of the *Times* of London, accessible by subscription at *The Times Digital Archive*, http://gale.cengage.co.uk/ times.aspx/.

20. Frederick Merck, "The Genesis of the Oregon Question," *Mississippi Valley Historical Review* 36 (March 1950), 594; Long, *Nothing Too Daring*, 174, and Alexander Slidell Mackenzie, *Commodore Oliver Hazard Perry: Famous American Naval Hero* (1840; New York: D. M. Maclellan, 1910), 320.

21. For opposition even to the establishment of a US naval academy, see William P. Leeman, *The Long Road to Annapolis: The Founding of the Naval Academy and the Emerging American Republic* (Chapel Hill: University of North Carolina Press, 2010).

22. William H. Goetzmann discusses Long's several western expeditions in *Exploration and Empire: The Explorer and the Scientist in the Winning of the American West* (1966; repr., New York: Francis Parkman Prize Edition, History Book Club, 2006), 58–64.

23. A. W. Habersham, *The North Pacific Surveying and Exploring Expedition, Or, My Last Cruise . . .* (Philadelphia: J. B. Lippincott, 1858), 13–14.

24. See, for instance, Andrew Porter, *Religion versus Empire? British Protestant Missionaries and Overseas Expansion, 1700-1914* (Manchester: Manchester University Press, 2004); Jeffrey Cox, *Imperial Fault Lines: Christianity and Colonial Power in India, 1818-1940* (Stanford, CA: Stanford University Press, 2002); Ian Tyrrell, *Reforming the World: The Creation of America's Moral Empire* (Princeton, NJ: Princeton University Press, 2010); and Jay Sexton and Ian Tyrell, eds., *Empire's Twin: U.S. Anti-imperialism from the Founding Era to the Age of Terrorism* (Ithaca, NY: Cornell University Press, 2015).

25. Brandon Mills makes a similar observation in *The World Colonization Made: The Racial Geography of Early American Empire* (Philadelphia: University of Pennsylvania Press, 2020), 4.

26. For more on the term *transimperial*, see Kristin L. Hoganson and Jay Sexton, eds., *Crossing Empires: Taking U.S. History into Transimperial Terrain* (Durham, NC: Duke University Press, 2020), esp. the introduction, 1–22.

27. Neil Asher Silberman, *Digging for God and Country: Exploration, Archeology, and the Secret Struggle of the Holy Land, 1799-1917* (New York: Knopf, 1982), 52–53. See also Barbara Kreiger, *The Dead Sea: Myth, History, and Politics* (Hanover, NH: Published for Brandeis University Press by the University Press of New England, 1997); and Haim Goren, *Dead Sea Level: Science, Exploration, and Imperial Interests in the Near East* (London: I. B. Tauris, 2011).

28. Several scholars have relied on the Hercules analogy in their own works. These include Marcus Rediker and Peter Linebaugh, *The Many-Headed Hydra: Sailors, Slaves, Commoners, and the Hidden World of the Revolutionary Atlantic* (Boston: Beacon Press, 2000); and Max M. Edling, *A Hercules in the Cradle: War, Money, and the American State, 1783-1867* (Chicago: University of Chicago Press, 2014).

29. Anderson, *Imagined Communities*.

30. Quoted in Frances Leigh Williams, *Matthew Fontaine Maury, Scientist of the Sea* (New Brunswick, NJ: Rutgers University Press, 1963), 357.

31. Anderson, *Imagined Communities*.

32. George Rogers Taylor, *The Transportation Revolution, 1815-1860* (New York, 1951); Ronald J. Zboray, *A Fictive People: Antebellum Economic Development and the American Reading Public* (New York, 1993); Richard R. John, *Spreading the News: The American Postal System from Franklin to Morse* (Cambridge, MA: Harvard University Press, 1995); Daniel Walker Howe, *What Hath God Wrought: The Transformation of America, 1815-1848* (Oxford: Oxford University Press, 2007).

33. Nancy Shoemaker, "The Extraterritorial Nation," in "Forum: Globalizing the Early American Republic," by Konstantin Dierks, Shoemaker, Emily Conroy-Cruz, Rachel Tamar Van, and Courtney Fullilove, *Diplomatic History* 42, no. 1 (January 2018), 17–108.

34. See William F. Lynch, *Naval Life; or, Observations Afloat and On Shore. The Midshipman* (New York: Charles Scribner, 1851), 125–31.

35. D. S. Carr to James Buchanan, August 2, 1848, RG 59, M 46, roll 13, "Despatches from U.S. Ministers to Turkey, 1818–1906," NARA Boston, Waltham, Massachusetts; William F. Lynch, *Narrative of the United States' Expedition to the River Jordan and the Dead Sea* (Philadelphia: Lea & Blanchard, 1849), 76.

36. Lynch compared Arabs to Native Americans in *Narrative*, 142, 182, 220, 394, and esp. 428–32.

37. Col. C. Keeney to Lea & Blanchard, May 4, 1850, box 158, folder 1, "K," Lea & Febiger Records, Historical Society of Pennsylvania, Philadelphia (hereafter cited as HSP).

38. For more on this subject, see David Sehat, *The Myth of American Religious Freedom* (Oxford: Oxford University Press, 2011).

39. The quotation is from a speech by "a New York merchant, Mr. R. Irvin" (William Franklin Rawnsley, ed., *The Life, Diaries and Correspondence of Jane Lady Franklin, 1792-1875* [London: Erskine MacDonald, 1923], 206).

40. Lynch, *Narrative of the Expedition to the River Jordan*, 402.

41. Charles Wilkes, *Narrative of the United States Exploring Expedition. During the Years 1838, 1838, 1840, 1841, 1842*, 5 vols. (Philadelphia: C. Sherman, 1844), 1:xxix.

42. Joseph P. Couthoy to Benjamin Tappan, January 5, 1843, box 17, reel 7, Benjamin Tappan Papers, Manuscript Division, Library of Congress, Washington, DC; *The Baptist Mission in India, Containing a Narrative of Its Rise, Progress, and Present Condition . . .* (Philadelphia: Hellings and Aitken, 1811), iv.

43. Quoted in Paul Frymer, *Building an American Empire: The Era of Territorial and Political Expansion* (Princeton, NJ: Princeton University Press, 2017), 1.

44. For more on entangled histories, see Eliga H. Gould, "Entangled Worlds: The English-Speaking Atlantic as a Spanish Periphery," *American Historical Review* 112, no. 3 (June 2007), 764–86; and Ussama Makdisi, *Artillery of Heaven: American Missionaries and the Failed Conversion of the Middle East* (Ithaca, NY: Cornell University Press, 2008).

第一章

1. Jeremiah N. Reynolds, "A Leaf from an Unpublished Manuscript," *Southern Literary Messenger*, June 1839, 408–9.

2. Jeremiah Reynolds to John Quincy Adams, New York, September 3, 1829, P-54, reel 491, Adams Family Papers, Massachusetts Historical Society Boston (hereafter cited as MHS).

3. Pliny A. Durant, ed., *The History of Clinton County* (Chicago: W. H. Beers, 1882), 580.

4. Durant, *History of Clinton County*, 475.

5. Durant, 481–82, 476.

6. Durant, 475.

7. Durant, 482.

8. Durant, *History of Clinton County*, 583; Henry Howe, *Historical Collections of*

Ohio, 2 vols. (Columbus, OH: Henry Howe & Son, 1889), 1:432.

9. Jeremiah N. Reynolds, *Pacific and Indian Oceans: Or, The South Sea Surveying and Exploring Expedition: Its Inception, Progress, and Objects* (New York: Harper & Brothers, 1841), first unnumbered dedication page.

10. Jeremiah Reynolds to Samuel Southard, November 12, 1828, box 31, folder 10, Samuel L. Southard Papers, Department of Rare Books and Special Collections, Princeton University Library, Princeton, New Jersey (hereafter cited as Southard Papers).

11. Jeremiah Reynolds to Samuel Southard, Richmond, Virginia, January 2, 1828, box 31, folder 9, Southard Papers.

12. Jeremiah Reynolds to Mahlon Dickerson, August 23, 1837, reprinted in Reynolds, *Exploring Expedition. Correspondence*, 90.

13. Quoted in Durant, *History of Clinton County*, 583.

14. Jane Kamensky, *The Exchange Artist: A Tale of High-Flying Speculation and America's First Banking Collapse* (New York: Viking, 2008), 5.

15. Edward Gray, *The Making of John Ledyard: Empire and Ambition in the Life of an Early American Traveler* (New Haven, CT: Yale University Press, 2007), 190; Joan Shelly Rubin, *The Making of Middlebrow Culture* (Chapel Hill: University of North Carolina Press, 1992), 3.

16. Scott Sandage, *Born Losers: A History of Failure in America* (Cambridge, MA: Harvard University Press, 2005), 13.

17. Sandage, *Born Losers*, 26.

18. Sandage, 5.

19. See Catherine Cangany, *Frontier Seaport: Detroit's Transformation into an Atlantic Entrepôt* (Chicago: University of Chicago Press, 2014).

20. Jeremiah Reynolds to Samuel Southard, c. 1827, box 82, folder 1, Southard Papers.

21. Jeremiah Reynolds to Samuel Southard, December 8, 1828, box 31, folder 10, Southard Papers.

22. Jeremiah Reynolds to Samuel Southard, June 28, 1828, box 31, folder 9, Southard Papers.

23. Reynolds, *Exploring Expedition. Correspondence*, 74.

24. Durant, *History of Clinton County*, 580.

25. Durant, 583.

26. Durant, 579.

27. John Latimer, introduction to *A Life of George Washington, in Latin Prose*, by Francis Glass, ed. Jeremiah Reynolds, 3rd ed. (New York, 1836), 7.

28. Jeremiah Reynolds to an unknown recipient, February 10, 1828, reprinted in *American State Papers: Naval Affairs*, 4:712; Jeremiah Reynolds to Mahlon Dickerson,

September 23, 1837, reprinted in Reynolds, *Exploring Expedition. Correspondence*, 100.

29. Mahlon Dickerson to Jeremiah Reynolds, August 10, 1837, reprinted in Reynolds, *Exploring Expedition. Correspondence*, 80. Palinurus was the helmsman of Aeneas's ship in the *Aeneid*.

30. Jeremiah N. Reynolds, *Address on the Subject of a Surveying and Exploring Expedition to the Pacific Ocean and South Seas, Delivered in the Hall of Representatives on the Evening of April 3, 1836, with Correspondence and Documents* (New York: Harper & Brothers, 1836), 5.

31. Claudia L. Bushman, *America Discovers Columbus: How an Italian Explorer Became an American Hero* (Hanover, NH: University Press of New Hampshire, 1992), 107.

32. Reynolds, *Address on a Surveying Expedition*, 5.

33. Bushman, *America Discovers Columbus*, 107–11.

34. Laura Dassow Walls, *The Passage to Cosmos: Alexander von Humboldt and the Shaping of America* (Chicago: University of Chicago Press, 2009), 5, 121.

35. Walls, *Passage to Cosmos*, 5.

36. Andrea Wulf, *The Invention of Nature: Alexander Von Humboldt's New World* (New York: Vintage Books, 2016), 66. One of Humboldt's disciples, Ernst Haeckel, coined the term *ecology* in 1866 to describe systems of interconnected relationships that Humboldt had witnessed in South America (Wulf, *Invention of Nature*, 362–63).

37. See, for example, Mary Louise Pratt, *Imperial Eyes: Travel Writing and Transculturation*, 2nd ed. (New York: Routledge, 2008); Aaron Sachs, *The Humboldt Currents: Nineteenth-Century Exploration and the Roots of American Environmentalism* (New York: Penguin, 2006); Walls, *Passage to Cosmos*, 2009; and Wulf, *Invention of Nature*, 2016.

38. Walls, *Passage to Cosmos*, 139–40; Sachs, *Humboldt Currents*, 118, 150, 153.

39. Jeremiah N. Reynolds, *Voyage of the United States Frigate* Potomac (New York: Harper & Brothers, 1835), 445.

40. Michael S. Reidy, *Tides of History: Ocean Science and Her Majesty's Navy* (Chicago: University of Chicago Press, 2008), 9.

41. Ohio representatives to Andrew Jackson, July 2, 1836, "Records of the United States Exploring Expedition under the Command of Lieutenant Charles Wilkes, 1838–1842," RG 45, 37, 24, M 75, roll 2, National Archives and Records Administration, Boston, Massachusetts (hereafter cited as NARA Boston); and Jeremiah Reynolds to Samuel Southard, August 5, 1828, box 31, folder 9, Southard Papers.

42. Penelope Hardy, "Matthew Fontaine Maury: Scientist," *International Journal of Maritime History* 28, no. 2 (2016), 404.

43. Andrew J. Lewis, *A Democracy of Facts: Natural History in the Early Republic* (Philadelphia: University of Pennsylvania Press, 2011), 8.

44. See Jason W. Smith, *To Master the Boundless Sea: The U.S. Navy, the Marine Environment, and the Cartography of Empire* (Chapel Hill: University of North Carolina Press, 2018), esp. chap. 1, "Wilderness of Waters," 14–40; Smith, "Matthew Fontaine Maury: Pathfinder," *International Journal of Maritime History* 28, no. 2 (2016), 411–20; Daniel Feller, *The Jacksonian Promise: America, 1815-1840* (Baltimore: Johns Hopkins University Press, 1995), 89–94; Matthew McKenzie, "Salem as Athenaeum: Academic Learning and Vocational Knowledge in the Early Republic," in *Salem: Place, Myth and Memory*, ed. Dane Anthony Morrison and Nancy Lusignan Schultz (Boston: North- eastern University Press, 2004), 91–105; Marcus Rediker, *Between the Devil and the Deep Blue Sea: Merchant Seamen, Pirates, and the Anglo-American Maritime World, 1700-1750* (Cambridge: Cambridge University Press, 1985), 179–86; and D. Graham Burnett, "Hydrographic Discipline among the Navigators: Creating an 'Empire of Commerce and Science' in the Nineteenth-Century Pacific," in *The Imperial Map: Cartography and the Mastery of Empire*, ed. James R. Akerman (Chicago: University of Chicago Press, 2009), 220.

45. Cameron B. Strang, *Frontiers of Science: Imperialism and Natural Knowledge in the Gulf South Borderlands, 1500-1850* (Williamsburg, VA / Chapel Hill: Omohundro Institute of Early American History and Culture / University of North Carolina Press, 2019), 6–7.

46. Dickerson to Reynolds, August 10, 1837, reprinted in Reynolds, *Exploring Expedition. Correspondence*, 81.

47. Sachs, *Humboldt Currents*, 121.

48. John Symmes, letter to the editor, *National Intelligencer* (Washington, DC), reprinted in *City Gazette and Commercial* (Charleston, SC), January 14, 1823. John P. Harrison makes the same point about Reynolds in "Science and Politics: Origins and Objectives of Mid-nineteenth Century Government Expeditions to Latin America," *Hispanic American Historical Review* 35, no. 2 (May 1955), 178. Later, Jules Verne would take Symmes's ideas and spin them into a memorable story, *Journey to the Center of the Earth* (Sachs, *Humboldt Currents*, 124).

49. Sachs, 121. Symmes's wooden globe, complete with polar holes, now resides at the Academy of Natural Sciences in Philadelphia (William H. Goetzmann, *New Lands, New Men: America and the Second Great Age of Discovery* [Austin: Texas State Historical Association, 1995], 259).

50. Sachs, *Humboldt Currents*, 122.

51. Durant, *History of Clinton County*, 419.

52. Jeremiah Reynolds (attributed), "Symmes's Theory of Concentric Spheres," *American Quarterly Review*, March and June 1827 (Philadelphia: Carey, Lea & Carey, 1827), article 11, 253.

53. Stanton, *Great United States Exploring Expedition*, 13; Reynolds, "Symmes's Theory," 241.

54. Sachs, *Humboldt Currents*, 122–23.

55. For more on US nationalism in the early republic, see David Waldstreicher, *In the Midst of Perpetual Fetes: The Making of American Nationalism, 1776-1820* (Chapel Hill: University of North Carolina Press, 1997); Simon P. Newman, *Parades and the Politics of the Street: Festive Culture in the Early American Republic* (Philadelphia: University of Pennsylvania Press, 1997); and Shira Lurie, "Liberty Poles and the Fight for Popular Politics in the Early Republic," *Journal of the Early Republic* 38, no. 4 (Winter 2018), 673–97.

56. Quoted in Haynes, *Unfinished Revolution*, 29–30.

57. Reynolds, *Life of George Washington*, i.

58. Caleb Cushing to Jeremiah Reynolds, June 10, 1836, reprinted in Reynolds, *Pacific and Indian Oceans*, 133–34.

59. Walls, *Passage to Cosmos*, 125.

60. Jimmy L. Bryan, *The American Elsewhere: Adventures and Manliness in the Age of Expansion* (Lawrence: University Press of Kansas, 2017), 87–88.

61. Nathaniel Philbrick, *Sea of Glory: America's Voyage of Discovery, the U.S. Exploring Expedition, 1838-1842* (New York: Viking, 2003), 23.

62. Robert V. Remini, *John Quincy Adams* (New York: Henry Holt, 2002), 3.

63. Charles N. Edel, *Nation Builder: John Quincy Adams and the Grand Strategy of the Republic* (Cambridge, MA: Harvard University Press, 2014).

64. Arthur M. Schlesinger and Fred L. Israel, eds., *My Fellow Citizens: The Inaugural Addresses of the Presidents of the United States* (New York: Checkmark Books, 2005), 62.

65. *Franklin Gazette* (Philadelphia), April 27, 1819.

66. E. F. Rivinus and E. M. Youssef, *Spencer Baird of the Smithsonian* (Washington, DC: Smithsonian Institution Press, 1992), 19.

67. Goetzmann, *Army Exploration in the American West*, 8–9.

68. "North–West Passage," *Daily National Journal* (Washington, DC), June 2, 1827.

69. Andrew F. Rolle, *John Charles Fremont: Character as Destiny* (Norman: University of Oklahoma Press, 1991), 65, 47.

70. Vincent Ponko Jr., *Ships, Seas, and Scientists: U.S. Naval Exploration and Discovery in the Nineteenth Century* (Annapolis, MD: Naval Institute Press, 1974), 12. For another work arguing that the flag simply followed commerce, see John H. Schroeder, *Shaping a Maritime Empire: The Commercial and Diplomatic Role of the American Navy, 1829-1861* (Westport, CT: Greenwood Press, 1985).

71. Daniel A. Baugh, "Seapower and Science: The Motives for Pacific Exploration," in *Background to Discovery: Pacific Exploration from Dampier to Cook*, ed. Derek Howse

(Berkeley: University of California Press, 1990), 40, and Helen M. Rozwadowski, *Fathoming the Ocean: The Discovery and Exploration of the Deep Sea* (Cambridge, MA: Belknap Press of Harvard University Press, 2005), 39.

72. Barry Alan Joyce, *The Shaping of American Ethnography: The Wilkes Exploring Expedition, 1838-1842* (Lincoln: University of Nebraska Press, 2001), 12.

73. Fergus Fleming, *Barrow's Boys* (New York: Gove Press, 1998), 1–2.

74. Fleming, *Barrow's Boys*, 7–12.

75. For an overview of these global British exploring expeditions, see the timeline in Fleming, xi–xiv.

76. Robert A. Stafford, "Scientific Exploration and Empire," in *The Oxford History of the British Empire*, vol. 3, *The Nineteenth Century*, ed. Andrew Porter; Alaine Low, assoc. ed. (Oxford: Oxford University Press, 1999), 297.

77. Fred L. Israel, ed., *The State of the Union: Messages of the Presidents, 1790-1966*, 2 vols. (New York: Chelsea House and Robert Hector, 1966), 1:244–45. President James Monroe had proposed a limited naval survey to locate a good site for a coastal fort and naval base in his last annual message to Congress, December 7, 1824 (Israel, *State of the Union*, 1:228).

78. Quoted in William Stanton, *The Great United States Exploring Expedition of 1838-1842* (Berkeley: University of California Press, 1975), 5.

79. "Comments on Certain Parts of the President's Message," *Enquirer* (Richmond, Virginia), December 22, 1825.

80. Matthew Estes, *A Defence of Negro Slavery, As It Exists in the United States* (Montgomery, AL, 1846), Library Company of Philadelphia (hereafter cited as LCP), 181.

81. Register of Debates, House, 19th Cong., 1st Sess., December 16, 1825, 813.

82. Register of Debates, House, 19th Cong., 1st Sess., December 16, 1825, 814–15.

83. "Untitled," *Niles' Weekly Register* (Baltimore), July 20, 1822, 402.

84. Stanton, *Great United States Exploring Expedition*, 11–12.

85. Sachs, *Humboldt Currents*, 123–25.

86. Sachs, 121.

87. William Coyle, ed., *Ohio Authors and Their Books: Biographical Data and Selective Bibliographies for Ohio Authors, Native and Resident, 1796-1950* (Cleveland, OH: World Publishing, 1962), s.v. "Symmes, John Cleves," 616.

88. Sachs, *Humboldt Currents*, 122.

89. David Chapin, *Exploring Other Worlds: Margaret Fox, Elisha Kent Kane, and the Antebellum Culture of Curiosity* (Amherst: University of Massachusetts Press, 2004), 68–69. Belief in an open polar sea, or polynya, goes back at least as far as the quest for a Northwest Passage in the sixteenth century (Goetzmann, *New Lands, New Men*, 324–25).

90. Philbrick, *Sea of Glory*, 3.

91. Dickerson to Reynolds, August 10, 1837, reprinted in Reynolds, *Exploring Expedition. Correspondence*, 74–75. Reynolds expressed a similar goal in a letter to Samuel Southard, May 25, 1827, box 27, folder 7, Southard Papers.

92. Jeremiah Reynolds to Samuel Southard, c. 1827, box 82, folder 1, Southard Papers.

93. Eric Jay Dolin, *When America First Met China: An Exotic History of Tea, Drugs, and Money in the Age of Sail* (New York: W. W. Norton, 2012), 11.

94. Mary Malloy, *"Boston Men" on the Northwest Coast: The American Maritime Fur Trade, 1784-1844* (Kingston, ON: Limestone Press, 1998), 7.

95. Goetzmann, *New Lands, New Men*, 249, 256. In 1828, Reynolds estimated that Americans had sent seven million skins to Canton (Jeremiah Reynolds to Michael Hoffman, chairman of the Committee on Naval Affairs, undated, in "On the Expediency of Fitting Out Vessels of the Navy for an Exploration of the Pacific Ocean and South Seas," *American State Papers: Naval Affairs*, 3:192). This number seems large, but it is possible; between 1792 and 1812, American merchants sold 2.5 million sealskins in China (Dolin, *When America First Met China*, 107). For more on this topic, see David Igler, *The Great Ocean: Pacific Worlds from Captain Cook to the Gold Rush* (New York: Oxford University Press, 2013), esp. chap. 4, "The Great Hunt," 99–128.

96. Thomas Jefferson to Meriwether Lewis, June 20, 1803, available at "Jefferson's Instructions to Meriwether Lewis," Thomas Jefferson Foundation, Monticello (Char- lottesville, Virginia), https://www.monticello.org/thomas-jefferson/louisiana-lewis-clark/preparing-for-the-expedition/jefferson-s-instructions-to-lewis/.

97. Eric Jay Dolin, *Leviathan: The History of Whaling in America* (New York: W. W. Norton, 2007), 112–13.

98. Nathaniel Philbrick, *In the Heart of the Sea: The Tragedy of the Whaleship* Essex (New York: Penguin, 2000), 63.

99. Philbrick, *In the Heart of the Sea*, 67, 106.

100. Benjamin W. Labaree, William M. Fowler Jr., John B. Hattendorf, Jeffrey J. Safford, Edward W. Sloan, and Andrew W. German, *America and the Sea: A Maritime History* (Mystic, CT: Mystic Seaport, 1998), 290.

101. Jeremiah Reynolds to Samuel Southard, September 24, 1828, reprinted in "Information Collected by the Navy Department Relating to Islands, Reefs, Shoals, Etc., in the Pacific Ocean and South Seas," January 29, 1835, *American State Papers: Naval Affairs*, 4:700.

102. For more on the masculine, working-class US maritime empire in the early republic, see Hester Blum, *The View from the Masthead: Maritime Imagination and Antebellum American Sea Narratives* (Chapel Hill: University of North Carolina Press,

2008); and Brian Rouleau, *With Sails Whitening Every Sea: Mariners and the Making of an American Maritime Empire* (Ithaca, NY: Cornell University Press, 2014).

103. Reynolds to Hoffman, *American State Papers: Naval Affairs*, 3:192.

104. Bryan, *The American Elsewhere*. Other works that examine sailors' masculinity include Myra C. Glenn, *Jack Tar's Story: The Autobiographies and Memoirs of Sailors in Antebellum America* (Cambridge: Cambridge University Press, 2010); W. Jeffrey Bolster, "'To Feel like a Man': Black Seamen in the Northern States, 1800–1860," *Journal of American History* 76, no. 4 (March 1990), 1173–99; and Rouleau, *With Sails Whitening Every Sea*.

105. Gerald McDonald, "Reynolds, Jeremiah N.," in *Ohio Authors and Their Books: Biographical Data and Selective Bibliographies for Ohio Authors, Native and Resident, 1796-1950*, ed. William Coyle (Cleveland, OH: World Publishing, 1962), 525.

106. Sachs, *Humboldt Currents*, 146.

107. J. N. Reynolds, *Mocha Dick: Or the White Whale of the Pacific* (1839; New York: Charles Scribner's Sons, 1932), 22.

108. Reynolds, *Mocha Dick*, 17, 12.

109. Reynolds, 22.

110. Reynolds, 44.

111. Reynolds, 86–90.

112. Durant, *History of Clinton County*, 419; Howe, *Historical Collections of Ohio*, 1:432.

113. Israel, *State of the Union*, 1:245; Smith, *To Master the Boundless Sea*, 34; Howe, *What Hath God Wrought*, 360.

114. Gray, *Making of John Ledyard*. Jones relied heavily on the patronage of Benjamin Franklin during the heyday of his Revolutionary fame. For an older but thorough biography of Jones, see Samuel Eliot Morison, *John Paul Jones: A Sailor's Biography* (Boston: Little, Brown, 1959).

115. Israel, *State of the Union*, 1:244.

116. Jeremiah Reynolds to Samuel Southard, Washington, August 3, 1826, box 23, folder 13, Southard Papers.

117. Michael Birkner, *Samuel L. Southard, Jeffersonian Whig* (Rutherford, NJ: Fairleigh Dickinson University Press, 1984), 90.

118. Birkner, *Samuel L. Southard*, 58–63, 70–71.

119. William Lambert to Samuel Southard on behalf of the Columbian Institute, May 6, 1828, box 30, folder 12, Southard Papers.

120. Israel, *State of the Union*, 1:261.

121. Gene A. Smith, *Thomas ap Catesby Jones: Commodore of Manifest Destiny* (An–

napolis, MD: Naval Institute Press, 2000), 51.

122. Smith, *Thomas ap Catesby Jones*, 47–69.

123. Charles Francis Adams, ed., *Memoirs of John Quincy Adams, Comprising Portions of His Diary From 1795 to 1848*, 12 vols. (Philadelphia, 1874–1877), 7:353.

124. Michael F. Holt, *The Rise and Fall of the American Whig Party: Jacksonian Politics and the Onset of the Civil War* (New York: Oxford University Press, 1999), 5.

125. Remini, *John Quincy Adams*, 69–74.

126. Jackson quoted in Remini, *John Quincy Adams*, 74.

127. Holt, *Rise and Fall of the Whig Party*, 8.

128. John Quincy Adams to Charles Francis Adams, Washington, DC, May 28, 1828, P–54, reel 485, Adams Family Papers, MHS.

129. Morton J. Horwitz, *The Transformation of American Law, 1780-1860* (Cambridge, MA: Harvard University Press, 1977); John, *Spreading the News*; William Novak, "The Myth of the Weak American State," *American Historical Review* 113, no. 3 (June 2008), 752–72; Brian Balogh, *A Government Out of Sight: The Mystery of National Authority in Nineteenth-Century America* (Cambridge: Cambridge University Press, 2009); Gautham Rao, *National Duties: Custom Houses and the Making of the American State* (Chicago: University of Chicago Press, 2016).

130. Jeremiah Reynolds to Samuel Southard, November 14, 1828, box 31, folder 10, Southard Papers.

131. Samuel Southard to Jeremiah Reynolds, Washington, July 11, 1827, box 27, folder 7, Southard Papers.

132. Charles Wilkes, *Autobiography of Rear Admiral Charles Wilkes, U.S. Navy, 1798-1877*, ed. William James Morgan, David B. Tyler, Joye L. Leonhart, and Mary F. Loughlin (Washington, DC: Naval History Division, 1978), 358.

133. Jeremiah Reynolds to Samuel Southard, Boston, November 6, 1827, box 27, folder 7, Southard Papers.

134. Ohio representatives to Andrew Jackson, July 2, 1836.

135. Reynolds to Southard, November 6, 1827.

136. Reynolds to Southard, May 25, 1827.

137. Howe, *Historical Collections of Ohio*, 432.

138. Quoted in Walls, *Passage to Cosmos*, 100.

139. Jeremiah Reynolds to Samuel Southard, October 10 or 11, 1828, box 31, folder 10, Southard Papers.

140. Jeremiah Reynolds to Mahlon Dickerson, June 29, 1837, reprinted in Reynolds, *Exploring Expedition. Correspondence*, 8.

141. Jeremiah Reynolds to Samuel Southard, January 23, 1827, and May 25, 1827, box

27, folder 7, Southard Papers.

142. Jeremiah Reynolds to Samuel Southard, December 22, 1827, box 27, folder 7, Southard Papers.

143. Reynolds to Southard, January 2, 1828.

144. *Patriot & Mercantile Advertiser* (Baltimore), October 18, 1826.

145. Memorial of the citizens of Nantucket, February 1828, in "On the expediency of fitting out vessels of the Navy for an exploration of the Pacific Ocean and South Seas," March 25, 1828, *American State Papers: Naval Affairs*, 3:196–97.

146. For a few examples of the *New-Bedford Mercury* reporting on Reynolds's activism or on the subject of exploring the South Pacific, see issues from April 11, 1828; December 5, 1828; January 23, 1829; and March 6, 1829.

147. These include Massachusetts Congressman Francis Baylies, who made the first motion for an exploring expedition in Congress in December 1825 (*Register of Debates, House*, 19th Cong., 1st Sess., December 16, 1825, 813–15); James Wheelock Ripley, representative of Maine (*House Journal*, 20th Cong., 1st Sess., March 25, 1828), and Massachusetts Congressman John Reed, who introduced the bill that would clear the House on May 21, 1828 (*Register of Debates, House*, 20th Cong., 2nd Sess., May 19, 1828, 2731–32).

148. Christopher McKee, *A Gentlemanly and Honorable Profession: The Creation of the U.S. Navy Officer Corps, 1794-1815* (Annapolis, MD: Naval Institute Press, 1991).

149. Captain George Read to Samuel Southard, Washington, March 12, 1824, box 16, folder 1, Southard Papers.

150. Geoffrey Sutton Smith, "The Navy before Darwinism: Science, Exploration, and Diplomacy in Antebellum America," *American Quarterly* 28 (Spring 1976), 55; David B. Tyler, *The Wilkes Expedition: The First United States Exploring Expedition (1838-1842)* (Philadelphia: American Philosophical Society, 1968), 8.

151. Thomas ap Catesby Jones to Jeremiah Reynolds, February 28, 1828, in "On the expediency of fitting out vessels of the Navy for an exploration of the Pacific Ocean and South Seas," March 25, 1828, *American State Papers: Naval Affairs*, 3:195.

152. Ferdinand Hassler to Samuel Southard, New York, May 25, 1829, box 34, folder 3, Southard Papers.

153. Stanton, *United States Exploring Expedition*, 31.

154. Jeremiah Reynolds to Samuel Southard, July 15, 1828, box 31, folder 9, Southard Papers.

155. McKee, *A Gentlemanly and Honorable Profession*, chap. 4, "Places Much Sought," 40–53.

156. 156. McKee, 5, 33.

157. Harold D. Langley, *Social Reform in the United States Navy, 1798-1862* (Urbana:

University of Illinois Press, 1967), 23.

158. "Monday, Jan. 15," *Courier* (Norwich, Connecticut), January 24, 1827; *Register of Debates, House*, 19th Cong., 2nd Sess., February 5, 1827, 949.

159. "Exploring of the Southern Ocean," *Mirror & Ladies' Literary Gazette* (New York), April 26, 1828, 335.

160. Newburyport (Massachusetts) *Herald*, August 11, 1829.

161. Reynolds to Adams, September 3, 1829.

162. See Herman Melville, *Moby-Dick or the Whale* (1851; repr., Evanston, IL: Northwestern University Press, 2001), 460–62.

163. Jeremiah Reynolds to Michael Hoffman, *American State Papers: Naval Affairs*, 3:192.

164. Jeremiah Reynolds to Samuel Southard, New York, June 11, 1829, box 35, folder 1, Southard Papers.

165. Reynolds quoted in New Bedford (Massachusetts) *Mercury*, April 11, 1828.

166. Quoted in Sachs, *Humboldt Currents*, 135.

167. Sachs, 135.

168. Jeremiah Reynolds to Samuel Southard, Charleston, June 27, 1827, box 27, folder 7, Southard Papers.

169. *Mercury* (Newport, Rhode Island), February 2, 1828.

170. Jeremiah Reynolds to Samuel Southard, New York, October 23, 1827, box 27, folder 7, Southard Papers.

171. Reynolds to Southard, November 6, 1827.

172. *Mercury* (New Bedford, Massachusetts), March 6, 1829.

173. Stanton, *United States Exploring Expedition*, 17.

174. "Exploring Expedition," *Register of Debates, Senate*, 20th Cong., 2nd Sess., February 5, 1829, 51.

175. John Quincy Adams, diary entry, July 14, 1828, microfilm, P–54, reel 39, Adams Family Papers, MHS.

176. Jeremiah Reynolds to Samuel Southard, July 10, 1828, box 31, folder 9, Southard Papers.

177. Jeremiah Reynolds to Samuel Southard, December 3, 1828, box 31, folder 10, Southard Papers.

178. Adams, *Memoirs*, 8:45; "Report on the Polar Expedition," February 13, 1829, *Appendix to Gale & Seaton's Register of Debates in Congress, House of Representatives*, 20th Cong., 2nd Sess., 27–30.

179. John Reed to Samuel Southard, October 11, 1828, RG 45, M 124, Miscellaneous Letters Received by the Secretary of the Navy, 1801–1884, National Archives and Records

Administration, Archives I, Washington, DC (hereafter cited as NARA I).

180. Charles Hay to D. J. Pearce, September 16, 1828, Navy Department, RG 45, M 209, NARA I.

181. Stanton, *United States Exploring Expedition*, 20.

182. Tyler, *Wilkes Expedition*, 12.

183. Stanton, *United States Exploring Expedition*, 20.

184. Wilkes, *Autobiography*, 358.

185. "Voyage of Discovery," *Connecticut Mirror* (Hartford), September 29, 1828; "The Southern Expedition," *Niles' Weekly Register* 11, no. 14 (November 29, 1828), 212; and "United States. Rules and Regulations," *Sailor's Magazine & Naval Journal*, December 1, 1828; quotation from "Naval," *Rhode Island Republican*, December 4, 1828.

186. Wilkes, *Autobiography*, 323.

187. Stanton, *United States Exploring Expedition*, 20.

188. Adams, *Memoirs*, 8:45, June 27, 1828.

189. Jeremiah Reynolds to Samuel Southard, Washington, June 26, 1828, "Letters Received by the Secretary of the Navy: Miscellaneous Letters, 1801–1884," RG 45, M 124, NARA I.

190. Jeremiah Reynolds to Samuel Southard, July 28, 1828, box 31, folder 9, Southard Papers; Jeremiah Reynolds to Samuel Southard, August 12, 1828, RG 45, M 124, NARA I; Samuel Southard to John Quincy Adams, February 13, 1829, reprinted in *American State Papers: Naval Affairs*, 3: 309; Samuel Southard, "Report on the Polar Expedition," February 13, 1829, reprinted in *Appendix to Gale & Seaton's Register of Debates in Congress, House of Representatives*, 20th Cong., 2nd Sess., p. 29.

191. Jeremiah Reynolds to Samuel Southard, July 13, 1828, box 31, folder 9, Princeton; quotation from Jeremiah Reynolds to Samuel Southard, July 30, 1828, RG 45, M 124, NARA I.

192. Tyler, *Wilkes Expedition*, 3; Edmund Fanning, *Voyages Round the World* (New York: Collins & Hannay, 1833), 492.

193. Reynolds to Southard, July 30, 1828.

194. Reynolds to Southard, November 12, 1828; Jeremiah Reynolds to Samuel Southard, November 1, 1828, box 31, folder 10, Southard Papers.

195. Reynolds to Southard, November 1, 1828.

196. John Quincy Adams, diary entry, December 3, 1828, microfilm, P–54, reel 39, Adams Family Papers, MHS.

197. Jeremiah Reynolds to Samuel Southard, November 28, 1828, box 31, folder 10, Southard Papers.

198. Israel, *State of the Union*, 1:289–90; Jeremiah Reynolds to Samuel Southard,

November 13 and November 18, 1828, box 31, folder 10, Southard Papers.

199. Jeremiah Reynolds to Samuel Southard, December 10, 1828; box 31, folder 10, Southard Papers; Reynolds to Southard, November 13, 1828; Jeremiah Reynolds to Samuel Southard, December 8, 1828, box 31, folder 10, Southard Papers.

200. *House Journal*, 20th Cong., 2nd Sess., January 15, 1829; "An Act to Provide for an Exploring Expedition to the Pacific Ocean and South Seas," H.R. 240, 20th Cong., 2nd Sess. (January 19, 1829).

201. Irving H. Bartlett, *John C. Calhoun: A Biography* (New York: W. W. Norton, 1993), 140.

202. Bartlett, *John C. Calhoun*, 141.

203. Theodore Jervey, *Robert Y. Hayne and His Times* (New York: MacMillan, 1909), 89.

204. Quoted in Jervey, *Hayne and His Times*, 188.

205. Jervey, 149.

206. Jervey, 187.

207. Howe, *What Hath God Wrought*, 369; *American National Biography Online*, s.v. "Hayne, Robert Young," accessed June 8, 2016.

208. Robert Hayne to Samuel Southard, June 26, 1828, RG 49, M 124, NARA I; Jervey, *Robert Y. Hayne*, 59; Matthew J. Karp, "Slavery and American Sea Power: The Navalist Impulse in the Antebellum South," *Journal of Southern History*, 77 (May 2011), 291; Hayne's article, "Sketches of a Naval History of the United States," appeared in the *Southern Review*, November 1, 1828, 349–83. Hayne references writing the article in Robert Hayne to Samuel Southard, October 30, 1828, box 30, folder 8, Southard Papers.

209. Robert Hayne to Samuel Southard, February 26, March 28, April 7, 1828, box 30, folder 8, Southard Papers.

210. Hayne to Southard, October 30, 1828.

211. John Quincy Adams diary, March 5, 1829, microfilm, P–54, reel 39, Adams Family Papers, MHS.

212. Birkner, *Samuel L. Southard*, 110.

213. Quoted in Harry L. Watson, *Liberty and Power: The Politics of Jacksonian America* (New York: Hill and Wang, 2006), 73.

214. Watson, *Liberty and Power*, 73.

215. John Lauritz Larson, *Internal Improvements: National Public Works and the Promise of Popular Government in the Early United States* (Chapel Hill: University of North Carolina Press, 2001), 177.

216. Howe, *What Hath God Wrought*, 368–72.

217. Register of Debates, Senate, 20th Cong., 2nd Sess., February 5, 1829, 52.

218. "Report on the Polar Expedition," February 13, 1829, *Appendix to Gale & Seaton's Register of Debates in Congress, House of Representatives*, 20th Cong., 2nd Sess., 30.

219. "On the Policy and Objects of the Exploring Expedition to the Pacific Ocean and South Seas, communicated to the Senate," February 23, 1829, ASPS, Senate, 20th Cong., 2nd Sess., vol. 3, p. 336, no. 391, 338.

220. Robert Hayne to Samuel Southard, January 22, 1829, RG 45, M 124, NARA I.

221. Samuel Southard to Robert Hayne, January 29, 1829, contained in "Report on the Polar Expedition," February 13, 1829, *Appendix, Register of Debates, Senate*, 20th Cong., 2nd Sess., 31.

222. "Report of the Senate Committee," February 23, 1829, *Appendix, Register of Debates, Senate*, 20th Cong., 2nd Sess., 35.

223. "Report of the Senate Committee," February 23, 1829, 35.

224. Howe, *What Hath God Wrought*, 367–70.

225. "Report of the Senate Committee," February 23, 1829, 35.

226. "Report of the Senate Committee," February 23, 1829, 35.

227. Hayne's fear of foreign colonization also led him to oppose federal funding for African colonization in 1827 (Mills, *The World Colonization Made*, 85–86).

228. Quoted in Watson, *Liberty and Power*, 62.

229. "On the Policy and Objects of the Exploring Expedition," 3:339; *Senate Journal*, 20th Cong., 2nd Sess., February 23, 1829, 139.

230. *Senate Journal*, 20th Cong., 2nd Sess., March 2, 1829, 176–77.

231. Schlesinger and Israel, *My Fellow Citizens: Inaugural Addresses*, 65–67.

232. Israel, *State of the Union*, 1:310–11.

233. Jeremiah Reynolds to John Branch, April 14, 1829, M 124, NARA I.

234. Reynolds to Southard, June 11, 1829.

235. Reynolds to Adams, September 3, 1829; J. E. De Kay to Samuel Southard, September 23, 1829, New York, box 33, folder 9, Southard Papers.

236. Reynolds, *Address on a Surveying Expedition*, 98.

237. Jeremiah Reynolds to Samuel Southard, October 25, 1830, box 37, folder 2, Southard Papers.

238. Aaron Sachs, *Humboldt Currents*, 138.

239. See Wulf, *Invention of Nature*, 1–5, 98–101.

240. Jeremiah Reynolds to John Quincy Adams, October 26, 1830, P-54, reel 492, Adams Family Papers, MHS.

241. Reynolds, "Leaf from an Unpublished Manuscript," 411–12.

242. Reynolds to Southard, October 25, 1830. In Mark 6:4 of the King James Bible,

Jesus says, "A prophet is not without honor but in his own country, among his own kin, and in his own house."

第二章

1. John M. Belohlavek, *"Let the Eagle Soar!": The Foreign Policy of Andrew Jackson* (Lincoln: University of Nebraska Press, 1985), 153.

2. Schroeder, *Shaping a Maritime Empire*, 26.

3. Belohlavek, *"Let the Eagle Soar!,"* 153.

4. Reynolds, *Voyage of the* Potomac, 221.

5. Endicott's statement, Levi Woodbury to John Downes, August 9, 1831, RG 45, M 149, NARA I.

6. Endicott's statement, Woodbury to Downes, August 9, 1831.

7. Levi Woodbury gave his original orders in Woodbury to Downes, August 9, 1831. For justifications for ignoring them, see Reynolds, *Voyage of the* Potomac, 95–98; and John Downes to Levi Woodbury, February 17, 1832, RG 45, M 125, NARA I. Benjamin Armstrong gives a detailed and critical examination of Downes's tactical choices at Kuala Batu in chap. 7, "First Sumatran Expedition, 1831–1832," in *Small Boats and Dar- ing Men: Maritime Raiding, Irregular Warfare, and the Early American Navy* (Norman: University of Oklahoma Press, 2019), 150–71. He suggests that diplomacy, rather than force, would have been more effective.

8. Reynolds, *Voyage of the* Potomac, 109.

9. Armstrong, *Small Boats and Daring Men*, 163.

10. Lieutenant Irvine Shubrick to Captain John Downes, February 6, 1832, "Letters Received by the Secretary of the Navy from Captains ["Captain's Letters"], 1805–1861," RG 45, M 125A, NARA I.

11. See, for instance, the early chapters of Walter LaFeber, *The American Age: U.S. Foreign Policy at Home and Abroad*, vol. 1, *To 1920*, 2nd ed. (New York: W. W. Norton, 1994).

12. Philbrick, *Sea of Glory*, xvii.

13. Daniel C. Haskell, *The United States Exploring Expedition, 1838-1842 and Its Pub- lications, 1844-1874* (New York: New York Public Library, 1942), 6.

14. The total increase would be $67,080.76, based on "Report on the Polar Expedition," February 13, 1829, *Appendix to Gale & Seaton's Register of Debates in Congress, House of Representatives*, 20th Cong., 2nd Sess., 28; and "Authorization of the Naval

Exploring Expedition in the South Seas and Pacific Ocean, and of the Purchase of and Payment for Astronomical and Other Instruments for the Same," March 17, 1830, House of Representatives, 21st Cong., 1st Sess., *American State Papers: Naval Affairs*, 3:547.

15. There were nineteen scientific volumes prepared for publication, but only fourteen were ever printed (Haskell, *United States Exploring Expedition*, 18–19).

16. Haskell, 16, has a table with all the appropriations for the volumes. Total Ex Ex publication appropriations equaled $359,834.52.

17. Mahlon Dickerson to Jeremiah Reynolds, August 25, 1837, reprinted in Reynolds, *Exploring Expedition. Correspondence*, 88.

18. Richard Hofstadter, chap. 3, "Andrew Jackson and the Rise of Liberal Capitalism," in *The American Political Tradition and the Men Who Made It* (1948; repr., New York: Vintage Books, 1989), 57–86. This chapter defines capitalism as Immanuel Wallerstein did: a system that seeks an ever-increasing amount of capital across geographic space (*The Modern World-System*, vol. 3, *The Second Era of Great Expansion of the Capitalist World-Economy, 1730-1840s* [1989; repr., Berkeley: University of California Press, 2011], xiv, xvii). I am also indebted to the work of Philip E. Steinberg, which portrays how capitalism was an imperialistic force that expanded into new areas—even ocean basins—and arranged their access to resources hierarchically along lines of race and class (*The Social Construction of the Ocean* [Cambridge: Cambridge University Press, 2001], 22). Finally, I have adopted the periodization of Paul A. Gilje, who has argued that the period of the early US republic—circa 1789 to 1861—was the crucial fulcrum of change in the evolution of modern capitalism ("The Rise of Capitalism in the Early Republic," *Journal of the Early Republic* 16, no. 2 [Summer 1996], 160–62).

19. Hofstadter, *American Political Tradition*, 65.

20. For more on Jacksonian economic policy, see Arthur M. Schlesinger Jr., *The Age of Jackson* (Boston: Little, Brown, 1945); Hofstadter, "Andrew Jackson and the Rise of Liberal Capitalism"; George Rogers Taylor, *The Transportation Revolution, 1815-1860* (New York: Rinehart, 1951); Watson, *Liberty and Power*; Charles Sellers, *The Market Revolution: Jacksonian America, 1815-1846* (Oxford: Oxford University Press, 1991); John, *Spreading the News*; Daniel Feller, *The Jacksonian Promise: America, 1815-1840* (Baltimore: Johns Hopkins University Press, 1995); Sean Wilentz, *The Rise of American Democracy: Jefferson to Lincoln* (New York: W. W. Norton, 2005); Howe, *What Hath God Wrought*; Dael A. Norwood, "Trading in Liberty: The Politics of the American China Trade, c. 1784–1862" (PhD diss., Princeton University, 2012); and Jessica M. Lepler, *The Many Panics of 1837: People, Politics, and the Creation of Transatlantic Financial Crisis* (Cambridge: Cambridge University Press, 2013).

21. Howe especially makes the point that Jacksonian democracy was characterized by white supremacist policies (*What Hath God Wrought*, chap. 9, "Andrew Jackson and His Age," 328–66).

22. The new literature on slavery emphasizes how capitalistic it was; in fact, many scholars are even finding slavery the overarching principle of capitalism itself. See, for example, Sven Beckert and Seth Rockman, *Slavery's Capitalism: A New History of American Economic Development* (Philadelphia: University of Pennsylvania Press, 2016). For slavery and the US Postal Service, see John, *Spreading the News*, especially chap. 7, "The Interdiction of Dissent," 257–80; W. Jeffrey Bolster, *Black Jacks: African American Seamen in the Age of Sail* (Cambridge, MA: Harvard University Press, 1997), esp. chap. 7, "Free Sailors and the Struggle with Slavery," 190–214; and Bolster, "'To Feel like a Man': Black Seamen in the Northern States, 1800–1860," *Journal of American History* 76, no. 4 (March 1990), 1192–94; see also Howe, *What Hath God Wrought*, 361.

23. Hofstadter, *American Political Tradition*, 83–86.

24. James R. Gibson, *Otter Skins, Boston Ships, and China Goods: The Maritime Fur Trade of the Northwest Coast, 1785-1841* (Seattle: University of Washington Press, 1992) For the rise and fall of the US otter pelt trade on the Northwest Coast, see Mary Malloy, *"Boston Men" on the Northwest Coast: The American Maritime Fur Trade, 1784-1844* (Kingston, ON: Limestone Press, 1998).

25. Eric Jay Dolin, *When America First Met China: An Exotic History of Tea, Drugs, and Money in the Age of Sail* (New York: W. W. Norton, 2012), 112.

26. Dolin, *When America First Met China*, 161.

27. Dolin, 154.

28. Dolin, 113–14, 126. For more on the US–Fiji trade, see Nancy Shoemaker, *Pursuing Respect in the Cannibal Isles: Americans in Nineteenth-Century Fiji* (Ithaca, NY: Cornell University Press, 2019).

29. Schroeder, *Shaping a Maritime Empire*, 22–23.

30. Andrew Darby, *Harpoon: Into the Heart of Whaling* (Cambridge, MA: De Capo Press, 2008), 87.

31. Labaree et al., *America and the Sea*, 290.

32. Reynolds, *Address on a Surveying Expedition*, 43.

33. Reynolds, 43–44.

34. See, for example, Paul A. Gilje, *Free Trade and Sailors' Rights in the War of 1812* (New York: Cambridge University Press, 2013).

35. William Lewis Herndon and Lardner Gibbon, *Exploration of the Valley of the Amazon: Made Under Direction of the Navy Department*, 2 vols. (Washington, DC: Robert Armstrong, 1854), 1:417.

36. Rouleau, *With Sails Whitening Every Sea*, 1–2.

37. Schlesinger and Israel, *My Fellow Citizens: Inaugural Addresses*, 58.

38. Martin Lynn, "British Policy, Trade, and Informal Empire in the Mid-nineteenth Century," chap. 6 of *The Oxford History of the British Empire*, vol. 3, *The Nineteenth Century*, ed. Andrew Porter; Alaine Low, assoc. ed. (Oxford: Oxford University Press, 1999), 105.

39. Nicole M. Phelps, "One Service, Three Systems, Many Empires: The U.S. Consular Service and the Growth of U.S. Global Power, 1789–1924," in *Crossing Em- pires: Taking U.S. History into Transimperial Terrain*, ed. Kristin L. Hoganson, and Jay Sexton (Durham, NC: Duke University Press, 2020), 136–58; Belohlavek, *"Let the Eagle Soar!,"* 7–8.

40. Howe, *What Hath God Wrought*, 360.

41. Schroeder, *Shaping a Maritime Empire*, 24.

42. Belohlavek, *"Let the Eagle Soar!,"* 164; Schroeder, *Shaping a Maritime Empire*, 32.

43. See Belohlavek, *"Let the Eagle Soar!,"* chap. 4, "France: Commerce, Claims, and Conflict," esp. 111–26.

44. Howe, *What Hath God Wrought*, 360.

45. Howe, *What Hath God Wrought*, 468; Philbrick, *Sea of Glory*, 23.

46. For more on Native Americans and the Yankee whale fishery, see Nancy Shoemaker, "Mr. Tashtego: Native American Whalemen in Antebellum New England," *Journal of the Early Republic* 33, no. 1 (Spring 2013), 109–32; and Shoemaker, *Native American Whalemen and the World*.

47. Nicholas Thomas, *Islanders: The Pacific in the Age of Empire* (New Haven, CT: Yale University Press, 2012), 4.

48. Eric Jay Dolin, *Leviathan: The History of Whaling in America* (New York: W. W. Norton, 2007), 430.

49. For more on this, see Rouleau, *With Sails Whitening Every Sea*, esp. chaps. 2, 3, and 4; and Joyce, *Shaping of American Ethnography*.

50. Smith, *To Master the Boundless Sea*, 56.

51. Herman Melville, *Omoo: Adventures in the South Seas* (1847; repr., Mineola, NY: Dover Publications, 2000), 21.

52. Smith, *Thomas ap Catesby Jones*, 54–55.

53. Samuel Eliot Morison, *The Maritime History of Massachusetts, 1784-1860* (1921; repr., Boston: Northeastern University Press, 1979), 324.

54. Gibson, *Otter Skins, Boston Ships, and China Goods*, 165.

55. William Reynolds, *The Private Journal of William Reynolds: The United States Ex- ploring Expedition, 1838-1842*, ed. Nathaniel and Thomas Philbrick (New York: Penguin Books, 2004), 90.

56. Smith, *To Master the Boundless Sea*, 66.

57. Wilkes, *Narrative of the US Exploring Expedition*, 3:244, 260–61; Reynolds, *Private Journal of William Reynolds*, 184–85; Erskine, *Twenty Years before the Mast: With the More Thrilling Scenes and Incidents while Circumnavigating the Globe under the Command of the Late Admiral Charles Wilkes, 1838-1842* (1896; repr., Chicago: Lakeside Press, R. R. Donnelley & Sons, 2006), 194–97, 205.

58. Throughout the Ex Ex narrative, Wilkes repeatedly praised Oceanian watercraft and navigational talent. For examples, see Wilkes, *Narrative of the US Exploring Expedition*, 1:340–41, 2:65–66, 3:19, 54.

59. Claims of Oceanians' interest in acquiring Western goods, and accounts of their propensity to walk away with them if possible, are too numerous to dismiss as mere prejudice in the historical record. For instances when crew members of the Ex Ex accused natives of theft, see Wilkes, *Narrative of the US Exploring Expedition*, 1:132, 3:76; and Reynolds, *Private Journal of William Reynolds*, 85–86, 154.

60. Melville, *Omoo*, 295; Erskine, *Twenty Years before the Mast*, 162.

61. Wilkes, *Autobiography*, 361.

62. Whaling captains to Lieut. John Percival, March 10, 1826, P-157, John Percival Papers, 1826–1841, MHS.

63. Rouleau, *With Sails Whitening Every Sea*, 102–3.

64. Melville, *Omoo*, 1; Richard Henry Dana Jr., *Two Years before the Mast* (1840; repr., New York: Dodd, Mead, 1946), 176.

65. Wilkes, *Narrative of the US Exploring Expedition*, 1:138; Melville, *Omoo*, 1.

66. Morison, *Maritime History of Massachusetts*, 315.

67. Erskine, *Twenty Years before the Mast*, 105.

68. Melville, *Moby-Dick*, 6, 474.

69. Samuel Eliot Morison, *"Old Bruin": Commodore Matthew Calbraith Perry* (Boston: Little, Brown, 1967), 156–57.

70. Undated copy of the deposition of James Cullins, c. 1826, P-157, John Percival Papers, 1826–1841, MHS.

71. Lincoln Paine, *The Sea and Civilization: A Maritime History of the World* (New York: Knopf, 2013), 13.

72. Paine, *Sea and Civilization*, 18–19.

73. Reynolds, *Voyage of the Potomac*, 102.

74. Reynolds, v–vi.

75. Reynolds to Southard, May 25, 1834.

76. Reynolds to Southard, June 11, 1829.

77. Jeremiah Reynolds to Samuel Southard, August 25, 1834, Southard Papers, box 47, folder 10, Southard Papers.

78. Acting Secretary of the Navy John Boyle to Jeremiah Reynolds, August 19, 1834, and September 1, 1834, "Miscellaneous Letters Sent by the Secretary of the Navy, 1798–1886," RG 45, M 209, NARA I.

79. Belohlavek, *"Let the Eagle Soar!,"* 157–62; Reynolds, *Voyage of the* Potomac, vi.

80. See Armstrong, *Small Boats and Daring Men*, esp. chap. 7, "The First Sumatra Expedition, 1831–1832," 150–71, and chap. 8, "Return to Sumatra: The East India Squadron, 1838–1839," 172–90.

81. Reynolds, *Voyage of the* Potomac, 94.

82. Reynolds, 227.

83. Reynolds, 105.

84. Reynolds, ii.

85. For more on how mariners compared Oceanian peoples to Native Americans, see Brian Rouleau, "Maritime Destiny as Manifest Destiny: American Commercial Expansionism and the Idea of the Indian," *Journal of the Early Republic* 30 (Fall 2010), 377–411; and Rouleau, *With Sails Whitening Every Sea*. Nancy Shoemaker has also made a similar observation in *Native American Whalemen and the World*, chap. 4.

86. See Schroeder, *Shaping a Maritime Empire*, esp. chap. 2, "President Andrew Jackson: Advocate of an Expansive Navy," 19–36.

87. Robert V. Remini, *Andrew Jackson and His Indian Wars* (New York: Viking, 2001), 14.

88. Sachs, *Humboldt Currents*, 147–48.

89. Horace Holden, *A Narrative of the Shipwreck, Captivity and Sufferings of Horace Holden and Benj. H. Nute, Who were Cast Away in the American Ship Mentor, on the Pelew Islands, in the Year 1832; and for Two Years Afterwards were Subjected to Unheard of Sufferings Among the Barbarous Inhabitants of Lord North's Island* (Boston: Russell, Shattuck, 1836), 18.

90. Holden, *Narrative of the Shipwreck*, 27–28.

91. Holden, 113–14, 110.

92. Nathan Perl-Rosenthal, *Citizen Sailors: Becoming American in the Age of Revolution* (Cambridge, MA: Belknap Press of Harvard University Press, 2015); Gilje, *Free Trade and Sailors' Rights*.

93. Shoemaker, *Native American Whalemen and the World*, 134, 137.

94. Resolution of the General Assembly of Rhode Island and Providence Plantations, October session 1834, in Samuel Southard, report, March 21, 1836, *American State Papers: Naval Affairs*, 4:869.

95. Dutee J. Pearce, speech, February 7, 1835, *American State Papers: Naval Affairs*,

4:709.

96. Pearce, speech, 4:708.

97. Samuel Southard, speech, March 21, 1836, *American State Papers: Naval Affairs*, 4:868.

98. Philbrick, *Sea of Glory*, 30.

99. Sachs, *Humboldt Currents*, 153.

100. Reynolds, *Address on a Surveying Expedition*, 51.

101. Reynolds, 36.

102. Reynolds, 66–67.

103. Thomas Hamer, speech, May 9, 1836, *Cong. Globe*, 24th Cong., 1st Sess., 338.

104. Hamer, speech, 339.

105. John Reed, speech, May 9, 1836, *Appendix to the Congressional Globe*, 24th Cong., 1st Sess., 571.

106. Reed, speech, 572.

107. Melville, *Moby-Dick*, 270.

108. Benjamin Rodman to Jeremiah Reynolds, June 11, 1836, reprinted in Reynolds, *Pacific and Indian Oceans*, 116.

109. Reynolds, *Voyage of the Potomac*, 470.

110. Contemporaries in the early republic appear rarely to have used the term *white savage* to describe those lower-class whites they disapproved of, calling such individuals "savages" or "vagabonds" instead. *White savage* is instead a phrase concocted by historians who have sought to capture the condescension, disgust, and loathing that middle and upper-class elites felt for impoverished, violent, or drunken whites. See, for example, Fintan O'Toole, *White Savage: William Johnson and the Invention of America* (New York: Farrar, Straus & Giroux, 2005); David Andrew Nichols, *Red Gentlemen and White Savages: Indians, Federalists, and the Search for Order on the American Frontier* (Charlottesville: University of Virginia Press, 2008); Richard Drinnon, *White Savage: The Case of John Dunn Hunter* (New York: Schocken Books, 1972); and Lawrence Jacob Friedman, *The White Savage: Racial Fantasies in the Postbellum South* (Englewood Cliffs, NJ: Prentice-Hall, 1970).

111. Jacksonian reluctance to openly criticize working-class white men was in stark contrast to the governing elites of the revolutionary generation, who fretted about the effects of poor settlers on US expansion (Daniel Immerwahr, chap. 1, "The Fall and Rise of Daniel Boone," in *How to Hide an Empire: A History of the Greater United States* [New York: Farrar, Straus & Giroux, 2019], 25–35).

112. Smith, *Thomas ap Catesby Jones*, 83.

113. Tyler, *The Wilkes Expedition*, 9. The original bill can be found in *United States Statutes at Large*, 24th Cong., 1st Sess., chap. 61, 29.

114. Israel, *State of the Union*, 1:466.

115. Wilkes, *Narrative of the US Exploring Expedition*, 1:xv–xvi.

116. George M. Colvocoresses, *Four Years in a Government's Exploring Expedition* (New York: J. M. Fairchild, 1852), 13.

117. Dickerson's transcribed diary can be found in the Mahlon Dickerson and Philemon Dickerson Papers, box 4, folder 4, New Jersey Historical Society, Newark, New Jersey. It describes in full how much he hated his job. The reference to being a "slave to office" appears in the entry for July 1, 1838.

118. Reynolds, *Pacific and Indian Oceans*.

119. Reynolds, unnumbered dedication pages.

120. Reynolds, *Private Journal of William Reynolds*, 10.

121. John Quincy Adams, diary entry, November 4, 1826, microfilm, P-54, reel 40, Adams Family Papers, MHS.

122. See Rouleau, "Maritime Destiny as Manifest Destiny"; and Rouleau, *With Sails Whitening Every Sea*, esp. chap. 3, "Maritime Destiny as Manifest Destiny," 74–101.

123. Erskine, *Twenty Years before the Mast*, 125.

124. Erskine, 169.

125. Charles Wilkes to James Paulding, Fiji Islands, August 10, 1840 (no. 70), RG 45, 37, 24, M 75, roll 6, NARA Boston.

126. *Catalogue of Boxes, Barrels &c. Shipped on board the American ship Lansamme and consigned to the Navy Agent*, undated, RG 45, 37, 24, M 75, roll 6, NARA Boston.

127. Francis P. Prucha, *The Great Father: The United States Government and the American Indians* (Lincoln: University of Nebraska Press, 1984), 8, 60–61, x.

128. Wilkes, *Narrative of the US Exploring Expedition*, 1:xxviii.

129. Wilkes, 1:xxix.

130. Wilkes, *Narrative of the US Exploring Expedition*, 1:324–25. White US citizens' use of Indigenous people to serve in military and diplomatic roles toward other Indigenous people goes back to colonial days. For a particularly strong analysis of this relationship, see James H. Merrell, *Into the American Woods: Negotiators on the Pennsyl- vania Frontier* (New York: W. W. Norton, 1999).

131. See Peggy Reeves Sanday, *Divine Hunger: Cannibalism as a Cultural System* (Cambridge: Cambridge University Press, 1986), 152–58.

132. Smith, *To Master the Boundless Sea*, 50.

133. The first case of this reaction to the Ex Ex occurred among the residents of Rio Negro, who believed that the US seamen were French sailors coming to attack them (Reynolds, *Private Journal of William Reynolds*, 22 [February 7, 1839]).

134. Reynolds, *Private Journal of William Reynolds*, 39, 41 (March 12 and March 14,

1839).

135. Wilkes, *Narrative of the US Exploring Expedition*, 1:335.

136. Reynolds, *Private Journal of William Reynolds*, 90.

137. See, for example, Bartholomé de Las Casas's translation and summary of the diary of Christopher Columbus, entry for Sunday, October 14, 1492, reprinted in Howard Zinn and Anthony Arnove, eds., *Voices of a People's History of the United States*, 2nd ed. (New York: Seven Stories Press, 2009), 33–34.

138. Epeli Hau'ofa, "Our Sea of Islands," *Contemporary Pacific* 6, no. 1 (1994), 148–61.

139. Sanday, *Divine Hunger*, 161.

140. Sanday, 152.

141. The scholarly debate over the existence, extent, and meaning of Oceanian cannibalism is an extensive one. In 2005, for example, Gananath Obeyesekere argued that Fijians practiced codified "ritual anthropophagy" instead of the mass cannibalism portrayed in Western accounts, which were largely influenced by colonialist projections and sometimes factually suspect (*Cannibal Talk: The Man-Eating Myth and Human Sacrifice in the South Seas* [Berkeley: University of California Press, 2005]). For the purposes of this chapter, what matters more than the practice's actual verity or extent is the widespread perception among nineteenth-century US citizens that Oceanians were cannibals.

142. Deryck Scarr, *Fiji: A Short History* (Laie, HI: Institute for Polynesian Studies, Brigham Young University–Hawai'i Campus, 1984), 3.

143. Wilkes, *Narrative of the US Exploring Expedition*, 3:239.

144. Reynolds, *Private Journal of William Reynolds*, 143.

145. Wilkes, *Narrative of the US Exploring Expedition*, 3:234–39.

146. David F. Long, *Gold Braid and Foreign Relations: Diplomatic Activities of U.S. Naval Officers, 1798-1883* (Annapolis, MD: Naval Institute Press, 1988), 4, 415.

147. Prucha, *Great Father*, 46.

148. "Feejee Regulations," copy, RG 45, 37, 24, M 75, roll 6, NARA Boston. For more on the Indian Trade and Intercourse Act of 1834, see William E. Unrau, *The Rise and Fall of Indian Country, 1825-1855* (Lawrence: University Press of Kansas, 2007).

149. Prucha, *Great Father*, 42–43.

150. As Ann Fabian notes, "Veidovi" is "a spelling closer to Fijian pronunciation" than "Vendovi," which was the spelling used by Wilkes and other Ex Ex members (*The Skull Collectors: Race, Science, and America's Unburied Dead* [Chicago: University of Chicago Press, 2010], 121).

151. Wilkes, *Narrative of the US Exploring Expedition*, 3:103–5.

152. Reynolds, *Private Journal of William Reynolds*, 156.

153. Wilkes, *Narrative of the US Exploring Expedition*, 3:126–36.

154. Wilkes, 3:160.

155. Reynolds, *Private Journal of William Reynolds*, 159.

156. Prucha, *Great Father*, 63.

157. Fabian, *Skull Collectors*, 121–22.

158. Philbrick, *Sea of Glory*, 300.

159. Fabian, *Skull Collectors*, 125.

160. Fabian, 159.

161. "Extract from Boat Orders, Fiji Islands," May 8, 1840, RG 45, 37, 24, M 75, roll 6, NARA Boston.

162. Reynolds, *Private Journal of William Reynolds*, 165.

163. Reynolds, 144.

164. Taking hostages was actually common practice for Oceanian–European interactions in the Pacific. See, for instance, Igler, *The Great Ocean*, chap. 3, "Hostages and Captives," 73–97.

165. Wilkes, *Narrative of the US Exploring Expedition*, 3:266–71; Philbrick, *Sea of Glory*, 217–20.

166. Lieutenant Alden to Charles Wilkes, Fiji Islands, August 1, 1840, RG 45, 37, 24, M 75, roll 6.

167. As Nicholas Thomas writes in *Islanders*, "If a massacre had taken place, the Fijians, of whom ten had been killed, were more obviously the victims than the Ameri- cans" (152).

168. Reynolds, *Private Journal of William Reynolds*, 194.

169. Wilkes, *Narrative of the US Exploring Expedition*, 3:265.

170. Wilkes, 3:274.

171. Wilkes, 3:274.

172. Wilkes, *Narrative*, 3: 274–75; Erskine, *Twenty Years before the Mast*, 211.

173. Erskine, 213.

174. Erskine, 214.

175. Erskine, 215.

176. Erskine, 215.

177. Reynolds, *Private Journal of William Reynolds*, 144.

178. Erskine, *Twenty Years before the Mast*, 217.

179. Wilkes, *Narrative of the US Exploring Expedition*, 3:285.

180. Reynolds, *Private Journal of William Reynolds*, 195.

181. Reynolds, 241.

182. Reynolds, 241.

183. Reynolds, 199.

184. For judicial extension into Indian country as a key element of settler colonialism, see Lisa Ford, *Settler Sovereignty: Jurisdiction and Indigenous People in America and Australia, 1788-1836* (Cambridge, MA: Harvard University Press, 2010). For examples of US missionaries teaching Native Americans how to farm, see Lori J. Daggar, "The Mission Complex: Economic Development, 'Civilization,' and Empire in the Early Republic," *Journal of the Early Republic* 36, no. 3 (Fall 2016), 467–92.

185. Wilkes, *Narrative of the US Exploring Expedition*, 1:339.

186. Herman Melville, *White Jacket, Or, the World on a Man-of-War* (1850; repr., Aegypan), 171.

187. Wilkes, *Narrative of the US Exploring Expedition*, 1:4.

188. Joseph G. Clark, *Lights and Shadows of Sailor Life* (Boston: Benjamin B. Mussey, 1848), ix. Clark's rank is indicated in Wilkes, *Narrative of the US Exploring Expedition*, 1:xli.

189. Clark, *Lights and Shadows*, 236.

190. Reynolds, *Private Journal of William Reynolds*, 95.

191. Erskine, *Twenty Years before the Mast*, 75.

192. Erskine, 102.

193. Wilkes, *Narrative of the US Exploring Expedition*, 2:14.

194. Wilkes, 2:91.

195. Wilkes, 1:238.

196. Philbrick, *Sea of Glory*, 239.

197. Philbrick, 240; Tyler, *Wilkes Expedition*, 194.

198. Philbrick, *Sea of Glory*, 240.

199. Tyler, *Wilkes Expedition*, 194.

200. Philbrick, *Sea of Glory*, 241.

201. Philbrick, 242.

202. Melville, *White Jacket*, 306.

203. Melville, 307.

204. Melville, 306.

205. Melville, 116.

206. Edward P. Montague, ed., *Narrative of the Late Expedition to the Dead Sea. From a Diary By one of the Party* (Philadelphia: Carey and Hart, 1849), 131–32.

207. William C. Godfrey, *Godfrey's Narrative of the Last Grinnell Arctic Exploring Expedition, In Search of Sir John Franklin, 1853-4-5* (Philadelphia: J. T. Lloyd, 1857), 63, LCP.

208. Myra C. Glenn, *Jack Tar's Story: The Autobiographies and Memoirs of Sailors in Antebellum America* (Cambridge: Cambridge University Press, 2010), 113–14.

209. Joyce, *Shaping of American Ethnography*, 144–45.

210. William Stanton, *The Great United States Exploring Expedition of 1838-1842* (Berkeley: University of California Press, 1975), 288.

211. Quoted in Philbrick, *Sea of Glory*, 329.

212. Philbrick, 329–30.

213. Paine, *Sea and Civilization*, 18–19; Steinberg, *Social Construction of the Ocean*, 52–54.

214. J. N. Reynolds to Samuel Southard, September 24, 1828, *American State Papers: Naval Affairs*, 4:688.

215. The practice of using flora and fauna to ascertain position in relation to land masses dates back at least as far as Columbus (Samuel Eliot Morison, *Admiral of the Ocean Sea: A Life of Christopher Columbus* [Boston: Little, Brown, 1946], 201, 202). It was still a common technique in the later years of the Age of Sail, such that Edmund Fanning used it while searching for new sealing islands during his 1829–1830 voyage with Reynolds (Edmund Fanning, *Voyages Round the World* [New York: Collins & Hannay, 1833], 480).

216. Labaree et al., *America and the Sea*, 177.

217. Steven J. Dick, *Sky and Ocean Joined: The U.S. Naval Observatory, 1830-2000* (Cambridge: Cambridge University Press, 2003), 15–16.

218. Dick, *Sky and Ocean Joined*, 17, and Labaree et al., *America and the Sea*, 178.

219. Labaree et al., 179.

220. Wilkes, *Narrative of the US Exploring Expedition*, 3:357.

221. Wilkes, 3:221.

222. Gerard Ward, ed. *American Activities in the Central Pacific, 1790-1870: A History, Geography and Ethnography pertaining to American Involvement and Americans in the Pacific Taken from Contemporary Newspapers, etc.*, 8 vols. (Ridgewood, NJ: Gregg Press, 1966–1967), 2:327.

223. Philbrick, *In the Heart of the Sea*, 14.

224. Daniel Henderson, *The Hidden Coasts: A Biography of Admiral Charles Wilkes* (Westport, CT: Greenwood Press, 1953); Harrison, "Science and Politics: Origins of Government Expeditions," 180; Tyler, *Wilkes Expedition*; Stanton, *Great United States Exploring Expedition*; and, to a lesser extent, even Geoffrey Sutton Smith, "The Navy before Darwinism: Science, Exploration, and Diplomacy in Antebellum America," *American Quarterly* 28 (Spring 1976), 41–55.

225. Harrison, "Science and Politics: Origins of Government Expeditions," 180. In 2001, Bruce A. Harvey made a similar pronouncement about the Ex Ex and Perry missions (*American Geographics: U.S. National Narratives and the Representation of the Non-European World, 1830-1865* [Stanford, CA: Stanford University Press, 2001], 14).

226. Burnett, "Hydrographic Discipline among the Navigators"; Smith, *To Master the Boundless Sea*, chap. 1, "Empire of Commerce and Science," 41–73.

227. Dickerson to Reynolds, August 25, 1837, reprinted in Reynolds, *Exploring Expedition. Correspondence*, 88.

228. Wilkes, *Narrative of the US Exploring Expedition*, 1:xxix.

229. Burnett, "Hydrographic Discipline among the Navigators," 232.

230. Burnett, "Hydrographic Discipline among the Navigators."

231. Charles Wilkes, *Synopsis of the Cruise of the U.S. Exploring Expedition, During the Years 1838, '39, '40, '41, & '42; Delivered Before the National Institute, by its Commander, Charles Wilkes, Esq., on the Twentieth of June, 1842* (Washington, DC: Peter Force, 1842), 29.

232. US Congress, Joint Committee on the Library, *Report by Pearce* (Washington, DC: Ritchie & Heiss, 1846), 2, LCP.

233. Smith, *To Master the Boundless Sea*, 70; Haskell, *United States Exploring Expedi- tion*, 19.

234. George Bancroft to Benjamin Tappan, September 22, 1845, Benjamin Tappan Papers, box 20, reel 8, Manuscript Division, Library of Congress, Washington, DC; "Art. VIII.—United States Exploring Expedition.—," *North American Review*, July 1, 1846, 213.

235. Haskell, *United States Exploring Expedition*, 45; Wilkes, *Synopsis of the U.S. Exploring Expedition*, 41. For examples of Wilkes's recommendations from the *Narrative*, see 1:123, 164; 3:194; 2:395–96.

236. See Haskell, *United States Exploring Expedition*, 19.

237. US Congress, Joint Committee on the Library, *Report by Pearce*, 3.

238. US Congress, Joint Committee on the Library, 3.

239. Horace Galpen to Lea & Blanchard, February 14, 1850, box 157, folder 3 (G—1850), Lea & Febiger Records, HSP.

240. "United States Exploring Expedition," *Times* (London), September 2, 1845.

241. Melville, *Moby-Dick*, 7.

242. Quoted in Shoemaker, *Pursuing Respect in the Cannibal Isles*, 94.

243. Smith, *To Master the Boundless Sea*, 71.

244. Margaret Creighton, *Rites and Passages: The Experience of American Whaling, 1830-1870* (Cambridge: Cambridge University Press, 1995), 36.

245. Creighton, *Rites and Passages*, 16.

246. For more on the North Pacific Exploring Expedition, see Allan B. Cole, "The Ringgold–Rodgers–Brooke Expedition to Japan and the North Pacific, 1853–1859," *Pacific Historical Review* 16, no. 2 (May 1947), 152–62; and Ponko, *Ships, Seas, and Scientists*, chap. 12, "Expedition to the North Pacific, Bering Straits and China Sea, 1852–1863," 206–30.

247. Wilkes, *Narrative of the US Exploring Expedition*, 1:xxix.

248. Wilkes, 5:171.

249. Wilkes, 5:172.

250. Wilkes, 5:172.

251. John Frémont to Col. J. J. Albert, chief of the Corps. of Top. Engineers, March 1, 1845, reprinted in Frémont, *Oregon and California: The Exploring Expedition to the Rocky Mountains, Oregon, and California, by Brevet Col, J. C. Fremont* (Buffalo, NY: Geo. H. Derby, 1849), 123.

252. Charles Wilkes, *Western America, Including California and Oregon, with Maps of Those Regions, and of "The Sacramento Valley"* (Philadelphia: Lea & Blanchard, 1849), viii.

253. Lea & Blanchard, cost book, vol. 54 (1838–1853), p. 141, collection 227B, Lea & Febiger Records, HSP.

254. US Congress, Joint Committee on the Library, *Report by Pearce*, 9.

255. Frederick Merk, ed., *Fur Trade and Empire: George Simpson's Journal, Entitled Remarks Connected with the Fur Trade in the Course of a Voyage from York Factory to Fort George and Back to York Factory 1824-25*, rev. ed. (Cambridge, MA: Belknap Press of Harvard University Press, 1968), xxii.

256. Tyler, *Wilkes Expedition*, 403.

257. Smith, "The Navy before Darwinism," 44–45.

258. US Congress, Joint Committee on the Library, *Report by Pearce*, 86.

259. Tyler, *Wilkes Expedition*, 404.

260. Norman A. Graebner, *Empire on the Pacific: A Study in American Continental Expansion* (New York: Ronald Press Company, 1955).

261. Israel, *State of the Union*, 1:737.

262. 262. Israel, 1:738.

263. The quotation is from William Leggett in 1837, quoted in Feller, *Jacksonian Promise*, 160.

264. Susan Bean, *Yankee India: American Commercial and Cultural Encounters with India in the Age of Sail, 1784-1860* (Salem, MA: Peabody Essex Museum, 2001), 14.

265. Stanton, *Great United States Exploring Expedition*, 3–4.

266. See Jimmy L. Bryan, *The American Elsewhere: Adventures and Manliness in the Age of Expansion* (Lawrence: University Press of Kansas, 2017), especially chap. 2, "The Storyteller Nation," 67–108.

267. Feller, *Jacksonian Promise*, 87–88.

268. Philbrick's *Sea of Glory* carefully charts this change in Wilkes's character.

269. Reynolds, *Private Journal of William Reynolds*, 217.

270. John F. Lee to Samuel Philips Lee, Little Rock, Arkansas, August 11, 1839, box

81, folder 1, Blair and Lee Family Papers, Princeton University Library.

271. Schroeder, *Shaping a Maritime Empire*, 69.

272. Schroeder, 64–67.

273. Schroeder, 69. For a similar observation about the role played by party politics in determining the reception of the Ex Ex, see Philbrick, *Sea of Glory*, 303–4.

274. Andrew C. Jampoler, *Sailors in the Holy Land: The 1848 American Expedition to the Dead Sea and the Search for Sodom and Gomorrah* (Annapolis, MD: Naval Institute Press, 2005), 12; Philbrick, *Sea of Glory*, 329.

275. Wilkes, *Autobiography*, 521–22.

276. 276. Wilkes, 521–22.

第三章

1. Charles Wilkes to John W. Davis, January 28, 1845, box 20, reel 8, Benjamin Tappan Papers, Manuscript Division, Library of Congress, Washington, DC (hereafter cited as Tappan Papers).

2. Charles Wilkes to Benjamin Tappan, December 27, 1853, box 22, reel 9, Tappan Papers.

3. Wilkes to Tappan, December 27, 1853; Wilkes to Tappan, November 25, 1850; Wilkes to Tappan, December 27, 1853.

4. The incoming correspondence of the publishing firm Lea & Blanchard of Philadelphia has been preserved from the year 1850 in the Lea & Febiger Records (Col- lection 227B, boxes 156–63) at the Historical Society of Pennsylvania in Philadelphia. Much of it consists of requests from readers and booksellers for copies of William Francis Lynch's *Narrative of the United States' Expedition to the River Jordan and the Dead Sea* (1849 and 1850). For an example of a book peddler requesting a contract, see George Reynolds to Lea & Blanchard, June 5, 1850, Lea & Febiger Records, box 159, folder 3, "Ra–Ri," HSP.

5. Edwin Wolf II and Marie Elena Korey, eds., *Quarter of a Millennium: The Library Company of Philadelphia, 1731-1981: A Selection of Books, Manuscripts, Maps, Prints, Drawings, and Paintings* (Philadelphia: Library Company of Philadelphia, 1981), 319.

6. Frederick William True, "The United States National Museum," in *The Smith- sonian Institution, 1846-1896: The History of Its First Half Century*, ed. George Brown Goode (Washington, DC: De Vinne Press, 1897), 311, available at Biodiversity Heritage Library, http://www.biodiversitylibrary.org/bibliography/30479.

7. See, for example, Edward W. Said, *Orientalism* (New York: Pantheon Books, 1978);

Pratt, *Imperial Eyes*; Edward Said, *Culture and Imperialism* (New York: Vintage Books, 1994); John Carlos Rowe, *Literary Culture and U.S. Imperialism: From the Revolution to World War II* (Oxford: Oxford University Press, 2000); Shelley Streeby, *American Sensations: Class, Empire, and the Production of Popular Culture* (Berkeley: University of California Press, 2002); Amy Kaplan, *Anarchy of Empire in the Making of U.S. Culture* (Cambridge, MA: Harvard University Press, 2002), Kristin Hogan– son, *Consumers' Imperium: The Global Production of American Domesticity, 1865-1920* (Chapel Hill: University of North Carolina Press, 2007); and Andy Doolen, *Territories of Empire: U.S. Writing from the Louisiana Purchase to Mexican Independence* (Oxford: Oxford University Press, 2014).

8. Hoganson, *Consumer's Imperium*.

9. M. Birchard to Benjamin Tappan, December 24, 1843, box 18, reel 7, Tappan Papers.

10. [Illegible] to Benjamin Tappan, June 28, 1842, box 17, reel 7, Tappan Papers.

11. McDonald, "Reynolds, Jeremiah N.," 524; J. N. Reynolds to Senator Benjamin Tappan and others, December 25, 1842, box 17, reel 7, Tappan Papers.

12. "United States Exploring Expedition," *Campbell's Foreign Semi-monthly Magazine*, February 1, 1844, 189.

13. Haskell, *United States Exploring Expedition*, 9.

14. First editions of d'Urville's volumes in their original binding are hard to come by. The Library Company of Philadelphia has one of the scientific volumes from 1854 in original binding: Dumoutier, *Voyage au Pole Sud et dans l'Océanie sur les Corvettes l'Astrolabe et la Zélée . . . Anthropologie* (Paris: Gide and Baudry, 1854).

15. John James Abert, *Reply of Col. Abert and Mr. Markoe to the Hon. Mr. Tappan* (Washington, DC: W. Q. Force, 1843), 16, LCP.

16. This recommendation is inferred based on their close relationship at the time. Wilkes's appointment is noted in "Extract from the Minutes of the Joint Library Committee of Congress," August 26, 1842, box 17, reel 7, Tappan Papers; and his subordination to Tappan as a direct supervisor is noted in Wilkes to Davis, January 28, 1845.

17. Wilkes, *Autobiography*, 533.

18. Joan Boudreau, "Publishing the U.S. Exploring Expedition: The Fruits of the Glorious Enterprise," *Printing History*, n.s., no. 3 (January 2008), 25–26; Haskell, *United States Exploring Expedition*, 10.

19. Haskell, *United States Exploring Expedition*, 11.

20. Haskell, 9.

21. Sherman had printed two tomes for the Virginia and New Jersey state geological surveys (Boudreau, "Publishing the U.S. Exploring Expedition," 29).

22. Gaskill was especially famous for fancy embossed bindings, in which the design on the covers of books was raised rather than impressed (Edwin Wolf II, *From Gothic Windows* to Peacocks: American Embossed Leather Bindings, 1825-1855 [Philadelphia: The Library Company of Philadelphia, 1990], 25).

23. Benjamin Tappan to James A. Pearce, May 15, 1846, box 21, reel 9, Tappan Papers.

24. Michael Winship, "Manufacturing and Book Production," in *A History of the Book in America*, vol. 3, *The Industrial Book, 1840-1880*, ed. Scott E. Casper, Jeffrey D. Groves, Stephen W. Nissenbaum, and Michael Winship (Chapel Hill: University of North Carolina Press, 2007), chap. 1, 48.

25. Winship, "Manufacturing and Book Production," 61, 58–59.

26. Boudreau, "Publishing the U.S. Exploring Expedition," 32; John Cassin, *United States Exploring Expedition*, vol. 8, *Mammalogy and Ornithology* (Philadelphia: C. Sherman & Son, 1858), vi, Cullman Library.

27. Joseph Drayton to Benjamin Tappan, July 10, 1855, box 22, reel 9, Tappan Papers. For more on Lavinia and Bowen and Company, see "Bowen, Lavinia," Philadelphia on Stone Biographical Dictionary of Lithographers, n.d., Library Company of Philadelphia, https://digital.librarycompany.org/islandora/object/digitool%3A78899.

28. US Congress, Joint Committee on the Library, *Report by Pearce* (Washington, DC: Ritchie & Heiss, 1846), 9, LCP.

29. Lea & Blanchard, cost book, 54:86, insert, "Specifications of the Manner and Form in Which the Work of the Exploring Expedition is to Be Bound." The conclusion that the d'Urville volumes came out in paperboard is based on my viewing of a copy of Dumoutier's volume on anthropology, published in 1854 in Paris, and housed at the Library Company of Philadelphia (Dumoutier, *Voyage au Pole Sud et dans l'Océanie sur les Corvettes l'Astrolabe et la Zélée . . . Anthropologie* [Paris: Gide and Baudry, 1854]). The claim of the narrative volumes being octavo can be confirmed by examining these volumes on the Biodiversity Heritage Library website, https://www.biodiversitylibrary.org/item/226840#page/21/mode/1up.

30. These figures are from Haskell, *United States Exploring Expedition*, 31–37.

31. The physical description and evaluation of the Ex Ex volumes in this paragraph were the result of close personal investigations of the official Ex Ex volumes preserved in the collections of the Joseph F. Cullman III Library of Natural History, Smithsonian Institution Libraries, Washington, DC. The Cullman Library also has an original copy of Jules–Sébastien–César Dumont d'Urville, *Voyage au Pole Sud et dans l'Océanie sur les Corvettes l'Astrolabe et la Zélée* [. . .], vol. 1 (Paris: Gide, 1841). The date range for the publications of the map and plate volumes comes from Raymond John Howgego, ed., *Encyclopedia of Exploration, 1800 to 1850: A Comprehensive Reference Guide to the His- tory and Literature of Exploration, Travel and Colonization Between the Years 1800 and 1850* (Potts Point, New South Wales, Australia: Hordern House, 2006), s.v. "Dumont D'Urville, Jules Sebastien Cesar, 1837–1840, Antarctica, Pacific, East Indies," 182.

32. US Congress, Joint Committee on the Library, *Report by Pearce*, 8.

33. Haskell, *United States Exploring Expedition*, 9.

34. Haskell, 9; N. P. Trist to W. A. Harris, April 3, 1846, "Diplomatic Instructions of the Department of State, 1801–1906," RG 59, M77, Argentina, roll 10, NARA Boston; Edward Everett to Robert Schenck, February 24, 1853, RG 59, M 77, Brazil, roll 23, NARA Boston, and the inside board of the Cullman Library's copy of John Cassin, *United States Exploring Expedition* [. . .], vol. 8, *Mammalogy and Ornithology* [. . .] (Philadelphia: C. Sherman & Son, 1858), on which is a label with the words, "Presented by the Congress of the United States to the Government of China."

35. Charles Wilkes to Benjamin Tappan, May 28, 1845, Washington, box 20, reel 8, Tappan Papers.

36. William Marcy to William Trousdale, April 26, 1855, RG 59, M 77, Brazil, roll 23, NARA Boston.

37. Robert Owen to Charles Wilkes, July 27, 1853, reel 14, Wilkes Family Papers, Library of Congress, Washington, DC.

38. This term is a combination of Eliga H. Gould's phrase "Europe's diplomatic republic" on page 93 in *Among the Powers of the Earth: The American Revolution and the Making of a New World Empire* (Cambridge, MA: Harvard University Press, 2012), and what the conchologist Joseph Couthoy called in 1843 "the Republic of Science" (Couthoy to Tappan, January 5, 1843).

39. *Captain Cook's Voyages Round the World* (Glasgow: Niven, Napier & Khull, for W. D. & A. Brownlie, 1807), 1:12, Cullman Library.

40. Daniel Henderson, *The Hidden Coasts: A Biography of Admiral Charles Wilkes* (Westport, CT: Greenwood Press, 1953), 214.

41. Howgego, *Encyclopedia of Exploration to 1800*, s.v. "Dumont D'Urville," 177–79; Jeremiah Reynolds to Mahlon Dickerson, January 4, 1838, reprinted in Reynolds, *Exploring Expedition. Correspondence*, 143.

42. Reynolds to Dickerson, January 4, 1838.

43. Lewis Cass to R. K. Meade, December 3, 1857, RG 59, M 77, Brazil, roll 23, NARA Boston.

44. Wilkes to Davis, January 28, 1845.

45. Wilkes, *Autobiography*, 541.

46. Wilkes, 533.

47. As early as December 1844, Sherman had pleaded with Wilkes and Tappan for extra remuneration, claiming that his winning bid had been far too low to cover the costs of publishing the official copies (C. Sherman to Charles Wilkes and Benjamin Tappan, December 6, 1844, box 19, reel 8, Tappan Papers; C. Sherman to Benjamin Tappan, February 17, 1845,

Philadelphia, box 20, reel 8, Tappan Papers).

48. Haskell, *United States Exploring Expedition*, 17; Philbrick, *Sea of Glory*, 338. For criticism of Wilkes's copyright, see "United States Exploring Expedition," *Southern Literary Messenger*, May 1, 1845, 316; and "The Narrative of the Exploring Expedition," *Southern Literary Messenger*, June 1, 1845, 389.

49. I am indebted to Mary Louise Pratt (*Imperial Eyes*), Ronald J. Zboray (*A Fictive People*), Jimmy Bryan (*The American Elsewhere*), and Kristin Hoganson (*Consumer's Imperium*, 12) for this concept.

50. For a few examples, see Schlesinger, *Age of Jackson*; Watson, *Liberty and Power*; and Wilentz, *Rise of American Democracy*.

51. See Charles Sellers, *The Market Revolution: Jacksonian America, 1815-1846* (Oxford: Oxford University Press, 1991). The "Age of Clay" reference is from Amy S. Greenberg, *A Wicked War: Polk, Clay, Lincoln, and the 1846 U.S. Invasion of Mexico* (New York: Alfred A. Knopf, 2012), 8.

52. See John, *Spreading the News*; Wilentz, *Rise of American Democracy*; and Howe, *What Hath God Wrought*.

53. The literature on territorial expansion and US foreign relations in the early republic is long; for a fuller historiographical review, see the extensive footnotes in Konstantin Dierks, "Americans Overseas in the Early American Republic," *Diplomatic History* 42, no. 1 (January 2018), 17–35.

54. Rubin, *Making of Middlebrow Culture*, 1–2.

55. For more on this shift, see Sean Wilentz, *Chants Democratic: New York City and the Rise of the American Working Class, 1788-1850* (Oxford: Oxford University Press, 1984).

56. John Lauritz Larson, *The Market Revolution in America: Liberty, Ambition, and the Eclipse of the Common Good* (Cambridge: Cambridge University Press, 2010). For a particularly fine job of putting the raw and disorienting experience of "panic" back into the historical narrative, see Lepler, *The Many Panics of 1837*.

57. Eric R. Schlereth, "Privileges of Locomotion: Expatriation and the Politics of Southwestern Border Crossing," *Journal of American History* 100, no. 4 (2014), 995–1020; Jimmy L. Bryan, *The American Elsewhere: Adventures and Manliness in the Age of Expansion* (Lawrence: University Press of Kansas, 2017), 13.

58. Rubin, *Making of Middlebrow Culture*, 3; Jennifer L. Goloboy, "The Early American Middle Class," *Journal of the Early Republic* 25 (2005): 537–45.

59. Shoemaker, *Pursuing Respect in the Cannibal Isles*.

60. Reginald Horsman, *Race and Manifest Destiny: The Origins of American Anglo-Saxonism* (Cambridge, MA: Harvard University Press, 1981); Joyce, *Shaping of American Ethnography*; Fabian, *Skull Collectors*.

61. Noel Ignatiev, *How the Irish Became White* (1995; repr., New York: Routledge Classics, 2009).

62. Alexander Saxton, *The Rise and Fall of the White Republic* (1990; repr., London: Verso, 2003).

63. Leon Litwack, *North of Slavery: The Negro in the Free States, 1790-1860* (Chicago: University of Chicago Press, 1961).

64. "Arctic Explorations; The Second Grinnell Expedition in Search of Sir John Franklin, 1853, '54, '55," *Happy Home & Parlor Magazine*, January 1, 1857, xv.

65. Louise Stevenson, chap. 9, "Sites of Reading," in Casper et al., *History of the Book in America*, 324.

66. Melville, *Moby-Dick*, 206.

67. Barbara Sicherman, chap. 8, "Ideologies and Practices of Reading," in Casper et al., *History of the Book in America*, 280.

68. "La Plata, the Argentine Confederation, and Paraguay," *Moore's Rural New-Yorker*, February 26, 1859, 73.

69. William H. Edwards, *A Voyage Up the River Amazon, Including a Residence at Para*, 6th ed. (London: J. Murray, 1847), iii, LCP.

70. Edwards, *Voyage Up the River Amazon*, iii.

71. Zboray, *A Fictive People*, 163.

72. Carl Ostrowski, *Books, Maps and Politics: A Cultural History of the Library of Congress, 1783-1861* (Amherst: University of Massachusetts Press, 2004), 217–18.

73. For more on US curiosity in popular culture, see Chapin, *Exploring Other Worlds*.

74. Alan Taylor, *William Cooper's Town: Power and Persuasion on the Frontier of the Early American Republic* (New York: Knopf, 1995), 24.

75. Alfred Hunter, *A Popular Catalogue of the Extraordinary Curiosities in the National Institute* (Washington, DC: Alfred Hunter, 1855), iii, LCP.

76. Chapin, *Exploring Other Worlds*.

77. Melville, *Moby-Dick*, xiii.

78. Reynolds, *Address on a Surveying Expedition*, 5.

79. Allan Nevins, *Pathmaker of the West* (1928; 3rd ed., Lincoln: University of Nebraska Press, 1992), 617.

80. Nevins discusses Jessie's role, albeit in somewhat dismissive terms in *Frémont*, pages 118, 119, and 191. Andrew F. Rolle gives a far more sympathetic and compelling account of Jessie's contributions in *John Charles Frémont: Character as Destiny* (Norman: University of Oklahoma Press, 1991), pages 44–46.

81. Bryan, *American Elsewhere*, 2.

82. Martin Green, *Dreams of Adventure, Deeds of Empire* (New York, 1979), xi.

83. Richard Henry Dana Jr., *Two Years before the Mast: A Personal Narrative of Life at Sea* (New York: Harper & Brothers, 1840), 460, Dibner Library of the History of Science and Technology, Smithsonian Institution Libraries, Washington, DC (hereafter cited as Dibner).

84. Rolle, *John Charles Frémont*, 44–45.

85. See, for example, the letters of Emma Lou Sprigman to Kane's mother, Jane Leiper Kane, March 12, 1857, May 13, 1857, and April 20, 1858, box 6, folder "Kane, Elisha Kent, Letters of condolence on Kane's death, 1855–1861," Elisha Kent Kane Papers (hereafter cited as Kane Papers), American Philosophical Society, Philadelphia (hereafter cited as APS).

86. For more on how travel accounts could inspire fantasies of male conquest, see Amy Greenberg's *Manifest Manhood and the Antebellum American Empire* (Cambridge: Cambridge University Press, 2005).

87. Benedict Anderson, *Imagined Communities: Reflections on the Origin and Spread of Nationalism* (1983; reprint London: Verso, 2006).

88. Andy Doolen, in *Territories of Empire*, 10, has termed this phenomenon the "continental imaginary." See also Michael F. Robinson, *The Coldest Crucible: Arctic Exploration and American Culture* (Chicago: University of Chicago Press, 2006), 3.

89. Abbott Lawrence to John Clayton, May 31, 1850, "Despatches from United States Ministers to Great Britain," M 30, RG 59, NARA I.

90. Wilkes, *Narrative of the US Exploring Expedition*, 1:3.

91. Like many other chiefs of exploration, Wilkes would frequently conflate I and we throughout his writings, condensing the myriad personal sentiments of the crew into a single, all-sensing, all-feeling narrator. For more on this subject, see Pratt, *Imperial Eyes*, 59; and Ben Maddison, *Class and Colonialism in Antarctic Exploration, 1750-1920* (London: Routledge, 2016), 57.

92. Wilkes, *Narrative of the US Exploring Expedition*, 1:6.

93. 93. Wilkes, 2:129.

94. Wilkes, 2:70.

95. Schroeder, *Shaping a Maritime Empire*.

96. William P. Leeman, *The Long Road to Annapolis: The Founding of the Naval Academy and the Emerging American Republic* (Chapel Hill: University of North Caro- lina Press, 2010).

97. Wilkes, *Narrative of the US Exploring Expedition*, 2:12, 374, 127.

98. Wilkes, 2:12.

99. Joyce, *Shaping of American Ethnography*, 3.

100. Wilkes, *Narrative of the US Exploring Expedition*, 2:90. Emily Conroy-Krutz has described how US missionaries developed a "hierarchy of heathenism" that helped determine

where to focus their evangelist energies (*Christian Imperialism: Converting the World in the Early Republic* [Ithaca, NY: Cornell University Press, 2015], chap. 1, 19–50).

101. Wilkes, *Narrative of the US Exploring Expedition*, 1:339.

102. Wilkes, 1:7.

103. 103. Wilkes, 1:323, 330.

104. See, for example, Wilkes, 1:6.

105. The firm dated back to Matthew Carey, one of Philadelphia's most famous early printers of the Revolutionary era (*American Dictionary of Printing and Bookmaking* [New York: Howard Lockwood, 1894], s.v. "Matthew Carey," 83).

106. Haskell, *United States Exploring Expedition*, 27.

107. "The Exploring Expedition," *Wiley & Putnam's Literary News Letter*, May 1, 1845.

108. [Illegible] to Lea & Blanchard, March 6, 1850, box 157, folder 1, "D, 1850," Lea & Febiger Records, HSP.

109. Wilkes to Davis, January 28, 1845.

110. Lea & Blanchard, cost book, 54:84–86.

111. Lea & Blanchard, 54:84.

112. Wilkes to Davis, January 28, 1845.

113. Lea & Blanchard, cost book, 54:86; "New Publications," *Banner of the Cross*, May 10, 1845, 150; "The Exploring Expedition," *Wiley & Putnam's Literary News Letter*, May 1, 1845, 319.

114. "Narrative of the United States Exploring Expedition," *Columbian*, June 1, 1845, 284; "The Narrative of the Exploring Expedition," *Southern Literary Messenger*, June 1, 1845.

115. Wilkes, *Autobiography*, 535; the figure of five thousand copies is taken from Lea & Blanchard, cost book, 54:86. Haskell, in *United States Exploring Expedition*, 40, believed that the edition was only three thousand in number, though the cost book includes another two thousand not "yet a/c for."

116. Lea & Blanchard, cost book, 54:84–86.

117. Lea & Blanchard, 54:84, 86.

118. Haskell, *The United States Exploring Expedition*, 41.

119. Rarule, Drinker & Co. to Lea & Blanchard, February 15, 1847, Canton, China, box 159, folder 3, "Ra–Ri," Lea & Febiger Records, HSP.

120. Gray, *Making of John Ledyard*, 76; Howgego, *Encyclopedia of Exploration to 1800*, s.v., "Cook, James, 1768–1771," 255.

121. Edward Belcher, *Narrative of a Voyage Round the World: Performed in Her Majesty's Ship* Sulphur, *During the Years 1836-1842* [. . .], 2 vols. (London: Henry Colburn,

1843), 1:v, Cullman Library.

122. Haskell, *United States Exploring Expedition*, 41.

123. Haskell, 45.

124. 124. Haskell, 44–45, 42.

125. For more on this topic, see Simon Nowell-Smith, *International Copyright Law and the Publisher in the Reign of Queen Victoria* (Oxford: Clarendon Press, 1968); and Eugene Exman, *The Brothers Harper: A Unique Publishing Partnership and Its Impact upon the Cultural Life of America from 1817 to 1853* (New York: Harper and Row, 1965), xiv–xv.

126. "United States Exploring Expedition," *Times* (London), May 15, 1845, 7.

127. "Exploring Expedition of the United States," *Westminster Review*, December 1, 1845, 241.

128. Haynes, *Unfinished Revolution*, 27.

129. "New Publications," *Banner of the Cross*, May 10, 1845, 150.

130. "Notices of New Works," *Southern & Western Literary Messenger*, February 1, 1846, 128.

131. Quoted in Haskell, *United States Exploring Expedition*, 13.

132. "The Exploring Expedition," *Wiley & Putnam's Literary News Letter*, May 1, 1845, 319.

133. Advertisement in Wilkes, *Narrative of the US Exploring Expedition*, vol. 1, back-matter, Cullman Library.

134. "New Publications," *Banner of the Cross*, May 10, 1845, 150.

135. "Narrative of the United States Exploring Expedition," *Columbian*, June 1, 1845, 284.

136. "Art. III—Narrative of the United States Exploring Expedition," *North American Review*, July 1, 1845, 54. Another example of reviewers noting the *Narrative* with "pride" can be found in "Narrative of the United States Exploring Expedition," *Ladies' National Magazine*, January 1, 1845, 36.

137. "Art. III—Narrative of the United States Exploring Expedition," *North American Review*, July 1, 1845, 100, 55.

138. Philbrick, *Sea of Glory*, 338.

139. "Art. III—Narrative of the United States Exploring Expedition," *North American Review*, July 1, 1845, 57.

140. The accusations of plagiarism show up in "United States Exploring Expedition," *Southern Literary Messenger*, May 1, 1845, 316, 320.

141. Wilkes, *Autobiography*, 541.

142. Maddison, *Class and Colonialism in Antarctic Exploration*, 1–2; Gray, *Making of John Ledyard*, 70–71.

143. "New Publications, Etc.," *Spirit of the Times*, June 7, 1845.

144. "11. United States Exploring Expedition," *American Journal of Science & Arts*, October 1, 1844, 212.

145. "11. United States Exploring Expedition," 212.

146. J. Pickering to Charles Wilkes, May 20, 1845, box 20, reel 8, Tappan Papers.

147. Haskell, *United States Exploring Expedition*, 44.

148. Haskell, 44.

149. Haskell, 45.

150. William Reynolds was among those officers who kept a secret journal during the cruise (Reynolds, *Private Journal of William Reynolds*, vi).

151. This data derives from copies available at the Cullman Library, the American Philosophical Society, the Library Company of Philadelphia, and Google Books.

152. Wilkes, *Narrative of the US Exploring Expedition*, 1:xxxvii; George M. Colvocoresses, *Four Years in a Government's Exploring Expedition* (New York: J. M. Fairchild, 1855), 3, APS.

153. Colvocoresses, *Four Years in a Government's Exploring Expedition* (New York: J. M. Fairchild, 1855), APS.

154. George M. Colvocoresses, *Four Years in a Government's Exploring Expedition* (New York: Cornish, Lamport, 1852), Cullman Library.

155. John S. Jenkins, *U.S. Exploring Expeditions* (Peoria, IL: S. H. and G. Burnett, 1852), APS.

156. "Book Notices," *Christian Parlor Book*, March 1, 1855.

157. Colvocoresses, *Four Years*, 26.

158. Colvocoresses, 38.

159. Wilkes, *Narrative of the US Exploring Expedition*, 1:127.

160. Wilkes, 2:408.

161. Wilkes, 1:327, 2:72–73.

162. Wilkes, 1:338, 340–41; 2:65–66, 57, 102.

163. Reynolds, *Private Journal of William Reynolds*, 104.

164. Wilkes, *Narrative of the US Exploring Expedition*, 3:234.

165. Wilkes, 3:101.

166. "United States Exploring Expedition," *Times* (London), May 15, 1845, 7.

167. "Art. III—Narrative of the United States Exploring Expedition," *North American Review*, July 1, 1845, 77.

168. Charles Wilkes, introduction to *Voyage Round the World: Embracing the Principal Events of the Narrative of the United States Exploring Expedition* [. . .] (Philadelphia: Geo. W. Gorton, 1849), Cullman Library.

169. Gananath Obeyesekere, *Cannibal Talk: The Man-Eating Myth and Human Sacrifice in the South Seas* (Berkeley: University of California Press, 2005), 1.

170. "Art. III—Narrative of the United States Exploring Expedition," *North American Review*, July 1, 1845, 85.

171. "United States Exploring Expedition," *Southern Literary Messenger*, May 1, 1845, 315.

172. "Art. VI—Narrative of the United States Exploring Expedition," *Edinburgh Review*, April 1, 1846, 444–45.

173. "Art. VI—Narrative of the United States Exploring Expedition," 440.

174. Shoemaker, *Native American Whalemen and the World*, 140.

175. George Fitzhugh, *Cannibals All! Or, Slaves without Masters* (Richmond, VA: A. Morris, 1857), 27, LCP.

176. Estes, *A Defence of Negro Slavery*, 249.

177. Wilkes, *Narrative of the US Exploring Expedition*, 1:52; Colvocoresses, *Four Years*, 31.

178. Wilkes, *Narrative of the US Exploring Expedition*, 1:64.

179. Wilkes, 1:52.

180. Wilkes, 1:64.

181. Wilkes, 1:64.

182. Evelyn, "National Gallery at the Patent Office," 229–30.

183. Evelyn, 227–29.

184. Evelyn, 232.

185. "Address of the Hon. Joel R. Poinsett before the National Institution, 13th June, 1842," *Southern Patriot* (Charleston, South Carolina), June 21, 1842.

186. Fabian, *Skull Collectors*, 155.

187. Wilkes, *Synopsis of the U.S. Exploring Expedition*, 9.

188. James D. Dana, *United States Exploring Expedition. During the Years 1838, 1838, 1840, 1841, 1842. Under the Command of Charles Wilkes, U.S.N. Crustacea*, part 1 (Phila– delphia: C. Sherman, 1852–1855), 2, Cullman Library.

189. Evelyn, "National Gallery at the Patent Office," 236.

190. Evelyn, 229.

191. William M. Morrison, *Morrison's Strangers' Guide to the City of Washington, and its Vicinity*, 2nd ed. (Washington, DC: William M. Morrison, 1844), 40.

192. Wilkes, *Autobiography*, 528.

193. "Visitors Registers of the Smithsonian Institution and the United States National Museum, 1852–1913," vol. 1 (June 19, 1841, to January 1842), record unit 62, Smithsonian Institution Archives, Washington, DC.

194. John Varden, preface to *Synopsis of the Collection in the National Gallery, Patent Office Building; As Originally Arranged by Dr. Chas. Pickering, T. R. Peale, James D. Dana, and Others of the United States Exploring Expedition. Ordered by Charles Mason* (1st ed., Washington: Henry Polkinhorn, 1856), Cullman Library (Varden was the curator and facilities overseer for the National Gallery); Hunter, *Popular Catalogue of Extraordinary Curiosities*, 11.

195. George Brown Goode, "The Founding of the Institution, 1835–1846," in *The Smithsonian Institution, 1846-1896. The History of Its First Half Century*, ed. Goode (Washington, DC: De Vinne Press, 1897), 44–45, available at Biodiversity Heritage Library, http://www.biodiversitylibrary.org/bibliography/30479; Wilkes, *Autobiography*, 528.

196. Evelyn, "National Gallery at the Patent Office," 230, 236.

197. Evelyn, 236.

198. Wilkes, *Autobiography*, 529.

199. Wilkes, 528.

200. Charles Dickens, *American Notes for General Circulation* (Paris: Baudry's European Library, 1842), 142.

201. Edgar Allan Poe, review of *A Brief Account of the Discoveries and Results of the United States' Exploring Expedition*, *Graham's Magazine*, September 1843, 165, available at https://www.eapoe.org/works/criticsm/gm43091.htm; Joyce, *Shaping of American Ethnography*, 146–47.

202. Joyce, 146–47.

203. Varden, preface to *Synopsis of the Collection*; Evelyn, "National Gallery at the Patent Office," 238.

204. "Visitors Registers of the Smithsonian Institution," vol. 2 (January 16, 1842, to April 30, 1845).

205. These cities were taken from "Visitors Registers of the Smithsonian Institution," vol. 2.

206. This data comes from "Visitors Registers of the Smithsonian Institution," vols. 2, 5 (July 8, 1850, to July 6, 1852), and 6 (July 7, 1852, to February 4, 1854).

207. "The Fruits of the Exploring Expedition," *Guardian: Devoted to the Cause of Female Education on Christian Principles*, June 15, 1844, 91.

208. John Kethcum quoted in Evelyn, "National Gallery at the Patent Office," 238.

209. Evelyn, 237.

210. Linnaeus is the Latinized name for Carl Linne. Pratt, *Imperial Eyes*, 38.

211. Pratt, 24–25.

212. Pratt, esp. chap. 2, "Science, Planetary Consciousness, Interiors," 15–36.

213. Hunter, *Popular Catalogue of Extraordinary Curiosities*, iii.

214. Hunter, 50.

215. Hunter, iv.

216. Quoted in Goode, *Smithsonian Institution*, 313.

217. "Address of the Hon. Joel R. Poinsett before the National Institution, 13th June, 1842," *Southern Patriot* (Charleston, South Carolina), June 21, 1842.

218. Augustus Gould to Benjamin Tappan, April 8, 1844, box 19, reel 8, Tappan Papers.

219. Hunter, *Popular Catalogue of Extraordinary Curiosities*, 31; Varden, preface to *Synopsis of the Collection*, 7; Hunter, *Popular Catalogue of Extraordinary Curiosities*, 32.

220. Hunter, 32.

221. Hunter, 23, 62–63, 30.

222. Adrienne Kaeppler, chap. 6, "Anthropology and the U.S. Exploring Expedition," in *Magnificent Voyagers: The U.S. Exploring Expedition, 1838-1842*, ed. Herman J. Viola and Carolyn Margolis (Washington, DC: Smithsonian Institution Press, 1985), 120.

223. Joyce, *Shaping of American Ethnography*, 146.

224. Hunter, *Popular Catalogue of Extraordinary Curiosities*, 11.

225. Varden, preface to *Synopsis of the Collection*, 5.

226. Fabian, *Skull Collectors*, 129.

227. Kaeppler, "Anthropology and the U.S. Exploring Expedition," 123.

228. Hunter, *Popular Catalogue of Extraordinary Curiosities*, 13, 12.

229. Hunter, 14.

230. Wilkes, *Narrative of the US Exploring Expedition*, 3:104–5.

231. Hunter, *Popular Catalogue of Extraordinary Curiosities*, 49.

232. Fabian, *Skull Collectors*, 129.

233. Joyce, *Shaping of American Ethnography*, 153.

234. James Aitken Meigs, "The Cranial Characteristics of the Races of Men," in *Indigenous Races of the Earth*, ed. Josiah C. Nott and George R. Gliddon (Philadelphia: J. B. Lippincott, 1857), 214.

235. Meigs, "Cranial Characteristics," 213.

236. Hunter, *Popular Catalogue of Extraordinary Curiosities*, 25.

237. Jampoler, *Sailors in the Holy Land*, 12; Philbrick, *Sea of Glory*, 329.

238. Wilkes to Tappan, May 28, 1845.

第四章

1. Lynch, *Narrative of the Expedition to the River Jordan*, 260.

2. Lynch, *Narrative of the Expedition to the River Jordan*, 262; Montague, *Narrative of the Expedition to the Dead Sea*, 171.

3. Montague, *Narrative of the Expedition to the Dead Sea*, 170–71.

4. John Lloyd Stephens, *Incidents of Travel in Egypt, Arabia, Petraea, and the Holy Land*, 3rd ed., 2 vols. (New York: Harper, 1838), 2:228–29, LCP.

5. Lynch, *Narrative of the Expedition to the River Jordan*, 260–61.

6. Lynch, 260.

7. This description of Lynch's Bedouin companions is taken from page 144 of his *Narrative of the Expedition to the River Jordan*.

8. Lynch, *Narrative of the Expedition to the River Jordan*, 261.

9. Lynch, 263–67.

10. In *Pioneers East: The Early American Experience in the Middle East* (Cambridge, MA: Harvard University Press, 1967), David H. Finnie thought that Lynch had "simply got a bee in his bonnet" and "persuaded the Navy to back him" (269–70). William H. Goetzmann, the don of nineteenth-century US exploration, had little use for the expedition, dismissing it instead as "a wildly impractical junket" (*New Lands, New Men: America and the Second Great Age of Discovery* [New York: Penguin Books, 1986], 332); and Vincent Ponko Jr. described it in passing as a global expression of Manifest Destiny, but stopped short of any deeper analysis (*Ships, Seas, and Scientists*, 60).

11. See, for instance, Robert E. Rook, *The 150th Anniversary of the United States' Expedition to Explore the Dead Sea and the River Jordan* (Amman, Jordan: American Center of Oriental Research, 1998), 11, 13; and Silberman, *Digging for God and Country*, 52, 54.

12. Bruce A. Harvey and Milette Shamir are among the historians who have recognized this. See Harvey, *American Geographics*, 100; and Shamir, "On the Uselessness of Knowledge: William F. Lynch's 'Interesting' Expedition to the Dead Sea," *Journal of the Early Republic* 38, no. 3 (Fall 2018), 480, 484.

13. Barbara Kreiger situated Lynch's expedition favorably in a longer context of Western exploration of the Dead Sea (*The Dead Sea: Myth, History, and Politics* [Ha- nover, NH: Published for Brandeis University Press by the University Press of New England, 1997], 58–75). Similarly, John Davis described the Dead Sea mission as "a startling example of government involvement in schemes to explore the Holy Land, lay claim to its promise, and placate religious doubt by locating scripture-affirming evidence" (*The Landscape of Belief: Encountering the Holy Land in Nineteenth-Century American Art and Culture* [Princeton, NJ: Princeton University Press, 1996], 141). Finally, Bruce Harvey acknowledged the mission's contributions to scientific and theological knowledge, and emphasized "hermeneutical desire" as its central theme (*American Geographics*, 113–21; quotation on 104).

14. Shamir, "On the Uselessness of Knowledge," 479, 487.

15. "Then the Lord rained upon Sodom and upon Gomorrah brimstone and fire from the Lord out of heaven; and he overthrew those cities, and all the plain, and all the inhabitants of the cities, and that which grew upon the ground" (Genesis 19:24–25, Authorized [King James] Version).

16. Lynch, *Narrative of the Expedition to the River Jordan*, 288.

17. This perspective could be challenging for some scholars and audiences to comprehend or appreciate. One mechanism for doing so may be to relate it to two of the most evangelical presidents in US history—Jimmy Carter and Ronald Reagan. Though they defined morality differently, both believed that it was a source of national power and prestige. For more, see Gaddis Smith, *Morality, Reason, and Power: American Diplomacy in the Carter Years* (New York: Hill and Wang, 1986); and David T. Byrne, *Ronald Reagan: An Intellectual Biography* (Lincoln, NE: Potomac Books, 2018), esp. chap. 6, "A Moral View of the Cold War," 99–116.

18. For example, Emily Conroy-Krutz, in *Christian Imperialism*, emphasizes how US evangelicals saw themselves as providentially allied with British imperial expansion. Similarly, Walter LaFeber has argued that US missionaries in China in the late nineteenth century helped lay the cultural groundwork for the "new empire" of the turn of the century (*The New Empire: An Interpretation of American Expansion, 1860-1898* [Ithaca, NY: Cornell University Press, 1963]). In European circles, Edward Said, Brian Stanley, and Anna Johnson have been among those who have emphatically come down on the side of missionaries as the quintessential imperial agents. See, for instance, Said, *Orientalism*; Stanley, *The Bible and the Flag: Protestant Missions and British Imperialism in the Nineteenth and Twentieth Centuries* (Leicester: Apollos, 1990); and Johnson, *Missionary Writing and Empire, 1800-1860* (Cambridge: Cambridge University Press, 2001).

19. William R. Hutchison, *Errand to the World: American Protestant Thought and Foreign Missions* (Chicago: University of Chicago Press, 1987); Andrew Porter, *Religion Versus Empire? British Protestant Missionaries and Overseas Expansion, 1700-1914* (Manchester: Manchester University Press, 2004); Jeffrey Cox, *Imperial Fault Lines: Christianity and Colonial Power in India, 1818-1940* (Stanford, CA: Stanford University Press, 2002); Tyrrell, *Reforming the World*.

20. Cox, *Imperial Fault Lines*, 27.

21. Porter, *Religion vs. Empire*, 13.

22. Porter, 116.

23. Porter (11, 116) makes this challenge directly.

24. See David Sehat, *The Myth of American Religious Freedom* (Oxford: Oxford University Press, 2011).

25. Lynch, *Narrative of the Expedition to the River Jordan*, 261.

26. This chapter is indebted to the work of Ussama Makdisi, whose *Artillery of Heaven: American Missionaries and the Failed Conversion of the Middle East* (Ithaca, NY: Cornell University Press, 2008) makes a convincing case for the importance of honoring the international as well as North American sides of US expansionism and encounters.

27. Jack P. Lewis, "William Francis Lynch, Explorer of the Dead Sea," Evangelical Theological Society Papers, published in microfilm by the Theological Research Exchange Network (Portland, Oregon, 1993), 1; Rook, *150th Anniversary*, 9.

28. See Jack P. Greene, *Pursuits of Happiness: The Social Development of Early Modern British Colonies and the Formation of American Culture* (Chapel Hill: University of North Carolina Press, 1988).

29. Jon Butler, *Awash in a Sea of Faith: Christianizing the American People* (Cambridge, MA: Harvard University Press, 1990).

30. Sehat, *Myth of American Religious Freedom*, 5–6.

31. Sehat, 51.

32. Denise A. Spellberg, *Thomas Jefferson's Qur'an: Islam and the Founders* (New York: Knopf, 2013).

33. "Treaty of Peace and Friendship, Signed at Tripoli November 4, 1796," article 11, available at https://avalon.law.yale.edu/18th_century/bar1796t.asp. See also Frank Lambert, *The Barbary Wars: American Independence in the Atlantic World* (New York: Hill and Wang, 2005), esp. chap. 4, "The Cultural Construction of the Barbary Pirates," 105–22.

34. Patricia Bonomi, *Under the Cope of Heaven: Religion, Society, and Politics in Colonial America* (New York: Oxford University Press, 1986).

35. Sehat, *Myth of American Religious Freedom*, esp. 1–64.

36. Spellberg, *Thomas Jefferson's Qur'an*, 241.

37. Sehat, *Myth of American Religious Freedom*, 59–64.

38. Sehat, 4.

39. Sehat, 6.

40. William F. Lynch, *Naval Life; or, Observations Afloat and On Shore. The Midshipman* (New York: Charles Scribner, 1851), 9.

41. 41. Lynch, *Naval Life*, 9, 264, 266–67.

42. Rook, *150th Anniversary*, 9.

43. Lynch, *Naval Life*, 104.

44. Lynch, 83–84.

45. Lynch, *Narrative of the Expedition to the River Jordan*, 126.

46. Hutchison, *Errand to the World*, 8; Anders Stephanson, *Manifest Destiny: American Expansion and the Empire of Right* (New York: Hill and Wang, 1995), 5–10.

47. Ira M. Leonard and Robert D. Parmet, *American Nativism, 1830-1860* (New York: Van Nostrand Reinhold, 1971), 4.

48. Melville, *White Jacket*, 124, 123.

49. Ray Allen Billington, *The Protestant Crusade, 1800-1860: A Study of the Origins of American Nativism* (1938; repr., New York: Rinehart, 1952), 240–41.

50. Thomas Pegram, *Battling Demon Rum: The Struggle for a Dry America, 1800-1933* (Chicago: Ivan R. Dee, 1998), 32.

51. Pegram, *Battling Demon Rum*, 33.

52. See Billington, *Protestant Crusade*, chap. 3, "The First Convent is Burned, 1830–1834," and chap. 9, "The Philadelphia Riots of 1844."

53. United States Department of the Interior, National Park Service, "National Register of Historic Places Continuation Sheet for Benton Avenue A.M.E. Church in Greene County, Missouri," April 10, 2001, 14–17.

54. Davis, *Landscape of Belief*, 21–22.

55. Quoted in Davis, 22.

56. See Conroy-Krutz, *Christian Imperialism*, chap. 1, "Hierarchies of Heathenism," 19–50.

57. Billington, *Protestant Crusade*, 239.

58. John O'Sullivan, "An Editor Endorses the Idea of 'Manifest Destiny,' 1845," in *The Early American Republic: A Documentary Reader*, ed. Sean Patrick Adams (Pondicherry, India: Wiley-Blackwell, 2009), 189.

59. Quoted in Richard Lyle Power, "A Crusade to Extend Yankee Culture, 1820–1865," *New England Quarterly* 13, no. 4 (December 1940), 646.

60. Candy Gunther Brown, *The Word in the World: Evangelical Writing, Publishing, and Reading in America, 1789-1880* (Chapel Hill: University of North Carolina Press, 2004), 5; Shamir, "On the Uselessness of Knowledge," 485.

61. Paul C. Gutjahr, *An American Bible: A History of the Good Book in the United States, 1777-1880* (Stanford, CA: Stanford University Press, 1999), 63.

62. Lynch, *Narrative of the Expedition to the River Jordan*, 411.

63. Gutjahr, *American Bible*, 63; Christine Leigh Heyrman, *American Apostles: When Evangelicals Entered the World of Islam* (New York: Hill and Wang, 2015), 36.

64. Power, "Crusade to Extend Yankee Culture," 653.

65. Heyrman, *American Apostles*, 10.

66. Quoted in Power, "Crusade to Extend Yankee Culture," 640.

67. Davis, *Landscape of Belief*, 36.

68. "Political State of Palestine," *Times* (London), March 8, 1842, 8.

69. Royal Geographical Society, "Medals and Awards: Gold Medal Recipients," accessed

June 21, 2021, https://www.rgs.org/about/medals-award/history-and-past-recipients/.

70. Lynch, *Narrative of the Expedition to the River Jordan*, 154. See, for instance, page 335 of his *Narrative* and page 31 of his *Official Report of the Expedition to the Dead Sea*; see also Silberman, *Digging for God and Country*, 55.

71. John Young Mason to William Francis Lynch, November 4, 1847, RG 45, M 149, "Letters Sent by the Secretary of the Navy to Officers, 1798–1868," vol. 41, roll 43, NARA I.

72. William Francis Lynch to John Young Mason, Washington, DC, May 8, 1847, "Letters Received by the Secretary of the Navy from Commissioned Officers Below the Rank of Commander and from Warrant Officers ('Officers' Letters')," RG 45, M 148, NARA I.

73. Finnie, *Pioneers East*, 269–70.

74. Lynch, *Narrative of the Expedition to the River Jordan*, 18.

75. John Young Mason to William Francis Lynch, November 19, 1847, RG 45, M 149, vol. 41, roll 43, NARA I.

76. Lynch, *Naval Life*, 143; Jampoler, *Sailors in the Holy Land*, 13, 259. Ponko offers a summary of this operation in *Ships, Seas, and Scientists*, 199–205.

77. William Francis Lynch to James Dobbin, Washington, May 25, 1853, RG 45, M 147, NARA I, and William Francis Lynch to William Graham, October 16, 1850, RG 45, M 147, NARA I.

78. Lynch frequently made learned references to Humboldt's work throughout his published works. See, for example, Lynch, *Naval Life*, 26, 139; and page 27 of his Dead Sea report.

79. Lynch's article was widely reprinted throughout the United States and beyond in December 1847 (see, for example, "Expedition to the Dead Sea," *American States-man*, December 4, 1847, 278; and "Expedition to the Dead Sea," *Advent Herald*, December 25, 1847, 167). By December 30, even the *Antigua Observer* had reproduced it.

80. Lynch, *Narrative of the Expedition to the River Jordan*, 153.

81. Lynch, 411, 413.

82. Lynch, *Naval Life*, 104.

83. Goren, *Dead Sea Level*, 126.

84. Stephens, *Incidents*, 2:94–95.

85. Stephens, 2:110–11.

86. Stephens, 2:211.

87. Harvey, *American Geographics*, 115.

88. Lynch, "Scientific Expedition to the Dead Sea. From an American paper," *Antigua Observer*, December 30, 1847.

89. Shamir, "On the Uselessness of Knowledge," 480; Harvey, *American Geographics*, 100.

90. Montague, *Narrative of the Expedition to the Dead Sea*, vii.

91. See William F. Lynch, *Commerce and the Holy Land: A Lecture Delivered by William F. Lynch, U.S.N., before the N. Y. Kane Monument Association* (Philadelphia: King & Baird, 1860); and American Geographical and Statistical Society, *Report and Memo- rial on Syrian Exploration* (New York: Society's Rooms, 1857).

92. John Young Mason to William Francis Lynch, March 31, 1848, RG 45, T 829, "Miscellaneous Records of the Office of Naval Records and Library," roll 359, NARA I.

93. Jampoler, *Sailors in the Holy Land*, 10.

94. Mason to Lynch, November 11, 1847, quoted in Jampoler, *Sailors in the Holy Land*, 10.

95. For more on this landing, see Gary J. Ohls, chap. 6, "To the Halls of Montezuma," in *American Amphibious Warfare: The Roots of Tradition to 1865* (Annapolis, MD: Naval Institute Press, 2017), 136–53.

96. Lynch, *Narrative of the Expedition to the River Jordan*, 13.

97. LaFeber, *The American Age*, 119.

98. Rook, *150th Anniversary*, 13.

99. Kreiger, *The Dead Sea*, 44–45; Jampoler, *Sailors in the Holy Land*, 167.

100. Kreiger, *The Dead Sea*, 57.

101. A rumor of the expedition reached Lynch in October and threw his plans into disarray. By month's end, however, Mason ordered him to renew his preparations (William Francis Lynch to John Young Mason, October 16, 1847, RG 45, M 148, NARA I; Mason to Lynch, October 18, 1847, RG 45, M 149, NARA I, and Lynch to Mason, October 22, 1847, RG 45, M 148, NARA I).

102. Penelope Hardy, "Matthew Fontaine Maury: Scientist," *International Journal of Maritime History* 28, no. 2 (2016), 407.

103. Frances Leigh Williams, "The Heritage and Preparation of a Statesman, John Young Mason, 1799–1859," *Virginia Magazine of History and Biography*, July 1967, 311.

104. Williams, "Heritage and Preparation," 313.

105. Williams, 317.

106. Quoted in Williams, 328.

107. Williams, 328.

108. Pegram, *Battling Demon Rum*, 36; John C. Pinheiro, *Missionaries of Republicanism: A Religious History of the Mexican-American War* (New York: Oxford University Press, 2014), 7 and throughout.

109. "Strict Constructionist," *State Gazette* (Trenton, NJ), November 29, 1847.

110. "Exploration of the Dead Sea," *Monthly Beacon*, February 1848, 122.

111. D. Millard, "Exploration of the Dead Sea," *Christian Palladium* 16, no. 36 (January 1, 1848), 572.

112. "Expedition to the Dead Sea," *Presbyterian* 17, no. 49 (December 4, 1847), 196.

113. "Expedition to the Dead Sea," 196.

114. "The Dead Sea Expedition," *Gospel Teacher & Sabbath School Contributor* 10, no. 2 (August 1848) 48.

115. Lynch, *Narrative of the Expedition to the River Jordan*, 14.

116. Montague, *Narrative of the Expedition to the Dead Sea*, 132.

117. Lynch to Mason, October 22, 1847.

118. Lynch, *Narrative of the Expedition to the River Jordan*, 13; William Francis Lynch to John Young Mason, New York, August 12, 1847, RG 45, M 148, NARA I.

119. Lynch, *Narrative of the Expedition to the River Jordan*, 19.

120. Lynch, 15.

121. Montague, *Narrative of the Expedition to the Dead Sea*, 120.

122. Montague, 121–22.

123. Montague, 122.

124. Montague, 116.

125. Lynch, *Official Report of the Expedition to the Dead Sea*, 11.

126. Montague, *Narrative of the Expedition to the Dead Sea*, 131.

127. Jampoler, *Sailors in the Holy Land*, 76.

128. Goren, *Dead Sea Level*, 62, 168.

129. Lynch, *Narrative of the Expedition to the River Jordan*, 14.

130. For a summary of Abraham Lincoln's famous "Spot Resolutions," see Amy S. Greenberg, *A Wicked War: Polk, Clay, Lincoln, and the 1846 U.S. Invasion of Mexico* (New York: Alfred A. Knopf, 2012), 248–49.

131. Lynch, *Narrative of the Expedition to the River Jordan*, 16.

132. 132. Lynch, 69–70.

133. 133. Lynch, 24.

134. 134. Lynch, 42–43.

135. Lynch, 36.

136. Lynch, 102.

137. Lynch, 42.

138. Lynch, 42.

139. See Genesis 19:1–12.

140. Colin Spencer, *Homosexuality in History* (New York: Harcourt Brace, 1995), 125; Francis Mark Mondimore, *A Natural History of Homosexuality* (Baltimore: Johns Hopkins University Press, 1996), 21.

141. William Benemann, *Male-Male Intimacy in Early America: Beyond Romantic*

Friendships (New York: Harrington Park Press, 2006), x.

142. Benemann, *Male-Male Intimacy*, 71–92. For a critical evaluation of homosexuality among pirates and the Royal Navy, see David Cordingly, *Under the Black Flag: The Romance and the Reality of Life Among the Pirates* (New York: Harcourt Brace, 1997), 100–103.

143. Benemann, *Male-Male Intimacy*, 71–92.

144. Lynch, *Narrative of the Expedition to the River Jordan*, 48; William Francis Lynch to John Young Mason, February 27, 1848, RG 45, T 829, NARA I.

145. Bruce Alan Masters, *The Arabs of the Ottoman Empire, 1516-1918: A Social and Cultural History* (Cambridge: Cambridge University Press, 2013), 157.

146. While the periodizations of Ottoman history has been a subject of scholarly debate, many have seen the late eighteenth and early nineteenth centuries as turning points. For a taste of this scholarship, see Stanford J. Shaw, *Between Old and New: The Ottoman Empire under Sultan Selim III, 1789-1807* (Cambridge, MA: Harvard University Press, 1971); Baki Tezcan, *The Second Ottoman Empire: Political and Social Transformation in the Early Modern World* (Cambridge: Cambridge University Press, 2010); Ali Yaycioglu, *Partners of the Empire: The Crisis of the Ottoman Order in the Age of Revolutions* (Stanford, CA: Stanford University Press, 2016); and Aysel Yildiz, *Crisis and Rebellion in the Ottoman Empire: The Downfall of a Sultan in the Age of Revolution* (London: I. B. Tauri, 2017).

147. Suraiya Faroqhi, *The Ottoman Empire: A Short History*, trans. Shelley Frisch (Princeton, NJ: Markus Wiener, 2009), 22–25, 111.

148. Faroqhi, *Ottoman Empire*, 112.

149. Faroqhi, 114; Masters, *Arabs of the Ottoman Empire*, 144.

150. Masters, *Arabs of the Ottoman Empire*, 157.

151. Lynch, *Narrative of the Expedition to the River Jordan*, 93.

152. D. S. Carr to James Buchanan, June 6, 1847, RG 59, M 46, roll 13, "Despatches from U.S. Ministers to Turkey, 1818–1906," NARA Boston; Lynch, *Narrative of the Expedition to the River Jordan*, 59–60, 64.

153. See, for instance, Jampoler, *Sailors in the Holy Land*, 93; Peter D. Eicher, *Raising the Flag: America's First Envoys in Faraway Lands* (Lincoln: University of Nebraska Press, 2018), 198–201; John Lloyd Stephens, *Incidents of Travel in Greece, Turkey, Russia, and Poland*, 2 vols. (New York: Harper & Brothers, 1838), 1:223–29, LCP; and David Dixon Porter, *Memoir of Commodore David Porter, of the United States Navy* (Albany, NY: J. Munsell, 1875), 403–5.

154. William Francis Lynch to John Young Mason, March 8, 1848, RG 45, T 829, NARA I.

155. Carr to Buchanan, June 6, 1847.

156. Caleb Cushing quoted in Margaret Diamond Benetz, ed., *The Cushing Reports: Ambassador Caleb Cushing's Confidential Diplomatic Reports to the United States Secretary of State, 1843-1844* (Salisbury, NC: Documentary Publications, 1976), entry for October 3, 1843, Suez, 50.

157. Lynch, *Narrative of the Expedition to the River Jordan*, 415.

158. 158. Lynch, 69–70.

159. Lynch, 94.

160. Lynch, 69.

161. Lynch, 65.

162. Lynch, 73.

163. Lynch, 77.

164. Lynch, 72.

165. Lynch, 74.

166. Lynch, 75.

167. Lynch, 77.

168. Lynch, 77.

169. Lynch, 77.

170. Morison, *"Old Bruin,"* 180.

171. Lynch, *Narrative of the Expedition to the River Jordan*, 91, 428.

172. Carr to Buchanan, June 6, 1847.

173. Carr to Buchanan, June 6, 1847.

174. Carr to Buchanan, August 2, 1848.

175. Lynch, *Narrative of the Expedition to the River Jordan*, 76.

176. Lynch to Mason, March 8, 1848.

177. Lynch, *Narrative of the Expedition to the River Jordan*, 78–79.

178. Masters, *Arabs of the Ottoman Empire*, 149; Faroqhi, *Ottoman Empire*, 115; Carol Lea Clark, *Clash of Eagles: America's Forgotten Expedition to Ottoman Palestine* (Guilford, CT: Lyons Press, 2012), 53; Eicher, *Raising the Flag*, 212.

179. Davis, *Landscape of Belief*, 9.

180. Lynch, *Narrative of the Expedition to the River Jordan*, 260; Montague, *Narrative of the Expedition to the Dead Sea*, 177.

181. As Carr noted to Buchanan, Lynch's meeting with the sultan was "considered a high and very unusual honor, for one of his rank" (Carr to Buchanan, August 2, 1848).

182. Carr to Buchanan, June 6, 1847.

183. Quoted in Michael B. Oren, *Power, Faith, and Fantasy: America in the Middle East, 1776 to the Present* (New York: W. W. Norton, 2007), 115. For more on US–Ottoman relations, see Maureen Santelli's *The Greek Fire: American-Ottoman Relations and*

Democratic Fervor in the Age of Revolutions (Ithaca, NY: Cornell University Press, 2020).

184. Lynch, *Official Report of the Expedition to the Dead Sea*, 11.

185. Lynch to Mason, March 8, 1848.

186. Lynch, *Official Report of the Expedition to the Dead Sea*, 11; Lynch, *Narrative of the Expedition to the River Jordan*, 128.

187. Lynch, *Official Report of the Expedition to the Dead Sea*, 12; William Francis Lynch to I. Chasseaud, March 31, 1848, RG 45, T 829, NARA I.

188. Mansour Nasasra, *The Naqab Bedouins: A Century of Politics and Resistance* (New York: Columbia University Press, 2017), 39.

189. Lynch, *Narrative of the Expedition to the River Jordan*, 128–29.

190. Lynch, 129–30.

191. Lynch, 134, 143.

192. Lynch, *Official Report of the Expedition to the Dead Sea*, 12.

193. Lynch, *Narrative of the Expedition to the River Jordan*, 132–33.

194. Clark, *Clash of Eagles*, 191, 61.

195. Lynch, *Narrative of the Expedition to the River Jordan*, 382.

196. Lynch, 133.

197. Lynch, 133.

198. Lynch, 133.

199. Lynch, 431, 292, 334.

200. Lynch, *Official Report of the Expedition to the Dead Sea*, 12.

201. Lynch, *Narrative of the Expedition to the River Jordan*, 359–60.

202. William Francis Lynch to John Young Mason, Tiberias, Galilee, April 7, 1848, RG 45, T 829, NARA I.

203. Masters, *The Arabs of the Ottoman Empire*.

204. Lynch, *Narrative of the Expedition to the River Jordan*, 160.

205. Lynch, 184.

206. Lynch, 145–46.

207. Lynch, 178.

208. Lynch, *Official Report of the Expedition to the Dead Sea*, 19–20.

209. Lynch, 27, 32; Lynch, *Narrative of the Expedition to the River Jordan*, 344–45, 382.

210. Lynch, *Official Report of the Expedition to the Dead Sea*, 15.

211. For Lynch's comparison of Arabs to Oceanians, see *Narrative of the Expedition to the River Jordan*, 117, 295, 357; for his comparisons to Black Americans, see 126, 149, 295, 341; and for his comparisons to Native Americans, see 142, 182, 220, 394, and esp. 428–32.

212. Karen Ordahl Kupperman, *Settling with the Indians: The Meeting of English and*

Indian Cultures in America, 1580-1640 (Totowa, NJ: Rowman and Littlefield, 1980), 2. See also David Cannadine, *Ornamentalism: How the British Saw Their Empire* (Oxford: Oxford University Press, 2001).

213. Lynch, *Narrative of the Expedition to the River Jordan*, 195.

214. Lynch, 195.

215. Lynch, 195.

216. Lynch, 347.

217. Lynch, 195.

218. Montague, *Narrative of the Expedition to the Dead Sea*, 184.

219. See Zeynep Çelik, chap. 6, "Dual Settlements," in *About Antiquities: Politics of Archaeology in the Ottoman Empire* (Austin: University of Texas Press, 2016), 175–213.

220. Lynch, *Narrative of the Expedition to the River Jordan*, 115; Montague, *Narrative of the Expedition to the Dead Sea*, 157.

221. For more on Turkish stereotypes in the United States, see Justin McCarthy, *The Turk in America: The Creation of an Enduring Prejudice* (Salt Lake City: University of Utah Press, 2010).

222. Lynch, *Official Report of the Expedition to the Dead Sea*, 30–31.

223. William Francis Lynch to John Young Mason, Engeddi, W. Coast of Dead Sea, April 29, 1848, RG 45, T 829, NARA I.

224. Lynch, *Narrative of the Expedition to the River Jordan*, 268.

225. William Francis Lynch to John Young Mason, April 29, 1848, RG 45, T 829, NARA I.

226. Lynch, *Narrative of the Expedition to the River Jordan*, 269.

227. Lynch, 327.

228. Lynch, 269, 327; Goren, *Dead Sea Level*, 255.

229. Lynch, *Official Report of the Expedition to the Dead Sea*, 32.

230. Lynch, 32.

231. Lynch, 32.

232. Lynch, 37.

233. Lynch to Mason, April 29, 1848.

234. Lynch, *Narrative of the Expedition to the River Jordan*, 14.

235. William Francis Lynch to John Young Mason, June 9, 1848, RG 45, T–829, NARA I.

236. Rook, *150th Anniversary*, 18. Kreiger, in *Dead Sea*, 57, reports that the Jordan is only 130 miles in length.

237. Clark, *Clash of Eagles*, 228–29.

238. Edward Robinson, *Biblical Researches in Palestine, Mount Sinai and Arabia Petraea*, 3 vols. (Boston: Crocker & Brewster, 1841), 2:210, LCP; Lynch, *Official Report of* the Expedition to the Dead Sea, 35; Lynch, *Narrative of the Expedition to the River Jordan*, 304.

239. Lynch, *Narrative of the Expedition to the River Jordan*, 380.

240. Lynch, 330.

241. Lynch, 310.

242. Montague, *Narrative of the Expedition to the Dead Sea*, 151.

243. Lynch, *Narrative of the Expedition to the River Jordan*, 378; Lynch to Mason, April 29, 1848.

244. Genesis 19:26: "But his wife looked back from behind him, and she became a pillar of salt."

245. Clark, *Clash of Eagles*, 163.

246. Rook, *150th Anniversary*, 20.

247. "Scientific Expedition to the Dead Sea. From an American paper," *Antigua Observer* (St. John's, Antigua, and Barbuda), December 30, 1847.

248. Lynch, *Narrative of the Expedition to the River Jordan*, 391.

249. Lynch, *Official Report of the Expedition to the Dead Sea*, 42.

250. Quoted in *Christian Recorder* (Philadelphia), August 17, 1861.

251. Ponko, *Seas, Ships, and Scientists*, 55.

252. See, for example, *New York Herald*, April 11, 1848; *Southern Patriot* (Charleston, South Carolina), April 15, 1848; and *Constitution* (Middletown, Connecticut), April 19, 1848.

253. *New York Herald*, July 29, 1848. The Baltimore *Sun* expressed very similar sentiments on December 14, 1848, as had the *Richmond (VA) Enquirer*, June 9, 1848.

254. "The Dead Sea Expedition," *Christian Ambassador* 1, no. 39 (August 5, 1848) 624.

255. D. M., "The Dead Sea Expedition," *Christian Palladium* 17, no. 24 (October 7, 1848), 376.

256. M. F. Maury, "The Dead Sea Expedition," *Southern Literary Messenger*, September 1848, 553.

257. Maury, "The Dead Sea Expedition," 553.

258. Lynch, *Narrative of the Expedition to the River Jordan*, 14.

259. John Young Mason to William Francis Lynch, August 28, 1848, RG 45, T 829, roll 359, NARA I.

260. John Young Mason to William Francis Lynch, February 10, 1849, RG 45, M 149, NARA I.

261. William Francis Lynch to William Ballard Preston, June 19, 1850, RG 45, M 147, NARA I.

262. "VIII. Official Report of the United States Expedition to the Dead Sea," *Journal of the American Oriental Society* 3 (1853), 496.

263. A fine copy of this work, stamped as the possession of the Naval Observatory, is at the Natural History Library at the National Museum of Natural History, Smithson- ian Institution Libraries.

264. See Ponko, *Ships, Seas, and Scientists*, 91.

265. Davis, *Landscape of Belief*, 35; Gutjahr, *American Bible*, 4.

266. American Board of Commissioners for Foreign Missions, *Memorial Volume of the First Fifty Years of the American Board of Commissioners for Foreign Missions* (4th ed., Boston: George C. Rand and Avery, 1861), 76.

267. Julie Roy Jeffrey, *Converting the West: A Biography of Narcissa Whitman* (Norman: University of Oklahoma Press, 1991), 17–20.

268. William Francis Lynch to John Young Mason, February 7, 1849, RG 45, M 148, NARA I.

269. Montague, *Narrative of the Expedition to the Dead Sea*, ix.

270. William Francis Lynch to John Young Mason, February 22, 1849, RG 45, M148, NARA I.

271. Ponko, *Ships, Seas, and Scientists*, 55.

272. Montague, *Narrative of the Expedition to the Dead Sea*, viii.

273. Quoted in Montague, *Narrative of the Expedition to the Dead Sea*, 44; on the flag raisings elsewhere, see 149, 230, 293.

274. Montague, 13.

275. Montague, 121.

276. Montague, 113, 180.

277. Montague, 88, 184.

278. Montague, 183.

279. Montague, 120, 122, 158, 293.

280. Montague, 176.

281. Montague, 241–45.

282. Montague, 226, 228.

283. "Narrative of the United States Expedition to the River Jordan and the Dead Sea / 2. Narrative of an Expedition to the Dead Sea," *Littell's Living Age* 23, no. 281 (October 6, 1849), 3.

284. "Narrative of the Late Expedition to the Dead Sea," *Southern Literary Messenger*, April 1849, 248.

285. "Editor's Book Table—the Late Expedition to the Dead Sea," *Godey's Lady's Book* 38, no. 6 (June 1849), 435.

286. Elisha Kent Kane made this point explicitly in his (noncommander's) account of the First Grinnell Expedition to the Arctic, titled *The U.S. Grinnell Expedition in Search of Sir John Franklin: A Personal Narrative* (New York: Harper and Bros., 1853), 15–16.

287. See Maddison, *Class and Colonialism in Antarctic Exploration*, 60 and throughout; and Zeynep Çelik, *About Antiquities: Politics of Archaeology in the Ottoman Empire* (Austin: University of Texas Press, 2016), 139.

288. Lynch to Mason, February 7, 1849.

289. Mason to Lynch, February 10, 1849.

290. "The Narrative of the United States Expedition to the River Jordan and the Dead Sea," *Gazette of the Union* 10, no. 25 (June 23, 1849), 401; *Christian Advocate & Journal*, May 30, 1850.

291. Lea & Blanchard, cost book, 54:144.

292. This description of the work is based on examinations of copies in Dibner and the Historical Society of Pennsylvania. The quotations are from Lynch, *Narrative of the Expedition to the River Jordan*, 195.

293. Rook, *150th Anniversary*, 26; *Christian Advocate & Journal*, May 30, 1850.

294. *Sun* (Baltimore), June 12, 1849.

295. Keeney to Lea & Blanchard, May 4, 1850.

296. Reynolds to Lea & Blanchard, June 5, 1850.

297. J. M. Holland to Lea & Blanchard, April 15, 1850, Lea & Febiger Records, box 159, folder 5, "H," HSP.

298. T. B. T., "Lynch's Narrative of the United States Expedition to the River Jordan and the Dead Sea, &c.," *Universalist Quarterly & General Review*, July 1850.

299. "Narrative of the United States Expedition to the River Jordan and the Dead Sea," *Church Review* 2, no. 3 (October 1849), 432.

300. "The Dead Sea," *New-York Organ: A Family Companion; Devoted to Pure Literature, Temperance, Morality, Education & General Intelligence* 9, no. 18 (October 27, 1849), 147.

301. "Exploration of the Dead Sea," *Christian Observatory* 3, no. 6 (September 1849), 438–39.

302. Brown, *Word in the World*, 7.

303. *The Christian Examiner and Religious Miscellany* 53 (4th series, vol. 18 [July, September, November 1852]) (Boston: Crosby, Nichols, 1852), 179.

304. "Descent of the River Jordan," *Sunday School Advocate* 10, no. 4 (January 1851), 42 (in an earlier issue), 62, 69.

305. Edward Thurston Hiscox, *The Baptist Church Directory: A Guide to the Doctrines and Discipline, Officers and Ordinances, Principles and Practices of Baptist Churches* (New

York: Sheldon, 1860), 201–2.

306. American Tract Society, *A Dictionary of the Holy Bible, for General Use in the Study of the Scriptures; with Engravings, Maps, and Tables* (New York: American Tract Society, 1859), s.v., "Jordan," 237–38.

307. Fisher Howe cites Lynch as an authority in *Oriental and Sacred Scenes, from Notes of Travel in Greece, Turkey, and Palestine* (New York: M. W. Dodd, 1856), 193, 293, 314, 315, 338, 339, quotation on vii.

308. *Christian Examiner and Religious Miscellany* 53 (4th series, vol. 18 [July, September, November 1852]) (Boston: Crosby, Nichols, 1852), 179.

309. Porter, *Religion vs. Empire*, 65.

310. Erskine, *Twenty Years before the Mast*, 109–11.

311. Wilkes, *Narrative of the United States Exploring Expedition*, 2:161–62. Wilkes notes on page 162 that Oceanians killed Reverend Johnson.

312. Peter Booth Wiley, *Yankees in the Land of the Gods: Commodore Perry and the Opening of Japan* (New York: Penguin, 1991), 168–69.

313. Morrison makes this point about merchant mariners in *True Yankees*, 91. For a similar observation, see Michael A. Verney, "An Eye for Prices, an Eye for Souls: Americans in the Indian Subcontinent, 1784–1840," *Journal of the Early Republic* 33, no. 3 (Fall 2013), 430.

314. Porter, *Religion vs. Empire*, 122.

第五章

1. Herndon and Gibbon, *Exploration of the Valley of the Amazon*, 1:32–33, 90–91.

2. Herndon and Gibbon, 2:115.

3. Herndon and Gibbon, 2:115.

4. Herndon and Gibbon, 2:115–16.

5. Ponko, *Ships, Seas, and Scientists*, 92.

6. The centrality of slavery to the Amazon expedition has been a long-established fact among scholars. See, for instance, Whitfield Bell Jr., "The Relation of Herndon and Gibbon's *Exploration of the Amazon* to North American Slavery," *Hispanic American Historical Review* 19, no. 4 (1939): 494–503; Harrison, "Science and Politics: Origins of Government Expeditions"; Ponko, *Ships, Seas, and Scientists*; and Geoffrey Sutton Smith, "The Navy before Darwinism: Science, Exploration, and Diplomacy in Antebel- lum America," *American Quarterly*, Spring 1976, 49–50. In the twenty-first century, Gerald Horne documented the plan for the Amazon mission carefully in *The Deepest South: The United States, Brazil, and the African Slave Trade* (New York: New York University Press, 2007). John Grady also gives a detailed examination in chap. 13, "Grand Explorations and Manifest Destiny," in *Matthew Fontaine Maury, Father of Oceanography: A Biography, 1806-1873* (Jefferson, NC: McFarland, 2015); as does Laura Dassow Walls in *Passage to Cosmos*, 143–44. Finally, Matthew J. Karp discusses the Amazon expedition briefly in *This Vast Southern Empire: Slaveholders at the Helm of American Foreign Policy* (Cambridge, MA: Harvard University Press, 2016), 144–45.

7. For a recent analysis of the relationship between US colonizationism, race, and empire, see Mills, *The World Colonization Made*.

8. Karp, *Vast Southern Empire*, 4–8 and throughout.

9. Karp, esp. chap. 2, "The Strongest Naval Power on Earth," 32–49, and chap. 9, "The Military South," 199–225.

10. Karp, *Vast Southern Empire*, esp. chap. 1, "Confronting the Great Apostle of Emancipation," 10–31; Edward Bartlett Rugemer, *The Problem of Emancipation: The Caribbean Roots of the American Civil War* (Baton Rouge: Louisiana State University Press, 2008). Rugemer notes the strict limitations on British West Indian emancipation on pp. 2 and 3.

11. Karp, *Vast Southern Empire*, 132–33.

12. James L. Sidbury, *Ploughshares into Swords: Race, Rebellion, and Identity in Gabriel's Virginia, 1730-1810* (Cambridge: Cambridge University Press, 1997).

13. Dale Tomich, *Through the Prism of Slavery: Labor, Capital, and World Economy* (Lanham, MD: Rowman & Littlefield, 2004); Tomich, ed., *The Politics of the Second Slavery* (Albany: State University of New York Press, 2016).

14. Frances Leigh Williams, *Matthew Fontaine Maury, Scientist of the Sea* (New Brunswick, NJ: Rutgers University Press, 1963), 11–15.

15. Norman J. W. Thrower, "Matthew Fontaine Maury," American National Biography, accessed October 6, 2018, www.anb.org.

16. Chester G. Hearn, *Tracks in the Sea: Matthew Fontaine Maury and the Mapping of the Oceans* (Camden, ME: International Marine / Ragged Mountain Press, 2002), 26–27.

17. Thrower, "Matthew Fontaine Maury."

18. Melville, *Moby-Dick*, 182, 199. In his 1851 message to Congress, President Millard Fillmore praised Maury for demonstrating the "advantages of science in nautical af– fairs" (Israel, *State of the Union*, 1:829).

19. See Williams, *Maury, Scientist of the Sea*; Grady, *Maury, Father of Oceanography*; Penelope Hardy, "Matthew Fontaine Maury: Scientist," *International Journal of Maritime History* 28, no. 2 (2016), 402–10; Jason W. Smith, "Matthew Fontaine Maury: Pathfinder," *International Journal of Maritime History* 28, no. 2 (2016), 411–20; Smith, *To*

Master the Boundless Sea, esp. chap. 3, "The Common Highway," 74–106.

20. Margaret Stack, "Matthew Fontaine Maury: Reformer," *International Journal of Maritime History* 28, no. 2 (2016), 397; Williams, *Maury, Scientist of the Sea*, 348.

21. Tim St. Onge, "Scientists of the Seas: The Legacy of Matthew Fontaine Maury," *Worlds Revealed: Geography and Maps at the Library of Congress* (blog), July 25, 2018, Library of Congress, https://blogs.loc.gov/maps/2018/07/scientist-of-the-seas-the-legacy-of-matthew-fontaine-maury/. See also Penelope K. Hardy and Helen Rozwadowski, "Maury for Modern Times: Navigating a Racist Legacy in Ocean Science," *Oceanography* 33, no. 3 (September 2020), 10–15.

22. John Majewski and Todd W. Wahlstrom, "Geography as Power: The Political Economy of Matthew Fontaine Maury," *Virginia Magazine of History and Biography* 120, no. 4 (2012), 343, 350.

23. For more on the United States' reaction to the Haitian Revolution, see Tim Matthewson, *A Proslavery Foreign Policy: Haitian-American Relations during the Early Republic* (Westport, CT: Praeger, 2003); Matthew Pratt Guterl, *American Mediterranean: Southern Slaveholders in the Age of Emancipation* (Cambridge, MA: Harvard University Press, 2008); Ashli White, *Encountering Revolution: Haiti and the Making of the Early Republic* (Baltimore: Johns Hopkins University Press, 2010); Walter Johnson, *River of Dark Dreams: Slavery and Empire in the Cotton Kingdom* (Cambridge, MA: Harvard University Press, 2013); Gerald Horne, *Confronting Black Jacobins: The United States, the Haitian Revolution, and the Origins of the Dominican Republic* (New York: Monthly Review Press, 2015); James Alexander Dun, *Dangerous Neighbors: Making the Haitian Revolution in Early America* (Philadelphia: University of Pennsylvania Press, 2016); and Carl Lawrence Paulus, *The Slaveholding Crisis: Fear of Insurrection and the Coming of the Civil War* (Baton Rouge: Louisiana State University Press, 2017). White US mariners witnessed many scenes of violence during the Haitian Revolution. One such sailor was James Durand, whose *Life and Adventures of James R. Durand* was published in 1820 (repr., 1926; and Sandwich, MA: Chapman Billies, 1995).

24. Samuel Warner, *Authentic and Impartial Narrative of the Tragical Scene which was Witnessed in Southampton County (Virginia) on Monday the 22d of August Last* (New York: Warner & West, 1831), 5, 30, LCP.

25. Matthew Fontaine Maury, *Commercial Conventions, Direct Trade: A Chance for the South* (United States, c. 1852), 25, LCP.

26. Eric Burin, *Slavery and the Peculiar Solution: A History of the American Colonization Society* (Gainesville: University Press of Florida, 2005), 80.

27. Maury, *Commercial Conventions, Direct Trade*, 22.

28. Quoted in Bell, "Relation of Herndon and Gibbon's *Exploration*," 495.

29. Maury, *Commercial Conventions, Direct Trade*, 25.

30. Anonymous "Colored American," *The Late Contemplated Insurrection in Charleston, S.C. with the Execution of Thirty-Six Patriots . . .* (New York, 1850), LCP.

31. Estes, *A Defence of Negro Slavery*, 171–72.

32. Johnson, *River of Dark Dreams*, 307.

33. Guterl, *American Mediterranean*, 24.

34. Maury describes this line of thinking clearly in *Commercial Conventions, Direct Trade*, 22–26.

35. Quoted in Williams, *Maury, Scientist of the Sea*, 357.

36. Majewski and Wahlstrom, "Geography as Power," 349.

37. Matthew Mason, *Slavery and Politics in the Early American Republic* (Chapel Hill: University of North Carolina Press, 2006).

38. LaFeber, *The American Age*, 119–20.

39. James M. McPherson, *Battle Cry of Freedom: The Civil War Era* (Oxford: Oxford University Press, 1988), 59–66.

40. McPherson, *Battle Cry of Freedom*, 69.

41. McPherson, 70–75.

42. Bell, "Relation of Herndon and Gibbon's *Exploration*," 500.

43. Donald Marquand Dozer, "Matthew Fontaine Maury's Letter of Instruction to William Lewis Herndon" (Matthew Fontaine Maury to William Lewis Herndon, April 20, 1850), *Hispanic American Historical Review* 28 (1948), 217.

44. Dozer, "Maury's Letter of Instruction to Herndon," 217–18, 225.

45. Dozer, 217.

46. Dozer, 217.

47. Dozer, 217.

48. See, for example, Michael S. Reidy, *Tides of History: Ocean Science and Her Majesty's Navy* (Chicago: University of Chicago Press, 2008).

49. Maury, *The Amazon and the Atlantic Slopes of South America* (Washington, DC, 1853), 48.

50. William Clark Griggs, *The Elusive Eden: Frank McMullan's Confederate Colony in Brazil* (Austin: University of Texas Press, 1987), 15.

51. See Wilkes, *Narrative of the US Exploring Expedition*, vol. 1.

52. Tomich, *Through the Prism of Slavery*, esp. chap. 3, "The 'Second Slavery': Bonded Labor and the Transformation of the Nineteenth-Century World Economy," 56–71.

53. Leonardo Marques, "The Contraband Slave Trade to Brazil and the Dynamics of U.S. Participation, 1831–1856," *Journal of Latin American Studies* 47 (2015), 663–64.

54. See, for example, W. E. B. Du Bois, *The Suppression of the African Slave-Trade*

to the United States of America, 1638-1870 (New York: Longmans, Green, 1896); Horne, *Deepest South*; and Marques, "Contraband Slave Trade to Brazil."

55. Jeffrey Lesser, *Immigration, Ethnicity, and National Identity in Brazil, 1808 to the Present* (Cambridge: Cambridge University Press, 2013), 34.

56. Horne, *Deepest South*, 12.

57. Lesser, *Immigration, Ethnicity, and National Identity in Brazil*, 12.

58. 58. Lesser, 29–30.

59. Lesser, 33.

60. Lesser, 27.

61. Lesser, 34.

62. Maury, *Commercial Conventions, Direct Trade*, 19.

63. Herndon and Gibbon, *Exploration of the Valley of the Amazon*, 1:337.

64. Bell, "Relation of Herndon and Gibbon's *Exploration*," 495.

65. Karp, "Slavery and American Sea Power," 319.

66. 66. Karp, 318.

67. Harrison, "Science and Politics: Origins of Government Expeditions," 191.

68. For more on Whig reactions to the US–Mexican War, see Amy S. Greenberg, *A Wicked War: Polk, Clay, Lincoln, and the 1846 U.S. Invasion of Mexico* (New York: Alfred A. Knopf, 2012).

69. Greenberg, *Manifest Manhood*, 182.

70. Maury, *Amazon and Atlantic Slopes*, 63.

71. William Graham to William Lewis Herndon, March 8, 1851, "Letters Sent by the Secretary of the Navy to Officers," RG 45, M 149, roll 47, NARA I.

72. Herndon and Gibbon, *Exploration of the Valley of the Amazon*, 1:406–7.

73. Roderick J. Barman, *Brazil: The Forging of a Nation, 1798-1852* (Stanford, CA: Stanford University Press, 1988), 236–37.

74. Maury to Ann Maury, March 17, 1851, vol. 4, Maury Papers, Manuscript Division, Library of Congress, Washington, DC.

75. Herndon and Gibbon, *Exploration of the Valley of the Amazon*, 1:20.

76. Herndon and Gibbon, 1:21.

77. William Lewis Herndon to William A. Graham, March 8, 1851, "Letters Received by the Secretary of the Navy from Commissioned Officers below the Rank of Commander and from Warrant Officers," RG 45, M 148, roll 201, NARA I; Herndon and Gibbon, *Exploration of the Valley of the Amazon*, 1:90, 2:1.

78. Herndon and Gibbon, *Exploration of the Valley of the Amazon*, 1:146, 160.

79. Herndon and Gibbon, 1:276.

80. Herndon and Gibbon, 1:364.

81. Herndon and Gibbon, 2:170, 205, 303, 313–14.

82. William Lewis Herndon to William Graham, Barra du Rio Negro, January 20, 1852, RG 45, M 148, roll 206, NARA I.

83. Herndon and Gibbon, *Exploration of the Valley of the Amazon*, 1:189. See also Maury, *Amazon and the Atlantic Slopes*, 63.

84. Quoted in Herndon and Gibbon, *Exploration of the Valley of the Amazon*, 1:188.

85. Maury, *Amazon and Atlantic Slopes*, 6.

86. Herndon and Gibbon, *Exploration of the Valley of the Amazon*, 1:281.

87. For more on antebellum Anglo-Saxonism, see Horsman, *Race and Manifest Destiny*.

88. Dozer, "Maury's Letter of Instruction to Herndon," 217.

89. William Lewis Herndon to William Graham, February 8, 1851, RG 45, M 148, roll 200, NARA I.

90. William Lewis Herndon to William Graham, September 26, 1851, RG 45, M 148, roll 204, NARA I.

91. Estes, *A Defence of Negro Slavery*, 159–60.

92. Estes, 160–61.

93. Herndon and Gibbon, *Exploration of the Valley of the Amazon*, 2:183.

94. Herndon and Gibbon, 1:337.

95. Herndon to Graham, March 8, 1851.

96. Johnson, *River of Dark Dreams*, 301.

97. Herndon and Gibbon, *Exploration of the Valley of the Amazon*, 1:277.

98. Herndon and Gibbon, 1:337.

99. Quoted in Bell, "Relation of Herndon and Gibbon's *Exploration*," 499.

100. Holt, *Rise and Fall of the Whig Party*, 635–36.

101. Daniel Webster to Robert C. Schenck, May 8, 1851, "Diplomatic Instructions of the Department of State, 1801–1906," RG 59, M 77, Brazil, roll 23, NARA I.

102. Maury, *Amazon and Atlantic Slopes*, 58; Herndon and Gibbon, *Exploration of the Valley of the Amazon*, 1:362.

103. Herndon and Gibbon, *Exploration of the Valley of the Amazon*, 1:362.

104. Ponko, *Ships, Seas, and Scientists*, 89; Herndon and Gibbon, *Exploration of the Valley of the Amazon*, 1:351; William Lewis Herndon to John P. Kennedy, January 26, 1853, RG 45, M 148, roll 213, NARA I.

105. Hunter, *Popular Catalogue of Extraordinary Curiosities*, 62.

106. Israel, *State of the Union*, 1:847–48.

107. Ponko, *Ships, Seas, and Scientists*, 91.

108. Maury, *Commercial Conventions, Direct Trade*, 21–26.

109. *Senate Journal*, 32nd Cong., 1st Sess., May 10, 1852, 400; *House Journal*, 33rd

Cong., 1st Sess., March 3, 1854, 447, S. 458, *Bills and Resolutions, Senate*, 32nd Cong., 1st Sess., June 15, 1852.

110. "The River Amazon—a Great Project," *Scientific American*, June 5, 1852, 299.

111. Seymour Barofsky, ed., *The Wisdom of Mark Twain* (New York: Citadel Press, 2002), 62.

112. Barofsky, *Wisdom of Mark Twain*, 61–64.

113. "The Navigation of the Amazon," *New York Times*, December 18, 1854.

114. "The River Amazon," *New American Magazine*, September 1852, 85–86.

115. "New Book," *Daily Globe* (Washington, DC), January 30, 1854.

116. Percy Alvin Martin, "The Influence of the United States on the Opening of the Amazon to the World's Commerce," *Hispanic American Historical Review* 1, no. 2 (May 1918), 150; *House Journal*, 33rd Cong., 1st Sess., March 3, 1854, 447.

117. Bell, "Relation of Herndon and Gibbon's *Exploration*," 498.

118. Quoted in Bell, 501.

119. Mary B. Blackford to Matthew Fontaine Maury, January 1851, mss001026, "General Correspondence," box 4, vol. 4, Papers of Matthew Fontaine Maury, Library of Congress, Manuscripts Division, Washington, DC.

120. Quoted in Horne, *Deepest South*, 4.

121. Horne, 124.

122. Quoted in Horne, 5.

123. Quoted in Horne, 123.

124. Graham to Herndon, March 8, 1851.

125. Herndon *Exploration*, 1:352–56; Matthew Fontaine Maury, "Shall the Valleys of the Amazon and the Mississippi Reciprocate Trade?," *De Bow's Review* 14, no. 2 (February 1853), 138–41.

126. Herndon and Gibbon, *Exploration of the Valley of the Amazon*, 2:150.

127. Daniel P. Kidder and J. C. Fletcher, *Brazil and the Brazilians, Portrayed in Historical and Descriptive Sketches* (Philadelphia: Childs & Peterson, 1857), 579, LCP.

128. Martin, "Influence of the United States," 153.

129. Pedro De Angelis, *De La Navigation de L'Amazone. Reponse a un Mémoire de M. Maury, Officier de La Marine des Etats-Unis, Par M. de Angelis* (Montevideo, 1854), 5, Camara dos Deputados, Palácio do Congresso Nacional, Praça dos Três Poderes, Brasília, DF, Brasil, http://bd.camara.gov.br/bd/handle/bdcamara/18162. My thanks to Professor Isadora M. Mota at Princeton University for sharing this source with me.

130. De Angelis, *De La Navigation de L'Amazone*, 5.

131. Quoted in Maury, *Amazon and Atlantic Slopes*, 53.

132. Maury, 21.

133. Martin, "Influence of the United States," 161.

134. For a biography of Kennedy that marries his literary and political histories, see Andrew R. Black, *John Pendleton Kennedy: Early American Novelist, Whig Statesman and Ardent Nationalist* (Baton Rouge: Louisiana State University Press, 2016).

135. Black, *John Pendleton Kennedy*, 72; Henry T. Tuckerman, *The Life of John Pendleton Kennedy* (New York: G. P. Putnam & Sons, 1871), 348.

136. Tuckerman, *Life of Kennedy*, 348.

137. Schroeder, *Shaping a Maritime Empire*, 97; Harrison, "Science and Politics: Origins of Government Expeditions," 192.

138. Tuckerman, *Life of Kennedy*, 223, Harrison, "Science and Politics: Origins of Government Expeditions," 196; John P. Kennedy to Thomas Page, January 31, 1853, RG 45, M 149, roll 50, NARA I.

139. Gene Allen Smith and Larry Bartlett, "'A Most Unprovoked, Unwarrantable, and Dastardly Attack': James Buchanan, Paraguay, and the Water Witch Incident of 1855," *Northern Mariner / Le Marin du Nord*, July 2009, 274–77.

140. Harrison, "Science and Politics: Origins of Government Expeditions," 195.

141. *Senate Journal*, 34th Cong., 3rd Sess., February 7, 1857, 172.

142. Thomas J. Page, *La Plata, The Argentine Confederation, and Paraguay. Being a Narrative of the Exploration of the Tributaries of the River La Plata and Adjacent Countries During the Years 1853, '54, '55, and '56, Under the Orders of the United States Government* (New York: Harper & Brothers, 1859), xxi.

143. Robert B. Forbes, *Personal Reminiscences by Robert B. Forbes* (2nd ed., Boston: Little, Brown, 1882), 224–39.

144. E. A. Hopkins, "The La Plata and the Parana–Paraguay," *De Bow's Review*, March 1853, 249.

145. Finding aid for the Robert Bennet Forbes Papers, Massachusetts Historical Society, Boston, Ms. N–49.70, http://masshist.org/collection-guides/view/fa0039.

146. For more on this subject, see Kinley J. Brauer, *Cotton versus Conscience: Massachusetts Whig Politics and Southwestern Expansion, 1843-48* (Lexington: University Press of Kentucky, 1967); Thomas O'Connor, *Lords of the Loom, the Cotton Whigs and the Coming of the Civil War* (New York: Charles Scribner's Sons, 1968); and Anne Far-row, Joel Lang, and Jennifer Frank, *Complicity: How the North Promoted, Prolonged, and Profited from Slavery* (New York: Ballantine Books, 2005).

147. Ponko, *Ships, Seas, and Scientists*, 133.

148. Maury, *Amazon and Atlantic Slopes*, 11–16.

149. Page, *La Plata, Argentine Confederation, and Paraguay*, xxi.

150. Schroeder, *Shaping a Maritime Empire*, 114.

151. Joseph Criscenti, ed., *Sarmiento and His Argentina* (Boulder, CO: Lynne Rien- ner Publishers, 1993), 109.

152. Thomas J. Page, *Report of the Exploration and Survey of the River "La Plata" and Tributaries by Thomas J. Page, Commanding United States Steamer* Water Witch, *to the Secretary of the Navy* (Washington, DC: Cornelius Wendell, 1856), 4.

153. Page, *La Plata, Argentine Confederation, and Paraguay*, 25.

154. Page, *La Plata, Argentine Confederation, and Paraguay*, 26; Kennedy, *Political and Official Papers*, 507–8.

155. Domingo F. Sarmiento, *Sarmiento's Travels in the United States in 1847*, ed. and trans. Michael Aaron Rockland (Princeton, NJ: Princeton University Press, 1970), 124.

156. Juan Bautista Alberdi, *The Life and Industrial Labors of William Wheelwright in South America* (Boston: A. Williams, 1877), 208, LCP.

157. Alberdi, *Life and Labors of Wheelwright*, 7, 9.

158. McPherson, *Battle Cry of Freedom*, 107.

159. Schlesinger and Israel, *My Fellow Citizens: Inaugural Addresses*, 123.

160. Israel, *State of the Union*, 1:860.

161. Israel, 1:882.

162. McPherson, *Battle Cry of Freedom*, 121.

163. McPherson, 108–9.

164. McPherson, 108–9.

165. William Earl Weeks, *Building the Continental Empire: American Expansion from the Revolution to the Civil War* (Chicago: Ivan R. Dee, 1996), 151–52; Schroeder, *Shaping a Maritime Empire*, 124–25.

166. McPherson, *Battle Cry of Freedom*, 108.

167. Johnson, *River of Dark Dreams*, 366–70; McPherson, *Battle Cry of Freedom*, 113.

168. Greenberg, *Manifest Manhood*, 165; Robert E. May, *Manifest Destiny's Underworld: Filibustering in Antebellum America* (Chapel Hill: University of North Carolina Press, 2002), 81–116.

169. George Fitzhugh, *Cannibals All! Or, Slaves without Masters* (Richmond, VA: A. Morris, 1857), xiii, LCP.

170. Lucius Quintus Cincinnatus Lamar, *Nicaraguan Affairs and Lecompton Constitution. Speech of Hon. Lucius Q. C. Lamar, Of Mississippi, on Nicaraguan and Kansas Affairs. Delivered in the House of Representatives, January 13, 1858* (Washington, DC: Lemuel Towers, 1858), 2, LCP.

171. Page, *La Plata, Argentine Confederation, and Paraguay*, 287.

172. Page, 114; Thomas Page to Carlos López, October 1, 1853, Miscellaneous Records of the Office of Naval Records and Library, RG 45, T 829, roll 445, NARA I.

173. Page to López, October 1, 1853; Page, *La Plata, Argentine Confederation, and Paraguay*, 118–19.

174. Page to López, October 1, 1853; Thomas Page to Carlos López, October 13, 1853, Miscellaneous Records of the Office of Naval Records and Library, RG 45, T 829, roll 445, NARA I.

175. E. Shippen, "Recollections of the Paraguay Expedition," *United Services: A Quarterly Review of Military and Naval Affairs* 2 (March 1880), 333; James Schofield Saeger, *Francisco Solano López and the Ruination of Paraguay: Honor and Egocentrism* (Lanham, MD: Rowman & Littlefield, 2007), 41.

176. *López and the Ruination of Paraguay*, Saeger's biography of Carlos Lópezs' son and heir, Francisco Solano López, describes how father and son imported European war technology and expertise in the 1850s and 1860s.

177. Thomas Page to Carlos López, October 12, 1853, Miscellaneous Records of the Office of Naval Records and Library, RG 45, T 829, roll 445, NARA I.

178. Page, *La Plata, Argentine Confederation, and Paraguay*, 119.

179. Page, 97.

180. Page, 98.

181. Page, *Report of the River "La Plata,"* 12.

182. Maury, *Amazon and Atlantic Slopes*, 11.

183. Thomas Page to James Dobbin, March 10, 1854, "Miscellaneous Records of the Office of Naval Records and Library," RG 45, T 829, roll 445, NARA I.

184. Page to Dobbin, March 10, 1854.

185. Thomas Page to James Dobbin, August 13, 1854, "Miscellaneous Records of the Office of Naval Records and Library," RG 45, T 829, roll 445, NARA I.

186. Page to Dobbin, August 13, 1854.

187. Page, *Report of the River "La Plata,"* 23.

188. Page, *La Plata, Argentine Confederation, and Paraguay*, 85.

189. Estes, *A Defence of Negro Slavery*, 159.

190. George Fitzhugh, *Sociology for the South, or the Failure of Free Society* (Richmond, VA: A. Morris, 1854), 149.

191. "A Declaration of the Immediate Causes which Induce and Justify the Secession of the State of Mississippi from the Federal Union," *The Avalon Project: Documents in Law, History, and Diplomacy*, 2008, Lillian Goldman Law Library, Yale Law School, http://avalon.law.yale.edu/19th_century/csa_missec.asp.

192. Page, *Report of the River "La Plata,"* 23.

193. Page, *La Plata, Argentine Confederation, and Paraguay*, 164.

194. 194. Page, 165.

195. 195. Page, 165.

196. 196. Page, 165.

197. Thomas Page to John P. Kennedy, May 21, 1853, Miscellaneous Records of the Office of Naval Records and Library, RG 45, T 829, roll 445, NARA I.

198. Page to Dobbin, August 13, 1854.

199. Page, *La Plata, Argentine Confederation, and Paraguay*, 100.

200. Thomas Page to James Dobbin, Steamer Yerba, Santa Fe, August 7, 1855, Mis- cellaneous Records of the Office of Naval Records and Library, RG 45, T 829, roll 445, NARA I.

201. Page, *La Plata, Argentine Confederation, and Paraguay*, 200.

202. 202. Page, 281.

203. William Jeffers to Thomas Page, February 2, 1855, "Miscellaneous Records of the Office of Naval Records and Library," RG 45, T 829, roll 445, NARA I.

204. Jeffers to Page, February 2, 1855; Thomas Page to James Dobbin, February 5, 1855, "Miscellaneous Records of the Office of Naval Records and Library," RG 45, T 829, roll 445, NARA I.

205. Page, *La Plata, Argentine Confederation, and Paraguay*, 307.

206. Page, 314; Thomas Page to William Salter, April 1, 1855, Miscellaneous Records of the Office of Naval Records and Library, RG 45, T 829, roll 445, NARA I; Thomas Page to James Dobbin, April 16, 1855, Miscellaneous Records of the Office of Naval Records and Library, RG 45, T 829, roll 445, NARA I.

207. Testimony of Edward Palmer, dated June 20, and enclosed with José Falcón's letter to the US minister of foreign affairs, Asunción, Paraguay, February 5, 1855, "Notes from the Paraguayan Legation in the United States to the Department of State, 1853–1906," RG 45, M 350, roll 1, NARA I.

208. "A Speck of War," *New Hampshire Patriot & State Gazette* (Concord, New Hampshire) April 18, 1855.

209. Israel, *State of the Union*, 1:954–55.

210. "La Plata," *Harper's New Monthly Magazine*, February 1859, 327.

211. Smith and Bartlett, "'Unprovoked, Unwarrantable, and Dastardly Attack,'" 286–87.

212. Ponko, *Ships, Seas, and Scientists*, 130–31.

213. "The Paraguay Expedition," *New York Times*, November 3, 1858.

214. "The Paraguay Expedition," *New York Times*, November 18, 1858.

215. Smith and Bartlett, "'Unprovoked, Unwarrantable, and Dastardly Attack.'"

216. See Karp, "Slavery and Sea Power"; and Karp, *This Vast Southern Empire*, esp. chap. 2, "The Strongest Naval Power on Earth," 32–49.

217. See Karp, *This Vast Southern Empire*, 4, 5, 199; and Schroeder, *Shaping a Maritime Empire*, 59.

218. Quoted in Horne, *Deepest South*, 123. Horne notes Douglass's fears of the Amazon mission on 124.

219. Harriet Jacobs, *Incidents in the Life of a Slave Girl, Written by Herself, with Related Documents*, ed. Jennifer Fleischner (Boston: Bedford / St. Martin's, 2010), 106.

220. Bell, "Relation of Herndon and Gibbon's *Exploration*," 503. For more on the post–Civil War Confederate exodus to Brazil, see Eugene C. Harter, *The Lost Colony of the Confederacy* (Jackson: University Press of Mississippi, 1985); Frank J. Merli, ed., "Alternative to Appomattox: A Virginian's Vision of an Anglo-Confederate Colony on the Amazon, May 1865," *Virginia Magazine of History and Biography*, April 1986, 210–19; and Griggs, *The Elusive Eden*.

221. Page, *La Plata, Argentine Confederation, and Paraguay*, 165.

222. W. E. B. Du Bois, *The Souls of Black Folk* (1903; repr., Mineola, NY: Dover Publications, 1994), 47–48.

223. Dozer, "Maury's Letter of Instruction to Herndon," 217.

224. English antislavery had deep roots, going back to the early modern period. For legal opposition to slavery in Britain, however, most scholars look back to the decision in the James Somerset case in 1772 (Eliga H. Gould, *Among the Powers of the Earth: The American Revolution and the Making of a New World Empire* [Cambridge, MA: Harvard University Press, 2012], 49–50).

225. Linda Colley describes how antislavery became a new national rallying cry for Britons after Napoleon's defeat at Waterloo (*Britons: Forging the Nation, 1707-1837* [New Haven, CT: Yale University Press, 1992], 357–68).

226. Colley, *Britons: Forging the Nation*, 361.

227. Quoted in Bell, "Relation of Herndon and Gibbon's *Exploration*," 501.

228. "The Slavery Question Is the Great Difficulty of the United States," *Times* (London), June 27, 1856, 9.

229. Charles Darwin, *Journal of Researches into the Natural History and Geology of the Countries Visited during the Voyage of H.M.S. Beagle Round the World* [. . .], 2nd ed. (London: John Murray, 1845), 499–500, Dibner.

230. It was partly for this reason that, as Charles Edel argues, John Quincy Adams embraced antislavery as part of his grand strategy for national grandeur in the last phase of his political life (*Nation Builder: John Quincy Adams and the Grand Strategy of the Republic* [Cambridge, MA: Harvard University Press, 2014], esp. chap. 5, "A Stain upon the Character of the Nation: The Fight against Slavery," 249–89).

第六章

1. Pascal Bonenfant, "British Weather from 1700 to 1849," 2015, https://www.pascalbonenfant.com/18c/geography/weather.html; Charles Stephen Dessain, *The Letters and Diaries of John Henry Newman*, 31 vols. (London: Thomas Nelson and Sons, 1963–1984), 12:117–18.

2. This description of 21 Bedford Place comes from Rawnsley, *The Life, Diaries and Correspondence of Lady Franklin*, 10; and Alison Alexander, *The Ambitions of Jane Franklin: Victorian Lady Adventurer* (Sydney: Allen & Unwin, 2016), 7–8.

3. Andrew Lambert has argued that Franklin's expedition was set forth in order to conduct geomagnetic research, not the North West Passage, as is commonly believed (*The Gates of Hell: Sir John Franklin's Tragic Quest for the North West Passage* [New Haven, CT: Yale University Press, 2009]).

4. Jane Franklin to Zachary Taylor, April 4, 1849, reprinted in *Daily Picayune* (New Orleans), May 10, 1849.

5. *Daily Picayune* (New Orleans), May 10, 1849.

6. For two examples of this interest, see *New Hampshire Sentinel* (Keene, New Hampshire); and *Daily Picayune* (New Orleans), both March 29, 1849.

7. Jane Franklin to Zachary Taylor, April 4, 1849, reprinted in *Daily Picayune* (New Orleans), May 10, 1849.

8. John M. Clayton to Jane Franklin, April 25, 1849, reprinted in *Daily Picayune* (New Orleans), May 10, 1849.

9. Alexander, *Ambitions of Jane Franklin*, 207.

10. Lambert, *Gates of Hell*, 337.

11. Lambert, 339.

12. 12. Lambert, 280, 287.

13. 13. Lambert, 341–42.

14. Lambert, 1, 345–48.

15. There are exceptions. David Chapin, for instance, notes the diplomatic angle to Arctic exploration (*Exploring Other Worlds*, 61), as does Michael F. Robinson in chap. 1, "Building an Arctic Tradition," in *The Coldest Crucible: Arctic Exploration and American Culture* (Chicago: University of Chicago Press, 2006), 15–29. Neither historian, however, frames it in the larger historiography of US–UK relations.

16. Bradford Perkins, *The First Rapprochement: England and the United States, 1795-1805* (Philadelphia: University of Pennsylvania Press, 1955). Haynes, in *Unfinished Revolution*, approaches a kind of rapprochement with the end of the US–Mexican War (see chap.

12, "Brother Jonathan Is Somebody," 274–96). See also Ronald Angelo Johnson, *Diplomacy in Black and White: John Adams, Toussaint Louverture, and Their Atlantic World Alliance* (Athens: University of Georgia Press, 2014); Alan Taylor, *The Civil War of 1812: American Citizens, British Subjects, Irish Rebels, and Indian Allies* (New York: Alfred A. Knopf, 2010); and Patrick Lacroix, "Choosing Peace and Order: National Security and Sovereignty in a North American Borderland, 1837–1842," *International History Review* 38, no. 5 (2016), 943–60.

17. For another study that examines Anglo–Saxonism and the warming of relations between Britons and white US citizens, see Daniel Kilbride, *Being American in Europe, 1750-1860* (Baltimore: Johns Hopkins University Press, 2013), esp. chap. 4, "'The mani-fold advantages resulting from our glorious Union,' 1840s–1861," 124–66.

18. Franklin to Taylor, April 4, 1849.

19. David W. Blight, *Race and Reunion: The Civil War in American Memory* (Cambridge, MA: Harvard University Press, 2001).

20. For more on masculinity and US Arctic exploration, see Robinson, *Coldest Crucible*; and Lisa Bloom, *Gender on Ice: American Ideologies of Polar Exploration* (Minneapolis: University of Minnesota Press, 1995).

21. Joseph Bellot, a French naval officer, perished in the Franklin search (Alexander, *Ambitions of Jane Franklin*, 220).

22. William C. Godfrey, *Godfrey's Narrative of the Last Grinnell Arctic Exploring Expedition, In Search of Sir John Franklin, 1853-4-5* (Philadelphia: J. T. Lloyd, 1857), 28. Felipe Fernández-Armesto discusses how chivalry influenced Christopher Columbus and other early modern European explorers ("The Sea and Chivalry in Late Medieval Spain," in *Maritime History*, vol. 1, *The Age of Discovery*, ed. John B. Hattendorf [Malabar, FL: Krieger, 1996]).

23. This approach mirrors the way Marc C. Hunter has portrayed US–UK naval relations in the equatorial Atlantic: as "a safety–valve" and "a way to avoid conflict" (*Policing the Seas: Anglo-U.S. Relations and the Equatorial Atlantic, 1819-1865*, Research in Maritime History 36 [St. John's, NL: International Maritime Economic History Association, 2008], 1, 3).

24. Rawnsley, *Life, Diaries and Correspondence of Lady Franklin*, 9.

25. Rawnsley, 10.

26. Alexander, *Ambitions of Jane Franklin*, 222.

27. Lambert, *Gates of Hell*, 55.

28. Alison Alexander, in *Ambitions of Jane Franklin*, effectively portrays Franklin as a "Victorian lady adventurer."

29. Godfrey, *Godfrey's Narrative*, 28.

30. Quoted in Alexander, *Ambitions of Jane Franklin*, 223.

31. David Brown, chap. 2, "Diplomacy and the Fourth Estate: The Role of the Press in

British Foreign Policy in the Age of Palmerston," in *On the Fringes of Diplomacy: Influences on British Foreign Policy, 1800-1945*, ed. John Fisher and Anthony Best (New York: Routledge, 2011), 51.

32. Alexander, *Ambitions of Jane Franklin*, 223.

33. Alexander, 212.

34. Alexander, x, 211.

35. Alexander, 223, 247.

36. For an English colonial example of how women could break into supposedly masculine social roles in the right circumstances, see Laurel Thatcher Ulrich, *Good-wives: Images and Reality in the Lives of Women in Northern New England, 1650-1750* (New York: Alfred A. Knopf, 1982), esp. part 3, "Jael," 165–235.

37. Alexander, *Ambitions of Jane Franklin*, 223.

38. Elisha Kent Kane, *The U.S. Grinnell Expedition in Search of Sir John Franklin. A Personal Narrative* (New York: Harper & Brothers, 1853), 15; contemporary writer quoted in Alexander, *Ambitions of Jane Franklin*, 227.

39. Alexander, *Ambitions of Jane Franklin*, 244.

40. Alexander, 244.

41. Eric P. Kaufmann, *The Rise and Fall of Anglo-America* (Cambridge, MA: Harvard University Press, 2004), 16.

42. Horsman, *Race and Manifest Destiny*, 18–23.

43. See Horsman, *Race and Manifest Destiny*.

44. Horsman, 38–41, 160–64.

45. As early as the 1930s, Albert Weinberg identified Anglo–Saxonist thought as contributing to westward expansion (*Manifest Destiny: A Study of Nationalist Expansionism in American History* [1935; repr., Chicago: Quadrangle Books, 1963]). Weinberg did not emphasize this heavily, however, leaving Reginald Horsman to investigate the subject thoroughly in his *Race and Manifest Destiny*, published in 1981. Jimmy Bryan has revealed how western adventurers leaned hard on the works of Sir Walter Scott in fashioning themselves (*The American Elsewhere: Adventures and Manliness in the Age of Expansion* [Lawrence: University Press of Kansas, 2017], 74).

46. Melville, *Moby-Dick*, 115–21, 362.

47. Lynch, *Narrative of the Expedition to the River Jordan*, 236–37, 276–77, 279, 291; quotation on 323.

48. William Walker, *The War in Nicaragua* (Mobile, AL: S. H. Goftzel, 1860), 201.

49. Dozer, "Maury's Letter of Instruction to Herndon," 216.

50. Kane, *U.S. Grinnell Expedition*, 15.

51. *Weekly Herald* (New York), May 19, 1849.

52. John M. Clayton to J. J. Crittenden, July 11, 1849, reprinted in Mrs. Chapman Coleman, *The Life of John J. Crittenden, with Selections from His Correspondence and Speeches*, 2 vols. (Philadelphia: J. B. Lippincott, 1873), 1:344.

53. Earl of Rosse to George Bancroft, June 9, 1849, enclosed in George Bancroft to John M. Clayton, June 15, 1849, "Despatches from U.S. Ministers to Great Britain, 1791– 1906," RG 59, M 30, vol. 59, roll 55, NARA Boston.

54. *Senate Journal*, 31st Cong., 1st Sess., January 4, 1850, 55.

55. Clayton to Crittenden, July 11, 1849, 1:344.

56. "Abandonment of the Search for Sir John Franklin by the United States Government," *Weekly Herald* (New York), June 23, 1849.

57. Clayton to Crittenden, July 11, 1849, 1:344.

58. *Sun* (Baltimore), May 19, 1849.

59. Lambert believes that Lady Franklin's accusation against Ross and the public censure that followed his return was unjustified, and that Ross had tried to penetrate the Arctic ice as far as he could during a particularly cold year (Lambert, *Gates of Hell*, 186–89).

60. Jane Franklin to unknown, November 17, 1849, reprinted in *Daily Missouri Republican* (St. Louis), December 28, 1849.

61. *Sun* (Baltimore), May 19, 1849.

62. In December 1849, Lynch declined the services of Elisha Kent Kane, the future Arctic explorer, who had written to offer himself for his proposed adventure (William Francis Lynch to Elisha Kent Kane, December 6, 1849, box 9, "Folder Lynch, William, 1849–1852," Kane Papers, APS).

63. *Sun* (Baltimore), June 25, 1849.

64. Sam W. Haynes, *Unfinished Revolution: The Early American Republic in a British World* (Charlottesville: University of Virginia Press, 2010), esp. chap. 2, "What Do You Think of Our Country?," 24–50.

65. Ralph Waldo Emerson, "The American Scholar," 1837, at "Digital Emerson: A Collective Archive," http://digitalemerson.wsulibs.wsu.edu/exhibits/show/text/the-american-scholar.

66. Abbott Lawrence to John Clayton, March 7, 1851, RG 59, M 30, vol. 62, roll 58, NARA Boston.

67. Rouleau, *With Sails Whitening Every Sea*, 1–2.

68. Haynes, *Unfinished Revolution*, 285–86.

69. John Kintzing Kane to Elisha Kent Kane, April 21, 1851, box 8, folder "Kane, John Kintzing," folder 3, 1850–1852, Kane Papers, APS.

70. Abbott Lawrence to John M. Clayton, November 2, 1849, RG 59, M 30, vol. 60, roll 56, NARA Boston.

71. *American National Biography Online*, s.v. "Grinnell, Henry," accessed February 15, 2016.

72. Robert G. Albion, *The Rise of New York Port, 1815-1860* (1939; New York: Charles Scribner's Sons, 1970), 247–48.

73. Henry Grinnell to Jane Franklin, October 7, 1851, reprinted in Rawnsley, *Life, Diaries and Correspondence of Lady Franklin*, 205.

74. Kenneth Bourne, *Britain and the Balance of Power in North America, 1815-1908* (Berkeley: University of California Press, 1967), 171.

75. For the idea of entangled communities mattering to historical actors, see Eliga H. Gould, "Entangled Worlds: The English–Speaking Atlantic as a Spanish Periphery," in *American Historical Review* 112, no. 3 (June 2007), 764–86.

76. Henry Grinnell to Jane Franklin, February 19, 1856, reprinted in Rawnsley, *Life, Diaries and Correspondence of Lady Franklin*, 218.

77. Henry Grinnell to Jane Franklin, September 3, 1856, reprinted in Rawnsley, 220–21.

78. Henry Grinnell to Jane Franklin, November 11, 1856, reprinted in Rawnsley, 223.

79. James Dobbin to Henry J. Hartstene, October 13, 1855, RG 45, M149, NARA I.

80. Wilkes to Tappan, November 25, 1850.

81. Elisha Kent Kane, *Arctic Explorations: The Second Grinnell Expedition in Search of Sir John Franklin, 1853, '54, '55*, 2 vols. (Philadelphia: Childs and Peterson, 1856), 1:446.

82. For an account of Lynch's Liberian reconnaissance, see Ponko, *Ships, Seas, and Scientists*, 199–205. For Black opposition to colonization, see Leon F. Litwack, *North of Slavery: The Negro in the Free States, 1790-1860* (Chicago: University of Chicago Press, 1961), 259; and Eric Burin, *Slavery and the Peculiar Solution: A History of the American Colonization Society* (Gainesville: University Press of Florida, 2005), 82–83.

83. William F. Lynch, *Naval Life; or, Observations Afloat and On Shore. The Midshipman* (New York: Charles Scribner, 1851), 28.

84. *Daily Alabama Journal*, March 5, 1850.

85. *Hudson River Chronicle* (Ossining, New York), March 5, 1850.

86. "Sir John Franklin's Expedition," *Times* (London), March 25, 1850, 3. In New Jersey, the *Trenton State Gazette* reprinted the article on May 1, 1850.

87. "Abandonment of the Search for Sir John Franklin by the United States Government," *Weekly Herald* (New York), June 23, 1849.

88. *Cong. Globe*, 31st Cong., 1st Sess., April 5, 1850, 644.

89. "From Washington—Correspondence of the Republican," *Daily Missouri Republican* (St. Louis), April 22, 1850.

90. *Cong. Globe*, 31st Cong., 1st Sess., May 1, 1850, 844.

91. 91. *Cong. Globe*, May 1, 1850, 884.

92. 92. *Cong. Globe*, May 1, 1850, 885.

93. 93. *Cong. Globe*, May 1, 1850, 888.

94. For more on this concept in US history, see Morton J. Horwitz, *The Transformation of American Law, 1780-1860* (Cambridge, MA: Harvard University Press, 1977); William J. Novak, "The Myth of the Weak American State," *American Historical Review* 113, no. 3 (June 2008), 752–72; Novak, chap. 1, "Public–Private Governance: A Historical Introduction," in *Government by Contract: Outsourcing and American Democracy*, ed. Jody Freeman and Martha Minow (Cambridge, MA: Harvard University Press, 2009), 23–40; and Balogh, *A Government Out of Sight*.

95. Novak, "Public–Private Governance," 31.

96. Novak, 30.

97. Ponko, *Ships, Seas, and Scientists*, 21–26.

98. *House Journal*, 31st Cong., 1st Sess., April 26, 1850, 1623–1624.

99. *Senate Journal*, 31st Cong., 1st Sess., May 1, 1850, 317, and *House Journal*, 31st Cong., 1st Sess., May 6, 1850, 879.

100. Franklin to Grinnell, April 19, 1850, reprinted in Rawnsley, *Life, Diaries and Correspondence of Lady Franklin*, 201.

101. George W. Corner, *Doctor Kane of the Arctic Seas* (Philadelphia: Temple University Press, 1972), 77.

102. Kane, *U.S. Grinnell Expedition*, 24.

103. Elisha Kent Kane to "home people," May 25, 1850, box 8, folder "Kane Family, 1850–1853," Kane Papers, APS.

104. Joseph–Louis Bellot, a French naval officer who had volunteered in a private British expedition to locate Franklin, disappeared into an icy crevice (Corner, *Doctor Kane*, 101). Likewise, August Sontagg, one of the scientists aboard the Second Grinnell Expedition, also perished in this manner during a later Arctic mission (Corner, *Doctor Kane*, 273).

105. Anonymous author, *The Arctic Queen*, poem dedicated to Elisha Kent Kane, commander of the Grinnell expedition in search of Sir John Franklin, c. 1850s, HSP; Kane, *Arctic Explorations*, 2:22; Daniel P. Kidder and J. C. Fletcher, *Brazil and the Brazilians, Portrayed in Historical and Descriptive Sketches* (Philadelphia: Childs & Peterson, 1857), 432, LCP.

106. Kane, *U.S. Grinnell Expedition*, 14.

107. Margaret E. Wilmer, "Lines to the Memory of Dr. E. K. Kane; Who Died at Havana, Cuba," reprinted in Godfrey, *Godfrey's Narrative*, 265.

108. Wilmer, "Lines," in Godfrey, *Godfrey's Narrative*, 265, and Kane, *U.S. Grinnell Expedition*, 171.

109. Kane, *Arctic Explorations*, 1:69, 416, 276.

110. "Art. V.—1. Arctic Explorations: The Second Grinnell Expedition in Search of Sir John Franklin, During the Years 1853, '54, '55/2. The Last of the Arctic Voyages; Being a Narrative of the Expedition in H.M.S. *Assistance*, under the Command of Sir Edward Belcher, C.B., in Search of Sir John Franklin, During the Years 1852, '53, '54," *North American Review*, January 1, 1857, 119.

111. Kane, *U.S. Grinnell Expedition*, 19.

112. Godfrey, *Godfrey's Narrative*, 35.

113. Kane, *U.S. Grinnell Expedition*, 19.

114. Mark Metzler Sawin, *Raising Kane: Elisha Kent Kane and the Culture of Fame in Antebellum America* (Philadelphia: American Philosophical Society, 2008), 11.

115. R. P. Kane to C. Grinnell, February 13, 1854, box 3, folder "Grinnell, Cornelius, folder 2, 1853–1857," Kane Papers, APS.

116. Corner, *Doctor Kane*, 116.

117. Sawin, *Raising Kane*, 56.

118. Quoted in Corner, *Doctor Kane*, 27.

119. Sawin, *Raising Kane*, 13.

120. Sawin, 13.

121. Corner, *Doctor Kane*, 36. For more on this period of Kane's life, see Corner, esp. chap. 3, "Navy Doctor at Large," 32–48, and chap. 4, "Coast Fever and War Fever," 49–70.

122. Kane, *U.S. Grinnell Expedition*, 27.

123. 123. Kane, 245.

124. 124. Kane, 152.

125. 125. See Kane, 247, 350.

126. 126. Kane, 153.

127. 127. Kane, 172.

128. Kane, 171–72.

129. Kane, 436; Edwin De Haven, *Lieut. De Haven's Official Report of the American Arctic Expedition*, October 4, 1851, reprinted in Kane, *U.S. Grinnell Expedition*, 506–7.

130. Edwin De Haven to Hamilton, secretary of the Admiralty, July 1, 1850, contained in Edwin De Haven to William Graham, October 31, 1851, RG 45, M 148, NARA I.

131. De Haven, *Official Report of the American Arctic Expedition*, 494.

132. One of the early records of this kind of activity is taken from De Haven's reply, dated August 11, 1851, to a circular from Austin. While the circular does not appear to have survived, De Haven copied his reply in a letter to Graham (De Haven to Graham, October 31, 1851).

133. De Haven to Austin, August 11, 1850, contained in De Haven to Graham, Octo-

ber 31, 1851.

134. De Haven, *Official Report of the American Arctic Expedition*, 495.

135. De Haven, 496.

136. David Chapin has noticed a similar trend (*Exploring Other Worlds: Margaret Fox, Elisha Kent Kane, and the Antebellum Culture of Curiosity* [Amherst: University of Massachusetts Press, 2004], 65–66).

137. "To The Editor of the Times." *Times* (London), January 9, 1850, 5. I am indebted to Alison Alexander for making this connection (*Ambitions of Jane Franklin*, 215).

138. Kane, *U.S. Grinnell Expedition*, 179.

139. 139. Kane, 171.

140. De Haven, *Official Report of the American Arctic Expedition*, 497.

141. De Haven, 499.

142. De Haven, 499.

143. De Haven, 500.

144. De Haven, 501–2.

145. Elisha Kent Kane to Edwin De Haven, March 10, 1851, box 1, folder "E. J. DeHaven," Kane Papers, APS.

146. Kane, *U.S. Grinnell Expedition*, 487.

147. Grinnell to Franklin, October 7, 1851, reprinted in Rawnsley, *Life, Diaries and Correspondence of Lady Franklin*, 204–5.

148. Quoted in Rawnsley, 206.

149. Jane Franklin to Henry Grinnell, November 21, 1851, reprinted in Rawnsley, 207.

150. Elisha Kent Kane to Jane Franklin, November 15, 1851, box 3, folder "Lady Jane Franklin, Folder 1, 1849–1852," Kane Papers, APS.

151. Kane to Franklin, November 15, 1851.

152. Jane Franklin to Elisha Kent Kane, December 19, 1851, folder "Lady Jane Franklin, Folder 1, 1849–1852," APS.

153. Quoted in Remini, *John Quincy Adams*, 51.

154. Lambert, *Gates of Hell*, 265.

155. Edwin De Haven to William Graham, October 4, 1851, and October 11, 1855, both RG 45, M 148, NARA I.

156. Edwin De Haven to James Dobbin, November 14, 1853, RG 45, M 148, NARA I, and Kane, *U.S. Grinnell Expedition*, 15–16.

157. Edwin De Haven to Elisha Kent Kane, April 29, 1852, box 1, folder "E. J. DeHaven," Kane Papers, APS.

158. Franklin to Kane, December 19, 1851.

159. In a letter to Lady Franklin on October 24, 1852, Kane confirmed that the reason for publishing a narrative of the First Grinnell Expedition was to increase public interest and raise funds for a second mission (box 3, folder "Lady Jane Franklin, folder 1, 1849–1852," Kane Papers, APS); Henry Grinnell to Elisha Kent Kane, January 22, 1852, box 3, "Grinnell, Henry, Folder 1, 1851–1852," Kane Papers, APS; Cornelius Grinnell to Elisha Kent Kane, New York, February 11, 1853, box 3, folder "Grinnell, Cornelius, Folder 2, 1853–1857," Kane Papers, APS.

160. Edward Everett, Rufus Choate, William H. Prescott, Samuel Elliot, and Robert S. Shaw, to Elisha Kent Kane, Boston, March 19, 1852, box 2, folder "Everett, Edward," Kane Papers, APS; G. W. Reynolds of the Providence Association of Mechanics & Manufacturers to Elisha Kent Kane, October 2, 1852, box 10, folder "Reynolds, G. W., Jr.," Kane Papers, APS.

161. *Georgia Telegraph*, January 4, 1853; Kane, *U.S. Grinnell Expedition*, 549–51.

162. Corner, *Doctor Kane*, 103.

163. "I cannot agree with you," he wrote Kane in early 1852, "that a private Expedition would more likely be successful" on account of the difficulty of recruiting officers and men (Henry Grinnell to Elisha Kent Kane, February 1, 1852, box 3, "Grinnell, Henry, Folder 1, 1851–1852," Kane Papers, APS).

164. Grinnell to Kane, February 1, 1852.

165. Henry Grinnell to Elisha Kent Kane, November 28, 1851, box 3, "Grinnell, Henry, Folder 1, 1851–1852," Kane Papers, APS.

166. Henry Grinnell to Elisha Kent Kane, February 11, 1852, and March 16, 1852, box 3, "Grinnell, Henry, Folder 1, 1851–1852," Kane Papers, APS.

167. The financial cost of Wilkes's proposal, especially, seems to have been too much for many congressmen to bear (Grinnell to Kane, March 16, 1852).

168. Elisha Kent Kane to Thomas Dobbin, April 11, 1853, "Letters Received by the Secretary of the Navy from Commissioned Officers below the Rank of Commander and from Warrant Officers ('Officers' Letters')," NARA I.

169. See Melville, *Moby-Dick*, 111.

170. Grinnell to Kane, February 1, 1852.

171. "The Clayton-Bulwer Treaty," April 19, 1850, available at Avalon Project: Documents in Law, History and Diplomacy, accessed February 23, 2016, http://avalon.law.yale.edu/19th_century/br1850.asp.

172. Bourne, *Britain and the Balance of Power*, 178.

173. Before Franklin Pierce won the Democratic nomination in June 1852, the leading contenders were Lewis Cass, James Buchanan, and Stephen Douglas (Schlesinger and Israel, *My Fellow Citizens: Inaugural Addresses*, 120).

174. *Sun* (Baltimore), February 2, 1853; Elisha Kent Kane to Jane Franklin, January 14, 1853, copy, box 3, folder "Lady Jane Franklin, Folder 2, 1849–1852," Kane Papers, APS.

175. John C. Symmes to Elisha Kent Kane, October 20, 1851, box 10, folder "Symmes, John C.," Kane Papers, APS. Symmes never did sail on the Second Grinnell Expedition (Kane, *Arctic Explorations*, 1:18).

176. Henry Brooks to Elisha Kent Kane, January 7, 1853, copied and enclosed in a letter from Elisha Kent Kane to John P. Kennedy, Philadelphia, January 8, 1853, RG 45, M 148, NARA I.

177. Godfrey, *Godfrey's Narrative*, 19.

178. Godfrey, 18.

179. John Pendleton Kennedy, *Political and Official Papers* (New York: G. P. Putnam & Sons, 1872), 535.

180. John P. Kennedy to Elisha Kent Kane, November 27, 1852, box 8, folder "Kennedy, John P.," Kane Papers, APS.

181. Kane to Kennedy, January 8, 1853; Elisha Kent Kane to John P. Kennedy, Philadelphia, January 11, 1853, RG 45, M 148, NARA I; Elisha Kent Kane to John P. Kennedy, Philadelphia, January 26, 1853, RG 45, M 148, NARA I.

182. Kane, *Arctic Explorations*, 1:16.

183. Elisha Kent Kane to John P. Kennedy, January 29, 1853, box 8, folder "Kennedy, John P.," Kane Papers, APS.

184. Elisha Kent Kane to John P. Kennedy, June 18, 1853, Elisha Kent Kane Letters, 1853–1857, Mss.Film.1296, APS.

185. Ponko, *Ships, Seas, and Scientists*, 189; Kane to Kennedy, June 18, 1853.

186. "Dobbin," *Naval History and Heritage Command*, accessed February 15, 2016, http://www.history.navy.mil/research/histories/ship-histories/danfs/d/dobbin.html.

187. Elisha Kent Kane to John P. Kennedy, May 17, 1853, Kane Letters, Mss. Film.1296, APS, and James Dobbin to Elisha Kent Kane, April 11, 1853, RG 45, M 149, NARA I.

188. "Search for Sir John Franklin—Dr. Kane's Expedition," *Daily Missouri Republican* (St. Louis), April 24, 1853.

189. "Kane's Arctic Expedition," *Daily Atlas* (Boston), May 21, 1853.

190. Horwitz, *Transformation of American Law*; Novak, "The Myth of the Weak American State"; Novak, "Public-Private Governance"; Balogh, *A Government Out of Sight*.

191. Grinnell to Kane, March 16, 1853; "Search for Sir John Franklin—Dr. Kane's Expedition," *Daily Missouri Republican* (St. Louis), April 24, 1853.

192. James Dobbin to Elisha Kent Kane, March 21, 1853, RG 45, M 149, NARA I.

193. "Untitled," *Daily Atlas* (Boston), May 25, 1853.

194. Alexander von Humboldt to Elisha Kent Kane, March 8, 1853, box 3, folder "Humboldt, Alexander von," Kane Papers, APS.

195. Kane, *Arctic Explorations*, 1:20.

196. Kane, 1:25.

197. Kane, 1:67.

198. Kane, 1:225, 2:153.

199. See, for example, Kane, 1:24, 384, 386, 392; 2:123, 209.

200. Kane, 2:124, 141, 144.

201. Kane, 1:223–24.

202. Kane, 1:224.

203. Corner, *Doctor Kane*, 138.

204. Dobbin to Hartstene, October 13, 1855.

205. This can be put together based on the data in Corner, *Doctor Kane*, 136, 258.

206. Elisha Kent Kane to James Dobbin, New York, October 11, 1855, RG 45, M 148, NARA I.

207. Kane, *Arctic Explorations*, 1:201.

208. Kane, 1:239–40.

209. Corner, *Doctor Kane*, 185.

210. This episode is thoroughly described in Corner, *Doctor Kane*, chap. 10, "Secession," 169–91.

211. Kane, *Arctic Explorations*, 2:86.

212. Kane, 1:240, 2:240.

213. Kane, 1:131.

214. Godfrey, *Godfrey's Narrative*, 19.

215. Godfrey, 5–6, 181.

216. Godfrey, 130–33.

217. Godfrey, 133–34.

218. See, for example, Kane, *Arctic Explorations*, 2:203. Godfrey also thought they were well suited for the polar regions (*Godfrey's Narrative*, 24).

219. Kane, *Arctic Explorations*, 1:211, 364.

220. Kane, 1:441.

221. Kane, 1:383.

222. Kane, 1:383.

223. Ponko, *Ships, Seas, and Scientists*, 193; Corner, *Doctor Kane*, 182–83.

224. Jeannette Mirsky, *Elisha Kent Kane and the Seafaring Frontier* (Boston: Little, Brown, 1954), 185–87; Corner, *Doctor Kane*, 263.

225. Corner, *Doctor Kane*, 153, 209.

226. Kane to Dobbin, October 11, 1855.

227. Mirsky, *Elisha Kent Kane*, 160, 185.

228. Kane, *Arctic Explorations*, 2:64–66.

229. Kane, 1:225.

230. Corner, *Doctor Kane*, 143.

231. Corner, 165–66.

232. Kane to Dobbin, October 11, 1855.

233. Kane to Dobbin, October 11, 1855.

234. Corner, *Doctor Kane*, 207.

235. Elisha Kent Kane to James Dobbin, Godhavn, September 10, 1855, RG 45, M 148, NARA I; Corner, *Doctor Kane*, 219.

236. Kane, *Arctic Explorations*, 2:291–93.

237. Corner, *Doctor Kane*, 219–23.

238. Kane's last letter home appears to have been the one that he sent to his father from Upernavik, July 23, 1853, box 8, "Kane, John Kintzing, Folder 4, 1852–1853," Kane Papers, APS.

239. John Kane to John P. Kennedy, November 20, 1854, Mss.Film.1296, Kane Papers, APS; John P. Kennedy to John Kintzing Kane, Baltimore, November 23, 1854, box 8, folder "Kennedy, John P.," Kane Papers, APS; Grinnell to John Kintzing Kane, December 4, 1854, box 3, "Grinnell, Henry, Folder 3, 1854–1857," Kane Papers, APS.

240. See *House Journal*, 33rd Cong., 2nd Sess., December 12, 1854, 59; *Cong. Globe*, 33rd Cong., 2nd Sess., December 14, 1854, 54; *House Journal*, 33rd Cong., 2nd Sess., January 6, 1855, 155; *Senate Journal*, 33rd Cong., 2nd Sess., December 26, 1854, 67; *Senate Journal*, 33rd Cong., 2nd Sess., January 5, 1855, 97; *House Journal*, 33rd Cong., 2nd Sess., January 19, 1855, 201; and *Cong. Globe*, 33rd Cong., 2nd Sess., January 22, 1855, 352.

241. *Cong. Globe*, 33rd Cong., 2nd Sess., December 19, 1854, 83.

242. Corner, *Doctor Kane*, 221.

243. *Cong. Globe*, 33rd Cong., 2nd Sess., January 29, 1855, 444.

244. Dobbin to Hartstene, October 13, 1855.

245. Chapin, *Exploring Other Worlds*, 12.

246. Cornelius Grinnell to Elisha Kent Kane, June 2, 1855, box 3, "Grinnell, Cornelius, Folder 2, 1853–1857," Kane Papers, APS.

247. Elisha Kent Kane to John Kintzing Kane, November 21, 1855, box 8, "Kane, John Kintzing, Folder 4, 1852–1853," Kane Papers, APS.

248. Benson J. Lossing to Elisha Kent Kane, July 10, 1856, box 9, folder "Lossing, Benson J," Kane Papers, APS; Fannie Holmes to Elisha Kent Kane, January 19, 1857, collection no. 1851, box "Correspondence, 1826–1860, John Kent Kane Correspon- dence, 1842–1857," D-47, folder "Letters mainly addressed to members of the family of John K. Kane. Letters concerning Kane Lodge F + AM New York, and proposed monument to Elisha

Kent Kane," John Kintzing Kane Papers, 1714–1946, HSP.

249. Sawin, *Raising Kane*, 334.

250. "Art. V.—1. Arctic Explorations: The Second Grinnell Expedition in Search of Sir John Franklin, During the Years 1853, '54, '55/2. The Last of the Arctic Voyages; Being a Narrative of the Expedition in H.M.S. *Assistance*, under the Command of Sir Edward Belcher, C.B., in Search of Sir John Franklin, During the Years 1852, '53, '54," *North American Review*, January 1, 1857, 97, 119.

251. Corner, *Doctor Kane*, 240.

252. John F. Crampton to Elisha Kent Kane, Washington, December 8, 1855, reprinted in "Sir John Franklin's Expedition," *Times* (London), January 9, 1856, 10.

253. Jane Franklin to Elisha Kent Kane, London, November 2, 1855, box 3, "Franklin, Jane, Folder 2, 1853–1857," Kane Papers, APS.

254. Corner, *Doctor Kane*, 245.

255. Grinnell to Franklin, NY, July 19, 1856, reprinted in Rawnsley, *Life, Diaries and Correspondence of Lady Franklin*, 218.

256. Elisha Kent Kane to John Kintzing Kane, likely May 31, 1856, box 8, "Kane, John Kintzing, Folder 4, 1852–1853," Kane Papers, APS.

257. *New York Herald*, November 26, 1856.

258. Corner, *Doctor Kane*, 248–49.

259. Jane Franklin to Mr. Grinnell, March 5, 1857, box 3, folder "Lady Jane Franklin, Folder 2, 1849–1852," Kane Papers, APS.

260. Sawin, *Raising Kane*, 2; Corner, *Doctor Kane*, 254.

261. *Columbus (GA) Enquirer*, February 24, 1857.

262. Mourning ribbon for Elisha Kent Kane, John A. McAllister Ribbons & Textiles Collection, 1832–1896 (McA 10090.F), box 1, folder 26, LCP.

263. Bourne, *Britain and the Balance of Power*, 185.

264. Bourne, 182.

265. Lord Clarendon's phrase, quoted in Bourne, 195.

266. "The American Question," *Times* (London), May 29, 1856, 8.

267. Bourne, *Britain and the Balance of Power*, 194.

268. Bourne, 203.

269. Bourne, 198–200.

270. Bourne, 201.

271. Bourne, 203.

272. Bourne, 201.

273. Bourne, 204.

274. *New Hampshire Patriot & State Gazette* (Concord), January 16, 1856.

275. Corner, *Doctor Kane*, 240; "America," *Times* (London), July 7, 1856, 10.

276. "A Courteous ACT of the United States," *Times* (London), July 14, 1856, 6.

277. *Daily Ohio Statesman* (Columbus), November 14, 1856.

278. Thomas to Henry Grinnell, September 25, 1856, box 3, "Grinnell, Henry, Folder 3, 1854–1857," Kane Papers, APS.

279. I am not the first to make this observation. Ernest R. May discussed this idea in *Imperial Democracy: The Emergence of America as a Great Power* (New York: Harcourt, Brace & World, 1961). More recently, Sam W. Haynes and Eliga H. Gould have drawn similar conclusions (Haynes, *Unfinished Revolution*; Gould, *Among the Powers of the Earth: The American Revolution and the Making of a New World Empire* [Cambridge, MA: Harvard University Press, 2012]).

280. "One Relic of the Many Expeditions Which Have," *Times* (London) December 15, 1856, 6.

281. Corner, *Doctor Kane*, 240; C. Grinnell to H. Grinnell, December 16, 1856, reprinted in *Times-Picayune* (New Orleans), January 10, 1857.

282. *Daily Atlas* (Boston), January 9, 1857.

283. "The Arctic Ship Resolute," *Times* (London), December 23, 1856, 7.

284. Alexander, *Ambitions of Jane Franklin*, 241. Her hope was in vain; the Admiralty was sick of the quest and wanted to move on (Rawnsley, *Life, Diaries and Correspondence of Lady Franklin*, 104; Lambert, *Gates of Hell*, 260).

285. C. Grinnell to H. Grinnell, December 16, 1856.

286. *Times-Picayune* (New Orleans), January 10, 1857.

287. "Her Majesty's Visit to the Resolute," *Times* (London), December 17, 1856, 7.

288. George M. Dallas to William Marcy, January 23, 1857, RG 59, M 30, vol. 70, roll 66, NARA Boston.

结语

1. Lewis M. Hatch to Elisha Kent Kane, January 18, 1857, "Correspondence, 1826–1860, John Kent Kane Correspondence, 1842–1857" (box D-47), folder 14, "Letters Addressed to Dr. Elisha Kent Kane, 1842–1857," John Kintzing Kane Papers, HSP.

2. Quoted in Mark Metzler Sawin, *Raising Kane: Elisha Kent Kane and the Culture of Fame in Antebellum America* (Philadelphia: American Philosophical Society, 2008), 329.

3. See, for example, Drew Gilpin Faust, *Mothers of Invention: Women of the Slaveholding South in the American Civil War* (Chapel Hill: University of North Carolina Press,

1996), esp. "Introduction: All the Relations of Life," 3–8; and Bertram Wyatt Brown, *Southern Honor: Ethics and Behavior in the Old South* (Oxford: Oxford University Press, 1982).

4. Kane, *Arctic Explorations*, 1:446.

5. See Corner, *Doctor Kane*.

6. Sprigman to J. L. Kane, March 12, 1857.

7. M. E. Amidou to Jane Leiper Kane, May 31, 1857, box 6, folder "Kane, Elisha Kent, Letters of condolence on Kane's death, 1855–1861," Kane Papers, APS.

8. Henry Pirtle and others to John Kintzing Kane, February 28, 1857, "Correspondence, 1826–1860, John Kent Kane Correspondence, 1842–1857" (box D-47), folder "Correspondence, Contains Letters of Sympathy on Death of Dr. Elisha Kent Kane, 1820–1857," John Kintzing Kane Papers, HSP.

9. See Sachs, *Humboldt Currents*, chap. 5, "'Mocha Dick': The Value of Mental Expansion," 143–76.

10. Aubrey Starke, "Poe's friend Reynolds," *American Literature* 11, no. 2 (May 1939), 152.

11. William H. Goetzmann, *New Lands, New Men: America and the Second Great Age of Discovery* (1986; repr., Austin: Texas State Historical Association, 1995), 287.

12. Seymour Barofsky, ed., *The Wisdom of Mark Twain* (New York: Citadel Press, 2002), 61–64.

13. Ralph Waldo Emerson, "Wealth," from *Conduct of Life*, reprinted in *The Complete Essays and Other Writings of Ralph Waldo Emerson* (New York: Modern Library, 1940), 699–700.

14. Goetzmann, *New Lands, New Men*, 229–31.

15. Emily Dickinson, "There Is No Frigate Like a Book," in *Selections from American Literature*, ed. Leonidas Warren Payne Jr. (Chicago: Rand McNally, 1927), 762.

16. Wilkes, *Narrative of the US Exploring Expedition*, 3:310–12; "Naval Monument," Mount Auburn Cemetery, accessed July 18, 2020, https://mountauburn.org/naval-monument/. The number of the unknown sailors who perished on the *Sea-Gull* is taken from Wilkes, *Narrative of the United States Exploring Expedition*, 1:212. Their names are given in the personnel lists of Wilke's *Narrative*, 1:xxxviii–lxii.

17. Sidney Kopman to Robert P. Kane, June 10, 1859, "Correspondence, 1826–1860, John Kent Kane Correspondence, 1842–1857" (box D-47), folder "Letters mainly addressed to members of the family of John K. Kane. Letters concerning Kane Lodge F + AM New York, and proposed monument to Elisha Kent Kane," John Kintzing Kane Papers, HSP.

18. "Col Lewis Melvin Hatch," *Find a Grave*, accessed July 18, 2020, https://www.findagrave.com/memorial/32139194/lewis-melvin-hatch.

19. "Secretaries of the Navy," Naval History and Heritage Command, accessed July 18,

2020, https://www.history.navy.mil/content/history/nhhc/research/library/research-guides/lists-of-senior-officers-and-civilian-officials-of-the-us-navy/ secretaries-of-the-navy.html. William M. Fowler Jr., in *Under Two Flags: The American Navy in the Civil War* (Annapolis, MD: Naval Institute Press, 1990), thinks Toucey was less a "knave" than a "fool" (34).

20. George H. Schwartz, *Collecting the Globe: The Salem East India Marine Society Museum* (Amherst: University of Massachusetts Press, 2020), 161.

21. Schwartz, *Collecting the Globe*, 162.

22. Williams, *Maury, Scientist of the Sea*, 369–70; Ponko, *Ships, Seas, and Scientists*, 133.

23. Rook, *150th Anniversary*, 28.

24. William Harwar Parker, *Recollections of a Naval Officer, 1841-1865* (New York: Charles Scribner's Sons, 1883), 228.

25. Parker, *Recollections of a Naval Officer*, 228.

26. Catherine Ann Devereux, *Journal of a Secesh Lady: The Diary of Catherine Ann Devereux, 1860-1866*, ed. Beth G. Crabtree and James W. Patton (Raleigh: North Caro-lina Division of Archives and History, 1979) 444.

27. William Stanton, *The Great United States Exploring Expedition of 1838-1842* (Berkeley: University of California Press, 1975), 380.

28. Stanton, *United States Exploring Expedition*, 379.

29. Stanton, 379.

30. LaFeber, *The American Age*, 151.

31. Eicher, *Raising the Flag*, 211.

32. Charles Francis Adams, ed., *Memoirs of John Quincy Adams, Comprising Portions of His Diary From 1795 to 1848*, 12 vols. (Philadelphia: J. B. Lippincott, 1874–1877), 11:202.

33. Lynch, *Narrative of the Expedition to the River Jordan*, 321–28.

34. Pliny A. Durant, ed., *The History of Clinton County* (Chicago: W. H. Beers, 1882), 585; McDonald, "Reynolds, Jeremiah N.," 524.

35. McDonald, 525.

36. Edgar Allan Poe, review of *A Brief Account of the Discoveries and Results of the United States' Exploring Expedition*, *Graham's Magazine*, September 1843, 165, available at Edgar Allan Poe Society of Baltimore, https://www.eapoe.org/works/criticsm/ gm43091.htm.

37. Anna Ella Carroll, *The Star of the West; Or, National Men and National Measures* (3rd ed., New York: Miller, Orton, 1857), 16, LCP.

38. Carroll, *Star of the West*, 15.

39. Carroll, 136.

40. Sandage, *Born Losers*, 35.

41. Eric Jay Dolin, *Leviathan: The History of Whaling in America* (New York: W. W. Norton, 2007), 310–16.

42. For a thorough account of Maury's Confederate service, see Williams, *Maury, Scientist of the Sea*, chaps. 19 and 20, 365–420.

43. Dolin, *Leviathan*, 332.

44. Dolin, 310.

45. Fowler, *Under Two Flags*, 298.

46. Dolin, *Leviathan*, "Chapter 18: From the Earth," 336–41.

47. Dolin, "Chapter 19: Ice Crush," 342–32.

48. Fowler, *Under Two Flags*, 298–99.

49. Rouleau, epilogue to *With Sails Whitening Every Sea*, 195–207.

50. For more on the decline of the US whaling industry and the blue-water merchant marine as well as the expansion of new maritime industries in the postwar years, see Labaree et al., *America and the Sea*, esp. chap. 10, "The Sea and Post-Civil-War America," 365–435.

51. Hampton Sides, *In the Kingdom of Ice: The Grand and Terrible Polar Voyage of the USS Jeannette* (New York: Doubleday, 2014).

52. Andrew C. A. Jampoler, *Congo: The Miserable Expeditions and Dreadful Death of Lt. Emory Taunt, USN* (Annapolis, MD: Naval Institute Press, 2013).

53. Ernest R. May, *Imperial Democracy: The Emergence of America as a Great Power* (New York: Harcourt, Brace & World, 1961).

54. Viscount Palmerston to Abbott Laurence [sic], Foreign Office, November 13, 1849, reprinted in *Correspondence with the United States Respecting Central America. Presented to both Houses of Parliament by Command of Her Majesty, 1856* (London: Harrison and Sons, 1856), 7.

55. Guillaume Tell Poussin, *The United States; Its Power and Progress*, trans. Edmund L. Du Barry, American 1st ed., from French 3rd ed. (Philadelphia: Lippincott, Grambo, 1851), 485.

56. "Anniversary of the Foundation of the Australian Colonies," *Times* (London,), January 27, 1859, 7.

57. Williams, *Maury, Scientist of the Sea*, 296, 335; Ponko, *Ships, Seas, and Scientists*, 92.

58. Owen M. Taylor, *The History of Annapolis, with a Full History and Description of the United States Naval Academy* (1872; repr., Bedford, MA: Applewood Books, 2009), 37–38; United States Naval Academy, "History and Traditions of the Herndon Monument Climb," accessed August 1, 2020, https://www.usna.edu/PAO/faq_pages/ herndon.php.

59. The statue exists in large part due to the fundraising efforts of the United Daughters of the Confederacy (Hildegarde Hawthorne, *Matthew Fontaine Maury: Trail Maker of the Seas* [New York: Longmans, Green, 1943], 224). See also Penelope Hardy and Helen M. Rozwadowski, "Reckoning with a Racist Legacy in Ocean Science," *History of Oceanography*, International Commission of the History of Oceanography, June 16, 2020, https://oceansciencehistory.wordpress.com/2020/06/16/reckoning-with-a-racist-legacy-in-ocean-science/#_edn3. For an alternative perspective on the Maury monument, see Matthew Mace Barbee, "Matthew Fontaine Maury and the Evolution of Southern Memory," *Virginia Magazine of History and Biography* 120, no. 4 (2012), 372–93.

60. Aimee Ortiz, "Richmond Removes Confederate Statues from Monument Avenue," *New York Times*, July 2, 2020, https://www.nytimes.com/2020/07/02/us/stonewall-jackson-statue-richmond.html.

61. Wilkes, *Autobiography*, 533, 541. Daniel C. Haskell discusses Congress's discontent with the expense of publishing the Ex Ex's scientific volumes in *United States Exploring Expedition*, 12–16.

62. For a full account of this history, see Evelyn, chap. 11, "National Gallery at the Patent Office"; and Nathan Reingold and Marc Rothenberg, chap. 12, "The Exploring Expedition and the Smithsonian Institution" in *Magnificent Voyagers: The U.S. Exploring Expedition, 1838-1842*, ed. Herman J. Viola and Carolyn Margolis (Washington, DC: Smithsonian Institution Press, 1985). See also Stanton, *United States Exploring Expedition*, 358–59; Philbrick, *Sea of Glory*, 333–51; and Nina Burleigh, *The Stranger and the Statesman: James Smithson, John Quincy Adams, and the Making of America's Greatest Museum: The Smithsonian* (New York: HarperCollins, 2003).

63. The exhibit ran from November 19, 1985, to November 9, 1986, before being passed along to other institutions across the country ("Magnificent Voyagers: The U.S. Exploring Expedition, 1838-1842 [Wilkes Expedition]," Smithsonian Institution, accessed August 1, 2020, https://www.si.edu/exhibitions/magnificent-voyagers-us-exploring-expedition-1838-1842-wilkes-expedition-event-exhib-2215).

致谢

阅读是知识之旅。书籍如同所有远征一样,需要补给、指导和支持,此次也不例外。自攻读新罕布什尔大学(the University of New Hampshire)研究生以来,我开始着手成书。在读研期间,教授伊莱格·古尔德(Eliga Gould)的真知灼见、鼓励和学术研究对本书写作非常重要。读者能够看出他在这部作品中给予我的莫大帮助。W. 杰弗里·博尔斯特(W. Jefrrey Bolster)也是至关重要的顾问和导师。于我而言,他们都是最厉害的、最具影响的学术批评家,希望我没有辜负他们对我的期望。我也很感谢委员会的其他成员,库尔克·多尔西(Kurk Dorsey)、杰西卡·莱普勒(Jessica Lepler)、扬·戈林斯基(Jan Golinski)和罗斯玛丽·扎加里(Rosemarie Zagarri)。这些学者的观点和建议令我受益匪浅,激励我不断进步。后来,我们成为好朋友,我特别感谢他们的友谊和一直以来的支持。

新罕布什尔大学历史系为我提供了四年的研究资金。历史系充满活力,我在这里深受鼓励和支持。埃伦·菲茨帕特里克(Ellen Fitzpatrick)、格雷戈里·麦克马洪(Gregory McMahon)、辛西娅·范赞特(Cynthia van Zandt)、比尔·哈里斯(Bill Harris)、杰森·索科尔(Jason Sokol)、莫利·多尔西(Molly Dorsey)以及其他许多人都在我在校工作期间给予了指导和鼓励。比尔·罗斯(Bill Ross)、罗兰德·古德伯德(Roland Goodbody)以及新罕布什尔大学图书馆的米尔恩特别收藏与档案馆(Milne Special Collections and Archives)的其他工作人员也是如此。感谢新罕布什尔大学研究生院为我提供旅行补助和重要的年度研究资金。感谢哈里·理查兹(Harry Richards)

院长、卡里·莫尔黑德（Cari Moorhead）院长和研究生会成员始终坚定不移地支持我的论文写作。

　　许多机构和组织也提供了重要资源。美国海军历史和遗产司令部（Naval History and Heritage Command）通过欧内斯特·M.埃勒少将研究生研究津贴（Rear Admiral Ernest M. Eller Graduate Research Grant）为我2015年夏天的研究提供了资金援助。2016年至2017年，我获得马萨诸塞州历史学会（Massachusetts Historical Society）短期研究奖学金，这使我能寻找新的文献资料。史密森尼图书馆的贝尔德协会驻地学者项目（Baird Society Resident Scholar Program）奖学金帮助我获取了第三章的数据资料。特别感谢莱拉·维克迪（Lilla Vekerdy）、莱斯利·奥弗斯特里特（Leslie Overstreet）、亚历山大·阿尔维斯（Alexandra Alvis）、摩根·阿伦森（Morgan Aronson）以及史密森学会的专业人士，感谢他们的热情支持和帮助。2018年，我作为国家人文基金会（National Endowment for the Humanities）的博士后研究员在费城图书馆公司（Library Company of Philadelphia）工作期间，馆内工作人员同样热情。特别感谢吉姆·格林（Jim Green）对第三章的建议，为我提供了帮助。普林斯顿大学图书馆（Princeton University Library）、新泽西历史学会（New Jersey Historical Society）、华盛顿特区和马萨诸塞州沃尔瑟姆的国家档案和记录管理局（NARA）、美国哲学学会和宾夕法尼亚州历史学会（Historical Society of Pennsylvania）的档案员和工作人员也对本书的研究提供了莫大帮助。也特别感谢乔·基夫（Joe Keefe）和他在波士顿NARA的同事。

　　另外，马萨诸塞大学阿默斯特分校（University of Massa-chusetts Amherst）的希瑟·考克斯·理查森（Heather Cox Richardson）和罗伯特·S.考克斯（Robert S. Cox）是我本科的导师。我在新罕布什尔大学的朋友和研究生同伴，特别是阿曼达·德默（Amanda Demmer）、帕特里克·拉克鲁瓦（Patrick LaCroix）、贾斯汀·奥利瓦（Justine

Oliva）和苏珊娜·迪利－斯威林根（Susannah Deily-Swearingen），是我坚实的后盾。2014年夏天，在华盛顿特区论文写作期间，约翰·威尔逊（John Wilson）和劳拉·阿布拉莫维茨（Lara Abramowitz）慷慨邀请我前往他们家。我也在岳父杰夫（Jeff）和岳母露丝·贝利（Ruth Bailey）位于加州卡梅尔的海滨别墅中创作。北美海洋史学会（North American Society for Oceanic History）、美国早期共和国历史学家学会（Society for Historians of the Early American Republic）和美国对外关系史学家学会（Society for Historians of American Foreign Relations）的朋友和同事们都曾读过本书许多章节的草稿。他们的鼓励和学术建议使我受益匪浅。特别感谢丹恩·莫里森（Dane Morrison）、妮可·菲尔普斯（Nicole Phelps）、艾米·格林伯格（Amy Greenberg）和保罗·吉尔杰（Paul Gilje）对第二章的建议。同样感谢牛津大学出版社（Oxford University Press）出版了第五章的早期版本，题为《美国全球事业：1850年至1860年南美亲奴隶制探险》（*The Universal Yankee Nation: Proslavery Expeditions to South America, 1850—1860*）。我还要感谢德鲁里大学（Drury University）的同事和学生，感谢他们对本书项目的关注和支持。其中，比尔·嘉文（Bill Garvin）提供了一间图书馆私人研习间，我在那里修订章节。比尔在奥林图书馆（Olin Library）的同事也热情帮助我，他们不辞辛苦地帮我处理了大量图书订单，我一个人根本难以应付。系主任泰德·瓦格里斯（Ted Vaggalis）慷慨地提供经费，用于学术会议和地图制作。

特别感谢芝加哥大学出版社（University of Chicago Press）的蒂姆·门内尔（Tim Mennel）、苏珊娜·恩格斯特罗姆（Susannah Engstrom）和"美国伊始"（*American Beginnings*）系列图书编辑对本项目的兴趣和耐心。同样，特别感谢本书手稿的外审高瑟姆·拉奥（Gautham Rao）和一位匿名读者。他们对原稿的建议促使我对书籍中涉及的底层人士、探险活动及帝国意义进行了更广泛、更深入的思考。乔安娜·罗森博姆（Johanna Rosenbohm）是一位出色的编辑，感谢她对此书提出的建议。

最后，我衷心感谢我的家人。我的父母，史蒂夫·弗尼（Steve Verney）和凯·弗尼（Kay Verney），唤醒了我对知识和世界的热情探索。我的兄长乔恩（Jon）也一直给我提供不竭的灵感源泉。感谢他们的爱和支持。感谢我的祖父母、阿姨、叔叔、堂兄弟姐妹和家人朋友，他们为我提供了一切。最重要的是，我要感谢我的妻子，也是我最好的朋友，布莱尔·贝利·弗尼（Blair Bailey Verney）。她在书籍开始写作之时便陪伴我左右，一直给予我支持。开始写作后，她招募了两位年轻助手，卡罗琳·格雷斯（Caroline Grace）和丹尼尔·詹姆斯·弗尼（Daniel James Verney），他们让我倍感自豪。布莱尔的情谊、爱和陪伴对我意义非凡。她永远是我的阿比盖尔（Abigail）。